다 재 다 능 PROGRAMMING KOTLIN

코틀린 프로그래밍

저자 **벤컷 수브라마니암**
번역 **우민식**

YoungJin.com Y.
영진닷컴

다재다능 코틀린 프로그래밍

Programming Kotlin by Venkat Subramaniam

Copyright © 2019 The Pragmatic Programmers, LLC.

Korean translation copyright © 2021 Youngjin.com Inc.

This translation published under license with The Pragmatic Programmers, LLC. through Amo Agency, Seoul, Korea

ISBN   978-89-314-6332-3

독자님의 의견을 받습니다
이 책을 구입한 독자님은 영진닷컴의 가장 중요한 비평가이자 조언가입니다. 저희 책의 장점과 문제점이 무엇인지, 어떤 책이 출판되기를 바라는지, 책을 더욱 알차게 꾸밀 수 있는 아이디어가 있으면 이메일, 또는 우편으로 연락주시기 바랍니다. 의견을 주실 때에는 책 제목 및 독자님의 성함과 연락처(전화번호나 이메일)를 꼭 남겨 주시기 바랍니다. 독자님의 의견에 대해 바로 답변을 드리고, 또 독자님의 의견을 다음 책에 충분히 반영하도록 늘 노력하겠습니다.

이 메 일   support@youngjin.com

주   소   (우)08507 서울특별시 금천구 가산디지털1로 128 STXV타워 4층 401호

등   록   2007. 4. 27. 제16-4189호

파본이나 잘못된 도서는 구입하신 곳에서 교환해 드립니다.

저자 벤컷 수브라마니암 | **번역** 우민식 | **책임** 김태경 | **진행** 이민혁
표지 디자인 김효정 | **본문 편집** 이경숙 | **영업** 박준용, 임용수, 김도현
마케팅 이승희, 김근주, 조민영, 김예진, 이은정, 채승희, 김민지 | **인쇄** 예림인쇄

머리말

나는 프로그래밍 언어 광이다. 언어 광답게 15가지의 다른 언어를 활용해 코드를 작성하며 그 중 몇몇 언어는 소개하는 책을 쓰기도 했다. 나는 모든 언어를 사랑한다. 언어를 배운다는 건 도시를 여행하는 것과 마찬가지다. 새로운 것들을 경험할 수 있고 익숙한 것을 만날 수 있다. 익숙한 것들은 편안함을 주고, 새로운 것들은 흥미를 유발한다. 언어를 성공적으로 배우려면 이 두 가지의 균형을 잘 잡고 있어야 한다. 어떤 사람들은 폴리글랏 프로그래머가 되고 싶어한다. 코틀린은 그 자체로 폴리글랏 언어이다. 코틀린은 다양한 언어의 강력한 기능들을 하나로 합쳐놓은 언어다. 코틀린을 만든 개발자들은 다양한 언어에서 좋은 부분들을 가지고 온 후 그것들을 합쳐서 하나의 접근성 좋고 실용적인 언어로 만들었다. 처음 코틀린을 공부할 때 내 열정은 불타올랐다. Java, Groovy, Scala, C++, C#, Ruby, Python, JavaScript, Erlang, Haskell… 내가 즐겨 사용하던 다른 언어에서 볼 수 있었던 특성들을 한번에 볼 수 있다니, 코틀린은 다양한 뉘앙스를 갖추고 있어 위에 언급한 언어들을 사용할 때보다 더 높은 생산성을 확인할 수 있었다.

어떤 언어는 "코드를 어떻게 써야 하는가"를 정해두곤 한다. 코틀린은 그런 언어가 아니다. 코틀린을 사용하면 개발중인 프로그램에 가장 적합한 방법을 선택해 적용할 수 있다. 예를 들어보자. 가끔 큰 어플리케이션을 개발할 때는 객체 지향 프로그래밍 스타일을 사용하면서 상속의 사이드 이펙트나 예외를 다루기 보다 명령형 프로그래밍 스타일을 사용하는 것이 더 나은 경우가 있다. 코틀린을 사용하면 명령형 프로그래밍 스타일을 사용해 쉽게 프로그래밍을 할 수 있다. 그러나 같은 어플리케이션의 다른 부분에서 빅데이터 변환이 필요하다면 함수형 프로그래밍 스타일을 사용하는 편이 좋을 것이다. 이런 상황에서 코틀린은 함수형 프로그래밍 언어로 사용할 수 있다. 어떤 방식의 코드를 짜더라도 컴파일러는 당신의 의도에 따라 작동할 것이다.

이 책에는 필자가 코틀린에 대해 가지고 있는 열정을 담았다. 코틀린을 배우고 적용하기란 매우 즐거운 일이었다. 이 책이 독자의 언어를 배우는 여정을 즐겁게 만들어주기를 희망한다. 이 책을 선택해줘서 고맙다.

추천사

이 책을 통해 코틀린을 시작하는 여러분께 코틀린 팀을 대신해서 환영의 인사를 전합니다!

코틀린이란 언어를 만들기 시작한 2010년을 되돌아보면 저희는 Java 개발자들에게 편리하고 만족스러운 빌드를 할 수 있는 도구를 만들려고 했습니다. 훌륭한 사용성과 빠른 에러 검출을 위해 타입 안정성에 목표를 두었습니다. 또, 코틀린 개발자들이 거대한 Java 에코시스템에 접근할 수 있도록 Java와 상호 운용성을 갖추는 데에도 승부를 걸었습니다. 현재 코틀린은 JVM서버, 안드로이드 기기, 웹 브라우저, iOS 기기, 리눅스 머신, 심지어 마이크로 컨트롤러에서도 사용 가능한 멀티플랫폼 언어가 되었지만 저희의 원칙은 아직 그대로입니다. 우리는 사람들이 소프트웨어를 편리하고 만족스럽게 빌드할 수 있도록 하고, 모든 플랫폼과의 상호 운용성 그리고 에러를 빠르게 검출하는데 집중하고 있습니다.

언어 개발에는 여러 단계가 있습니다. 처음엔 아이디어만 있죠. 이 때 저 같은 경우는 자기 불신으로 가득참과 동시에 시도를 갈망할지도 모릅니다. 누군가는 이걸 믿음이라고 부를 테지요. 다음 단계에는 처음으로 프로그램을 컴파일하고 실행시킵니다. 그 뒤엔 프로그램이 모양을 갖추기 시작하고 성장하기 시작하죠. 엄청난 양의 문제들을 고칠 테고 앞으로도 또 고칠 겁니다. 만약 운이 좋아 팀원이 아닌 다른 누군가 언어를 좋아하게 된다면 그날은 천국에 있는 기분이 들 겁니다. 얼리어답터들의 피드백에 더 많은 문제들이 생기고 그렇지 않아도 컸던 자기 불신은 더욱 커질 겁니다. 이런 의심이 들겠죠. "우리가 언어를 배포할 준비가 된 걸까?" 그리고 더 이상 참지 못하고 1.0버전을 배포해 버립니다. 간단하게 축하를 하고 새로운 유저들이 리포트한 이슈를 수정하기 위해 전력을 다할 겁니다. 시간이 흐름에 따라서 에코시스템이 커지고 팀이 커지고 더 많은 유저가 생기고 새로운 기능들이 생기고 새 버전을 배포하고 많은 버그가 생기고 사람들은 더 큰 프로젝트를 만들기 시작합니다. 그리고 여러분보다 유명한 작가가 여러분이 만든 언어에 대한 책을 쓰기 시작합니다. 바로 지금 제가 겪고 있는 상황입니다. 매우 기분이 좋습니다.:)

이 책을 읽으려면 Java에 대한 지식이 필요합니다. 저희가 언어를 만들기 시작한 시점이 현재 책을 펼친 여러분의 상황과 비슷할거라 생각합니다. 이 책을 끝까지 읽고 난 뒤 여러분의 머릿속에는 코틀린에 대한 청사진이 그려지고 JVM과 안드로이드에 코틀린을 적용하는 방법이 남게 될 겁니다. 코틀린으로 원하는 것을 하는 방법을 알게되며 코틀린이 어떻게 당신을 도울 수 있는지 알게 될 겁니다. 언어 디자이너로서의 저의 목표는 코틀린을 유용하게 만드는 것이고, 벤컷은 코틀린을 즐겁게 배울 수 있도록 만드는 훌륭한 작업을 해냈습니다.

이 책을 읽으며 즐겁게 코틀린을 배우시길 바랍니다!

안드레이 브레슬라프 Andrey Breslav
코틀린 언어 리드 디자이너, 2019년 7월

벤컷은 모든 주제를 재미있고 이해하기 쉽게 만들어주는 사람이다. 이 책에서 벤컷은 독자들에게 실제 사용법을 통해서 명확하고 재미있고 실용적인 방법으로 코틀린을 학습하는 여정으로 안내하고 코틀린의 장점을 보여준다.

하디 하리리 Hadi Hariri
디벨로퍼 어드보캇(JetBrains)

이 책은 코틀린의 놀라운 세계를 향한 문을 열어줄 것이다. 당신은 현시대의 가장 유명한 스피커이자 교육자의 가이드를 받으면서 코틀린으로 여행을 떠날 것이다. 즐거운 코틀린 여행 되시길!

오이게네 페트렝코 Eugene Petrenko, PhD
개발자, 강연자(JetBrains)

이 놀라운 책은 코틀린이란 동굴로 떠나는 당신에게 훌륭한 헤드라이트가 되어줄 것이다. 동굴 탐험가들이 아직 탐사되지 않은 동굴을 탐험할 때 길을 찾으면서 스스로에 대한 확신을 얻는 것처럼 당신은 이 아름다운 언어에 대해서 자신감을 가지게 될 것이다. 프로그래밍 언어 매니아인 벤컷은 특별하고 경험이 많다. 벤컷이 제공하는 지식과 힌트, 가이드라인은 독자에게 효율적으로 이 모던 JVM언어에 더 깊은 이해를 가지도록 도와줄 것이다.

톰 아담 Tom Adam

시니어 컨설턴트, CEO(Lambda Consulting AS)

이 책은 벤컷이 대화를 할 때처럼 매력적이고 유머러스한 방법으로 설명한다. 코틀린을 시작하려는 사람 모두를 위해 아주 잘 구조화 되어있고 읽기 쉬운 책이다.

브리안 페르메이르 Brian Vermeer

디벨로퍼 어드보캇(Snyk)

벤컷이 한번 더 해냈다. 코틀린을 바로 시작하고 적용하기에 완벽한 책이다. 코틀린의 장점만을 논하는 책이 아니다. 코틀린의 이슈에 대해서 완벽한 설명을 하고 있다. 단지 코틀린을 시작하고 적용하기 위해서뿐만 아니라 우리가 Java에서 무엇을 놓치고 있는지에 대해서 설명해주기 때문에 당신은 이 책을 반드시 읽어야 한다.

쥘피카르 드하르마반 Zulfikar Dharmawan

소프트웨어 엔지니어(ING Bank NV)

코틀린은 아주 신뢰하기 좋은 새로운 언어다. 벤컷은 그의 지식과 유머, 코틀린에 대한 애정으로 읽기 쉽고 교육적인 책을 만들었다. 벤컷은 설명을 아주 잘하고, 유용한 조언을 해주고 가끔은 재미있는 요소도 숨겨놓는 작가이다.

토리 전델 Tory Zundel

소프트웨어 아키텍트

내용이 알차고 간결한 예제로 구성된 책이다. 코틀린 개발로 전향하려는 Java 개발자들에게 강력하게 추천한다.

아쉬쉬 바티아 Ashish Bhatia

소프트웨어 엔지니어, 블로거(ashishb.net)

만약 당신이 자바에 너무나 만족하여 널 안정성 탐색(null-safe traversal)이나 일급 델리게이션(first-class delegation)에 관심이 없다면 이 책을 덮어라. 당신은 아직 준비가 안됐다. 관심이 있는 사람이라면 즐기며 배울 수 있다.

다니엘 드그로프 Daniel DeGroff

CTO(FusionAuth)

역자의 말

코틀린에 관심을 가지는 개발자라면 아마도 이런 생각을 하고 있을 것이다. 'Java 이후에 메인스트림이 될 언어는 무엇일까?' JVM에서 동작하는 Scala가 대세가 될 거라 생각하는 사람도 있을 것이며 Java의 한계를 보완하고 객체 지향 언어로써의 장점을 살리도록 설계된 C#으로의 이동을 생각하는 사람도 있다. 아니면 Python이나 Golang같은 언어가 Java의 자리를 차지할 것이라고 생각하는 사람이 있을지 모르겠다. 이 세상에 소개된 많은 뛰어난 프로그래밍 언어 중 어떤 언어가 대세가 될지는 알 수 없다고 생각한다. 각자의 특징이 있고, 강점이 있기 때문에 한 언어를 특정 지어서 다음 세대의 메인스트림이 될 것이라고 단정하는 개발자는 없으리라 생각된다. 하지만 코틀린을 들여다본 개발자라면 코틀린이 다음 세대의 메인스트림 언어 경쟁에서 치열하게 싸울 것 이라는 사실을 부정할 수 없게 될 것이다. 코틀린은 JVM에서 동작하는 언어이면서, 한번의 코드 작성으로 JVM, WebAssembly, iOS, Android 및 Windows나 macOS 등 여러 플랫폼에서 동작하게 만들 수 있는 강력한 기능을 가지고 있다. 또한, 기존에 Java로 작성된 풍부한 라이브러리를 사용할 수 있다는 장점도 크다. 코틀린의 강력한 기능과 가능성은 Google의 Android와 Spring 프레임워크의 공식 언어 지정으로 인해 한번 더 확인 받았다.

이 책의 저자 벤컷은 대상 독자를 코틀린을 처음 공부하는 Java에 익숙한 개발자라고 말했지만 Java에 익숙하지 않더라도 Java를 사용할 수 있는 정도의 지식과 작은 프로젝트를 한 번 정도 해본 경험이 있는 개발자라면 책을 통해서 코틀린을 이해할 수 있다. Java에 익숙한 개발자라면 Java와 비교하는 방식의 설명이 잘 이해 될 것이고, Java에 깊은 지식이 없는 개발자라면 Java의 특성, 코딩 시 주의해야 할 점 등이 함께 나와있기 때문에 Java와 코틀린에 관한 지식을 동시에 습득할 수 있을 것이다.

함수형 프로그래밍과 비동기 프로그래밍이 익숙하지 않거나, 사용해본 적이 없어 그 개념과 사용방법이 막연한 개발자라면 코틀린이 제공해주는 강력한 기능의 함수형 기능과 비동기 기능을 배우면서 언어가 제공해주는 기능의 사용법뿐만 아니라 개념도 습득할 수 있을 것이다. 그리고 책의 후반부에 나오는 Android와 Spring에 대한 예제를 보고 나면 프로젝트에 바로 코틀린을 적용할 수 있을 것이다.

 마지막으로 이 책이 출판될 수 있도록 도와준 이민혁 편집자님 외 모든 영진닷컴 관계자님들께 감사의 말을 전한다. 그리고 프로그래밍을 전혀 모르지만 오역을 교정하도록 도움을 주면서 고통의 시간을 보낸 앨리스에게 특별한 감사의 말을 전한다.

이 책에 관하여

대상 독자

코틀린을 처음 도입하고자 하는 프로그래머, 리드 개발자, 아키텍트, 기술 매니저에게 이 책을 추천한다. 책을 읽기 위해선 프로그래밍에 대한 지식이 필요하며 Java와 JDK에 대한 적당한 지식이 필요하다. 코틀린에 대한 지식은 전혀 없어도 무방하다. 만약 독자가 안드로이드 프로그래머라면, 이 책이 안드로이드를 위한 코틀린 프로그래밍에 집중하고 있지는 않지만 코틀린으로 개발을 시작하는데 좋은 토대를 마련해 줄 것이다.

코틀린이 처음인 독자에게는 코틀린을 시작하는데 도움을 주고, 프로젝트에 코틀린을 적용할 수 있도록 도와줄 것이다. 이미 코틀린을 사용중인 독자라면 코틀린의 고급 기능을 이해하는데 도움을 줄 것이다.

이 책은 개발자 교육용으로 사용할 수 있다. 코틀린을 능숙하게 사용하게 할 수 있게 되고 코드를 유연하고 정확하게 작성하게 되며 복잡한 문제를 해결할 수 있게 될 것이다.

책의 내용

코틀린은 멀티패러다임 프로그래밍 언어다. 코틀린은 스크립트로 사용할 수도 있고, 객체지향 코드나 함수형 코드, 비동기 프로그램을 작성하는 것처럼 더 다양한 방법으로 사용 가능하다. 이렇게 넓은 스펙트럼의 주제들을 설명하기 위해 이 책은 여러 부분들로 나누었다.

1부는 코틀린을 사용한 스크립팅에 집중한다. 2부는 객체지향 프로그래밍에 관한 설명이다. 3부에서는 함수형 언어로서의 코틀린을 배운다. 4부는 지금까지 배운 것들을 종합하여 더 좋은 코드를 쓰도록 만든다. 그리고 내부 도메인 특정 언어(Domain-Specific Language, DSL)를 만드는 방법에 대해서 배운다. 5부에서는 코루틴과 비동기 프로그래밍에 대해서 알아본다.

마지막으로 6부에서는 Java 인터롭(interop: 다른 언어로 개발된 어셈블리를 특정 환경에서 사용할 수 있게 하는 기술), 테스팅, 스프링 사용, 안드로이드 어플리케이션 개발등 코틀린을 활용한 개발에 대해 살펴본다.

각 장에서 다루는 영역은 다음과 같다.

1장. 코틀린 시작하기

코틀린을 사용해야 할 이유를 알아보고 필수적인 툴을 다운로드 받아 코드를 작성해볼 것이다.

2장. Java의 개발자를 위한 코틀린 필수 사항

Java에서 코틀린으로 넘어온 개발자들은 코틀린과 Java의 차이점을 배우기 전까지 코틀린에서도 Java의 문법과 습관들을 그대로 사용한다. 그래서 일부 습관과 문법을 고치기 위한 필수 사항들을 알아본다.

3장. 함수를 사용하자

함수는 코틀린에서 1급 객체(first-class citizen: 다른 객체들에 일반적으로 적용 가능한 연산을 모두 지원하는 객체)이다. 코틀린은 매우 많은 기능을 제공한다. 기본인자와 명시적 인자 그리고 가변인자 같은 기능들을 살펴본다.

4장. 외부 반복과 아규먼트 매칭

명령형 프로그래밍을 할 때 우리는 종종 외부 반복자를 사용한다. 코틀린의 반복자가 어떻게 반복 작업을 쉽게 만들어주고, 아규먼트 매칭 문법이 조건문에서 발생되는 많은 노이즈들을 제거해주는지 알아볼 것이다.

5장. 콜렉션 사용하기

우리는 프로그래밍을 할 때 콜렉션을 광범위하게 사용한다. 이 장에서는 뷰 인터페이스를 통해 JDK의 콜렉션을 코틀린에서 사용하는 방법을 보여줄 것이다.

6장. 오류를 예방하는 타입 안정성

코틀린의 타입 시스템은 컴파일시점에 우리가 정적 타입 언어에서 기대하는 타입 체크를 훨씬 뛰어넘는 성능을 발휘한다. 코틀린의 기본 타입, 널 가능(nullable)과 널 불가능(non-nullable) 참조, 스마트 캐스팅, 제네릭 가변성 등에 대해 배울 것이다.

7장. 객체와 클래스

코틀린에서 클래스를 만들기란 Java에서 클래스를 만드는 것과 의미상으로는 비슷하지만 많은 차이점이 있다. 싱글톤, 클래스, 동반 객체(companion object)에 대해서 배우고 데이터 클래스를 사용해야 하는 이유를 배운다.

8장. 클래스 계층과 상속

코틀린의 상속을 다루는 방법은 Java에서와 많이 다르다. 클래스는 디폴트로 파이널이 되고 코틀린은 타입 안정성(type safety)과 컴파일 시점에 체크를 향상시키기 위해서 몇가지 룰을 적용한다.

9장. 델리게이션을 통한 확장

코틀린은 델리게이션을 직접 제공하는 언어로 몇가지 빌트인 델리게이트를 가지고 있다. 또한 커스텀 델리게이트를 쉽게 만들 수 있다. 우리는 언제 그리고 왜 델리게이션을 사용하는지에 대해 먼저 논의한 후 델리게이트를 사용할 것이다.

10장. 람다를 사용한 함수형 프로그래밍

람다 표현식을 만드는 방법과 고차함수(higher-order-function)를 작성하는 방법을 배운다. 그리고 함수호출의 오버헤드 제거와 성능 향상을 위해 코틀린이 제공하는 기능을 알아볼 것이다.

11장. 내부 반복과 지연 연산

내부 반복자는 유연함을 제공한다. 그리고 시퀀스는 우리에게 효율성을 준다. 우리는 함수형 스타일에 반복을 적용하는 방법과 객체의 컬렉션을 처리하는 알아볼 것이다.

12장. 코틀린에서 구현하는 유창성

코틀린을 사용하여 코드를 간결하고, 우아하고, 풍부하게 만드는 방법과 코틀린을 능숙하게 다루기 위한 다양한 기능들을 보여준다.

13장. 내부 DSL 만들기

내부 DSL를 능숙하게 다루기 위한 주제로, 나만의 특별한 언어를 위한 문법을 정의하는 동시에 컴파일시점에서 타입 안정성을 구현하는 방법을 배운다.

14장. 재귀 프로그래밍과 메모이제이션 프로그래밍

코틀린은 꼬리호출 최적화를 제공한다. 그리고 JVM에서 동작하는 언어 중 꼬리호출 최적화가 제공되는 언어는 별로 없다. 이런 최적화가 이렇게 작동하는지 볼 것이고 메모이제이션을 통해 연산 복잡성을 낮추는 방법을 배울 것이다.

15장. 코루틴 탐험하기

코루틴은 코틀린 1.3에서 안정화된 기능이다. 이번 장에서는 컨티뉴에이션과 함께 비동기 프로그래밍의 기본을 설명한다.

16장. 비동기 프로그래밍

비동기 프로그램의 이점을 알아볼 수 있는 예제 프로그램을 만들기 위해서 코루틴을 적용해본다.

17장. Java와 코틀린 혼용

코틀린은 Java 버추얼 머신(JVM)을 비롯한 여러 플랫폼에서 동작한다. 이번 장에서는 코틀린과 Java를 상호적으로 사용하는 방법을 배운다. 모던 Java에서 코틀린을 사용하는 방법, Maven과 Gradle을 사용하는 방법, 한 프로그램에서 Java와 코틀린을 동시에 사용하는 방법을 배운다.

18장. 코틀린 유닛 테스트

코틀린 컴파일러가 아무리 에러를 잡아주더라도 지속가능한 애자일 개발을 위해 자동화된 테스트가 필수적이다. 유닛 테스트 만드는 방법과 코드 커버리지 측정법에 대해서 배운다.

19장. 코틀린으로 스프링 사용하기

코틀린 프로그래머를 위한 스프링 라이브러리를 알아보고 그 특별한 기능들도 알아본다.

20장. 코틀린으로 안드로이드 어플리케이션 만들기

백엔드 서비스와 통신하는 안드로이드 어플리케이션을 만든다.

책에서 사용된 코틀린과 Java 버전

예제를 실행시키기 위해서 코틀린 1.3 이상 버전과 Java 1.6 이상 버전이 필요하다. 대부분의 예제는 더 낮은 버전의 코틀린에서도 동작하지만 몇몇 예제들은 1.3 이상이 필요하다. Java 상호운용 챕터는 Java 9 이상을 사용한다. 필수적인 툴들의 다운로드 방법은 1장에서 소개한다.

예제 코드를 읽는 법

이 책의 대부분의 예제는 코틀린 스크립트로 작성되었다. 그래서 컴파일 할 필요 없이 파일 하나로 실행시켜볼 수 있다. 컴파일과 그 외 작업이 필요할 땐 코드 옆에 실행방법이 있다.

공간을 절약하기 위해 실행결과는 `println()`과 같은 라인에 주석으로 제공된다. 같은 라인에 적을 수 없다면 다음 라인에 주석으로 제공된다. 드물게 실행결과가 아닌 코드에 대한 설명을 주석으로 다는 경우도 있다.

이제 재미있는 코틀린을 시작해보자...

Part 01 코틀린으로 스크립팅 하기

Chapter 01 코틀린 시작하기

Chapter 02 Java 개발자를 위한 코틀린 필수 사항

Chapter 03 함수를 사용하자

Chapter 04 외부 반복과 아규먼트 매칭

Chapter 05 콜렉션 사용하기

Chapter 06 오류를 예방하는 타입 안정성

Part 02 객체지향 코틀린

Chapter 07 객체와 클래스

Chapter 08 클래스 계층과 상속

Chapter 09 델리게이션을 통한 확장

Part 03   함수형 코틀린

Chapter 10   람다를 사용한 함수형 프로그래밍

Chapter 11   내부 반복과 지연 연산

Part 04 우아하고 효율적인 코틀린

Chapter 12 코틀린에서 구현하는 유창성

Chapter 13 내부 DSL 만들기

Chapter 14 재귀 프로그래밍과 메모이제이션 프로그래밍

Part 05 비동기 어플리케이션 만들기

Chapter 15 코루틴 탐험하기

Chapter 16 비동기 프로그래밍

Chapter 19 코틀린으로 스프링 사용하기

Chapter 20 코틀린으로 안드로이드 어플리케이션 만들기

PART 01

코틀린으로 스크립팅 하기

코틀린은 다양한 규모로 활용할 수 있는 언어다. 스크립트로 사용할 수도 있지만 큰 프로그램이나 많은 클래스와 라이브러리를 사용하는 엔터프라이즈 애플리케이션을 만들수도 있다. 이 책은 코틀린의 유용함을 알려주고자 할 뿐 끝없는 코딩으로 문법을 외우게 만들려는 것이 아니다. 그런 관점에서 봤을 때 코드 한 줄 한 줄을 간결하고 효과적으로 작성하는 것이 중요하다.

이 파트에서 우리는 타입 추론, 변수 정의, 문자열 템플릿, 멀티라인 문자열에 대해서 배울 것이다. 그 후 코틀린의 기능을 통해 일정 범위(range)에서 함수를 반복(iterate)하게 만들고 아규먼트 매칭을 이용하여 데이터를 처리하는 법에 대해 확인해본다.

여기서 배우는 스크립트 작성법은 뒤에서 다룰 객체지향적인 코드와 함수형 코드를 비롯해 엔터프라이즈 프로그램 제작, 안드로이드 애플리케이션 제작까지 모든 내용의 기반 지식이 될 것이다.

우리는 스크립트를 만드는 법을 배울 것이고, 여기서 배운 지식은 객체지향적인 코드와 함수형 코드를 만들고 나아가서 엔터프라이즈 프로그램과 안드로이드 애플리케이션을 만드는 방법에 대한 기반지식이 될 것이다.

Chapter

01

코틀린 시작하기

아, 코틀린이여! 코틀린은 러시아 상트페테르부르크 근처의 섬의 이름이지만, 이 책에서 이야기할 코틀린은 그 섬의 이름을 딴 프로그래밍 언어다. 코틀린을 사용하는 프로그래머들은 코틀린을 단순히 좋아한다고 표현하지 않는다. 코틀린을 사랑한다고 말한다. 프로그래머들은 왜 코틀린을 사랑할까? 우리는 이 질문에서 시작하려 한다. 먼저 코틀린 소프트웨어 개발 키트(SDK, Software Development Kit)를 설치할 것이다. 그리고 코드를 작성하고, 컴파일하고, 실행한 후 동작하는 과정을 확인해 볼 것이다.

많은 언어들(예를 들어 C++, C#, Erlang, Groovy, Java, JavaScript, Python, Ruby, Scala, Smalltalk)의 장점만을 뽑아서 블랜더에 넣고 갈아버린다고 상상해 보자. 그 결과물이 바로 코틀린이다. 코틀린의 장점은 다양성이다.

젯브레인(JetBrains, https://www.jetbrains.com)의 안드레이 브레슬라프(Andrey Breslav, https://www.twitter.com/abreslav)는 기존의 주류 언어들보다 간결한 문법의 언어, 매끄럽고, 풍부하고, 실용적이고 사용하기 쉬운 언어를 만들기 위해서 개발팀을 구성했다. 개발자들은 코틀린을 사용하며 곧 기존에 사용하던 언어들과 비슷한 장점을 지녔다는 걸 깨닫고 동시에 이전까지 접하지 못한 대단한 능력에 흥미를 느끼게 된다. 코틀린은 기존에 사용하던 언어들이 지닌 익숙한 개념을 통해 처음 접한 개발자들이 마치 집에 있는 듯한 편안함을 느끼도록 해준다. 또한 코틀린이 보여주는 새로운 개념은 이전에 사용하던 언어보다 더 생산성을 높이도록 만들어준다. 이런 점들이 프로그래머들이 코틀린에 열정을 가지는 이유이다.

026 **Part 01** 코틀린으로 스크립팅 하기

코틀린이 가장 크게 관심을 끌었을 때는 구글이 코틀린을 안드로이드 개발 공식 언어로 지정한 직후이다(https://developer.android.com/kotlin). 구글이 코틀린을 인정했다는 사실 자체도 정말 중요하지만 코틀린을 좋아할 중요한 이유는 더 많다. 코틀린은 백엔드, 프론트엔드, 모바일/안드로이드에서 모두 사용 가능한 몇 안 되는 언어 중에 하나다. 적절하게 쓰인 코드는 Java 바이트코드로 컴파일될 수도 있고 자바스크립트로 트랜스파일(어떤 언어에서 다른 언어로 변환되는 종류의 컴파일)될 수도 있다. 코틀린/네이티브(Kotlin/Native)는 iOS, macOS, Linux, Windows, 웹어셈블리 같은 여러 플랫폼에서 동작한다. 이런 특징들이 코틀린을 풀스택 개발이 필요할 때 사용할 수 있는 몇 안 되는 언어 중 하나로 만들어준다.

코틀린으로의 여행을 떠나기 전에, 몇 가지 특징들과 그 기원을 알아보자.

▶ 코틀린은 Java와 형태는 다르지만, 의미로는 유사한 문법을 가지고 있다. 그렇기 때문에 Java 개발자는 코틀린을 쉽게 배울 수 있다.

▶ 클래스로부터의 상속 없이 클래스에 당신의 도메인 특화 편의 메소드(domain-specific convenience method)를 추가할 수 있다. 이런 메소드들은 확장 함수(extension function)라고 불리며, 오리지날 클래스의 메소드처럼 사용될 수 있다. 이런 특징은 통합 개발 환경(IDE, Integrated Development Environment)의 완벽한 지원을 받는다. 그리고 이런 특징은 C# 확장 메소드의 코틀린 버전이라고 봐도 좋다. 물론 코틀린이 더 많은 능력을 가지고 있지만 말이다.

▶ 델리게이션(delegation, 위임)은 코드를 재사용할때 상속보다 더 좋은 디자인을 할 수 있도록 도와준다. Groovy와 Ruby로부터 영감을 받은 코틀린은 메소드 호출을 한 객체에서 다른 객체로 델리게이션할 때 타입 안정적으로 사용할 수 있다.

▶ 코틀린은 if-else문을 중첩하는 대신에 간결하고 우아한 아규먼트 매칭(argument-matching, 인자매칭) 문법을 사용할 수 있다. Erlang이나 Scala의 문법과 유사하다.

▶ 이미 존재하는 함수를 확장하는 것이 코틀린에서는 매우 쉬운 일이다. 물론 바이너리 코드가 양립할수는 없기 때문에 컴파일을 다시 해야 할 필요가 있긴 하다. 기본 파라미터(default parameter)의 능력에 감사하자. 이런 기본 파라미터 기능은 JavaScript, Scala, Ruby, Python와 유사하다.

▶ Groovy, Scala, Ruby등에서 지원하는 명시적 인자(Named argument)는 코드의 표현력을 강화시켜 코드를 읽기 쉽게 만들고, 에러를 줄일 수 있게 해준다.

▶ 작성한 클래스나 서드파티 클래스에서 연산자를 오버로딩할 수 있다. C++, Groovy와 유사하다.

▶ '우아하고, 표현력이 강하고, 간결하다'라는 코틀린의 특징이 모여서 내부 DSL 생성을 가능하게 해준다. Groovy, Ruby와 유사하지만 정적 타입체크를 완벽히 지원해준다.

▶ C 스타일의 프로시저를 쓸 수 있고, Scala 스타일의 스크립트, Java같은 객체지향 코드, Smalltalk/Erlang과 같은 함수형 스타일의 코드를 코틀린에서 사용할 수 있다.

▶ 코틀린은 코루틴(Coroutine)과 컨티뉴에이션(Continuation)으로 비동기 프로그래밍 영역에서 혁신을 이끌고 있다.

1-1 코틀린을 사랑할 수 밖에 없는 이유

한번 코틀린을 시작하고 나면, 코틀린이 잡다하게 뒤섞인 칵테일보다는 제각각의 기능을 다하는 스위스 군용 칼에 가깝게 느껴질 것이다. 코틀린을 이용하면 아주 많은 일을 아주 적은 코드로 할 수 있다. 코틀린은 다양한 패러다임을 지원한다. 코틀린은 아주 강력한 타입추론 능력을 갖춘 정적 타입 언어다. Java 바이트코드로 컴파일될 수도 있고 자바스크립트로 트랜스파일될 수도 있다. 코틀린 네이티브를 이용하면 네이티브 바이너리도 될 수 있다. 코틀린은 아주 풍부하고 우아하고 함께 일하기에 매력적인 언어이다. 코틀린을 도입해야 하는 더 많은 이유를 알아보자.

다양한 프로그래밍 패러다임

코틀린은 다양한 선택지를 주고 해결하려는 문제에 가장 적합한 해법을 선택할 수 있도록 한다. 아주 어른답게 문제를 처리할 수 있는 것이다. 코틀린에는 몇 가지 양식이 있다. 클래스에서 모든 것을 작성할 필요도 없고 모든 코드를 컴파일할 필요도 없다. 코틀린은 독선적이지 않다. 다양한 프로그래밍 패러다임을 제공하기 때문에 그것 중에 하나를 선택하거나 섞어서 사용하면 된다.

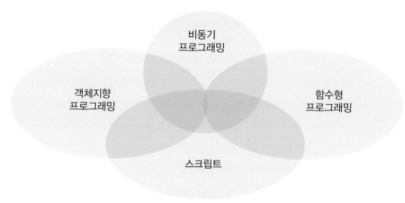

코틀린이 지원하는 다양한 프로그래밍 패러다임

JavaScript나 C같은 절차지향 코드(코드와 함수들이 하나의 파일에 들어있는 형식)를 쓸 수 있다. 그리고 그 코드를 컴파일 없이 스크립트처럼 사용할 수 있다. 동시에 정적 타입 언어에서 제공하는 탁월한 타입 안정성도 제공받는다. 이런 특징에서 나타나는 장점은 아이디어를 빠르게 프로토타이핑할 수 있다는 점과 어떤 디자인 패턴을 적용하면 좋을지 금방 확인해 볼 수 있고 다른 언어들이 강요하는 양식은 필요 없다는 점이다. 이런 장점은 당신의 아이디어를 데모로 만드는 데 걸리는 시간을 최소화한다.

코틀린에서도 Java처럼 클래스를 만들 수도 있고 객체지향으로 코드를 만들 수도 있다. 하지만 코틀린에서는 보일러플레이트 코드(Boilerplate Code)*가 필요 없다. 코틀린은 더 적은 코드로 Java와 같은 결과물을 만들 수 있다. 코틀린은 클래스의 계층을 어쩌다 보니 만드는 게 아니고 계획적으로 만들도록 가이드 해준다. 클래스는 파이널(final)을 기본값으로 갖고 있다. 만약에 클래스를 베이스클래스로서 사용하고 싶다면 해당 클래스에 명시적으로 표시해야만 한다. 델리게이션은 언어 수준의 문법을 가지고 있으므로 상속과 델리게이션(delegation, 위임) 사이에서 신중한 선택을 거쳐 사용할 수 있다.

주류 언어들은 주로 명령형 프로그래밍을 사용하고 있지만, 함수형 프로그래밍으로 코딩을 하면 복잡도를 낮출 수 있다. 함수형 스타일을 이용하면 더 명확하고, 간결하고, 우아하고, 풍부하게 표현할 수 있다. 코틀린은 명령형과 함수형 프로그래밍을 모두 지원하기 때문에 다른 언어에서 지원해 주던 함수형의 장점을 즉시 사용할 수 있다.

코틀린의 문법을 이용해서 우아하고, 군더더기 없는 내부 도메인 특화 언어(DSL, Domain Specific Languages)를 바로 만들 수 있다. 당신만의 다양한 API를 만들기 위해 스프링 프레임워크(https://spring.io/blog/2017/08/01/spring-framework-5-kotlin-apis-the-functional-way)를 포함한 다양한 라이브러리를 사용할 수 있다.

게다가 Java Development Kit(JDK)를 사용하면 동시성(Concurrency)프로그래밍이 가능하며 코루틴을 사용한 비동기 프로그래밍 또한 가능하다. 이런 특징은 클라우드 서비스를 사용하거나 마이크로서비스를 배포할 때 대단히 중요하다. 다른 서비스와 데이터를 비동기적으로 교환하는데 효율적이기 때문이다.

타입추론으로 사용하는 정적 타입

정적 타입 언어는 컴파일 시간에서 타입 안정성을 제공한다. 그러나 코틀린은 다른 정적 타입 언어들보다 몇 발자국 더 나아가서 오류를 방지한다. 예를 들면 코틀린 타입시스템은 널 불가(non-nullable) 타입과 널 가능(nullable) 타입을 구분한다. 그리고 Scala, F#, Haskell처럼 아주 강력한 타입추론을 할 수 있다. 더 이상 타입을 입력하느라 시간을 쓸 필요가 없다. 동시에 타입이 100% 명확하지 않은 경우 코틀린은 개발자에게 타입을 명시할 것을 요청한다. 타입추론을 올바르게 하기 때문에 우리는 개발에만 집중할 수 있고, 코드는 타입 안정성을 갖추게 된다.

---

* **역주_** 프로그래밍 언어에서 기본적으로 작성해야만 하는 코드

풀스택 개발을 위한 하나의 언어

javac 컴파일러가 Java 소스 코드를 자바 가상 머신(JVM)에서 실행시키기 위해 바이트코드로 컴파일하는 것처럼, kotlinc-jvm은 코틀린 코드를 가상 머신에서 실행시키기 위해서 바이트 코드로 컴파일한다. 코틀린은 서버사이드 코드, 안드로이드 애플리케이션 개발에도 사용이 가능하며 특정 버전의 가상머신을 위한 배포도 가능하다. 백엔드에서 스프링을 사용하고, 디바이스로 안드로이드나 iOS 네이티브 코드가 필요할 때 코틀린 하나로 코딩이 가능하다. 필요할 때 코틀린 코드와 Java코드를 섞어서 사용할 수도 있다. 더 이상 레거시 코드가 없을 것이다.

또, 코틀린은 자바스크립트로 트랜스파일(transpile)된다. 코틀린으로 코드를 작성하고 JavaScript로 트랜스파일하면 Node.js 서버에서 사용할 수 있고 웹 브라우저에서 프론트엔드용으로 사용할 수 있다.

코틀린 네이티브를 사용하면 원하는 플랫폼과 브라우저에서 동작하는 웹 어셈블리 바이너리 코드로 컴파일을 할 수도 있다.

자연스럽고 우아함

어떤 언어들은 많은 준비절차와 보일러플레이트 코드가 필요하다. 어떤 개발자들은 통합 개발 환경(IDE, Integrated Development Environment)이 그런 코드들을 자동으로 써줘야 한다고 말하기도 한다. 맞는 말이다. 그런데 IDE가 보일러플레이트 코드를 토해낸다면 팀에서는 그 코드들을 관리하는데 매일 시간을 써야 할 것이다. Scala, Groovy, Ruby같은 언어는 프로그래머가 반복적으로 작성해야 하는 코드들을 통합해 버렸다. 코틀린도 마찬가지로 당신을 위해서 필드(field), 접근자 메소드(getter, setter), Java Bean 컨벤션에서 제시하는 필수적인 요소들을 통합했다. 더 적은 노력으로 더 좋은 결과를 얻을 수 있다.

코틀린은 몇 가지를 선택사항으로 만들었다. 예를 들면, 세미콜론(;)이 선택사항이다. 세미콜론을 강제하지 않는 것이 보기 좋은 구문을 만들고 내부 DSL을 더 읽기 좋게 만들어준다. 그리고 코틀린은 infix 어노테이션을 제공한다. infix 어노테이션은 온점(.)과 중괄호({})를 선택사항으로 만들어둔다. 이러한 능력으로 우리는 다음과 같은 자연스럽고 우아한 코드를 만들 수 있다.

```
operate robot {
  turn left
  turn right
  move forward
}
```

위 코드는 실제 코틀린 코드이다. 조금 후에 위와 같은 코드를 파서(parser)나 다른 외부 도구 없이 직접 만드는 방법을 다룰 것이다.

1-2 왜 코틀린을 선택해야 하는가?

현재 혹은 차후 프로젝트 진행에 있어 코틀린을 선택해야 할 이유는 많이 있다.

- ▶ 코틀린은 "더 적은 것이 낫다(less is more)"라는 철학으로 보일러플레이트 코드를 덜 쓰도록 해준다. 코드를 적게 쓸수록 팀이 관리해야 할 코드는 줄어들고 결과물에서 처리해야 할 오류가 적어진다.
- ▶ 코틀린은 명령형 프로그래밍과 함수형 프로그래밍을 섞어서 쓸 수 있게 해준다. 현재 직면한 문제에 가장 적합한 방법을 적용할 수 있고, 한 가지 방식으로 코딩을 한 후 나중에 원하는 방식으로 리팩토링할 수 있다. 우선 동작하게 만들고, 나중에 빠르게 개선할 수 있다.
- ▶ 코틀린은 다른 정적 타입 언어들과 비교했을 때 훨씬 많은 컴파일 시간 안정성(compile-time safety)을 제공한다. 당신이 작성한 코드는 오류가 더 적게 발생하고, 그것이 빠른 시점에 발생해 실행 시간이 아닌 컴파일 시간에 오류를 찾아낼 수 있다. Spring 팀에서 코틀린을 지원하기로 한 이유도 이 때문이다(https://spring.io/blog/2017/01/04/introducing-kotlin-support-in-spring-framework-5-0).
- ▶ 코틀린의 코루틴은 다른 JDK에서 사용 가능한 언어들에 비해서 비동기 프로그래밍을 쉽게 만들 뿐만 아니라 높은 성능을 제공해 준다.
- ▶ Java에서 추후 제공하기로 한 기능들 중 일부는 이미 코틀린에서 가능하다. 코틀린을 사용하면 Java 에서 미래에 사용 가능한 기능들을 미리 경험하고 사용할 수 있다.
- ▶ 프로젝트에서 코틀린 코드와 Java 코드를 함께 사용할 수 있다. 프로젝트에 코틀린을 도입할땐 점진적으로 도입할 수 있다.
- ▶ 코틀린을 사용하면 풍부한 DSL을 사용할 수 있다. 예를 들자면 Spring Kotlin API처럼 API를 이용 가능하게 해주는 DSL이 있다. 그뿐만 아니라 당신의 코드를 사용하게 될 프로그래머를 위해서 풍부하고 다양한 API를 직접 디자인하고 만들 수 있다.
- ▶ 코틀린을 사용하면 시스템에서 중복을 줄일 수 있다. 예를 들면 유저의 입력값에 대한 유효성 검사가 동일하다면 백엔드에서 Java로 컴파일되고, 프론트엔드에서는 JavaScript로 트랜스파일되고 안드로이드나 iOS, 브라우저에서 돌아가는 웹 어셈블리 같은 플랫폼을 위해선 해당 바이너리로 컴파일될 수 있다.
- ▶ 마지막으로, 코틀린은 안드로이드 공식 언어이기 때문에 안드로이드 개발에 가장 좋은 선택이다. 코틀린은 안드로이드 공식 언어이다.

이 책에서 코틀린이 좋은 이유를 더 많이 볼 수 있을 것이다. 준비해라! 우리는 즐거운 여정을 떠날 것이다. 이제 SDK 설치를 하고 코틀린을 써보기 시작하자.

1-3 코틀린 사용하기

책의 나머지 부분에서는 코틀린의 문법과 의미를 살펴볼 것이다. 코틀린의 개념들을 완벽하게 이해하려면 예제를 통한 연습이 필요하다. 이번에는 시스템에 필수 환경을 설치하고 검증하는 방법을 보여줄 것이다.

코틀린은 코드를 실행할 수 있는 여러 방법을 제공한다. Java와는 다르게 모든 코드를 컴파일 할 필요가 없다. 코드 그 자체로 실행할 수 있다. 원한다면 소스 코드를 파일 안에서 바로 시작할 수 있다. 아니면 클래스파일을 만들고 다른 클래스나 코틀린 파일을 사용하기 위해서 바이너리를 재사용할 수도 있다. 코드를 작성하는 도중에 코틀린 쉘을 실행시켜서 코드 스니펫의 동작을 확인해 볼 수도 있다. 코드를 JVM에서 실행시킬 수도 있고, Node.js나 브라우저의 JavaScript 엔진에서 실행시킬 수도 있고, 안드로이드 디바이스에서 실행시킬 수도 있고, iOS나 웹 어셈블리에서 실행시킬 수도 있다.

다양한 선택지가 있다. 그러나 저런 선택지들을 시도하기 전에 SDK가 필요하다. 이제 SDK를 설치해보자.

코틀린 SDK 설치하기

이미 최신 버전의 IntelliJ IDEA를 사용 중이라면 코틀린이 IDE와 함께 설치되었을 것이다. IntelliJ IDEA가 없다면 공식 웹사이트(https://www.jetbrains.com/ko-kr/idea/download)에서 Community 에디션을 다운받아 설치하면 된다. IntelliJ만 있다면 코드를 컴파일하고 실행시킬 준비는 끝났다.

비록 우리가 모두 IDE를 사용하고 있지만 처음 시작으로는 컴파일과 실행을 커맨드 라인에서 어떻게 하는지를 배우는 것이 좋다. 왜냐하면 커맨드 라인으로 빌딩을 해보면 코드를 빌드하는 방법을 모두 알 수 있기 때문이다. 코틀린 웹 페이지에서 다운로드 컴파일러 링크를 클릭하면 컴파일러만 설치할 수 있다. 이렇게 하면 Working with the Command-Line Compiler 페이지로 이동할 것이다(https://kotlinlang.org/docs/tutorials/command-line.html). 다운로드받고, 설치를 위해서 압축을 해제하면 된다. Homebrew나 다른 프로그램을 사용할 수도 있다. 운영체제에 따라서 적절한 선택을 하면 된다. 그리고 1.6버전 이상의 JDK가 설치되어 있어야 한다(http://openjdk.java.net/). Maven이나 Gradle과 같은 빌드 툴을 사용해서 컴파일을 하고 싶다면 코틀린 웹사이트(https://kotlinlang.org/)의 설명 페이지를 참고하면 된다. 나중에 우리가 테스트코드를 작성하고 코틀린과 Java를 섞어서 사용할 준비가 되면, Maven이나 Gradle을 사용할 것이다.

설치 확인

설치를 완료하고 코틀린이 설치된 경로를 설정하면, 셸에서 다음 명령어를 통해서 확인할 수 있다.

```
$ kotlinc-jvm -version
```

코틀린이 잘 설치되었다면, 출력값은 다음과 같이 나올 것이다.

```
info: kotlinc-jvm 1.3.41 (JRE 12.0.2+10)
```

다른 버전의 JRE 버전이 나와도 걱정할 필요 없다. 위에 나오는 출력값은 이전에 시스템에 설치되어있던 Java 버전이 나오는 것일 뿐이다.

설치 확인이 잘 되었다면, 다음으로 넘어가자. 작은 코틀린 코드를 작성하고 실행시켜 보자.

1-4 바이트코드로 컴파일하고 실행하기

코틀린에서 Hello World 프로그램을 만들어 보자. 제일 좋아하는 텍스트 편집기를 열고, 파일 이름을 Hello.kt라고 만든 후 아래와 같이 작성해 보자.

[코드 running/Hello.kt]

```
fun main() = println("Hello World")
```

이번엔 코드 안에 있는 문법에 대해서 신경쓰지 말고 코드를 실행시키는 데에만 집중해보자. 코틀린의 문법과 의미는 뒤따라오는 챕터에서 다룰 것이다. 원한다면 main() 함수를 위한 파라미터를 만들어도 된다. 코틀린 1.3부터는 main() 함수를 위한 파라미터는 선택사항이다. 만약 1.3보다 낮은 버전을 쓴다면 다음 파라미터를 반드시 넣어줘야 한다.

```
fun main(args: Array<String>)
```

커맨드 라인으로 실행시키기

커맨드 라인에서 코드를 컴파일하고 실행시키기 위해서, 먼저 아래의 명령어를 실행시켜야 한다.

```
$ kotlinc-jvm Hello.kt -d Hello.jar
```

이 명령어가 Hello.kt 파일에 있는 코드를 Java 바이트코드로 컴파일시키고 Hello.jar 파일을 만들어 넣어둘 것이다. jar파일이 만들어지면 java 툴을 이용해서 프로그램을 실행시키면 된다.

```
$ java -classpath Hello.jar HelloKt
```

Hello.kt는 main 함수만을 가지고 있고 클래스가 아니기 때문에 코틀린 컴파일러(kotlinc-jvm)가 자동으로 확장자를 제거한 파일 이름을 가지고 Kt 라는 접미사를 추가한 클래스 이름을 만든다.

코드의 실행결과는 아래와 같다.

```
Hello World
```

classpath 커맨드 라인 옵션을 열거하는 대신에 jar 옵션으로 코드를 실행시킬 수 있다. 왜냐하면 **main()** 함수를 찾을 때 코틀린 컴파일러가 jar 파일에 Main-Class 매니페스트 어트리뷰트를 추가했기 때문이다. Hello.jar 파일에서 아래의 커맨드 라인을 실행해 보자.

```
$ java -jar Hello.jar
```

Jar 옵션 대신에 classpath 옵션을 사용했을 때와 같은 결과가 나온다.

이 예제에서 우리는 코틀린 스탠다드 라이브러리 중 아무것도 사용하지 않았다. 그러나 더 복잡한 프로그램에서는 코틀린 스탠다드 라이브러리에 있는 클래스와 함수들을 사용하게 될 것이다. 만약에 이때 **java** 툴만 사용해서 실행을 한다면 **java.lang.NoClassDefFoundError** 예외와 함께 실패할 것이다. 이를 방지하기 위해서 **kotlin-stdlib.jar** 파일을 클래스패스(classpath)에 추가해 줘야 한다.

```
$ kotlinc-jvm Hello.kt -d Hello.jar
$ java -classpath Hello.jar:$KOTLIN_PATH/lib/kotlin-stdlib.jar HelloKt
```

환경변수는 코틀린이 설치된 디렉토리를 참조한다. Unix-like 시스템에서는 환경변수로
$KOTLIN_PATH가 사용되고, 윈도우에서는 %KOTLIN_PATH%가 사용된다. 윈도우에선 클래스패
스 내의 패스들을 구분하기 위해 콜론(:)이 아닌 세미콜론(;)을 사용한다.

java 툴을 사용하는 대신 코틀린 툴을 사용할 수 있다. 코틀린 툴을 사용하면 kotlin-stdlib.
jar를 참조할 필요가 없다. 코틀린을 이용해서 코드를 실행시켜 보자. 아래에 방법이 나와
있다. 그런데 첫 번째 명령어는 앞의 실습에서 이미 실행했으니 굳이 실행하지 않아도 상관
없다.

```
$ kotlinc-jvm Hello.kt -d Hello.jar
$ kotlin -classpath Hello.jar HelloKt
```

코드의 실행결과는 java 툴을 사용할 때와 코틀린 툴을 사용할 때가 같다.

프로젝트에서 대부분 Java를 사용하고 코틀린을 혼합해서 사용하는 경우라면 java툴을 사용
하라. 그렇지 않다면 코틀린 툴을 사용하는 편이 더 간단하다.

IDE로 실행하기

JetBrains의 IntelliJ IDEA가 코틀린을 완벽하게 지원하는 것은 놀라운 일이 아니다.
JetBrains는 코틀린을 만든 회사기 때문이다. 일부 개발자들은 코틀린을 사용하려면 반드시
IntelliJ가 필요하다고 생각하는데, 그건 잘못 알고 있는 것이다. 코틀린엔 특정 IDE가 필요
하지 않다. IDE를 쓰지 않아도 상관없다.

코틀린은 새로운 버전의 IntelliJ IDEA에 포함되어 있으며 무료인 오픈소스 소프트웨어
IntelliJ IDEA Community edition에도 포함되어 있다. IntelliJ IDEA로 코틀린 개발을 하
기 위해서는 '코틀린 프로젝트'를 만드는 것부터 시작해야 한다. 한번 프로젝트를 만들면 클릭
몇 번이나 단축키를 사용해서 빠르게 코틀린 파일을 만들거나 프로그램을 실행시키는 것이
가능하다. 프로젝트 생성 과정에서 막히는 부분이 있다면 코틀린 공식 사이트에 있는 짧은 튜
토리얼을 보면 빠르게 해결이 가능하다(https://kotlinlang.org/docs/tutorials/getting-started.html).

만약에 Eclipse를 사랑한다면, Eclipse Neon 이후 버전을 사용하면 코틀린을 개발할 수 있다. 코틀린 공식 웹사이트에 가면 코틀린을 Eclipse에서 사용하는 튜토리얼 역시 준비되어있다(https://kotlinlang.org/docs/tutorials/getting-started-eclipse.html).

NetBeans의 팬이라면 코틀린으로 개발을 할 때 NetBeans Kotlin Plugin을 사용하면 좋다 (http://plugins.netbeans.org/plugin/68590/kotlin).

올바른 버전의 IDE를 사용 중인지 코틀린을 지원하는지도 확인해야 한다.

REPL 실험

어떤 언어들은 코드 스니펫(snippet)들을 위해서 REPL* 커맨드 라인 셸을 지원한다. 필자는 그런 시스템을 '마이크로프로토타이핑 툴(micro-prototyping tool)'이라고 부른다. 코딩을 하는 중이거나, 자동화 테스트를 통과시킬 때, 특정 함수가 무엇인지 생각해보는 대신 REPL을 통해서 빠르게 해당 부분을 실행시켜볼 수 있다. 일단 확인하고 있던 코드조각을 검증하고 나면, 사람이 만들어낸 가장 훌륭한 도구인 '복사/붙여넣기'를 사용해서 REPL에서 편집기나 IDE로 가지고 오면 된다. REPL같은 대화형식의 도구는 작은 코드 조각이 어떻게 동작하는지 동료에게 보여줄 때도 매우 좋다. IDE에서 프로젝트를 만들 필요가 없이 빠르게 확인할 수 있기 때문이다.

코드를 실행시킬 때 우리가 지금까지 사용한 코틀린 컴파일러(kotlinc-jvm) 대신 REPL 셸로 실행시키면 옵션이나 파일 이름 없이 실행시킬 수 있다. 대화형 도구를 사용해보자. 커맨드 라인에서 kotlinc-jvm를 실행시키면 REPL이 프롬프트에서 코드를 입력하길 기다릴 것이다. 코드를 약간 써보자. 아래와 같이 대화형으로 써보면 같은 응답이 나올 것이다.

```
Welcome to Kotlin ...
Type :help for help, :quit for quit
>>> 7 + 5
res0: kotlin.Int = 12
>>> val list = listOf(1, 2, 3)
>>> list.map { it * 2 }
res2: kotlin.collections.List<kotlin.Int> = [2, 4, 6]
>>>
$
```

---

* 역주_ read-evaluate-print loop, 개발자가 식을 입력하면 평가하여 결과를 리턴하는 방식의 시스템

코드 스니펫을 치고 enter를 입력하자마자 REPL이 해당 코드의 결과를 계산해 처리결과를 보여준다. 그리고 다음 스니펫을 위해서 대기한다. 사용을 완료했을 때 ctrl+d(윈도우: ctrl+c)를 입력하거나 :quit 라고 입력하면 REPL 세션이 종료된다.

REPL에서 이미 존재하는 파일을 로드해서 코드를 실행시킬 수도 있다. 실습으로 이전에 만들고 실행시켰던 Hello.kt 파일을 REPL에서 컴파일 과정 없이 실행시켜 보자.

```
$ kotlinc-jvm
Welcome to Kotlin ...
Type :help for help, :quit for quit
>>> :load Hello.kt
>>> main()
Hello World
>>>
$
```

REPL을 실행할 때 직접 만든 jar 파일이나 서드파티의 jar 파일의 클래스패스를 명시할 수도 있다. 그렇게 하면 직접 만든 클래스나 서드파티의 클래스를 REPL에서 대화형으로 사용할 수 있다.

스크립트로 실행하기

앞에서 코틀린 코드를 바이트코드로 컴파일하고, jar 파일을 만들고 java와 코틀린 명령어를 이용해 실행시켜보기도 했다. 이런 두 단계의 프로세스는 많은 파일을 가지고 있는 큰 애플리케이션에서 유용하다. 하지만 우리가 작성하는 모든 코드가 크거나 엔터프라이즈 스케일인 것은 아니다. 프로그램의 크기가 작을 때 셸 스크립트와 배치파일을 사용한다.

백엔드 작업, 파일 파싱, 특정 구성(configuration)에 의한 파일 복사 작업 등 일반적으로 셸 스크립트를 사용해서 하는 작업들을 해야할 때는 코틀린으로 스크립트를 작성하면 된다. 코틀린 스크립트를 사용했을 때 발생하는 이점은 sh, zsh, bash, Windows CMD, PowerShell 등등의 셸 커맨드를 기억할 필요가 없다는 점이다. 작업을 처리하기 위해서 강력한 코틀린을 사용하면 된다. 코틀린에서 작업을 처리하는 프로세스를 구현하기 위해서 컴파일하고 바이트 코드를 만들 필요 없이 코틀린을 스크립트로 사용하면 된다.

만약에 코드에 문법 오류가 있다면 스크립트는 실행 이전에 바로 실패할 것이다. 이런 점으로 볼 때 스크립트로 실행시키는 것이 컴파일 후 실행시키는 것만큼 안전하다.

코틀린 스크립트로 현재 디렉토리에서 kts라는 확장자를 가진 파일들을 리스팅하는 스크립트를 만들어보자.

[코드 running/listktsfiles.kts]

```
java.io.File(".")
  .walk()
  .filter { file -> file.extension == "kts" }
  .forEach { println(it) }
```

파일의 내용은 지금까지 작성해왔던 일반적인 코틀린 파일과 아무런 차이가 없다. 유일한 차이는 파일의 이름이다. kt 확장자 대신 사용한 kts 확장자는 해당 파일이 스크립트로 실행된다는 의미를 갖는다.

이 코드는 JDK의 java.io 패키지에 있는 File 클래스를 사용한다. 그리고 코틀린이 해당 클래스에 추가한 확장 함수를 사용한다. 이 스크립트는 현재(.) 디렉토리에 있는 모든 파일에서 동작할 것이고, 파일명이 kts로 끝나는 파일만 걸러내거나 잡아낼 것이다. 그리고 선택된 파일 객체의 전체 경로와 이름을 프린트할 것이다.

이 파일을 실행시키기 위해서 kotlinc-jvm 커맨드를 사용할 것이다. 하지만 이번엔 -script 옵션을 통해서 컴파일 대신 코드를 스크립트로써 즉시 실행시키도록 할 것이다.

```
$ kotlinc-jvm -script listktsfiles.kts
```

출력결과는 이렇다.

```
./listktsfiles.kts
```

Unix-like 시스템을 쓸 경우 kotlinc-jvm −script라는 접미어를 매번 사용하지 않고 스크립트를 실행시키고 싶다면 셔뱅(shebang)을 사용하면 된다.

[코드 running/greet.kts]

```
#!/usr/bin/env kotlinc-jvm -script
println("hi")
```

실행시키기 위해서 `chmod +x greet.kts` 명령어를 이용해서 파일에 실행 권한을 준다. 그리고 커맨드 라인을 통해서 스크립트를 바로 실행시킨다.

```
$ ./greet.kts
```

이런 결과가 나올 것이다.

```
hi
```

시스템에 따라 `/usr/bin/env`대신 `kotlinc-jvm`이 위치한 전체 경로를 써줘야하는 경우도 있다.

스크립트를 프로덕션에서 사용할 목적이라면 kscript가 유용하다. kscript는 컴파일드 스크립트 캐싱을 포함한 코틀린 스크립트에서 동작하는 몇몇 기능을 제공해주는 라이브러리다 (https://github.com/holgerbrandl/kscript).

코틀린 코드는 Java 바이트코드로만 컴파일되는 것이 아니다. 다음에 보게 될 몇몇 다른 포맷들로도 컴파일이 가능하다.

1-5 다른 타깃으로 컴파일하기

코틀린은 여러 개의 타깃으로 컴파일이 되는 몇 안 되는 언어 중에 하나이다.

▶ Android 기기: 코틀린은 안드로이드 개발에서 가장 우선시되는 언어이다. 코틀린으로 안드로이드 애플리케이션을 만들어보는 것은 'Ch20. 코틀린으로 안드로이드 애플리케이션 만들기'에서 한다.

▶ JavaScript 변환: 트랜스파일(transpile, 변환)은 한 언어의 소스 코드에서 다른 언어의 소스 코드로 변환된다는 것을 의미한다.

▶ 네이티브 타깃: 가상 머신으로 컴파일하지 않을 때, 코틀린/네이티브는 소스 코드를 iOS, Linux, MacOS, Windows 등의 네이티브 타켓으로 컴파일을 한다. 그리고 그렇게 컴파일된 프로그램은 가상 머신 없이 실행이 가능하다.

▶ 브라우저에서 실행하기 위한 WebAssembly: 코틀린/네이티브를 사용하면 코틀린 소스 코드를 웹어셈블리 또는 모던 브라우저에서 실행 가능한 바이너리 포맷인 WASM(https://webassembly.org/)으로 컴파일한다.

1-6 어떤 옵션을 선택해야 할까?

코틀린은 코드를 실행시킬 때 특정한 옵션 설정을 강제하지 않는다. 모두 개발자의 요구사항과 선호도에 달려있다. 옵션을 선택할 때 고려해야 할 몇 가지 사항에 대해서 나열해보았다.

▶ 코틀린을 JVM에서 실행시키며 Java 또는 다른 언어와 섞어서 이용해야 한다면 kotlinc-jvm을 이용해서 컴파일하라. 그리고 클래스패스 또는 모듈패스에 kotlin-stdliv.jar파일과 함께 생성된 jar파일을 추가한다. 그러면 javac로 컴파일한 Java 소스코드로 만들어진 jar처럼 사용할 수 있다.

▶ 여러 개의 코틀린 파일들을 통합해 하나의 코틀린 프로그램으로 실행시켜야 한다면 kotlin 툴을 이용하여 코드를 실행시켜라.

▶ 코틀린을 사용하여 시스템 레벨 또는 백엔드 태스크를 구현해야 한다면 코틀린 파일 하나를 만들어서 -script 옵션을 사용하여 코틀린 스크립트로 실행시켜라. 또는, 셔뱅(shebang)을 사용하면 커맨드 라인이나 크론 태스크를 이용하여 직접 스크립트를 실행시킬 수 있다.

▶ 웹 애플리케이션 생성을 위한 코틀린의 정적 타이핑과 컴파일 시간 검증을 이용하기 위해서 코틀린을 JavaScript로 컴파일(트랜스파일)하는 옵션을 사용해라.

▶ 코틀린 코드를 다른 iOS, WebAssembly같은 다른 네이티브 플랫폼들에서 사용하기 위해서 코틀린/네이티브를 이용하여 컴파일한다.

▶ 개발 과정에서 개발을 편하게 하는 좋은 옵션은 IDE에서 코드를 실행시키는 것이다.

▶ 실험을 위해서 스니펫 코드*를 실행시킬 때에는 kotlinc-jvm을 REPL로 이용해라.

정리

코틀린은 선택의 언어다. 그리고 그 특징은 다양한 프로그래밍 패러다임을 지원하며 다양한 옵션(플랫폼)에서 코틀린 코드를 실행시킬 때 빛이 난다. 코틀린은 개발자가 어떻게 애플리케이션을 개발할지 정해주지 않는다. 코틀린은 몇 줄짜리 스크립트로 작게 시작할 수도 있고 클래스들과 의존성(dependency)들로 복잡하게 얽혀있는 큰 시스템을 만들기 위해서 사용할 수도 있다. 서버사이드 애플리케이션까지 만들 수도 있다. 스프링을 사용할 수도 있다. Android 애플리케이션을 만들 수도 있고, 코틀린 코드를 JavaScript코드로 트랜스파일할 수도 있다. 그리고 코틀린/Native를 사용함으로써 iOS, WebAssembly 등 원하는 플랫폼에서 동작하도록 컴파일할 수도 있다. 코틀린의 다재다능한 본능은 코틀린을 풀스택 프로그래밍 언어로 만들어줬다.

---

* **역주_** 코드의 조각, 일부분의 코드

코틀린을 JVM에서 실행시키기 위해서 Java 바이트코드로 컴파일할 수도 있고, 컴파일 단계를 건너뛰고 스크립트로써 실행시킬 수도 있다. 우리가 프론트엔드 개발을 할 때, 코틀린을 사용하여 JavaScript로 트랜스파일한다면 컴파일 시간에 안정적인(compile-time safety) 개발을 할 수 있다. 그리고 작은 스니펫 코드를 실험하기 위해서 코틀린 REPL을 사용할 수도 있다.

이번 챕터에서는 코틀린에 대해 살펴보고, 실제 코틀린으로 작성한 코드를 실행시켜 보기도 했다. 다음 장에서는 코틀린을 사용해 프로그래밍을 할 때마다 마주하게 될 기본 사항들을 배울 것이다.

02

Java 개발자를 위한 코틀린 필수 사항

단순한 것들은 만들기 쉬워야 하고 복잡한 것들은 비용이 적어야 한다. 컴퓨터의 코어가 몇 개인지 확인하려면 몇 줄의 코드가 필요할까? 아래와 같은 방법은 어떤가?

```
println(Runtime.getRuntime().availableProcessors())
```

한 줄짜리 코드이며 세미콜론도 없고, 임포트도 없다. Java JDK를 사용해도 관례적으로 입력해야 하는 코드는 훨씬 적다. 이것이 바로 코틀린이다.

코틀린은 작업을 금방 끝내준다. 절차를 강요하지 않는다. 작게 시작해서 크게 키워갈 수 있다. 프로그래밍이란 원래 작은 실험들의 연속이다. 개발자들은 종종 로직이 작동하는지 확인하고 전체 설계와 잘 맞는지 확인하기 위해서 솔루션을 프로토타이핑 한다. 코틀린 스크립트는 코드 낭비 없이 프로토타입을 만들어보는 데 매우 적합하다.

이번 챕터에서 숫자와 문자열 변수 정의하기, 상수 만들기, 타입 명시하기, 계산 결과를 이용해 문자열 표현식 만들기, 멀티라인 문자열 만들기 같은 코틀린의 필수 사항에 대해서 배울 것이다. 스크립트에서는 함수와 메소드의 바디를 만들 때 사용되는 블록을 바로 작성해서 사용할 수 있다. 여기서 배울 코틀린의 필수사항들은 스크립팅, 객체지향적, 함수형 프로그래밍을 할 때 모두 지속적으로 사용될 것이다.

코틀린을 시작하려고 하는 Java 개발자들은 코틀린이 가진 뉘앙스를 배우는 동안에는 Java에서 사용하던 버릇을 좀 잊어야 할 필요가 있다. 이번 챕터에서는 Java에서 아주 익숙하게 봤더라도 코틀린에 적용하려면 조정해야 하는 부분을 살펴본다. 새로운 안경이나 렌즈를 착용하면 언제나 처음엔 불편하지만 시간이 조금만 지나면 적응된다. 이처럼 처음엔 약간 불편해도 코틀린의 우아한 기능이 적응을 최소화해 여러분을 편안하게 만들어줄 것이다.

우리는 코틀린의 간결함에 대해서 감시하며 시작할 것이다. 코드 한 줄 한 줄은 모두 중요하다. 기본적인 연산자들이 장황하다면 전체 애플리케이션을 간결하게 만들 수 없다. 명령형 스타일이든, 함수형이든, 객체 지향적이든 표현식(expressions)들과 명령문(statements)들이 블록을 만든다. 코틀린은 절차, 노이즈, 산만한 과정을 코드 전체에서 제거한다. 그렇기 때문에 우리가 만든 모든 프로그램은 짧고, 정확하게 표현하고, 관리하기 쉬워진다.

코틀린은 세미콜론, 타입 정의, 클래스 등 다른 언어에서는 필수적인 것들을 몇 가지 선택사항(optional)로 만들었다. 코틀린에서 개발자는 변수를 만들 때 뮤터블(mutable, 변경 가능)인지, 이뮤터블(immutable, 변경 불가능)인지를 결정해야 한다. 문자열 표현식과 멀티라인 스트링을 사용할 때 스트링 탬플릿을 제공해서 고통을 줄여준다. 그리고 뮤터블 변수의 사용을 줄이기 위해서 명령문보다는 표현식을 선호한다.

코드의 가장 기본적인 부분인 한 줄의 명령문 혹은 표현식을 통해서 코틀린의 디자인 철학에 대해서 알아보자. 책을 따라가보면 우리는 코틀린이 어떻게 코드에서 노이즈를 줄이고 변수를 정의하는지 알 수 있고, 경고(Warning)를 이해하고, 타입 추론과 문자열 표현식을 쉽게 사용하고 멀티라인 문자열을 만들 수 있다. 이런 기본적이고 필수적인 코틀린의 콘셉트를 먼저 배워두면 코틀린으로 코드를 작성할 때 영향을 끼칠 것이다.

2-1 더 적은 타이핑

코틀린으로 애플리케이션을 만들면 더 적게 타이핑(실제로 키보드를 두드리는 행위) 하게 될 것이다. 왜냐하면 코틀린에서는 많은 것들이 선택적(Optional)이기 때문이다.

세미콜론은 생략해도 된다

코틀린으로 프로그래밍을 시작하면 지금까지 줄곧 고통받던 오른쪽 새끼손가락은 자유로워질 것이다. 모든 표현식이나 명령문을 세미콜론으로 끝낼 필요가 없다. 세미콜론은 거의 쓰지 않는다. 세미콜론이 필요할 때는 한 줄에 두 개 이상의 표현식이나 명령문을 사용할 때뿐이다.

아래 예제는 코틀린 문법에 맞는 문장이면서 단독으로 사용할 수 있는 예제이다.

```
6 * 2
```

이 코드를 보면 별것 아니게 보일 것이다. 그러나 이 책의 뒷부분에 다다라서는 세미콜론이 없는 게 코드를 풍부하게 해준다는 것을 알게 될 것이다. 특히, 내부 DSL을 만들 때는 더더욱 말이다.

Java나 JavaScript같은 언어에서 코틀린으로 전환하고 있는 중이라면 무의식적으로 세미콜론을 누르고 있을 가능성이 크다. 물론 세미콜론을 사용해도 되지만 코틀린에선 사용하지 않는 게 좋다.

변수 타입 지정은 생략해도 된다

코틀린은 정적 타입 언어이다. 하지만 그게 변수의 타입을 꼭 지정해야 한다는 뜻은 아니다. 정적 타입이란 변수의 타입이 컴파일 시점에 검증되고 정확해져야 한다는 의미다.

코틀린은 컨텍스트에 기반한 스마트한 타입 추론 기능을 가지고 있다. 타입을 명시하지 않고 변수를 정의한 후 타입을 확인해보자.

[코드 essence/typeinference.kts]

```
val greet = "hello"
println(greet)
println(greet::class)
println(greet.javaClass)
```

::class는 변수에 의해 참조되고 있는 객체의 코틀린 클래스를 확인한다. 그리고 .javaClass는 Java 클래스를 확인한다. 코틀린과 Java의 클래스가 서로 다른 경우는 매우 드물다. 코틀린 컴파일러에 친숙한 클래스들만 차이를 보여줄 것이다.

앞의 예제에서, 코틀린의 타입 추론 기능이 변수에 할당된 값(value)에 기반하여 greet라는 변수의 타입을 String이라고 정의했다. 그리고 이런 세부사항을 출력했다.

```
hello
class kotlin.String
class java.lang.String
```

어떤 개발자들은 타입 추론을 두려워한다. "실행 시간에 확인하는 건가?", "컴파일 시간에 타입을 체크하면 성능이 안 좋지 않을까?"하는 궁금증을 가진다. 결론부터 말하자면 아니다.

정확히 이야기하자면, 위 코드에서 실행 시간에 참조된 객체의 타입을 나타낸다. 그러면 컴파일 시간에 변수 greet의 타입은 뭘까? 우리는 코드에서 일부러 실수를 만들어서 확인해볼 수 있다.

[코드 essence/typechecking.kts]

```
val greet = "hello"
println(greet)
greet = 0
```

코틀린은 컴파일시점에 **greet**의 타입이 문자열이라고 판단했다. 그 결과 **greet**에 정수를 할당하려고 하자 유효하지 않다는 사실을 알 수 있었다. 게다가 **val**에는 다시 값을 할당할 수 없다. 그래서 이 코드를 스크립트로 실행해도 컴파일 오류가 발생해 실행되지 않았다.

```
typechecking.kts:5:1: error: val cannot be reassigned
greet = 0
^
typechecking.kts:5:9: error: the integer literal does not conform
   to the expected type String
greet = 0
        ^
```

코틀린의 타입 추론은 극단적이지 않다. 타입이 명확한 경우에는 타입을 생략할 수 있다. 함수(function)나 메소드(method)를 정의할 때, 리턴타입은 명시하지 않아도 되지만 파라미터 타입은 명시해야 한다. 일반적으로 API의 리턴타입을 명시하는 이유는 라이브러리 내부에서 사용하기 위해서가 아니라 라이브러리를 사용하는 외부의 유저에게 보여주기 위해서다. 조금 후에 함수를 만들면서 이런 점을 논의할 것이다.

동료들에게 변수에 의미있는 이름을 붙이라고 권장해야 한다. 그래야 변수의 타입과 목적을 쉽게 알 수 있다. **val t = 0.08** 보다는 **val taxRate = 0.08**이 명확하지 않은가.

또, 타입 추론을 사용할 때 변수 이름에 타입이 포함되지 않도록 주의해야 한다. 타입 추론을 접하는 개발자들은 그동안 코드에서 타입에 대한 정보를 제공받았기 때문에 변수이름에 타입을 포함시키면서 타입에 대한 정보를 보정하려고 과하게 노력하는 경향이 있다. 아래와 같이 말이다.

```
val taxRateDouble = 0.08 //하면 안된다.
val dTaxRate = 0.08 //역시, 하면 안된다.
```

지역 변수들은 내부에서만 사용되고 외부 사람들에겐 보이지 않는다. 그렇기 때문에 타입 추론은 사용자들에게서 어떤 정보도 바라지 않는다. 타입 정보 생략이 가능한 경우에는 타입을 생략하라. 그 대신 적절한 변수 이름을 정하고 타입 추론을 사용하자.

클래스와 함수는 생략 가능하다

Java같은 언어와는 다르게, 코틀린은 명령문이나 표현식이 메소드에 속할 필요가 없고, 메소드는 클래스에 속할 필요가 없다. 최소한 우리가 만드는 소스코드 안에서는 말이다. 코드가 컴파일되거나, 스크립트로 실행될 때 코틀린은 JVM에서 실행하기 위해 필수적으로 필요한 랩퍼(wrapper) 클래스와 메소드를 생성한다.

아래에 나오는 소스 코드에서 함수는 클래스에 속하지 않는다 그리고 함수에 있는 코드는 단독으로 동작하고 다른 어떤 함수의 한 부분도 아니다. 비록 JVM에서 동작하도록 코틀린이 필요에 따라 이 코드와 함수들을 클래스로 랩핑하지만 말이다.

이제 어떤 클래스에도 속하지 않는 함수와 함수도 아닌 코드가 있는 스크립트를 만들어보자.

[코드 essence/standalone.kts]

```
fun nofluff() {
  println("nofluff called...")
  throw RuntimeException("oops")
}
println("not in a function, calling nofluff()")
try {
  nofluff()
} catch(ex: Exception) {
  val stackTrace = ex.getStackTrace()
  println(stackTrace[0])
  println(stackTrace[1])
}
```

함수 아래에서 단독적으로 동작하는 코드가 함수 nofluff()를 호출한다. 함수 nofluff()는 어떤 클래스에도 속해있지 않다. 함수는 예외를 생성한다. 그리고 함수를 호출한 코드는 예외 처리 과정에 따라 맨 위 2개의 스택 프레임을 출력한다. 이 코드의 실행결과는 다음과 같다. 첫째로 코틀린은 클래스와 메소드를 만들라고 강요하지 않는다. 그리고 둘째로 해당 코드를 자동으로 클래스로 감싸준다.

```
not in a function, calling nofluff()
nofluff called...
Standalone.nofluff(standalone.kts:4)
Standalone.<init>(standalone.kts:10)
```

코틀린은 조용히 nofluff() 함수를 Standalone이라는 동기화된 클래스의 메소드 안으로 넣었다. 클래스의 이름은 파일 이름으로 추론된다. 그리고 출력 결과에 나온 <init>을 봤을 때 단독적으로 동작하는 코드는 클래스의 생성자 안으로 들어갔다.

작은 코드를 작성할 때 파일 안에 코드를 바로 작성하면 스크립트로 동작된다. 클래스와 메소드를 만들기 위한 관례적인 코드가 필요 없다. 물론 큰 애플리케이션을 작업할 때는 클래스와 메소드를 만들어야 할 것이다. 간단한 코드는 간단하게 만들고, 복잡한 코드는 더 정밀하고 구조적이어야 한다.

try-catch는 선택사항이다

Java 컴파일러를 사용할 땐 명시적 예외(Checked Exception)를 확실하게 처리(catch)하거나 전달(throw)해야 한다. 명시적 예외가 좋은지 나쁜지에 대한 논쟁은 영원히 결론이 나지 않을 것이다. 명시적 예외를 좋아하는 개발자가 있는가 하면 싫어하는 개발자들이 있다. 우리는 그런 논쟁을 할 필요가 없다. 코틀린이 제공해주는 대안은 무엇인지 살펴보도록 하자.

코틀린은 checked이든 unchecked든 상관없이 어떠한 예외도 처리하도록 강제하지 않는다. 만약에 try-catch문이 없는 함수를 호출했을 때 예외가 발생하면 자동으로 해당 함수를 호출한 함수 또는 호출한 코드로 전달된다. 호출한 코드나 함수에서 예외를 핸들링하지 않는다면 프로그램은 종료된다.

예를 들어보자. Java의 Thread 클래스에 속한 sleep() 메소드는 명시적 예외를 전달한다. 그리고 컴파일러는 해당 예외를 반드시 처리하도록 강제한다. 그 결과 sleep() 메소드를 부르는 모든 호출을 try문으로 감싸야 하고, sleep() 메소드가 전달할 수 있는

InterruptedException을 어떻게 처리해야 할지 고민하느라 시간을 써야 한다. 코틀린을 사용하면 그럴 필요가 없다.

[코드 essence/nocatch.kts]

```
println("Lemme take a nap")
Thread.sleep(1000)
println("ah that feels good")
```

위 코드엔 try-catch문이 없다. 그러나 실행시켜 보면 첫 줄이 출력되고 1초가 지난 후에 두 번째 줄이 출력된다.

예외처리를 위해서는 방어적 프로그래밍*을 하는 게 좋다. 코틀린은 try-catch문을 강요하지 않는다. 그렇기 때문에 Java처럼 컴파일러의 체크를 통과하기 위해 불필요한 빈 catch 블록을 만들 필요가 없다. 개발자가 직접 다루지 않은 예외는 자동으로 호출한 코드로 전파된다는 것을 기억하도록 하자.

코틀린 컴파일러가 요구사항을 줄여 어떻게 유연성을 제공하는지 보았다. 동시에 코틀린 컴파일러는 코드를 안전하게 만들기 위해서 코드 안에 잠재된 오류도 확인한다. 다음을 보자.

2-2 현명한 경고

어떤 코드가 문법적으로 검증되었다고 하더라도 잠재적인 문제가 숨어있을 수 있다. 컴파일 시간에 빠른 경고(early warning)를 받을 수 있다면 개발자들은 잠재적 문제를 사전에 대처할 수 있을 거다. 코틀린 컴파일러는 코드 안의 다양한 잠재적 문제들을 찾아낸다.

예를 들어서 함수나 메소드에 사용되지 않는 파라미터가 존재한다면 컴파일러가 경고를 줄 것이다. 아래의 스크립트에서 compute()에서 전달된 파라미터는 사용되지 않는다.

[코드 essence/unused.kts]

```
fun compute(n: Int) = 0
println(compute(4))
```

---

* **역주_** Defensive programming. 예상치 못한 입력에도 프로그램이 계속적 기능 수행을 보장하도록 고안된 설계방식

스크립트가 실행될 때 코틀린은 결과를 표시하면서 사용하지 않는 파라미터에 대한 경고를 함께 줄 것이다.

```
0
unused.kts:1:13: warning: parameter 'n' is never used
fun compute(n: Int) = 0
            ^
```

이전에 집필한 책 〈애자일 프랙티스〉(인사이트, 2007)에서 애자일 개발에서 '경고(warning) 를 오류처럼 다루는 것이 올바른 소프트웨어 개발 습관이다.'라고 강조했다. 코틀린에서는 –Werror 옵션으로 경고를 오류처럼 다룰 수 있다. 커맨드 라인으로 해당 옵션을 사용해서 실 행시켜보자.

```
$ kotlinc-jvm -Werror -script unused.kts
```

이 옵션은 빌드와 실행을 실패시킨다. 옵션이 없을 때는 실행됐던 것과 대조적으로 출력되는 내용 없이 오류 리포트만 나온다.

```
error: warnings found and -Werror specified
unused.kts:1:13: warning: parameter 'n' is never used
fun compute(n: Int) = 0
                ^
```

코틀린 컴파일러는 현명하게 경고를 준다. 예를 들어보자. 프로그램이 커맨드 라인 인자를 무 시하는 일은 드물다. main() 메소드에 무조건 파라미터를 사용하라고 강제하는 것은 너무 과 한 처사다. 다음 예제에서 확인하겠지만 코틀린은 main() 메소드에 사용하지 않는 파라미터 가 있는 것에 대해 불만을 표시하지 않는다. 하지만 만약에 스크립트의 main() 메소드에 사 용하지 않는 파라미터가 있다면(.kt 파일이 아닌 .kts 파일일 경우에 해당한다.) 코틀린은 경고를 준 다. 경고에 대한 차이는 컨텍스트에 따라서 결정된다.

[코드 essence/UnusedInMain.kt]

```
fun compute(n: Int) = 0
fun main(args: Array<String>) = println(compute(4))
```

kotlinc-jvm을 이용해서 컴파일을 한 후, Java나 코틀린을 사용해서 실행시켜보면 아래와 같은 출력을 볼 수 있다. 경고는 kotlinc에서 나온 것이고, 출력은 생성된 jar 파일의 실행 결과다.

```
UnusedInMain.kt:1:13: warning: parameter 'n' is never used
fun compute(n: Int) = 0
            ^
0
```

코틀린 1.3부터 main() 메소드의 파라미터는 사용하지 않을 경우 생략 가능하다.

우리는 코틀린이 잠재적인 오류를 예방하는 방법을 확인해 보았다. 이에 따르면 코틀린은 개발자가 이뮤터빌리티(immutability, 불변성)에 대해서 결정을 할 수 있기를 원한다. 이제 이뮤터빌리티에 대한 이야기를 해보자.

2-3 var보다는 val

이뮤터블 변수(상수 또는 값)를 정의하기 위해서 다음처럼 val을 사용한다.

```
val pi: Double = 3.14
```

변수 이름보다 타입을 앞에 쓰던 Java와는 다르게 코틀린에서는 변수 이름을 먼저 쓰고 콜론(:)을 쓰고 타입을 명시한다. 변수의 이름이 변수의 타입보다 중요하다고 여기는 코틀린은 변수의 이름을 앞에 두게 되었다.

현재 컨텍스트에서 변수의 타입이 명확하기 때문에 타입은 생략할 수 있다. 코틀린의 타입 추론을 이용해보자.

```
val pi = 3.14
```

두 방법 모두 pi의 값은 변경할 수 없다. val은 Java의 final과 비슷하다. val로 정의한 변수의 값을 바꾸거나 재할당하려는 시도를 하면 컴파일 오류가 발생한다. 예를 들면 아래의 코드는 잘못되었다.

```
val pi = 3.14
pi = 3.14 //오류: val에는 재할당이 불가능하다.
```

변수의 값을 바꿀 수 있도록 하려면 어떻게 해야 할까? 코틀린은 '불명예의 키워드'라고도 불리는 var를 사용한다. var로 정의된 변수는 뮤터블하다.

아래의 스크립트는 뮤터블 변수를 생성하고, 값을 변경해 보는 스크립트이다.

```
var score = 10 // var score: Int = 10도 가능하다.
println(score) //10
score = 11
println(score) //11
```

명령행 프로그래밍에서 변수 값의 변경은 피할 수 없는 일이다. 그러나 함수형 프로그래밍에선 변수의 값을 변경하는 것이 터부시된다. 일반적으로 이뮤터블 변수를 사용하는 것이 선호된다. 왜 이뮤터블이 뮤터블보다 좋은지 다음 예제를 통해서 그려보자.

[코드 essence/mutate.kts]

```
var factor = 2
fun doubleIt(n: Int) = n * factor
factor = 0
println(doubleIt(2))
```

이 코드는 바로 실행하지 말고 결과를 짐작해보자. 동료들한테 코드를 보여주고 출력이 뭔지 물어보자. 투표를 해보자. 결과는 다수결에 맞게 나올 것이다(농담이다). 고맙게도 프로그래밍의 결과는 다수결을 따르지 않는다.

아마도 동료들은 아래 3개 중 하나의 답을 줄 것이다.

▶ 4가 출력된다.

▶ 0이 출력된다. 필자도 여기에 투표했다.

▶ 뭐?(최근에 코드를 보여줬더니 들었던 답)

위 코드의 출력은 0이다. 아마 여러분도 추측으로 맞췄을지 모른다. 하지만 코딩할 때 결과를 추측한다는 건 전혀 즐겁지 않다.

뮤터빌리티(mutability, 변경 가능성)는 코드를 추론하기 어렵게 만든다. 뮤터블한 코드는 오류가 발생할 가능성이 더 높다. 뮤터블 변수가 있는 코드는 병렬화하기가 더 어렵다. var 대신에 val을 사용하려 노력해야 한다. 나중에 보게 되겠지만, 코틀린은 다른 경우에서도 val과 이 뮤터블을 기본으로 사용한다.

코틀린의 val은 Java의 final과 비슷하다. Java와는 다르게 코틀린은 var를 사용해서 뮤터블 변수를 나타낸다. 그래서 Java에서 누락된 final을 찾는 것보다 코틀린의 var를 찾는 게 훨씬 쉽다. 결과적으로 코틀린에서는 변경가능성 때문에 나올 수 있는 잠재적 오류들을 찾기가 쉽다.

물론 val도 주의해서 사용해야 한다. val은 변수나 참조(reference)만 상수(constant)로 만든다. 객체를 상수로 만드는 것은 불가능하다. 그래서 val은 참조에 대한 이뮤터빌리티만을 보장해주고, 객체의 변화는 방지할 수 없다. 예를 들어서 String은 이뮤터블이다. 그러나 StringBuilder는 뮤터블이다. val이나 var 어느 것을 사용하든지 String 객체는 변화로부터 안전하다. 그러나 StringBuilder의 객체는 안전하지 않다. 아래의 코드에서 변수 message는 이뮤터블이다. 그러나 참조하는 객체가 그 변수를 이용해서 변경되었다.

```
val message = StringBuilder("hello")
//message = StringBuilder("another") // 이렇게 하면 오류가 난다.
message.append("there")
```

요약하자면 val은 변수 또는 지금 참조 중인 것에만 집중을 하고 있다. 어떤 것을 참조 중인지는 신경쓰지 않는다. 그래도, 가능하면 var보다는 val을 사용하자.

2-4 향상된 동일성 체크

Java와 마찬가지로 코틀린도 두 가지 종류의 동일성 체크가 있다.

▶ Java의 equals() 메소드 또는 코틀린의 == 연산자는 값을 비교한다. '구조상의 동일성(structural equality)' 이라고 부른다.

▶ Java의 == 연산자 또는 코틀린의 === 연산자는 참조 대상을 비교한다. '참조상의 동일성 (referential equality)'이라고 부른다. 참조상의 동일성은 참조를 비교하고 두 비교대상이 같은 객체를 참조하는 경우 true를 반환한다. 코틀린의 === 연산자는 Java의 == 연산자와 일치한다.

하지만 코틀린의 ==는 Java의 equals() 메소드보다 뛰어나다. 만약에 Java에서 str1. equals(str2);라는 코드를 실행시켰을 때 str1이 null이라면 NullPointerException을 리턴 받지만, 코틀린의 == 연산자는 다른 결과를 준다.

코틀린의 구조상의 동일성 연산자 ==는 null 참조를 안전하게 다룬다. 아래의 예제로 실험해 보자.

[코드 essence/equality.kts]

```
println("hi" == "hi")
println("hi" == "Hi")
println(null == "hi")
println("hi" == null)
println(null == null)
```

만약에 위의 비교가 Java의 equals()로 실행되었다면 런타임에서 NullPointerException 이란 결과가 나왔을 것이다. 그러나 코틀린은 null을 안전하게 다룬다. 만약에 두 개의 값이 동일하다면 true를 리턴한다. 그게 아니라면 false를 리턴한다. 만약에 둘 중 하나가 null이고, 하나는 null이 아니라면 false를 리턴한다. 둘 다 null이라면 결과는 true다. 우리는 코드 실행 결과를 통해서 해당 사실을 알 수 있다. 게다가 코틀린은 거기에 추가적으로 다른 정보도 준다.

```
true
false
false
false
true
equality.kts:3:9: warning: condition 'null == "hi"' is always 'false'
println(null == "hi")
        ^
equality.kts:4:9: warning: condition '"hi" == null' is always 'false'
println("hi" == null)
             ^
equality.kts:5:9: warning: condition 'null == null' is always 'true'
println(null == null)
        ^
```

코드 실행 결과는 위에 나온 것처럼 ==의 연산결과를 알려준다. 그리고 동시에 훌륭한 경고를 덧붙인다. 만약 결과가 항상 같은 값을 보여줄 것 같다면 경고를 통해서 쓸모없는 컨디션 체크를 하는 코드를 수정하라고 제안한다.

코틀린에서 == 연산자를 사용할 때, null 체크를 먼저 하고, equals() 메소드를 실행한다.

우리는 Java의 equals() 메소드와 코틀린의 == 연산자의 차이에 대해서 배웠다. 이제 표현식을 활용해서 문자열을 쉽게 만드는 방법을 알아보자.

2-5 문자열 템플릿

프로그래밍을 할 때 우리는 종종 표현식의 결과를 포함해 문자열을 만든다. + 연산자를 이용해서 값을 연결한 문자열을 만들면 코드는 장황해지고, 유지보수는 어려워진다. 문자열 템플릿은 그런 문제를 우아하게 해결해준다.

큰따옴표 문자열 안에서 $ 심볼을 변수 앞에 붙여주면 어떤 변수라도 문자열 안에 들어간다. 만약에 들어가야 할 표현식이 변수 하나보다 더 복잡한 명령문이라면 ${}로 감싸서 사용할 수 있다.

$심볼 뒤에 변수이름이나 표현식이 없으면 $심볼은 문자로 취급된다. 그리고 역슬래시를 이용하면 $ 심볼은 문자로 취급할 수도 있다.

$ 심볼을 문자로 취급하는 문자열 템플릿의 예제를 살펴보자.

[코드 essence/stringtemplate.kts]

```
val price = 12.25
val taxRate = 0.08
val output = "The amount $price after tax comes to $${price * (1 + taxRate)}"
val disclaimer = "The amount is in US$, that's right in \$only"
println(output)
println(disclaimer)
```

output 문자열 템플릿에서, 첫 번째 $는 뒤따라오는 변수 이름과 표현식의 구분자로 사용되었다. 두 번째 $는 바로 뒤에 변수나 표현식이 아닌 $가 한번 더 나오므로 문자로 취급된다. 세 번째 $는 {}로 감싸져 있는 표현식을 위한 프리픽스이다. 나머지 $들은 모두 문자로 취급

되었다. 출력된 코드들을 살펴보자.

```
The amount 12.25 after tax comes to $13.23
The amount is in US$, that's right in $only
```

앞서 말했던 var보다는 val을 사용하라는 경고는 여기서도 적용된다. 이전에 사용했던 var 예제를 약간 변형해서 문자열 템플릿을 사용해보도록 수정해보자.

[코드 essense/mutateconfusion.kts]

```
var factor = 2
fun doubleIt(n: Int) = n * factor
var message = "The factor is $factor"
factor = 0
println(doubleIt(2))
println(message)
```

이전과 같이, 코드를 실행시키지 말고 결과를 생각해보자.

```
0
The factor is 2
```

함수 doublelt()에 있는 변수 factor는 스코프 밖에서 바인딩된다. 즉, 렉시컬 스코프이다. factor의 값은 함수가 호출된 시점에서 사용된다. 반면에 문자열 템플릿은 출력될 때가 아니고 message가 만들어질 때 사용되었다. 이런 종류의 차이들이 인지부하*를 증가시키고 코드를 유지보수하기 어렵게 만들며 오류를 만드는 경향도 생긴다. 이런 코드로 프로그래머들을 고문할 필요는 없다. 다시 강조하자면 가능한 한 var보다는 val을 사용해라. 다음으로 Raw 문자열을 이용하여 잡다한 기호 없이 멀티라인 문자열을 만드는 방법을 확인하자.

----

* **역주_** 학습이나 과제 해결 과정에서의 인지적 요구량

2-6 RAW 문자열

이스케이프 문자를 사용하면 코드가 지저분해진다. 코틀린에서는 이스케이프 문자를 사용하는 대신 시작과 끝에서 큰따옴표를 세 개를 이용해 raw 문자열을 사용할 수 있다. 이스케이프 문자 없이도 아무 문자나 표현할 수 있다. 그리고 raw 문자열을 사용하면 여러 줄(멀티라인) 문자열도 만들 수도 있다.

이스케이프는 이제 안녕

큰따옴표로 하나로 시작하는 문자열에는 다양한 문자를 그대로 넣을 수 없다. 줄바꿈이나 큰따옴표 같은 문자들은 이스케이프 문자인 \(백슬래시)없이는 입력할 수 없다. 간단한 문장 조차도 읽기 어려워지는 셈이다. 아래를 보자.

```
val escaped = "The kid asked, \"How's it going, $name?\""
```

문자열 안에서 큰따옴표를 사용하려면 반드시 이스케이프 문자를 사용해야 한다. 하지만 이스케이프 문자를 많이 쓸수록 코드는 더 복잡해진다. 그래서 코틀린은 이스케이프 문자를 사용하는 대신 raw 문자열을 사용한다. raw 문자열도 이스케이프 문자가 사용된 문자열처럼 문자열 템플릿으로 사용할 수 있다. 하지만 이스케이프 문자를 쓰느라 복잡해질 일이 없다. 위의 이스케이프 문자가 포함된 문자열을 raw 문자열으로 변환해봤다. 지저분하지도 않고 읽기도 좋다.

```
val raw = """"The kid asked, "How's it going, $name?""""
```

역설적이긴 하지만, 이스케이프할 필요가 없는 작고, 단순하고, 간단한 문자열이라면 이스케이프 문자가 필요한 문자열을 사용하고, 복잡하거나 여러 줄을 써야 할 경우엔 raw 문자열을 사용하는 게 좋다.

멀티라인 문자열

멀티라인 문자열을 만들 때 악명높은 + 연산자를 사용한다. 그리고 그 결과, 코드는 지저분해지고 관리하기 어려워진다. 코틀린은 멀티라인 스트링을 사용할 때 필요한 이런 형식들을 지워버리고 raw 문자열을 이용해서 멀티라인 스트링을 만든다. raw 문자열은 줄바꿈 문자를 포함할 수 있고, 문자열 템플릿으로 사용될 수 있다. + 연산자 없이 멀티라인 문자열을 만들어보자.

[코드 essence/memo.kts]

```
val name = "Eve"

val memo = """Dear $name, a quick reminder about the
party we have scheduled next Tuesday at
the 'Low Ceremony Cafe' at Noon. ¦ Please plan to..."""

println(memo)
```

멀티라인 문자열은 3개의 큰따옴표로 시작한다. 문자열 템플릿의 표현식을 사용해 변수 **name**을 포함시켰다. 그리고 3개의 큰따옴표로 끝난다. 그 결과 여러 줄의 문자열에 문자열 템플릿이 적용되어 변수값이 포함된 문자열이 출력된다.

```
Dear Eve, a quick reminder about the
party we have scheduled next Tuesday at
the 'Low Ceremony Cafe' at Noon. ¦ Please plan to...
```

결과는 아름답다. 그러나(늘 분위기를 망쳐놓는 한마디) 멀티라인 문자열이 함수 안에 있으면 어떻게 될까? 아니면, **if** 안에 있다면 어떻게 될까? 확인해 보자.

[코드 essence/nestedmemo.kts]

```
fun createMemoFor(name: String): String {
  if (name == "Eve") {
    val memo = """Dear $name, a quick reminder about the
        party we have scheduled next Tuesday at
        the 'Low Ceremony Cafe' at Noon. ¦ Please plan to..."""
    return memo
  }

  return ""
}

println(createMemoFor("Eve"))
```

createMemoFor() 함수는 파라미터가 Eve인 경우에 멀티라인 문자열을 리턴한다. 출력 결과를 보자.

```
Dear Eve, a quick reminder about the
        party we have scheduled next Tuesday at
        the 'Low Ceremony Cafe' at Noon. ¦ Please plan to...
```

결과 문자열은 들여쓰기가 포함되어 버린다. 다행히도 들여쓰기를 제거하는 것은 어렵지 않다. 다시 시도해보자.

[코드 essence/nestedmemofix.kts]

```
fun createMemoFor(name: String): String {
  if (name == "Eve") {
    val memo = """Dear $name, a quick reminder about the
        ¦party we have scheduled next Tuesday at
        ¦the 'Low Ceremony Cafe' at Noon. ¦ Please plan to..."""
    return memo.trimMargin()
  }
  return ""
}
println(createMemoFor())
```

우리는 두 가지 변경을 줬다. 먼저, 둘째 줄부터 모든 줄마다 수직선(¦)을 넣었다. 그 다음, 문자열에서 마진(margin)을 없애기 위해서 확장함수(Ch12. 코틀린을 능숙하게 다루기에서 다룬다)인 trimMargin() 메소드를 사용했다. 아규먼트 없이 trimMargin() 메소드를 사용하면 수직선(¦) 문자가 나올 때까지 공백을 제거한다. 시작점에 있는 수직선(¦) 문자가 아닐 경우엔 아무런 영향도 주지 않는다. 잘 수정되었는지 결과를 확인해 보자.

```
Dear Eve, a quick reminder about the
party we have scheduled next Tuesday at
the 'Low Ceremony Cafe' at Noon. ¦ Please plan to...
```

수직선(¦) 문자를 문장 내용으로 사용하고 싶어서 시작 구분점으로 사용하고 싶지 않다면, 수직선(¦) 문자 대신 원하는 문자를 선택할 수 있다. 물결표(~)같은 문자를 시작 구분점으로 사용해 보자.

```
val memo = """"Dear $name, a quick reminder about the
~party we have scheduled next Tuesday at
~the 'Low Ceremony Cafe' at Noon. | Please plan to..."""
return memo.trimMargin("~")
```

멀티라인 문자열의 시작 구분점을 기본값인 수직선(|) 대신 물결표(~)를 사용했다. 그리고 trimMargin() 메소드를 부를 때 사용한 시작 구분점 문자(~)를 아규먼트로 넘겨준다. 그러면 구분점의 기본값인 수직선(|)을 사용했을 때와 같은 결과가 나올 것이다.

지금까지 코틀린이 가진 더 향상된 표현식과 명령문을 Java와 비교해 보았다. 코틀린은 명령문보다는 표현식을 더 좋아한다. 이제 코틀린의 표현식과 명령문에 대해서 살펴보자.

2-7 표현식은 많이, 명령문은 적게

Java, C#, JavaScript같은 언어들은 표현식(expression)보다는 명령문(statement)을 더 많이 가지고 있다(if문, for문, try문 등등). 반면에 Ruby, F#, Groovy, Haskell 등 다른 많은 언어들은 명령문보다는 표현식을 많이 가지고 있다. 코틀린이 무엇을 선호하는지 말하기 전에 표현식과 명령문 중 어떤 것이 더 좋은가 논의해보자.

명령문(statement)을 많이 사용하지만, 어두운 면이 숨겨져 있다. 명령문은 아무것도 리턴하지 않을 뿐만 아니라, 부작용도 가지고 있다. 여기서 말하는 부작용이란, 상태가 변하고, 변수를 변하게 하고, 파일을 작성하고, 데이터베이스를 업데이트하고, 리모트 웹 서버에 데이터를 전송하고, 하드 드라이브를 오염시키는 것 등이 포함된다. 명령문보다는 표현식(expression)이 좋다. 표현식은 결과를 리턴해주고, 어떤 상태도 변화시키지 않는다.

차이를 확인하기 위해서 예제를 한번 살펴보자. Java나 C#같은 스타일로 코틀린 코드를 작성해보자.

```
fun canVote(name: String, age: Int): String {
  var status: String
  if (age > 17) {
    status = "yes, please vote"
  } else {
    status = "nope, please come back"
  }
```

```
    return "$name, $status"
  }
println(canVote("Eve", 12))
```

canVote() 메소드는 if문을 명령문 상태로 사용한다. 명령문은 아무런 리턴값을 주지 않기 때문에 canVote() 메소드에서 쓸만한 결과를 얻기 위한 유일한 방법은 뮤터블 변수를 만들고, 메소드 안에서 해당 변수를 수정하는 것뿐이다.

하지만 코틀린에서 if는 표현식이다. 우리는 이후의 처리를 위해서 if를 호출하고, 그 결과를 사용할 수 있다. 방금 작성한 코드를 수정해보자. if를 명령문 대신 표현식으로 사용하겠다.

```
val status = if (age > 17) "yes, please vote" else "nope, please come back"
return "$name, $status"
```

해당 변수를 더 이상 변화시킬 필요가 없으므로 var가 아닌 val을 사용할 수 있었다. status에 들어갈 값이 if 표현식에 의해 정해지므로 status에 타입추론을 사용할 수 있었다. 변화된 코드는 덜 지저분하고, 오류도 덜 발생한다.

코틀린은 try-catch도 표현식으로 취급한다. 예외가 발생하지 않는 경우 try식 안의 마지막 부분이 결과가 된다. 반대로 예외가 발생하면 catch식의 마지막 부분이 결과가 된다.

try-catch-finally를 표현식으로 사용한 예제를 보자.

```
fun tryExpr(blowup: Boolean): Int {
  return try {
    if (blowup) {
      throw RuntimeException("fail")
    }
    2
  } catch(ex: Exception) {
    4
  } finally {
    //...
  }
}
println(tryExpr(false)) //2
println(tryExpr(true)) //4
```

이 코드에 놀라운 점이 존재한다. Java에선 할당을 표현식으로 취급하지만 코틀린은 그렇지 않다. 만약에 변수 a,b,c가 var를 이용해서 1,2,3 같은 정수로 정의되었다면 아래의 코드는 실행되지 않을 것이다.

```
a = b = c //오류
```

위 식이 표현식으로 취급되지 않는 이유는 코틀린이 델리게이션(delegate, 위임)을 통해 변수를 get하거나 set하도록 허용하기 때문이다. 이는 뒷부분에서 다시 다룰 것이다. 만약에 대입연산자 =이 표현식으로 다뤄졌다면 할당 체이닝은 예상할 수 없고, 복잡한 행동을 하면서 혼란을 주고 오류를 불러올 것이다.

정리

코틀린은 가장 기초적인 프로그래밍 작업에서 사용되는 관용적인 코드 대부분을 없애버렸다. 같은 작업을 한다면 다른 언어들보다 코틀린을 사용할 때 더 적은 코드를 타이핑 하는 것으로 완료할 수 있다는 사실을 발견할 것이다. 세미콜론은 선택사항이고, 변수 선언을 할 때는 타입 추론을 사용한다. 모든 것을 함수나 클래스에 넣을 필요가 없고 예외처리를 강요하지도 않는다. 이런 점들이 프로그래밍을 쉽게 해준다. 동시에, 코틀린은 오류로부터 당신을 보호해주기 위해서 현명한 경고(warning)를 해준다. 변수의 이뮤터빌리티와 뮤터빌리티를 미리 선택하기 때문에 프로그램의 안정성도 올라간다. 게다가 비교(equality check)를 할 때 null 오류가 발생하지 않는다. 문자열 템플릿과 멀티라인 문자열은 문자열을 표현식으로 만들어야 하는 수고를 줄여준다. 코틀린은 Java, C#, JavaScript같은 언어들에 비해서 명령문(statement)보다 표현식(expression)을 제공해 준다.

이번 챕터에서는 표현식과 명령문을 살펴봤다. 다음 차례는 함수다.

함수를 사용하자

코틀린은 개발자에게 무조건 클래스를 사용하라고 강요하지 않는다. 중복된 코드를 좋아하는 사람은 없다. 그러나 코드 재사용이 무조건 클래스 계층화를 의미하는 건 아니다. 재사용 가능한 가장 작은 단위가 클래스인 Java와는 달리, 코틀린에서는 클래스는 물론 단독 함수(standalone function)까지 모두 재사용 가능하다.

코틀린은 좋은 코드를 만들 수 있도록 아주 실용적인 접근을 했다. 작고 단순한 단독 함수를 만들고 코드 안의 메소드나 함수에서 필요할 때마다 사용할 수 있도록 한 것이다. 이번 챕터에서 단독함수를 집중적으로 살펴보는 이유는 두 가지다. 첫 번째, 할 수 있기 때문이다. 코틀린에서 재사용 가능한 탑 레벨 단독함수를 만들면 클래스에서 시간과 노력을 낭비하지 않는다. 두 번째, 함수는 클래스의 메소드보다 뛰어난 능력을 가지고 있기 때문이다. 간단히 말하면 메소드는 클래스나 객체의 컨텍스트에서 동작하는 함수이다. 여기서 배운 지식은 스크립트, 절차적 프로그램, 함수형 코드, 복잡한 객체지향 코드를 만드는 데 모두 도움이 될 것이다.

코틀린에서는 단독함수를 클래스 안의 정적 메소드로 만들 필요가 없다. 언어의 제약 때문에 객체지향인척 할 필요가 없다는 뜻이다. 필요에 따라서 C나 C++처럼 글로벌 탑레벨 함수를 만들 수 있다. 함수는 탑레벨에 존재하거나 패키지 안에 직접 존재할 수 있다. 당신이 원하는 곳에 놔두면 된다.

코틀린에서 당신은 함수가 특정 타입의 파라미터를 사용하도록 정해야 한다. 하지만 단일 표현식 함수(single-expression function)에 대한 리턴 유형을 유추하도록 요청할 수 있다. 함수를 호출할 때, 모든 파라미터를 전달하지 않고 기본 파라미터를 전달할 수 있다. 이런 특징을 이용해서 함수와 메소드를 쉽게 확장할 수 있다. 메소드 사용을 효율적으로 만들기 위해서 코틀린은 아규먼트에 이름을 만들 수 있도록 허용했다. 이런 좋은 발전들로 인해서 코드의 가독성이 높아졌다. 게다가 함수에 가변 아규먼트를 컴파일 안정성 저해 없이 넘길 수 있다. 코틀린은 구조분해(destructuring) 기능을 가지고 있어서 객체에서 속성을 독립 변수(standalone variable)로 뽑아낼 수 있다.

이번 챕터에서 우리는 전역 함수와 단독(standalone) 함수를 사용하는 법을 배운다. 우리는 코틀린의 함수를 정의하는 규칙을 시작으로 함수가 어떻게 표현식으로 취급되는지를 살펴보고 기본 아규먼트, 명시적(named) 아규먼트, 가변 아규먼트 정의, 스프레드 연산자, 구조분해 등 많은 유용한 특징들에 대해서도 알아볼 것이다. 이 특징들을 이용하면 읽기 쉽고, 유연하고, 유지보수하기 좋은 고품질 코드를 만들 수 있다. 객체지향 코드를 작성할 때도 여기에서 배운 컨셉들이 클래스의 메소드를 만드는데 적용될 것이다.

함수와 함께 재미있게 놀아보자.

3-1 함수 생성

코틀린에서 함수와 메소드를 만드는 방법은 Java의 메소드 만드는 방법과 명쾌한 차이가 있다. 코틀린은 함수를 만들 때, 불필요한 관행적인 코드들을 없애 버려서 훌륭한 유연성을 제공한다. 짧은 함수부터 시작해서 타입추론, 파라미터 정의와 멀티라인 함수들을 확인해 보자.

키스(KISS) 함수

코틀린은 함수를 정의할 때 "단순하게 해, 멍청아!(Keep It Simple, Stupid, KISS 원칙)"을 준수한다. 작은 함수들은 단순하게 작성하고, 방해요소가 없고, 실수가 없어야 한다. 코틀린으로 작성할 수 있는 가장 짧은 함수를 한번 실행해 보자.

[코드 functions/kiss.kts]

```
fun greet() = "Hello"
println(greet())
```

함수 정의는 fun키워드로 시작한다. 코틀린은 개발자들이 함수나 메소드를 볼 때마다 항상 즐겁기(fun)를 원한다. 함수 이름 다음엔 파라미터 리스트가 나온다. 이번 예제에는 파라미터가 없을 수도 있다. 만약 함수가 매우 짧은 단일표현함수(single-expression function)라면 함수 바디를 {}로 만드는 대신 함수 정의 부분과 함수 바디를 =로 구분할 수 있다. 짧은 함수의 리턴타입은 추론이 가능하다. 그리고 {} 블록 바디가 없는 단일표현함수에서는 return 키워드를 사용할 수 없다.

스크립트를 실행해서 코틀린과 인사해보자.

```
Hello
```

위 함수가 실제로 리턴하는 값을 확인해보자.

리턴타입과 타입 추론

greet() 함수는 문자열을 리턴한다. 하지만 정확하게 리턴타입을 지정하지는 않았다. 이게 가능한 이유는 코틀린이 {} 블록 바디가 없는 함수에 대해 타입 추론을 해주기 때문이다. 리턴타입 추론은 컴파일할 때 진행된다. 코드에 일부러 오류를 넣어서 확인해보자.

```
fun greet() = "Hello"
val message: Int = greet() //ERROR
//type mismatch: inferred type is String but Int was expected
```

코틀린은 컨텍스트에 기반해 greet()의 리턴을 String이라고 결정했다. 우리는 Int형 변수 message에 greet()의 결과를 할당하려고 시도했다(당연히 안된다). 그리고 코드는 컴파일 오류가 났다.

타입 추론은 안전하게 사용할 수 있고, 컴파일 시간에 타입 체크를 한다. 내부 API(internal API)에서 사용가능하고 단일표현 함수가 =로 정의된 경우 사용할 수 있다. 하지만 함수가 외부에서 사용되거나 복잡하다면 리턴타입을 지정해주도록 하자. 리턴타입을 지정해주는 것이 코드를 개발한 사람과 사용하는 사람 모두에게 리턴타입을 명확하게 알려줄 수 있다. 또한, 리턴타입 추론이 구현(implementation)에 의해서 다른 타입으로 변경되는 상황을 방지할 수 있다.

코틀린의 함수 리턴타입 추론은 함수의 바디가 단일표현식(single expression)이고, {}블록이 아닐 때만 가능하다. greet() 함수의 리턴타입을 명시하도록 바꿔보자.

```
fun greet(): String = "Hello"
```

리턴타입은 앞에는 :를 붙이고, 파라미터 리스트 뒤에 작성한다. return 키워드는 단일표현식 함수이고, 바디가 블록이 아니라면 허용되지 않는다. 리턴타입이 명확하다면 타입 추론을 사용하고, 명확하지 않다면 리턴타입을 명시해주도록 하자.

함수가 아무것도 리턴하지 않는다면 어떻게 될까? 리턴이 void인 함수를 살펴보자.

모든 함수는 표현식이다

'표현식은 많게, 명령문은 적게'에서 보았듯이 코틀린은 명령문보다는 표현식을 좋아한다. 그 원칙에 기반해서 함수는 명령문보다는 표현식으로 취급되어야 한다. 그리고 우리는 각각의 메소드 결과를 얻기 위해서 호출을 조합할 수 있다.

코틀린은 Unit이라는 특별한 타입을 사용한다. Unit은 Java의 void와 대응된다. Unit이라는 이름은 타입 이론에서 아무런 정보를 갖지 않는 싱글톤인 Unit에서 유래했다. 리턴할 게 없는 경우 Unit을 사용할 수 있다. 코틀린은 함수에 리턴이 없으면 Unit타입을 리턴 타입으로 추론한다. 일단 아래의 타입 추론을 확인해 보자.

[코드 functions/inferunit.kts]

```
fun sayHello() = println("Well, hello")
val message: String = sayHello() //ERROR
//type mismatch: inferred type is Unit but String was expected
```

sayHello() 함수는 메세지를 println() 함수를 이용해서 일반 출력한다. 알다시피 Java에서 println()의 리턴값은 void이다. 하지만 코틀린에서는 Unit을 리턴한다. 우리는 타입 추론을 사용해서 sayHello()의 리턴 타입을 정의했다. 리턴 타입이 진짜 Unit인지 확인해보기 위해서 우리는 sayHello()의 결과를 String 타입 변수에 할당해보았다. 그 결과 컴파일 시간에 타입 미스매치로 오류가 발생했다.

타입 추론 사용 대신에 리턴 타입으로 Unit을 지정해줄 수도 있다. sayHello()의 리턴 타입을 지정해 주도록 변경하고 Unit타입의 변수에 할당해 보자.

[코드 functions/specifyunit.kts]

```
fun sayHello(): Unit = println("Well, hello")
val message: Unit = sayHello()
println("The result of sayHello is $message")
```

코틀린에서는 void 함수도 Unit을 리턴해주기 때문에 모든 함수가 표현식으로 취급될 수 있다. 그리고 모든 함수 결과에 대해서 메소드를 호출할 수 있다.

Unit타입은 toString(), equals(), hashCode() 메소드를 가지고 있다. 비록 엄청나게 유용하진 않겠지만, 위의 함수들을 실행시킬 수 있다. 예를 들면 이전 예제코드에서 우리는 Unit타입 message변수를 println() 함수에 전달했고, println()에서는 내부적으로 Unit의 toString() 메소드를 호출했다. 출력결과를 한 번 보자.

```
Well, hello
The result of sayHello is kotlin.Unit
```

Unit의 toString() 메소드는 kotlin.Unit이라는 클래스의 이름만 리턴한다.

모든 함수들은 유용한 리턴을 준다. 혹은 리턴이 없다면 Unit을 리턴해 준다. 그래서 모든 함수는 표현식으로 취급될 수 있고, 그 결과들은 변수에 할당되거나 추후 프로세스를 위해서 사용될 수 있다.

우리가 지금까지 이 챕터에서 사용한 함수들은 파라미터를 사용하지 않았다. 하지만 진짜 함수를 사용할 땐 일반적으로 파라미터가 존재한다. 이제 파라미터를 정의하고 아규먼트를 함수에 전달하는 방법을 알아보자.

파라미터 정의하기

Haskell이나 F#같은 일부 언어들은 함수 안으로 들어가서 파라미터의 타입을 추론할 수 있다. 개인적으로 좋아하지 않는 방식이다. 함수의 구현을 바꾸는 것은 파라미터의 타입을 바꾸는 결과를 불러올 수도 있다. 그런 점이 필자를 불안하게 만든다. 코틀린은 함수나 메소드에 파라미터의 타입을 명시하도록 했다. 파라미터의 타입을 파라미터 이름 바로 뒤에 :로 구분해서 명시해 주는 것이다.

greet() 함수가 String 타입의 파라미터를 받도록 수정해 보자.

[코드 functions/passingarguments.kts]

```
fun greet(name: String): String = "Hello $name"
println(greet("Eve")) //Hello Eve
```

코틀린에서 함수 파라미터의 타입을 지정할 때 "candidate(후보) : Type" 형태의 문법을 사용한다. 이 문법은 함수 파라미터 지정 외에도 var나 val을 이용한 변수 선언, 함수의 리턴 타입 선언, 함수 파라미터, 캐치블록에 전달될 아규먼트 타입 지정에서도 사용된다.

greet()함수에선 파라미터 'name'을 위한 타입은 반드시 필요하고, 리턴 타입의 경우 코틀린 타입추론을 이용하고 싶다면 리턴타입을 생략할 수 있다. 둘 이상의 파라미터가 필요하다면 괄호 안에 ,(콤마)로 구분하여 나열하면 된다.

"2-3. var보다는 val을 선호"에서 본 것처럼 우리는 뮤터블보다는 이뮤터블을 더 선호한다. 그리고 코틀린에서 로컬 변수를 정의할 때 var와 val 중 선택해야 한다. 하지만 greet() 함수를 정의할 때, 파라미터에 val이나 var를 사용하지 않는다. 거기에는 합리적인 이유가 있다.

〈이펙티브 자바 3/E〉(인사이트, 2018)에서 프로그래머는 final과 이뮤터블을 가능한 많이 사용해야 한다고 조언한다. 코틀린은 우리가 함수나 메소드 파라미터를 만들 때 이뮤터블이나 뮤터블을 선택하는 것을 원치 않는다. 코틀린은 함수로 전달된 파라미터를 변경하는 것은 나쁜 생각이라는 결론을 내렸다. 그래서 우리는 파라미터를 val이나 var로 단정지을 수 없다(하지만 굳이 말하자면 val이라고 할 수 있겠다). 그리고 함수나 메소드에서 파라미터의 값을 변화시키려는 시도는 컴파일 오류를 발생시킨다.

지금까지는 아주 짧은 함수만을 봤다. 이제 좀 더 복잡한 함수를 만들어보자.

블록바디로 만든 함수

함수가 작을 때(단일 표현식일 때) 우리는 =을 통해서 바디와 함수 선언부를 나누었다. 만일 함수가 더 복잡하다면 우리는 {} 블록을 사용해서 바디를 만든다.

{} 블록 바디를 이용해서 함수를 정의하면 항상 리턴타입을 정의해줘야 한다. 정의하지 않는다면 리턴타입은 Unit으로 추론된다.

주어진 배열에서 가장 큰 수를 찾아내는 함수를 만들어보자.

[코드 functions/multilinefunction.kts]

```
fun max(numbers: IntArray): Int {
  var large = Int.MIN_VALUE
  for (number in numbers) {
    large = if (number > large) number else large
  }
  return large
}
println(max(intArrayOf(1, 5, 2, 12, 7, 3))) //12
```

max() 함수는 파라미터로 배열(array)을 받고 리턴으로 Int를 반환한다고 정의되어있다. 함수의 바디는 {} 블록으로 둘러싸여있다. 이런 상황에서 리턴 타입은 선택사항이 아니다. 바디가 {} 블록인 함수는 반드시 리턴타입이 있어야만 한다. 이때 return 키워드도 필수이다.

한 가지 주의사항, =을 {} 블록 바디 대신 사용하면 안 된다. 만약 특정 리턴타입을 명시하고 =을 사용한 뒤 {}블록 바디를 사용한다면 컴파일러가 오류를 발생시킨다.

리턴타입을 생략하고 =을 사용해 단일표현식 대신 블록 바디를 사용하면 어떻게 될까? 예를 들어 아래와 같이 말이다.

```
fun notReally() = {2}
```

코틀린은 코드 블록 안으로 들어가서 리턴타입을 추론하지 않는다. 이 경우 코틀린은 블록을 람다표현식이나 익명함수(anonymous function)으로 취급할 것이다. 이런 특징에 대해서는 책의 뒷부분에서 다룰 것이다. 코틀린은 notReally() 함수를 람다표현식을 리턴하는 함수라고 판단한다.

재미를 위해서(진짜 재미있는진 모르겠지만) =을 블록과 함께 사용하고 리턴타입을 명시하지 않은 경우를 살펴보자.

[코드 function/caveat.kts]

```
fun f1() = 2
fun f2() = { 2 }
fun f3(factor: Int) = { n: Int -> n * factor }
println(f1()) //2
println(f2()) //() -> kotlin.Int
println(f2()()) //2
println(f3(2)) //(kotlin.Int) -> kotlin.Int
println(f3(2)(3)) //6
```

함수 f1()은 리턴타입을 Int로 추론했다. 하지만 함수 f2()의 리턴은 파라미터가 없고 리턴타입이 Int인 람다표현식이라고 추론했다. 비슷하게 함수 f3()은 Int를 파라미터로 하고 Int를 리턴타입으로 가지는 람다표현식으로 추론했다.

이런 코드를 만드는 사람은 친구가 별로 없을 거라 확신한다. 만약 람다를 리턴하는 함수를 만들어야 한다면 그 방법은 나중에 다룰 것이다. 그냥 =과 {} 블록 바디를 함께 사용하지 않으면 된다.

이제 우리는 함수를 생성하는 방법을 알게 되었다. 이제 이미 존재하는 함수를 진화시키는 방법을 알아보자.

3-2 기본 인자와 명시적 인자

Java에서 함수 오버로딩은 아주 흔한 일이다. 오버로딩은 함수가 기존과는 다른 타입과 다른 수의 아규먼트(전달인자)를 받을 수 있도록 만들 수 있다. 코틀린 또한 오버로딩이 가능하다. 하지만 기본 아규먼트 기능은 더 단순하고, 함수를 변경하는 좋은 방법이다. 그러나 기본 아규먼트 기능을 쓰면 바이너리가 변경되므로 컴파일을 다시 해야 한다. 그럼에도 기본 아규먼트 기능은 매우 좋다. 그리고 명시적 아규먼트(Named argument)는 읽기 좋은 코드를 만드는 아주 유용한 방법이다. 이제 이 기본 아규먼트와 명시적 아규먼트 두 가지에 집중해보자.

기본 아규먼트를 통한 함수 변경

우리가 이전에 작성했던 greet() 함수를 다시 보자. 여러분을 위해서 여기에 다시 한 번 적어본다.

```
fun greet(name: String): String = "Hello $name"
println(greet("Eve")) //Hello Eve
```

greet() 함수는 "Hello"라고 하드코딩 되어있다. 그런데 우리가 함수를 호출하는 사람이 선택할 수 있도록 유연성을 제공하고 싶다면 어떨까?

만약에 함수에 새로운 파라미터를 추가한다면 그 전에 이미 이 함수를 호출하던 코드들은 추가된 파라미터를 전달하고 있지 않기 때문에 모두 오류를 만들어낼 것이다. Java같은 언어에서 우리는 이런 목적을 달성하기 위해서 오버로딩을 사용했다. 그런데 그런 방식을 사용하면 코드의 중복이 발생한다. 코틀린은 기본 아규먼트를 이용해서 이런 문제를 쉽게 해결한다.

기본 아규먼트는 기본값을 가지는 파라미터다. 선언하고 바로 작성하면 된다. 함수를 호출하는 쪽에서 해당 파라미터의 값을 전달하지 않는다면 기본값이 사용된다. (이름, 타입) 형태로 파라미터를 정의한 이후 =을 통해 기본으로 사용할 값을 할당하면 된다. greet() 함수를 변경해서 기본값을 가지는 파라미터를 추가해보자.

[코드 functions/defaultarguments.kts]

```
fun greet(name: String, msg: String = "Hello"): String = "$msg $name"
println(greet("Eve")) //Hello Eve
println(greet("Eve", "Howdy")) //Howdy Eve
```

greet() 함수를 호출할 때 name 아규먼트(argument) 하나만 전달하던 기존 코드들은 여전히 잘 작동한다. greet()을 호출하는 새로운 코드에도 name 인자 하나만 넘겨도 상관없고, name 과 msg 인자 두 개를 모두 넘길 수도 있다. 첫 번째 호출에서 msg는 전달하지 않았다. 그래서 기본 아규먼트로 "Hello"가 사용되었다. 두 번째 호출에서는 msg에 Howdy를 넘겨줬고, 해당 값이 사용되고 기본값은 무시되었다.

greet() 함수에서 기본값을 가지고 있는 파라미터는 기본값이 없는 일반 파라미터 뒤에 위치 해 있다. 아마 둘의 위치를 바꿔도 괜찮은지 궁금할 것이다. 위치를 바꿔도 괜찮다. 하지만 이 런 결과를 가져올 것이다.

▶ 일반 파라미터는 값이 항상 필요하기 때문에 호출하는 쪽에서는 기본 아규먼트에도 값을 무조건 넣어 줘야 한다. 이런 행위는 기본 아규먼트를 무의미하게 만든다.

▶ 함수가 명시적 아규먼트(Named Arguments)를 사용한다면 호출하는 쪽에서는 기본 아규먼트를 생 략할 수 있다. 3-2의 '명시적 아규먼트를 이용한 가독성 향상'에서 다룬다.

▶ 기본 아규먼트는 마지막에 위치하는 람다표현식의 파라미터 자리 바로 앞에 올 수 있다. 10-2의 '람 다를 마지막 파라미터로 사용하기'에서 확인할 수 있다.

짧게 말해서 기본 아규먼트를 효과적으로 만들기 위해서는 맨 마지막에 사용하는 것이 좋고, 람다표현식이 파라미터로 들어오는 경우는 람다표현식 앞에서 사용하면 된다.

기본 아규먼트는 값(리터럴)일 필요가 없다. 표현식이 올 수도 있다. 그리고 이미 앞서 전달받 은 파라미터를 처리해서 기본값을 설정할 수도 있다. greet() 함수의 기본값은 하드코딩 되 어있다. 이미 전달 받은 아규먼트를 이용하도록 바꿔보자.

[코드 functions/defaultcompute.kts]

```
fun greet(name: String, msg: String = "Hi ${name.length}") = "$msg $name"
println(greet("Scott", "Howdy")) //Howdy Scott
println(greet("Scott")) //Hi 5 Scott
```

다시 설명하자면, greet()에 아규먼트가 2개 들어오면 아규먼트의 기본값은 무시된다. 기본 아규먼트로 들어있던 표현식은 처리되지도 않는다. 반면에 아규먼트가 name 하나만 넘어온 경우, msg는 이전에 받은 name 아규먼트를 이용해서 표현식을 처리하여 기본값을 생성한다. 코드에서 두번째로 greet()을 호출할 때, 우리는 name 인자만을 전달했고, 그 결과 msg는 이미 전달받은 name 아규먼트를 기반으로 표현식을 처리해서 기본값을 만들어냈다. 그렇게 우리는 스캇(Scott)과 아주 공돌이스러운 하이파이브를 하게 되었다!

이번 예제에서 name과 msg의 위치를 바꾸면 컴파일 오류가 난다. msg가 기본값을 생성할 때 사용하는 표현식에서 name 인자를 참고하지만 name은 초기화가 되어있지 않기 때문이다. 이는 기본 아규먼트를 마지막에 둬야하는 또 다른 이유다.

명시적 아규먼트(Named Argument)를 이용한 가독성 향상

코드를 작성하는 건 한 번이지만 그 코드를 읽고, 업데이트하는 일은 여러 번 발생한다. 코드를 읽는 사람들의 고통을 덜어주기 위해서라면 어떤 일이든 해야 한다. greet("Scott", "Howdy")같은 함수호출에서는 아규먼트(Arguments)들이 뭘 의미하는지 추측하기 어렵지 않다. 하지만 아래와 같은 케이스를 살펴보자.

[코드 functions/namedarguments.kts]

```
createPerson("Jake", 12, 152, 43)
```

저 숫자들이 뭘 의미하는지 궁금해졌을 것이다. 그리고 마감일이 가까워왔을 때 저 숫자들의 의미를 추론하기란 결코 유쾌한 일이 아니다. 숫자의 의미를 파악하기 위해선 흐름을 끊고 저 함수에 대한 문서나 함수 정의 부분을 봐야 한다.

[코드 functions/namedarguments.kts]

```
fun createPerson(name: String, age: Int = 1, height: Int, weight: Int) {
  println("$name $age $height $weight")
}
```

잘못 짠 코드는 성인군자도 폭군으로 만든다. 가독성은 매우 중요하다. 표현력이 강한 코틀린의 특징은 메소드를 호출할 때에도 빛이 난다.

함수 정의는 전혀 손대지 않고, 아주 적은 노력으로 호출 부분에서 메소드를 가독성 좋게 바꿀 수 있다. 여기가 바로 명시적 아규먼트(Named Arguments)가 나올 차례다.

createPerson() 함수를 더 보기 좋게 호출해보자.

```
createPerson(name = "Jake", age = 12, weight = 43, height = 152)
```

훨씬 낫다. 파라미터들이 어떤 의미인지 추측할 필요도 없다. 함수를 호출할 때 파라미터 이름 오른쪽에 전달할 값을 적어서 할당해주면 된다. 함수 정의에선 **weight** 파라미터가 맨 마지막에 있지만 호출할 때도 꼭 맨 마지막에 있을 필요는 없다. 명시적 아규먼트는 순서와 상관없이 사용할 수 있다.

각기 다른 정수값 때문에 혼란이 발생되었다. **createPerson()** 함수의 name 인자는 직관성이 있다. 이름이 없고 파라미터 위치에 기반해서 값만 전달한 아규먼트를 일부 사용한 이후 명시적 아규먼트를 선택적으로 사용할 수 있다.

```
createPerson("Jake", age = 12, weight = 43, height = 152)
```

```
createPerson("Jake", 12, weight = 43, height = 152)
```

코틀린 문법상 마지막 예제가 틀린 것은 아니지만 가독성 관점에서 **age**에도 명시적 아규먼트를 사용하는 편이 바람직하다.

age는 기본값을 가지고 있어 다른 모든 아규먼트를 명시적으로 사용하거나 age 이전의 파라미터는 위치에 기반해서 아규먼트를 전달하고 나머지는 명시적 아규먼트를 사용하는 경우 **age**는 전달하지 않아도 된다.

예를 들면, **age**를 전달하지 않는 아래의 두 호출은 모두 적합한 호출이다.

```
createPerson(weight = 43, height = 152, name = "Jake")
createPerson("Jake", weight = 43, height = 152)
```

명시적 아규먼트는 메소드 호출 부분의 가독성을 높여준다. 그리고 함수의 변경으로 인한 파라미터 추가시 함수에 발생할 수 있는 잠재적인 오류의 가능성들을 제거해 준다. 파라미터를 전달할 때 의미가 명확하지 않으면 명시적 아규먼트를 사용하도록 하자. 이제부터 우리가 살펴볼 기능은 메소드 호출 시 방해요소를 줄여줄 특징 두 가지다.

3-3 다중인자와 스프레드

println()같은 함수는 여러 개의 인자를 받는다. 코틀린의 다중인자(vararg) 기능은 함수가 한 번에 여러 개의 인자를 받을 때 타입 안정성을 제공해주는 기능이다. 스프레드 연산자는 콜렉션의 값을 개별 값으로 분해하거나 나열할 때 유용하다. 우리는 다중인자를 먼저 살펴보고 그 다음에 스프레드를 살펴볼 것이다.

여러 개의 인자

"블록 바디로 만든 함수"에서 만들었던 max() 함수는 숫자 배열을 인자로 받는다. 해당 함수를 호출하기 위해서 우리는 값들의 배열을 전달해야 한다. 만약에 이미 값들의 배열을 가지고 있는 상태라면 별 문제가 안되겠지만, 각자 개별로 값을 가졌다면 함수를 호출하기 위해서 임시로 배열을 만들어야만 한다. 아주 귀찮은 일이다.

코틀린 함수들은 많은 수의 인자를 받을 수 있다. 호출할 때 좀 더 유연하게 사용할 수 있도록 max() 함수를 변경해 보자.

[코드 functions/vararg.kts]

```
fun max(vararg numbers: Int): Int {
  var large = Int.MIN_VALUE
  for (number in numbers) {
    large = if (number > large) number else large
  }
  return large
}
```

우리가 이전에 만들었던 max() 함수와 비교해봤을 때 이번에 수정한 버전은 파라미터 리스트에서 두 가지가 변경되었다. 첫 번째, 파라미터 numbers가 vararg라는 키워드로 선언되었다. 두 번째, 파라미터 타입이 IntArray에서 Int로 변경되었다. 실제 파라미터 numbers의 타입은 배열(array)이다. vararg 키워드가 파라미터로 특정 타입의 배열이 들어갈 수도 있다는 점을 알려준 것이다.

분리된 값들을 전달하면서 함수를 호출해보자.

[코드 functions/vararg.kts]

```
println(max(1, 5, 2)) //5
println(max(1, 5, 2, 12, 7, 3)) //12
```

아주 잘 동작한다. 함수를 호출할 때 여러 개의 숫자를 전달할 수 있고, 코틀린의 타입 체크는 유효한 타입의 다른 인자들을 넘길 수 있다고 판단했다.

max() 함수는 단 하나의 파라미터만을 취급하도록 정의되어있다. 하지만 vararg를 사용하면 하나 이상의 파라미터를 취급할 수 있다. 단, vararg 키워드는 함수에서 하나의 파라미터에서만 사용할 수 있다.

여기 두 개의 파라미터를 받는 함수가 있다. 마지막 파라미터는 vararg이다.

[코드 functions/mixvararg.kts]

```
fun greetMany(msg: String, vararg names: String) {
  println("$msg ${names.joinToString(", ")}")
}
greetMany("Hello", "Tom", "Jerry", "Spike") //Hello Tom, Jerry, Spike
```

이 함수를 호출할 때, 첫 번째 인자는 첫 번째 파라미터에 할당된다. 그리고 나머지 인자들은 vararg 파라미터로 전달된다.

vararg 파라미터의 타입은 함수가 받을 수 있는 어떤 종류의 타입이건 괜찮다.

함수를 정의할 때 vararg 파라미터를 반드시 마지막 파라미터로 넣을 필요는 없지만 그렇게 하기를 강력하게 추천한다. greetMany() 함수가 다음과 같다고 생각해보자.

```
fun greetMany(vararg names: String, msg: String) {
  println("$msg ${names.joinToString(", ")}")
}
```

함수를 호출할 때 이름을 명시하지 않은 여러 개의 **String** 인자를 넘겨준다면 컴파일러는 모든 인자들을 vararg 파라미터로 취급한다. 컴파일러가 알 수 있도록 msg는 명시적 인자를 사용해야 한다.

```
greetMany("Tom", "Jerry", "Spike", msg = "Hello") //Hello Tom, Jerry, Spike
```

vararg를 마지막에 사용하지 않는다면, 함수를 호출할 때 반드시 명시적 인자를 사용해야 한다.

다음은 vararg를 사용할 때 위치를 어디에 둘지에 대한 권장사항들이다.

- ▶ vararg는 마지막에 두어서 호출 시 명시적 인자를 필수적으로 사용할 필요가 없도록 만들자.
- ▶ 마지막 파라미터가 람다표현식일 경우 마지막 바로 전에 둔다. 이에 대해서는 후에 다룬다.

함수에 전달할 인자가 많을 때 쉽게 처리할 수 있는 기능을 확인했다. 그런데 이미 배열이 있다면 어떨까? 그런 상황에서 스프레드 연산자가 우리를 구해줄 것이다.

스프레드 연산자

max() 함수를 다시 한번 보자. max() 함수는 이전 예제에서 여러 개의 인자를 쉽게 전달할 수 있도록 변경되었다. 그런데 때때로 우리는 배열이나 리스트에 있는 값들을 vararg 인자로 함수에 전달해야 하는 경우가 있다. 비록 함수가 다중 인자를 받을 수 있도록 정의되어 있지만 배열이나 리스트를 직접 받을 수는 없다. 이럴 때 스프레드 연산자가 필요하다. 스프레드 연산자의 예를 보기 위해서 아래의 객체를 한 번 보자.

[코드 functions/vararg.kts]

```
val values = intArrayOf(1, 21, 3)
```

vararg는 하나의 파라미터에 많은 양의 인자들을 넘길 수 있다는 뜻을 함축하고 있다. 하지만 우리가 해당 파라미터에 배열을 인자로 넘기면 오류가 난다.

```
println(max(values)) //ERROR
//type mismatch: inferred type is IntArray but Int was expected
```

비록 우리가 내부적으로 vararg 파라미터를 배열로 다루지만, 코틀린은 인자로 배열을 넘기는 걸 좋아하지 않는다. 우리는 vararg에 지정된 타입의 값만 여러 개 넘길 수 있다.

배열에 있는 값을 이용하기 위해서 아래처럼 입력한다.

[코드 functions/vararg.kts]

```
println(max(values[0], values[1], values[2]))
```

하지만 이런 방법은 너무 장황하다. 그리고 남들한테 보여주기 너무 부끄러운 코드다.

파라미터가 vararg라고 작성되어있는 경우, 우리는 스프레드 연산자 *을 이용해서 배열을 넘길 수 있다(당연히 같은 타입이어야 한다). 이제 배열의 값들을 다중인자로 max()에 넘겨보자.

[코드 functions/vararg.kts]

```
println(max(*values)) //21
```

훨씬 나아보인다. 인자의 앞에 *를 붙이는 것만으로 우리는 배열의 값들을 추출해서 vararg 파라미터에 다중인자로 넘기라고 요청하게 되는 것이다. 장황한 코드를 작성할 필요도 없다. 그냥 vararg와 스프레드의 조합이 코드를 조화롭게 만든다.

배열이 있으면 스프레드를 사용할 수 있지만 보통은 배열보다 리스트를 많이 사용한다. 그러나 리스트에 속한 값을 전달하고 싶을 때 리스트에 직접 스프레드 연산자를 적용할 수는 없다. 대신 리스트를 배열로 변환하면 적용할 수 있다. 예제를 통해 확인해보자.

[코드 functions/vararg.kts]

```
println(max(*listOf(1, 4, 18, 12).toIntArray()))
```

리스트 안의 요소의 타입과 vararg의 타입이 Int가 아니라면 List<T>의 메소드인 to...Array() 메소드를 사용해서 적절한 타입의 배열로 변환한 후 사용하면 된다.

3-4 구조분해

구조화란 다른 변수의 값으로 객체를 만드는 것이다. 구조분해(Destructuring)는 그 반대다. 이미 존재하는 객체에서 값을 추출해 변수로 넣는 작업이다. 이런 작업은 방해요소와 반복되는 코드를 제거하는 데 유용하다. 코틀린의 구조분해 기능은 JavaScript와 유사하다. 하지만 JavaScript와는 다르게 코틀린의 구조분해는 속성의 이름이 아닌 속성의 위치를 기반으로 진행된다.

다음 코드를 리팩토링하며 구조분해를 사용해 보자. Triple은 튜플을 구현하는 코틀린 스탠다드 라이브러리라는 사실을 미리 알아두도록 하자. 이에 대해서는 "5-2. 페어와 트리플 사용하기"에서 자세히 살펴볼 것이다. 일단 지금은 3개의 값을 가진 그룹을 리턴받기 위한 용도로 사용할 것이다.

[코드 functions/destructuring.kts]

```
fun getFullName() = Triple("John", "Quincy", "Adams")
```

이 코드는 함수를 호출해서 결과를 받은 후 3개의 변수에 할당하는 아주 전통적이고, 지루한 코드다.

[코드 functions/destructuring.kts]

```
val result = getFullName()
val first = result.first
val middle = result.second
val last = result.third
println("$first $middle $last") //John Quincy Adams
```

몇 줄의 코드와 몇 개의 연산자를 사용한다. 그런데 함수의 리턴타입이 Pair나 Triple, 다른 데이터 클래스일 경우 구조분해로 값을 추출해 우아하고 명확하게 값을 변수에 할당할 수 있다. 구조분해를 사용해서 코드를 다시 만들어 보자.

[코드 functions/destructuring.kts]

```
val (first, middle, last) = getFullName()
println("$first $middle $last") //John Quincy Adams
```

네 줄의 코드를 명확한 한 줄의 코드로 바꿨다. getFullName() 함수가 여러 개의 값을 리턴한 것처럼 보인다. 아주 흡족하다. 한 라인에서 선언한 3개의 이뮤터블 값 first, middle, last는 바로 getFullName() 함수가 리턴한 Triple의 프로퍼티 first, middle, third에서 순서대로 값을 각각 할당받았다. 사실 이게 가능한 이유는 Triple 클래스가 구조변화를 위한 특별한 메소드를 가지고 있기 때문이다. 더 자세한 사항은 책의 뒷부분에서 배울 것이다. 객체의 속성들이 구조분해되는 순서는 객체의 컨스트럭터가 객체를 초기화할 때 속성을 만드는 순서와 동일하다.

리턴된 오브젝트 중에 속성 하나가 필요없다고 생각해보자. 예를 들어서 우리는 가운데 이름이 필요없다고 치자. 그럴 때 우리는 언더스코어(_)를 이용하면 해당 속성을 스킵할 수 있다.

[코드 functions/destructuring.kts]

```
val (first, _, last) = getFullName()
println("$first $last") //John Adams
```

위와 비슷하게 두 개 이상의 속성을 스킵하고 싶을 땐 언더스코어(_)를 여러 번 쓰면 된다.

[코드 functions/destructuring.kts]

```
val (_, _, last) = getFullName()
println(last) //Adams
```

결과를 무시하고 싶은 곳 어디에든 언더스코어(_)를 둘 수 있다. 만약에 특정 포지션에서 할당을 멈추고, 이후 값을 무시하고 싶다면, 그냥 아무것도 적지 않으면 된다. 남은 부분을 모두 언더스코어(_)로 채울 필요가 없다. 다음 코드에서는 미들네임만 얻게 된다.

[코드 functions/destructuring.kts]

```
val (_, middle) = getFullName()
println(middle) //Quincy
```

리턴타입이 데이터 클래스일 경우 구조분해를 사용할 때는 구조분해를 Map 자료구조의 key와 value를 추출해 내는 용도로 사용할 수도 있다. "5-6. 맵 사용하기"에서 다룬다.

구조분해가 어떻게 동작되고, 어떤 특별한 메소드들이 있는지 궁금하다면 계속 그 궁금증을 유지하고 있길 바란다. "7-5. 데이터 클래스" 섹션에서 구조분해에 대해서 다시 한 번 더 깊게 다룰 예정이다.

정리

코틀린은 사용자가 메소드를 만들도록 강요하지 않는다. 코틀린에서는 개발자가 최상위 함수(top-level functions)도 만들 수 있다. 이런 점이 코틀린으로 개발을 할 때 Java에 비해서 좀 더 많은 디자인 선택사항들을 제공해 준다. 애플리케이션이 반드시 객체로만 이루어질 필요가 없다. 애플리케이션을 함수로 구성 가능하다. 이런 점들은 개발자가 절차적, 객체지향적, 함수형 코드 중 아무거나 선택이 가능하게 만들어 준다. 그렇기 때문에 개발자들은 상황에 맞게 디자인하고 구현해 나가면 된다. 컴파일러는 단일 표현식이면서 블록이 없는 함수의 경우 리턴타입을 추론해준다. 파라미터를 정의할 땐 항상 타입이 필요하다. 아주 좋은 특징이다.

코틀린의 기본인자 기능은 함수를 확장하기 쉽게 해준다. 그리고 함수를 오버로드하는 일을 줄여준다. vararg는 타입 타입 안정성을 제공하면서 여러 개의 인자를 넘기는 것을 아주 유연하게 해준다. 그리고 스프레드 연산자는 vararg 파라미터에 배열을 넘기는 것을 쉽게 만들어 준다. 명시적 인자를 사용하는 것은 코드의 가독성을 높여준다. 명시적 인자를 사용한다면 코드 자체가 문서화된다. 마지막으로 구조분해는 코드의 방해요소를 줄여주고, 코드를 매우 간결하게 만들어 준다.

다음 챕터에서는 범위 내에서의 반복과 코틀린의 아규먼트 매칭 기능을 이용한 데이터 처리에 대해서 배운다.

Chapter

04

외부 반복과 아규먼트 매칭

소스 코드에 **for**문이 얼마나 있는지 세어 보자. 아마 그 개수에 놀랄 것이다. 반복은 기초이자 필수이다. 반복은 효율적이고, 간결하고, 사용하기 쉽고, 직관적이어야 한다. 물론, C언어 같은 언어에서 for 루프가 많이 사용되지만 코틀린에서는 아니다.

코틀린은 명령형 스타일에서 사용되는 외부 반복자(external iterator)와 함수형 스타일에서 사용되는 내부 반복자(internal iterator) 모두 제공한다. 외부 반복으로 우리는 프로그래머로서 시퀀스를 명시적으로 제어할 수 있다. 예를 들자면 **i++**, **i--** 등으로 말이다. 내부 반복은 시퀀스를 대신 제어해주고 프로그래머가 내부의 행동(로직) 또는 연산에만 집중하도록 해준다. 그 결과 더 적은 코드로 작성할 수 있고, 오류도 더 적다. 내부 반복에 대해서는 "Ch10. 람다를 사용한 함수형 프로그래밍"에서 다룬다. 현재는 코틀린의 외부 반복의 효율성에 집중하겠다.

이번 챕터에서 코틀린에서 범위를 가지는 값들과 콜렉션 객체들을 간결하고 우아하게 반복하는 기능을 배운다. 코드에서 데이터를 조사하고, 결정을 내릴 때 if-else 블록이 반드시 필요하지 않다는 사실을 배우게 될 것이다. 코틀린의 우아한 아규먼트 매칭 기능이 복잡성을 제거하고 로직을 투명하게 만들어 코드를 보는 사람에게 직관성을 준다.

코틀린이 제공해주는 기능을 한번 사용하면 절대로 이전에 반복문을 작성하던 시절로 돌아가고 싶지 않을 것이다. 간결하고, 상냥하고, 표현력이 강한 문법이 개발자를 계속 움직이게 만들고, 동기를 부여해주고, 문제에 집중하게 해준다. 그 결과 적은 코드로 비즈니스 로직을 구현할 수 있다.

우리는 종종 범위 내의 값들로 작업을 했기 때문에 `kotlin.ranges` 패키지의 클래스와 함수를 사용할 준비가 어느정도 되어있다. kotlin.ranges 패키지는 반복을 편하게 해주고, 코드를 작성하는 것을 즐겁게 해준다. 향상된 for 루프는 범위뿐만 아니라 콜렉션에서도 사용될 수 있다.

그리고 우리는 우아한 아규먼트 매칭 문법과 혼란스러운 중첩 코드로부터 우리를 구원해줄 강력한 when 표현식에 대해서도 보게 될 것이다.

1, 2, 3... 반복을 시작하자.

4-1 범위와 반복

다른 사람한테 1부터 5까지 세는 방법을 말해준다고 상상해보자. "i를 1로 세팅하고, i가 6보다 작으면 i를 증가시키고, i 값을 이야기하는 거야." 만약 다른 사람과 이런 식으로 의사소통을 했다면 문명 사회는 오래 전에 끝났을 것이다. 근데, 저게 실제로 있는 일이다. C언어류 언어에서 코드를 쓰는 방법이 이런 형식이었다. 하지만 더 이상 저럴 필요가 없다. 최소한 코틀린에서는 말이다.

레인지 클래스

코틀린은 특정 범위의 값들을 반복하기 위해서 특화된 클래스들로 추상수준을 올렸다. 예를 들어보자. 1~5까지 숫자의 범위를 만들려면 이렇게 한다.

[코드 iteration/ranges.kts]

```
val oneToFive: IntRange = 1..5
```

kotilin.ranges 패키지의 IntRange 타입은 명확성을 제공해 준다. 하지만 IntRange를 적지 않아도 타입추론 기능이 변수의 타입을 추론해줄 것이다.

만약에 알파벳의 범위를 사용하고 싶다면 동일하게 사용하면 된다.

[코드 iteration/ranges.kts]

```
val aToE: CharRange = 'a'..'e'
```

int, long, char같은 원시 타입에 국한되어있지 않다. 아래는 String을 이용한 것이다.

[코드 iteration/ranges.kts]

```
val seekHelp: ClosedRange<String> = "hell".."help"
```

훌륭하다. 범위의 첫 번째 값을 쓰고 ..연산자를 붙이고 범위의 마지막 값을 적으면 된다. range는 ..연산자의 앞, 뒤 두 값 모두를 포함한다. 두 값이 문자열 범위 안에 존재하는지 빠르게 확인해 보자.

[코드 iteration/ranges.kts]

```
println(seekHelp.contains("helm")) //true
println(seekHelp.contains("helq")) //false
```

첫 번째 호출은 range안에 "helm"이 있음을 검증해준다. "helm"은 "hell"과 "help" 사이에 존재하는 값이기 때문이다. 두 번째 요청은 "helq"가 range 안에 없다는 것을 확인해줬다.

정방향 반복

우리가 범위를 만들었기 때문에 for(x in ..) 문법을 이용해서 반복을 수행할 수 있다. 1에서 5까지의 반복을 해보자.

[코드 iteration/ranges.kts]

```
for (i in 1..5) { print("$i, ") } //1, 2, 3, 4, 5,
```

문법만 우아한 게 아니고 실행도 안정적이다. 추측했을지도 모르겠지만 명시적으로 선언하지 않았어도 변수 i는 var이 아닌 val이다. 즉, 우리는 반복문 안에서 i를 변경시킬 수 없다. 그리고 i의 스코프는 반복문의 안으로 제한되어 있으므로 반복문 밖에서는 사용할 수 없다.

아까 보았듯, 문자를 이용해서 반복할 수도 있다.

[코드 iteration/rages.kts]

```
for (ch in 'a'..'e') { print(ch) } //abcde
```

전부 잘 돌아간다. 하지만 "hell"부터 "help"까지 반복을 시도하면 아래와 같은 문제가 발생한다.

```
for (word in "hell".."help") { print("$word, ") } //ERROR
//for-loop range must have an 'iterator()' method
```

실행이 안 된 이유는 IntRange나 CharRange같은 클래스들은 iterator() 함수(혹은 연산자)가 있는데, 저 문자열의 반복이 갖는 부모 클래스 ClosedRange<T>에는 iterator()가 없기 때문이다. 하지만 용감한 프로그래머들은 '안 된다'는 대답을 하지 않는다. 포기하지 말아라. 12-2의 "서드파티 클래스 인젝팅"에서 ClosedRange<String>의 객체를 반복하는 확장 함수를 만들 것이다.

후방향 반복

이전 예제에서는 정방향(증가) 반복을 보여줬다. 우리는 후방향(감소) 반복도 쉽게 할 수 있다. 5..1로 범위를 만드려면 동작하지 않는다. 이때는 downTo() 메소드를 사용하면 된다. 5에서 1로 감소하는 반복을 해보자.

[코드 iteration/reverse.kts]

```
for (i in 5.downTo(1)) { print("$i, ") } //5, 4, 3, 2, 1,
```

IntProgression의 인스턴스를 만들기 위해서 downTo() 메소드를 호출했다. IntProgression은 kotilin.ranges패키지의 일부이다. 잘 동작하지만 약간 지저분하다. 그래서 우리는 .을 지우고 괄호 안에 중위표기법(infix notation)으로 downTo를 사용해서 코드를 읽기 쉽게 만들 것이다. "12-4. infix를 이용한 중위표기법"에서 코드에서 점(.)과 괄호를 선택사항으로 만들 수 있는 방법을 확인할 것이다. 일단 지저분하지 않게 코드를 다시 짜보자.

[코드 iteration/reverse.kts]

```
for (i in 5 downTo 1) { print("$i, ") } //5, 4, 3, 2, 1,
```

..과 downTo모두 시작 값과 끝 값 사이의 범위를 만든다. 범위 안에서 일부 값들을 건너뛰는

것은 아주 흔한 일이다. 그리고 쉽게 할 수 있게 해주는 메소드들이 있다.

범위 안의 값 건너뛰기

숫자 범위를 반복할 때 마지막 값을 건너뛰려면 until()을 이용해서 범위를 만들면 된다. ..과는 다르게 until() 메소드는 마지막 값을 포함시키지 않는다. until() 메소드를 사용할 때 downTo() 메소드처럼 .과 괄호를 버릴 수 있다.

[코드 iteration/skipvalues.kts]

```
for (i in 1 until 5) { print("$i, ") } //1, 2, 3, 4,
```

이전에 ..을 이용해서 반복을 했던 것과는 다르게, 위의 반복은 until을 이용해서 만들었기 때문에 마지막 값인 5를 포함시키지 않는다.

전통적인 C언어류의 언어들은 for반복문에서 i=i+3같은 식을 이용해서 일부 값을 건너뛴다. 하지만 이 방법은 i값을 변경하며, 알다시피 코틀린에서는 불가능한 방법이다. 반복 중에 특정 값을 건너뛰기 위해서 코틀린은 step() 메소드를 제공한다. step()은 명백하게 뛰어난 표현력과 적은 오류를 위한 방향으로 가는 발걸음(step)이다. step() 메소드를 사용해보자. 자연스럽도록 중위표기법을 사용한다.

[코드 iteration/skipvalues.kts]

```
for (i in 1 until 10 step 3) { print("$i, ") } //1, 4, 7,
```

step() 메소드는 "..", "until", "downTo" 등으로 만들어진 IntRange 또는 IntProgression 객체를 IntProgression객체로 변화시킨다. IntProgression객체는 일부 값을 건너뛴다. step()을 이용해서 일부 값을 건너뛰면서 역방향 반복을 하는 코드를 만들어 보자.

[코드 iteration/skipvalues.kts]

```
for (i in 10 downTo 0 step 3) { print("$i, ") } //10, 7, 4, 1,
```

순차적으로 값들을 건너뛰는 쉬운 방법이다. 그리고 순차적이지 않은 방법으로 값을 건너뛰는 다른 메소드들도 있다. 예를 들어서 3의 배수나 5의 배수만 반복하고 싶다면 filter() 메소드를 사용할 수 있다.

[코드 iteration/skipvalues.kts]

```
for (i in (1..9).filter { it % 3 == 0 || it % 5 == 0 }) {
  print("$i, ") //3, 5, 6, 9,
}
```

filter() 메소드는 람다표현식을 인자로 사용한다. 람다와 함수형 프로그래밍에 대해서는 나중에 다시 다룬다.

지금까지 범위를 기반으로 한 기본적인 반복을 보았다. 다음으로 콜렉션을 이용한 반복을 살펴볼 것이다.

4-2 배열과 리스트의 반복

코틀린에서는 특별한 조치 없이 JDK의 콜렉션 클래스와 인터페이스를 바로 사용할 수 있다. 따라서 Java의 배열과 `java.util.List`도 코틀린에서 사용할 수 있다. 코틀린에서 배열이나 리스트를 만드는 것은 Java보다 간단하다. 그리고 콜렉션에서 반복을 하기는 코틀린이 훨씬 간단하다.

우선 숫자 배열을 만들고 타입을 확인해보자.

[코드 iteration/iterate.kts]

```
val array = arrayOf(1, 2, 3)
```

배열을 만들기 위해서 kotlin패키지에 포함된 `arrayOf()` 함수를 사용한다. `kotlin` 패키지에 포함된 함수는 굳이 `kotlin.arrayOf()`라고 적거나 `kotlin`을 임포트할 필요 없이 사용할 수 있다.

함수에서 사용한 값들이 Int타입이었기 때문에 정수형 배열이 생성되었다. 정수 객체가 아니고 원시 자료형인 Int배열을 생성하기 위해서는 `intArrayOf()` 함수를 사용하면 된다. 어떤 함수를 사용하든 관계없이 우리는 이전처럼 `for(x in ...)`문법을 이용해서 배열을 반복할 수 있다.

```
for (e in array) { print("$e, ") } //1, 2, 3,
```

비슷하게, List<T>의 인스턴스를 listOf() 함수를 이용해서 만들고, for문을 이용해서 반복할 수 있다.

[코드 iteration/iterate.kts]

```
val list = listOf(1, 2, 3)
println(list.javaClass) //class java.util.Arrays$ArrayList
for (e in list) { print("$e, ") } //1, 2, 3,
```

이전에 봤던 반복문처럼 변수 e(콜렉션의 element라는 의미)는 이뮤터블 객체로 반복을 안정적으로 유지한다.

앞서 본 for문에서는 콜렉션의 값을 이용했다. 가끔은 값과 인덱스가 함께 필요한 반복을 할 때가 있다. C언어류의 전통적인 for 반복문은 우리한테 인덱스를 제공해주지만 값을 찾기가 쉽지 않다. 방금 본 반복문은 우리에게 값을 제공해주고 인덱스도 어렵지 않게 얻을 수 있다. indices 속성은 범위 안의 인덱스값을 제공해준다. String리스트를 반복하면서 인덱스를 사용해 보자.

[코드 iteration/index.kts]

```
val names = listOf("Tom", "Jerry", "Spike")
for (index in names.indices) {
  println("Position of ${names.get(index)} is $index")
}
```

indices 프로퍼티로부터 인덱스값을 얻으면 우리는 index에 해당 리스트 위치의 값을 얻을 수 있다.

```
Position of Tom is 0
Position of Jerry is 1
Position of Spike is 2
```

그리고 인덱스와 위치를 한번에 얻을 수도 있다. "3-4. 구조분해"에서 다룬 것처럼 구조분해의 withIndex() 함수를 이용하면 된다.

[코드 iteration/withIndex.kts]

```
for ((index, name) in names.withIndex()) {
  println("Position of $name is $index")
}
```

코틀린에서 Java의 콜렉션을 사용하는 법을 살펴봤고, 훨씬 쉽게 반복하는 법도 살펴보았다. 책의 뒷부분에서 함수형 프로그래밍을 다룰 때 내부 반복자(internal iterators)를 통해 더 유용하게 반복을 하는 방법을 배울 것이다.

콜렉션을 이용해서 반복을 할 때 우리는 주로 값을 연산하기를 원하지만 가끔은 다를 때도 있다. 그건 값 또는 콜렉션의 타입에 따라서 다르다. 아주 편리한 인자매칭(argument-matching) 문법이 보일러플레이트 코드를 제거해 준다. 바로 다음에 확인해 본다.

4-3 when을 사용해야 할 때

코틀린에는 switch문이 없다. 대신에 when이 있다. when은 표현식으로 사용할 때와 명령문으로 사용할 때 각각 다른 맛을 보여준다.

표현식으로서의 when

아래의 함수는 콘웨이의 생명게임*에서 다음 세대 세포가 살아남을지 아닐지를 결정하는 함수를 구현한 것이다.

[코드 iteration/boring.kts]

```
fun isAlive(alive: Boolean, numberOfLiveNeighbors: Int): Boolean {
  if (numberOfLiveNeighbors < 2) { return false }
  if (numberOfLiveNeighbors > 3) { return false }
```

----

* 역주_ 존 호턴 콘웨이가 고안한 세포자동자 게임으로 다음과 같은 조건을 갖는다. 1. 죽은 세포의 이웃 중 정확히 세 개가 살아 있으면 그 세포는 살아난다. 2. 살아 있는 세포의 이웃 중에 두 개나 세 개가 살아 있으면, 그 세포는 계속 살아 남는다. 3. 앞 두 경우를 제외하고는 모두 죽는다.

```
        if (numberOfLiveNeighbors == 3) { return true }
        return alive && numberOfLiveNeighbors == 2
    }
```

이 코드는 세포가 다음 세대에서 살아남았는지 아닌지를 말해준다. 하지만 이런 코드를 읽을 프로그래머는 모두 살고 싶다는 의지를 잃을 것이다. 너무 지저분하고 장황하며 오류를 유발한다.

when은 if-else문이나 표현식을 가장 간단한 형태로 바꿀 수 있다. 이제 즐거운 마음으로 리팩토링을 해보자.

[코드 iteration/when.kts]

```
fun isAlive(alive: Boolean, numberOfLiveNeighbors: Int) = when {
    numberOfLiveNeighbors < 2 -> false
    numberOfLiveNeighbors > 3 -> false
    numberOfLiveNeighbors == 3 -> true
    else -> alive && numberOfLiveNeighbors == 2
}
```

이전 버전의 함수는 리턴타입을 지정해주고, 블록을 이용해서 메소드 바디를 만들었다. 이번 버전의 코드는 리턴타입을 타입 추론을 이용하게 하고 단일 표현식 함수 문법을 사용했다. 여기서 사용된 when은 표현식으로써 사용된 것이다. 함수에 의해서 리턴되는 값은 when 안의 하나의 표현식에서 나온 값이다.

두 버전의 isAlive() 함수가 동일한 입력으로 동일한 결과를 만들어낸다. 하지만 when을 사용한 버전은 비교적 노이즈가 덜하다. when은 일반적으로 if에 비해서 간결하다. 만약에 신중하고 사려깊은 독자라면 위 코드를 좀 더 리팩토링할 수 있다는 사실을 알았을 것이다. when 표현식을 모두 제거하고 = 뒤에 간단히 alive && numberOfLiveNeighbors == 2 ¦¦ numberOfLiveNeighbors == 3라고 입력하면 된다.

위 케이스에서 when은 표현식으로 사용되었다. 코틀린 컴파일러는 else 부분이 존재하는지 표현식이 가능한 모든 입력에 대해 값을 생성하는지 검증한다. 이 컴파일 시간 체크는 코드의 정확성과 실수로 인해서 간과한 상황에 의한 오류를 줄이는 데 직접적인 영향을 끼친다.

이전의 예제에서 when은 인자(argument)를 받지 않았다. 하지만 when에는 값이나 표현식을 전달할 수 있다. when에 값이나 표현식을 전달하는 예제를 살펴보자. Any 타입의 파라미터를 받는 함수를 이용하겠다. Any 타입에 대한 내용은 6-1의 "베이스클래스 Any"에서 자세히 다룬다.

다음 예제에서 when의 기능을 설명하기 위해 Any를 사용한다. 가끔씩 Any를 사용하는 게 유용하다고 생각할 수 있다. 예를 들면 애플리케이션 레벨에서 메시지 브로커(핸들러 혹은 리시버)는 여러 타입의 메시지를 받을 수 있다. 그런 케이스들은 정상이 아니고 예외로 간주해야 하고 메소드가 Any를 파라미터로 받지 못하게 해야 한다. 이걸 염두에 두고 다음 코드를 보자.

[코드 iteration/activity.kts]

```
fun whatToDo(dayOfWeek: Any) = when (dayOfWeek) {
  "Saturday", "Sunday" -> "Relax"
  in listOf("Monday", "Tuesday", "Wednesday", "Thursday") -> "Work hard"
  in 2..4 -> "Work hard"
  "Friday" -> "Party"
  is String -> "What?"
  else -> "No clue"
}
println(whatToDo("Sunday")) //Relax
println(whatToDo("Wednesday")) //Work hard
println(whatToDo(3)) //Work hard
println(whatToDo("Friday")) //Party
println(whatToDo("Munday")) //What?
println(whatToDo(8)) //No clue
```

이번 예제에서는 when에 dayOfWeek라는 변수를 넘겼다. when안의 모든 조건이 Boolean 표현식이었던 이전 예제와 다르게 이번 예제는 예제 안의 조건들이 혼합되어있다.

when 안의 첫 번째 라인에는 전달받은 값이 콤마로 구분된 두 개의 값(두 개 이상의 값을 사용하는 것이 허용된다) 중 하나에 해당하는지 확인한다. 다음 두 줄은 전달받은 파라미터가 리스트 혹은 범위 안에 속하는지를 각각 확인한다. "Friday"로 되어있는 라인에서는 전달받은 값도 "Friday"로 정확히 일치하는지를 확인한다. 전달받은 값이 리스트나 범위에 있는지를 확인하려면 타입체크도 해야 한다. is String으로 시작된 라인에서 하고 있는 게 그 타입 체킹이다. 해당 부분은 입력이 위의 아무 조건에도 안 맞을 경우 타입이 String인지 확인하는 부분이다. 마지막으로 else 라인은 기본 선택지를 담당한다. 다시 한 번 말하자면 이 경우에 컴파일러는 else가 있는지를 강력하게 확인한다.

경고의 말. 코틀린 컴파일러는 when에서 else가 마지막이 아닌 부분에 오는 것은 허용하지 않는다. 이건 일반적으론 불평할 만한 것이 아니다. 예를 들어서 is String이 "Friday"같은 특정 컨디션보다 더 앞에 온다고 생각해 보자. 어떤 상태가 어디에 위치하는지는 아주 중요하다. 순차적으로 비교해서 처음으로 조건이 만족되는 상태대로 결과가 수행되기 때문이다.

지금까지 우리가 본 예제에서 -> 뒤에 오는 코드는 짧은 단일표현식이었다. 코틀린은 그 부분에 블록이 오는 것도 허용한다. 블록 안의 마지막 표현식이 해당 조건의 결과로 리턴된다.

코틀린이 -> 뒤에 블록을 허용해주긴 하지만 가독성 측면으로 봤을 때 블록을 이용하지 않는 게 좋다. 단일 표현식이나 명령문보다 복잡한 로직이 필요하다면 리펙토링을 통해서 함수나 메소드로 분리하고 -> 뒤에서 해당 함수나 메소드를 호출해라. 친구들이 크고 못생긴 when식을 작성하지 못하도록 하자.

명령문으로써의 when

하나 이상의 값에 기반해서 다른 동작을 원한다면 when을 표현식이 아니라 명령문으로 사용하면 된다. 이전 코드를 변경해서 스트링을 리턴하지 말고 출력해 보자. 그리고 함수에 새로운 이름을 붙여보자.

[코드 iteration/printActivity.kts]

```kotlin
fun printWhatToDo(dayOfWeek: Any) {
  when (dayOfWeek) {
    "Saturday", "Sunday" -> println("Relax")
    in listOf("Monday", "Tuesday", "Wednesday", "Thursday") ->
    println("Work hard")
    in 2..4 -> println("Work hard")
    "Friday" -> println("Party")
    is String -> println("What?")
  }
}
printWhatToDo("Sunday") //Relax
printWhatToDo("Wednesday") //Work hard
printWhatToDo(3) //Work hard
printWhatToDo("Friday") //Party
printWhatToDo("Munday") //What?
printWhatToDo(8) //
```

printWhatToDo() 함수의 리턴타입은 Unit이다. 아무것도 리턴하지 않는다. when 안에서 각각의 조건별로 행동을 한다. 즉, 프린트를 한다. 코틀린에서 when이 명령문으로 사용될 때는 else가 없어도 상관없다. 적합한 조건이 없다면 아무런 행동도 하지 않는다. 그래서 8은 그냥 넘어간 것이다.

when과 변수의 스코프

이전 예제들에서 변수는 when 명령문 혹은 표현식의 외부에서 전달받아 매칭(조건 확인)을 위해서 사용되었다. 그런데 그게 꼭 필수적인 것은 아니다. 매칭에 사용된 변수는 **when**의 스코프만으로 제한되어있다. 저런 제약이 함께하는 코드의 디자인은 아주 적절하다. 왜냐면 변수가 새어나가서 다르게 사용되는 것을 방지할 수 있고 코드를 관리하기 쉽게 만들어준다.

예제를 통해 변수의 스코프를 제약하는 경우를 살펴보자. **when**을 이용해서 시스템의 코어 숫자를 세는 함수이다.

[코드 iteration/cores.kts]

```
fun systemInfo(): String {
  val numberOfCores = Runtime.getRuntime().availableProcessors()
  return when (numberOfCores) {
    1 -> "1 core, packing this one to the museum"
    in 2..16 -> "You have $numberOfCores cores"
    else -> "$numberOfCores cores!, I want your machine"
  }
}
```

systemInfo() 함수는 코어의 숫자를 리턴한다. 근데 코드가 약간 지저분하다. 함수를 실행시키면 Runtime의 availableProcessors() 메소드를 이용해서 코어의 숫자를 파악해야 한다. 그리고 코어의 숫자를 담은 변수가 평가를 위해서 when에 전달된다. 코드를 다시 작성해서 노이즈를 줄이고, numberOfCores 변수의 스코프를 제한할 수 있다.

```
fun systemInfo(): String =
  when (val numberOfCores = Runtime.getRuntime().availableProcessors()) {
    1 -> "1 core, packing this one to the museum"
    in 2..16 -> "You have $numberOfCores cores"
    else -> "$numberOfCores cores!, I want your machine"
  }
```

val을 when의 인자로 넣어버리면 약간의 이득을 얻을 수 있다. 첫 번째, when의 결과를 바로 리턴하여 바깥쪽 {} 블럭과 return 키워드를 제거해 덜 복잡한 짧은 코드를 만들 수 있다. 둘째로 numberOfCores는 when의 결과를 얻을 때만 사용 가능하고, 이후의 연산에서는 사용이 불가능하다. 변수의 스코프를 제한하는 것은 좋은 디자인이다.

정리

코틀린의 명령형 반복은 다른 주요 언어들의 반복보다 더 풍부한 기능과 표현을 제공한다. 코틀린의 특별한 클래스인 범위(range)를 이용해서 높은 레벨의 추상화를 만들었다. 그리고 범위를 이용해서 정방향/역방향 반복, 스킵 등을 쉽게 만들어준다. 콜렉션에서의 반복도 역시 마찬가지다. when이 만들어주는 전달인자 매칭문법이 기존의 조건문을 사용할 때 딸려오는 코드의 노이즈를 제거해준다.

지금까지 우리는 일반적인 프로그래밍 언어의 기본에 대해서 다뤘다. 이제 코틀린으로 프로그래밍을 할 때 사용할 수 있는 콜렉션에 대해 확인해 보자.

Chapter

05

콜렉션 사용하기

우리는 비즈니스용, 연구용, 게임 개발 등 모든 애플리케이션에서 콜렉션을 사용한다. Java 에서 사용 가능한 콜렉션은 코틀린에서 바로 사용 가능하며, 추가로 콜렉션에 대한 몇 가지 뷰 인터페이스를 제공한다. 코틀린의 콜렉션 뷰 인터페이스는 즐겁고, 안전한 코딩 경험을 제공해준다.

예를 들어서, 코틀린의 페어(Pair)와 트리플(Triple)은 각각 2개, 3개의 값들을 위한 콜렉션이다. 더 많은 값을 갖는 고정된 크기의 콜렉션으로 배열을 사용할 수 있다. 하지만 유연성을 위해서 리스트를 사용하는 경우가 더 많을 것이다. 그리고 우리는 셋과 맵도 자주 사용한다. 코틀린은 위의 모든 것을 제공해준다.

코틀린은 Java 콜렉션으로 제공되는 뮤터블(mutable, 가변) 콜렉션 인터페이스 뷰와 이뮤터블(imutable, 불변) 콜렉션 인터페이스 뷰 모두를 제공한다. 프로그램이 간단한 싱글 스레드라면 뮤터블 콜렉션 인터페이스를 사용하고, 더 복잡한 함수형 비동기 프로그램이라면 이뮤터블 콜렉션 인터페이스를 사용하는 게 더 안전하다.

이번 챕터에서 코틀린의 콜렉션이 무엇이 다른지에 대해서 배우고, 그에 대한 높은 이해도를 얻게 될 것이다. 또한, 페어(Pair), 배열(Array), 리스트(List), 셋(Set), 맵(Map)의 뮤터블과 이뮤터블 버전을 사용해볼 것이다. 우리는 이전 챕터에서 본 외부 반복을 위한 기능들을 사용해 보고, 그것들을 콜렉션과 함께 사용하는 방법을 보게 된다. 이번 챕터에서 얻게 될 지식들로 우리는 프로젝트를 진행할 때 어떤 콜렉션을 이용해야 하는지 정확하게 알게 될 것이다.

5-1 컬렉션의 특징

Java에서 우리는 리스트(List), 셋(Set), 맵(Map) 등등 여러 종류의 컬렉션들을 사용했다. 코틀린에서도 저런 컬렉션을 모두 사용할 수 있다. Java의 뮤터블 컬렉션 인터페이스는 코틀린에서 이뮤터블 읽기전용 인터페이스와 뮤터블 읽기-쓰기 인터페이스 2개의 인터페이스로 나뉘어졌다. 그리고 코틀린 컬렉션은 JDK에서 제공해주는 함수 이외에 몇 가지 편리한 메소드를 제공한다.

컬렉션의 요소(element)들을 반복문으로 사용할 때 코틀린에서는 Java보다 더 쉽고 유연하고 직관적으로 반복문을 사용할 수 있다. 코틀린의 이해도가 높아지면 아마도 아래의 컬렉션들을 사용하게 될 것이다.

- ▶ Pair – 값이 두 개인 튜플
- ▶ Triple – 값이 세 개인 튜플
- ▶ Array – 객체나 프리미티브 타입으로 구성되어 순번이 있고, 크기가 고정된 컬렉션
- ▶ List – 객체들이 정렬된 컬렉션
- ▶ Set – 객체들이 정렬되지 않은 컬렉션
- ▶ Map – 연관 사전 혹은 키와 값의 맵

Java에서 이미 충분한 컬렉션을 제공하고 있으므로 컬렉션으로 작업할 때 코틀린이 어떤 역할을 하는지 궁금할 수도 있다. 코틀린이 제공해 주는 컬렉션의 진화는 두 가지다. 함수 확장과 뷰, 이 두 가지에 대해 알아보자.

코틀린이 제공하는 편리한 메소드들

코틀린 스탠다드 라이브러리에 포함된 kotlin.collections 패키지에 Java컬렉션에 유용한 함수들이 많이 추가되었다. 코틀린에서는 Java의 컬렉션을 각자 편한 방법대로 사용할 수 있다. 동일한 컬렉션이라면 코틀린이 추가한 메소드를 사용할 수 있다.

예를 들어, Java에서 우리는 names란 이름을 가진 스트링 리스트를 반복할 때 전통적인 for 루프를 사용했다.

```
//Java code
for(int i = 0; i < names.size(); i++) {
  System.out.println(names.get(i));
}
```

그리고 for-each를 이용해서 더 직관적으로 사용하기도 했다.

```java
//Java code
for(String name : names) {
  System.out.println(name);
}
```

두 번째 코드가 첫 번째 코드보다 깔끔하다. 하지만 두 번째 코드는 리스트의 값만 얻을 수 있고 인덱스를 활용할 수 없다. 실제로 Java에서 명령형 스타일의 for-each가 아닌 함수형 스타일의 forEach문을 사용한다면 인덱스는 사용할 수 없다. 코틀린은 withIndex() 메소드를 제공해서 인덱스와 값 모두를 편하게 얻게 해준다. 여기에 예제가 있다.

[코드 collections/extension.kts]

```kotlin
val names = listOf("Tom", "Jerry")
println(names.javaClass)
for ((index, value) in names.withIndex()) {
  println("$index $value")
}
```

이 예제에서, 우리는 코틀린의 listOf() 메소드를 이용해서 JDK에서 가지고 온 ArrayList 객체를 가지고 오고, 그 객체에 있는 withIndex() 메소드를 호출했다. withIndex() 메소드는 IndexedValue라는 특별한 반복자(iterator)를 리턴한다. IndexedValue는 data class이다. "구조분해"에서 본 것처럼 코틀린에서는 data클래스의 구조분해를 사용해 값을 아주 쉽게 추출할 수 있다. 그 기능을 이용해서 우리는 코드에서 index와 value를 모두 얻었다. 결과를 살펴보자.

```
class java.util.Arrays$ArrayList
0 Tom
1 Jerry
```

출력 결과를 보면 우리가 names는 JDK의 ArrayList의 인스턴스 라는 것을 알 수 있다. 하지만 우리는 코틀린을 이용해서 Java보다 편하게 반복할 수 있다. withIndex()는 코틀린이 JDK클래스에 편의를 위해 추가해놓은 수많은 메소드 중 하나일 뿐이다. kotlin.collections 패키지에 속한 메소드들을 시간을 들여 살펴보고 익숙해지기를 추천한다.

뷰

이뮤터블 콜렉션은 동시성을 사용하는 함수형 프로그래밍 또는 비동기 처리를 하는 애플리케이션을 사용할 때 훨씬 안정적이다. Java의 대부분의 콜렉션은 뮤터블이다. 하지만 최근 몇 년간 Java는 이뮤터블 콜렉션을 선보였다. 그러나 뮤터블, 이뮤터블 버전 모두 같은 인터페이스를 구현하고 있다는 문제를 가지고 있다. 그래서 이뮤터블 콜렉션을 변경하려는 모든 시도(예를 들자면 List의 add() 메소드)를 하면 실행 시간에 UnsupportedOperationException이 나온다. 이와 달리 코틀린은 연산이 불가능하다는 것을 실행 시간이 되어서야 알리지 않는다. 그래서 코틀린에 뷰가 있는 것이다.

리스트, 셋, 맵은 각기 뷰를 두 가지씩 가지고 있다. 읽기전용(read-only) 뷰로 통하는 이뮤터블 뷰와 읽기-쓰기(read-write) 뷰로 불리기도 하는 뮤터블 뷰다. 두 뷰 모두 Java의 기본 콜렉션에 맵핑된다. 오리지날 콜렉션 대신 이 뷰들을 사용하면 런타임 시 오버헤드가 없고, 컴파일 시간이나 실행 시간에 변환이 발생하지 않는다. 읽기전용 뷰에는 읽기 연산자만 사용 가능하다. 읽기전용 뷰에 쓰기를 시도할 경우 컴파일 단계에서 실패한다. 예를 들어서 `List`와 `MutableList`는 코틀린의 `ArrayList` 뷰다. 하지만 List뷰를 사용할 때 요소를 추가하거나 인덱스를 이용해서 값을 set하려고 하면 컴파일 시점에 실패를 한다.

주의사항 한 가지 읽기전용 뷰가 스레드 안정성(thread safety)를 제공해 준다고 가정하지 마라. 읽기전용 참조(reference)는 뮤터블 콜렉션이다. 비록 당신이 콜렉션을 변경할 수는 없지만, 다른 스레드가 참조하고 있는 콜렉션을 변경하지 않는다는 걸 보장해 주지 않는다. 비슷하게, 당신이 여러 개의 뷰가 같은 인스턴스를 참조하고 있는 중이고, 그 중 일부는 읽기전용, 일부는 읽기-쓰기용으로 사용된다면 사용 시에 두 개의 스레드에서 읽기-쓰기 뷰를 이용해서 동시에 한 콜렉션을 변경하지 않도록 엄청난 주의를 기울여야 한다.

우리는 이제 페어와 트리플을 살펴볼 것이다. 그리고 더 복잡하고, 강력한 콜렉션을 배울 것이다.

5-2 페어와 트리플 사용하기

튜플은 작고 셀 수 있는 크기의 객체의 배열이다. 다양한 사이즈의 튜플을 만드는 것을 허용하는 언어들과는 다르게 코틀린은 두 개의 사이즈의 튜플만을 허용한다. 2개와 3개이다. 이 두 가지 튜플은 빠르게 2개나 3개의 객체를 콜렉션으로 만들고 싶을 때 사용한다.

이 예제는 문자열의 페어를 만드는 예제이다.

```
println(Pair("Tom", "Jerry")) //(Tom, Jerry)
println(mapOf("Tom" to "Cat", "Jerry" to "Mouse")) //{Tom=Cat, Jerry=Mouse}
```

먼저 우리는 Pair의 생성자를 이용해서 인스턴스를 만들었다. 그리고 to() 확장함수를 이용해서 Map의 엔트리가 될 페어를 만들었다. to() 확장함수는 코틀린의 모든 객체에서 사용이 가능하다. to() 메소드는 Pair의 인스턴스를 만든다. 앞에 나온 값이 Pair의 첫 번째 값이 되고, 뒤에 나온 값이 두 번째 값이 된다.

간결한 문법을 이용해서 페어를 만드는 것은 아주 유용하다. 프로그래밍에서 페어는 아주 흔하게 사용되고, 요구된다. 예를 들어 공항 코드목록이 있고 각 공항의 온도를 알고 싶다고 생각해보자. 이 경우 공항코드와 공항의 온도를 쌍(Pair)으로 나타내는 것은 아주 자연스러운 일이다. Java를 이용해서 공항코드와 온도를 배열로 가지고 있다면 작업을 하는 게 성가신 일이 될 것이다. 왜냐하면 코드는 String이고, 온도는 double이어서 타입 안정성을 잃게 될 것이고, 결국 배열은 Object 타입이 될 것이다. 영 찜찜하다. Java를 쓸 때는 일반적으로 저 두 값을 가진 특별한 클래스를 만든다. 그러면 타입 안정성을 제공해 주고 코드의 혼란을 줄여준다. 하지만 단지 이 목적 하나만으로 클래스를 새로 만들어야 하기 때문에 짐이 늘어난다. Java는 이런 경우에 사용할 수 있는 좋은 방법을 제공해주지 않는다. 코틀린의 페어가 이런 이슈를 우아하게 해결해준다.

페어의 장점을 보기 위해서 공항의 온도를 공항 코드별로 수집하는 예제를 만들어 보자.

[코드 collections/airporttemperatures.kts]

```
val airportCodes = listOf("LAX", "SFO", "PDX", "SEA")
val temperatures =
  airportCodes.map { code -> code to getTemperatureAtAirport(code) }
for (temp in temperatures) {
  println("Airport: ${temp.first}: Temperature: ${temp.second}")
}
```

우리는 airportCodes 콜렉션을 함수형 스타일로 map() 반복자를 이용해서 반복했다. map()에 대해선 "Ch11. 내부 반복과 지연 연산"에서 배운다. 반복문은 airportCodes가 가지고 있던 공항 코드를 (코드, 온도)꼴의 Pair로 도치시켰다. 그 결과 airportCodes는 List<Pair<String,String>>가 되었다. 마지막으로 우리는 Pair의 리스트의 값들을 반복하면서 각 공항코드와 온도를 출력하도록 만들었다. Pair의 값은 first와 second 속성을 이용하여 얻어왔다.

코드에서 사용한 getTemperatureAtAriport() 함수에 대한 궁금증이 있을 것이다. 해당 함수는 책의 뒷부분에서 웹 서비스와 통신하는 코드를 구현할 예정이다. 지금은 가짜 함수를 구현해 두고 페어의 장점에 집중하도록 하자.

[코드 collections/airporttemperatures.kts]

```
fun getTemperatureAtAirport(code: String): String =
  "${Math.round(Math.random() * 30) + code.count()} C"
```

코드를 실행시켜서 프로그램이 출력하는 가짜 온도를 보자. 내 경우에는 이렇게 나왔다.

```
Airport: LAX: Temperature: 25 C
Airport: SFO: Temperature: 21 C
Airport: PDX: Temperature: 30 C
Airport: SEA: Temperature: 27 C
```

이 예제는 실제 설정에서의 페어 사용을 보여준다. 페어는 객체 쌍이 필요하거나 튜플이 필요한 부분 어디에서든 적극적으로 사용하도록 해라. 간결한 코드를 만들 수 있을 뿐만 아니라 컴파일시간에서 타입 안정성 또한 제공한다.

페어는 2개의 값을 다룰 때 유용하다. 특별해 보이겠지만, 사실 코틀린 스탠다드 라이브러리에 들어있는 하나의 클래스일 뿐이다. 필요하다면 직접 페어같은 클래스를 만들 수 있다.

3개의 객체가 필요하다면 페어대신 트리플을 사용하면 된다. 예를 들어서 원의 위치를 나타내야 한다면 Circle 클래스를 만들 필요가 없다. 그냥 Triple<Int,Int,Double>인 트리플 인스턴스를 만들면 된다. 첫 번째 값은 중심점의 X좌표, 두 번째 값은 중심점의 Y좌표, 마지막 값은 반지름을 나타낸다. 이렇게 하면 코드를 더 적게 사용하면서도 타입 안정성을 가져갈 수 있다.

페어와 트리플 모두 이뮤터블이다. 두 클래스는 값을 두 개씩 또는 세 개씩 반복적으로 그룹핑할 때 유용하다. 만약에 3개보다 더 많은 이뮤터블 값들을 그룹핑하고 싶다면 데이터 클래스를 만드는 것을 고려해 보도록 해라. "7-5. 데이터 클래스"를 참고하도록 하자.

코틀린 스탠다드 라이브러리는 이뮤터블 값들을 2개 혹은 3개 묶어서 취급할 수 있다.

하지만 뮤터블 콜렉션의 값들을 취급하는 콜렉션이 필요하다면, 배열이 좋은 선택이다. 바로 살펴보기로 하자.

5-3 객체 배열과 프리미티브 배열

Array<T> 클래스는 코틀린의 배열을 상징한다. 배열은 낮은 수준의 최적화가 필요할 때만 사용하도록 하고, 그 외에는 List같은 다른 자료구조를 사용하라. List는 이번 챕터의 뒷부분에서 살펴볼 것이다.

배열을 만드는 가장 쉬운 방법은 arrayOf()라는 최상위 함수(top-level function)를 사용하는 것이다. 배열을 만들면 인덱스 연산자 []를 이용해서 요소에 접근할 수 있다. 예를 들어보자. String 배열을 만들기 위해서 원하는 값들을 arrayOf() 함수에 넘겨주면 된다.

[코드 collections/arrays.kts]

```
val friends = arrayOf("Tintin", "Snowy", "Haddock", "Calculus")
println(friends::class) //class kotlin.Array
println(friends.javaClass) //class [Ljava.lang.String;
println("${friends[0]} and ${friends[1]}") //Tintin and Snowy
```

Friends 변수는 새로 만들어진 배열 인스턴스의 참조를 가지고 있다. 배열의 타입은 Kotlin.Array(Array<T>이다)이지만 JVM에서 실행될 때 적용되는 진짜 타입은 Java의 String 배열이다. 이 요소들의 값을 가지고 오기 위해서 인덱스 연산자인 []가 사용되었다. 인덱스 연산자는 결국 Array<T>의 get() 메소드를 호출한다. 인덱스 연산자가 왼쪽에 있다면, Array<T>의 set() 메소드를 호출한다.

이전 코드에선 String 배열을 만들었다. 정수 배열을 만들려고 하면 아마도 아래의 예제처럼 같은 메소드를 사용하려는 생각이 들 수 있다.

[코드 collections/arrays.kts]

```
val numbers = arrayOf(1, 2, 3)
println(numbers::class) //class kotlin.Array
println(numbers.javaClass) //class [Ljava.lang.Integer;
```

위 코드는 동작하지만 스마트하지 못하다. arrayOf()에 숫자가 전달되면 우리가 예상하는 것처럼 Array<T>의 인스턴스가 만들어지긴 한다. 하지만 내부적으로 봤을 때 Integer 클래스의 배열이 만들어진다. Integer 클래스로 작업을 하면 프리미티브 타입 int를 사용할 때에 비해서 오버헤드가 크게 걸린다.

클래스로 박싱되면서 발생하는 오버헤드를 피하기 위해서 만들어진 intArrayOf() 함수 같은 특수한 함수들이 있다. Integer 배열이 아닌 int 배열을 만들기 위해서 이전 코드를 아래처럼 수정해보자.

[코드 collections/arrays.kts]

```
val numbers = intArrayOf(1, 2, 3)
println(numbers::class) //class kotlin.IntArray
println(numbers.javaClass) //class [I
```

Array<T>에 사용된 연산은 IntArray 같이 타입 특화 배열 클래스에서도 동일하게 사용 가능하다. 비록 다른 타입을 사용하고 있지만 동일하게 사용 가능하다.

값을 가져오고 설정하기 위해 인덱스 연산자 []를 사용할 수 있을 뿐 아니라 size 속성을 이용해 배열의 크기도 알 수 있다. 그리고 Array에 있는 많은 함수들을 이용해서 배열을 편리하게 사용할 수 있다. size 속성과 유용한 메소드인 average를 방금 만든 배열에서 사용해 보자.

[코드 collections/arrays.kts]

```
println(numbers.size) //3
println(numbers.average()) //2.0
```

객체와 프리미티브 타입의 배열의 메소드들에 대해 알아보기 위해서 Kotlin.Array<T> 클래스를 탐구해 보자.

배열을 만들 때 하드코딩으로 값을 적는 대신에 값을 계산해서 넣을 수도 있다. 아래의 예제 코드는 1~5까지의 값을 제곱한 후 모든 값을 합친 후 배열에 넣는다.

[코드 collections/arrarys.kts]

```
println(Array(5) { i -> (i + 1) * (i + 1) }.sum()) //55
```

Array의 생성자는 파라미터로 배열의 사이즈와 0부터 시작하는 인덱스를 받아 해당 위치에 있는 값을 리턴해 주는 함수를 받는다. 이 예제에 있는 함수의 문법으로 람다표현식을 사용했다. "Ch10. 람다를 사용한 함수형 프로그래밍"에서 더 다뤄볼 것이다.

만약에 정렬된, 길이가 바뀔 수 있는 콜렉션을 원한다면 배열보다는 리스트 사용을 고려해야 한다. 배열은 뮤터블한 반면, 리스트는 뮤터블/이뮤터블한 것 모두 제공하기 때문에 원하는 대로 사용 가능하다.

5-4 리스트 사용하기

리스트를 만드는 첫 단계에서 코틀린은 개발자에게 이뮤터블 또는 뮤터블인지를 선택하도록 한다. 이뮤터블 리스트를 만들려면 listOf() 메소드(이뮤터블이 함축되어있다)를 사용하면 된다. 이뮤터블과 뮤터블을 선택할 수 있는 경우라면 이뮤터블을 선호해야 한다. 하지만 진짜 꼭 필요해서 뮤터블 리스트를 만들어야 하는 경우라면 mutableListOf()를 만들면 된다.

listOf() 함수는 kotlin.collections.List<T> 인터페이스의 참조를 리턴한다. 아래의 코드에서 fruits는 String를 파라미터로 하는 kotlin.collections.List<T> 인터페이스를 참조한다.

[코드 collections/lists.kts]

```
val fruits: List<String> = listOf("Apple", "Banana", "Grape")
println(fruits) //[Apple, Banana, Grape]
```

리스트의 요소들에 접근하기 위해서 전통적인 get() 메소드를 사용할 수 있다. 그리고 인덱스 연산자 [] 역시 사용 가능하다. 인덱스 연산자를 사용하면 내부적으로 get() 메소드를 사용하게 된다.

[코드 collections/lists.kts]

```
println("first's ${fruits[0]}, that's ${fruits.get(0)}")
//first's Apple, that's Apple
```

인덱스 연산자를 사용하는 편이 get()보다 노이즈가 적고 편리하다. get()대신 []를 사용하도록 하자. 콜렉션에 값이 있는지 없는지 확인하기 위해서 contains() 메소드를 사용하거나

in 연산자를 사용할 수 있다. 연산자 오버로딩에 대해서는 "12-1. 연산자 오버로딩"에서 더 깊게 다룬다.

[코드 collections/list.kts]

```
println(fruits.contains("Apple")) //true
println("Apple" in fruits) //true
```

위 코드에서 리스트가 특정 값을 가지고(contains) 있는지 그리고 값이 리스트 안(in)에 있는지 확인해보았다. in을 사용하는 게 더 표현력이 좋고, 직관성이 있다.

listOf()가 리턴하는 참조를 사용할 때 리스트를 변경할 수는 없다. 안 될 것이 뻔하지만 아래 코드를 작성해서 검증해 보도록 하자.

[코드 collections/lists.kts]

```
fruits.add("Orange") //ERROR: unresolved reference: add
```

kotlin.collections.List<T>의 인터페이스는 컴파일 시간에 Java에서 많이 사용했을 Arrays.asList()로 만든 JDK 객체의 뷰로 동작한다. 하지만 이 인터페이스는 변화(mutation)를 허용하거나 리스트를 바꿀 수 있는 권한을 가진 메소드가 없다. 그래서 add() 메소드를 호출했을 때 컴파일 시간에 실패를 하는 것이다. 이런 뷰를 제공해주기 때문에 코틀린은 뷰의 변경 불가능한 부분을 이용해서 코드를 더 안전하게 만들고 실행 시간에 오버헤드나 변경이 없게 만든다.

이런 보호조치는 아주 좋다. 하지만 이 조치로 다른 과일을 추가하는 것을 막을 수는 없다. 이 럴 때 아주 편리한 + 연산자를 사용하게 된다.

[코드 collections/lists.kts]

```
val fruits2 = fruits + "Orange"
println(fruits) //[Apple, Banana, Grape]
println(fruits2) //[Apple, Banana, Grape, Orange]
```

이 연산은 fruits를 변경시키지 않는다. 기존 리스트를 카피하면서 새로운 리스트를 만들고 새로운 요소를 추가한다.

+가 있다면 -도 있을 것이라는 논리적 추론이 가능하다. - 연산자는 기존 리스트에서 특정 요소를 제외한 새로운 리스트를 만들 때 사용된다.

[코드 collections/lists.kts]

```
val noBanana = fruits - "Banana"
println(noBanana) //[Apple, Grape]
```

만약 제거하려는 요소가 현재 리스트에 없다면 아무것도 제거되지 않은 동일한 리스트가 만들어진다.

List\<T\> 인터페이스는 이전 예제에서 빛이 났다. 그리고 코틀린은 많은 메소드를 제공해준다. fruits는 List\<T\> 인터페이스이다. 그러면 fruits의 클래스는 뭘까? 아마도 궁금할 것이다. 이 질문에 대한 답을 아래의 코드에서 찾아보자.

[코드 collections/lists.kts]

```
println(fruits::class) //class java.util.Arrays$ArrayList
println(fruits.javaClass) //class java.util.Arrays$ArrayList
```

결과를 보면 우리는 코틀린의 뷰 인터페이스로 fruits에 접근했지만 fruits 인스턴스는 JDK가 제공해 주는 인스턴스이다.

listOf() 메소드는 읽기전용 참조를 리턴해 준다. 하지만 뮤터블 리스트를 만들어야 겠다는 생각이 든다면 당장 주변에 도움의 손길을 요청하라. 그러면 분명 뮤터블 리스트를 만들지 말라고 할 것이다. 충분한 생각과 의논이 끝난 후에도 뮤터블 리스트를 만드는 것이 올바른 선택이라는 판단이 든다면 mutableListOf() 함수를 이용해서 리스트를 만들수 있다. List\<T\>에서 사용하던 모든 기능들이 MutableList\<T\>에서도 사용 가능하다. mutableListOf() 메소드를 이용해서 생성된 인스턴스는 java.util.Arrays$ArrayList가 아니고 java.util.ArrayList이다.

다음 코드를 입력하면 읽기전용이 아닌 읽기-쓰기가 모두 가능한 인터페이스를 얻을 수 있다.

```
val fruits: MutableList<String> = mutableListOf("Apple", "Banana", "Grape")
println(fruits::class) //class java.util.ArrayList
```

이 인터페이스를 사용한다면 우리는 리스트를 변경할 수 있다. 예를 들면 이런 방식으로 리스트에 요소를 추가할 수 있다.

```
fruits.add("Orange")
```

mutableListOf() 함수로 가지고 온 MutableList<T> 인터페이스로 ArrayList<T>를 다루는 대신 arrayListOf() 함수를 이용해서 ArrayList<T>의 참조를 직접 획득할 수도 있다.

가능한 mutableListOf()나 arrayListOf()보다는 listOf()를 사용하도록 하자. 변경 가능 객체는 좋지 않다.

리스트를 만들었기 때문에 명령형 스타일로 반복을 할 수 있다. "4-2. 배열과 리스트의 반복"을 보도록 하자. 그리고 함수형 스타일로도 반복을 할 수 있다. "Ch11. 내부 반복과 지연 연산"에서 다룬다.

만약에 요소들이 정렬될 필요가 없다면, 리스트보다는 셋을 원할지도 모른다. 코틀린은 셋 역시 최상위 함수로 제공한다.

5-5 셋 사용하기

셋은 정렬되지 않은 요소의 모음이다. List<T>를 만드는 메소드처럼 이뮤터블/읽기전용 버전과 뮤터블/읽기-쓰기 버전 모두가 있다. Set<T>의 인스턴스를 만들기 위해서는 setOf()을 이용하고 MutableSet<T>를 만들기 위해서는 mutableSetOf()를 이용한다. 또, hashSetOf() 메소드를 이용해서 java.util.HashSet<T>의 참조를 만들 수도 있다. LinkedHashSet을 만들려면 linkedSetOf(), TreeSet<T>를 만들려면 sortedSetOf()를 이용한다.

여기 중복된 값을 가진 fruits 셋이 있다.

[코드 collections/sets.kts]

```
val fruits: Set<String> = setOf("Apple", "Banana", "Apple")
```

셋은 중복 요소를 허용하지 않기 때문에 셋이 만들어질 때 중복된 값은 누락된다.

```
println(fruits) //[Apple, Banana]
```

인스턴스가 setOf()로 만들어졌기 때문에 Set<T>의 인터페이스로 되어있다. 하지만 JDK에서는 set이 무엇으로 취급되는지 확인해 보자.

```
println(fruits::class) //class java.util.LinkedHashSet
println(fruits.javaClass) //class java.util.LinkedHashSet
```

List<T>처럼 Set<T>와 MutableSet<T>에는 +, -, contains, in 등 많은 함수들이 있다. 아마 셋에 있으면 좋겠다고 생각하는 메소드는 이미 라이브러리에 포함되어있을 가능성이 크다. Set<T>과 MutableSet<T>의 메소드들을 확인하고 익숙해질 시간을 가지는 것을 추천한다.

우리는 종종 콜렉션에 값이나 개체가 아닌 키-값(key-value) 페어를 쓰길 원할 때가 있다. 이런 경우를 위해 kotlin.collections.Map<K,V>가 존재하는 것이다.

5-6 맵 사용하기

맵은 키-값 페어를 보관하는 콜렉션이다. 코틀린이 JDK의 리스트를 위해 읽기전용과 읽기-쓰기용 인터페이스를 제공하는 것과 마찬가지로, 코틀린은 JDK의 맵을 위한 두 가지 인터페이스를 제공한다. JDK의 맵에서 사용 가능한 모든 메소드는 뮤터블 인터페이스에서 사용 가능하다. 이뮤터블 인터페이스에서는 읽기전용 메소드들만 사용 가능하다.

mapOf()를 사용해서 Map<K, V>의 읽기전용 맵을 만들 수 있다. 그리고 mutableMapOf()를 사용하면 MutableMap<K, V>의 맵을 만들 수 있다. JDK의 HashMap의 참조를 얻기 위해선 hashMapOf(), LinkedHashMap을 얻기 위해선 linkedMapOf(), SortedMap을 얻기 위해선 sortedMapOf()를 사용한다.

이제 이뮤터블/읽기전용의 Map<K, V> 인터페이스를 만들고 요소들에 접근하는 방법을 살펴보자. 예제에서는 String으로 된 사이트 이름을 Key로, URL을 Value로 관리한다.

```
val sites = mapOf("pragprog" to "https://www.pragprog.com",
  "agiledeveloper" to "https://agiledeveloper.com")
println(sites.size) //2
```

키-값 페어가 to() 확장함수를 통해서 만들어진다. to() 확장함수는 코틀린의 모든 객체에서 사용 가능하고, mapOf()는 Pair<K, V>를 인자로 취급한다. Size 속성은 맵에 속한 요소들의 숫자를 알려준다.

맵의 keys 속성을 이용해서 맵에 존재하는 모든 키를 반복할 수 있다. 그리고 values를 이용하면 맵에 존재하는 모든 값을 반복할 수 있다. containsKey(), containsValue() 메소드를 통해서 맵안에 키 또는 값이 존재하는지 체크해볼 수 있다. 그리고 contains() 메소드 또는 in 연산자를 이용해서 맵에 키가 존재하는지 확인해볼 수 있다.

```
println(sites.containsKey("agiledeveloper")) //true
println(sites.containsValue("http://www.example.com")) //false
println(sites.contains("agiledeveloper")) //true
println("agiledeveloper" in sites) //true
```

키에 해당하는 값에 접근하기 위해서 get() 메소드를 사용할 수 있다. 하지만 함정이 존재한다. 아래 코드는 동작하지 않는다.

```
val pragProgSite: String = sites.get("pragprog") //오류
```

해당 키가 맵에 존재하지 않으면 값이 나오지 않는다. get() 메소드는 키가 맵에 없을 경우 nullable 타입을 리턴한다. "6-2. Nullable 가능 참조"에서 다루겠다. 코틀린은 컴파일 시간에 문제를 알려주고, nullable 참조 타입 사용을 권장한다.

```
val pragProgSite: String? = sites.get("pragprog")
```

get() 메소드는 인덱스 연산자 []로도 사용할 수도 있다. 그래서 get() 대신 []를 사용할 수 있다.

```
val pragProgSite2: String? = sites["pragprog"]
```

[]를 사용하면 매우 편리하다. 하지만 nullable 참조를 피하기 위해 키가 없으면 기본값을 리턴하도록 만들 수 있다.

```
val agiledeveloper =
    sites.getOrDefault("agiledeveloper", "http://www.example.com")
```

맵에 "agiledeveloper"라는 키가 없다면 두 번째 인자를 리턴한다. 반면에 키가 존재한다면 그 키에 해당하는 값을 리턴한다.

mapOf() 함수는 읽기전용 참조만 전달해준다. 그래서 우리는 맵을 변경할 수가 없다. 하지만 우리는 키-값 Pair를 추가해서 새로운 맵을 만들 수 있다.

```
val sitesWithExample = sites + ("example" to "http://www.example.com")
```

위와 비슷하게, -연산자를 이용해서 특정 키/값을 제거한 새로운 맵을 만들 수도 있다.

```
val withoutAgileDeveloper = sites - "agiledeveloper"
```

맵을 반복하기 위해서 "Ch04. 외부 반복과 아규먼트 매칭"에서 본 것처럼 for 루프를 사용할 수 있다. for 루프를 사용해 보자.

```
for (entry in sites) {
  println("${entry.key} --- ${entry.value}")
}
```

변수 **entry**는 맵의 요소들을 참조해서 키와 값을 가지고 올 수 있다. **entry**로부터 값을 가지고 오는 대신 "3-4. 구조분해"에서 본 구조분해를 이용해서 다음과 같이 키와 값을 가지고 올 수도 있다.

[코드 collections/usingmap.kts]

```
for ((key, value) in sites) {
  println("$key --- $value")
}
```

반복이 진행되면서 코틀린은 자동으로 key와 value를 각각의 요소에서 추출하여 이뮤터블 변수인 key와 value에 할당한다. 구조분해 기능에 감사하도록 하자.

우리는 이번에 명령형 반복문을 사용하였다. 책의 뒷부분 "Ch10. 람다를 사용한 함수형 프로그래밍"에서 내부 반복자들에 대해서 배울 때, 우리는 이번 예제를 다시 한 번 살펴보면서 함수형 스타일로 반복하는 것을 볼 것이다.

맵 인터페이스는 2개의 특별한 메소드를 가지고 있다. 바로 **getValue()**와 **setValue()**이다. 두 메소드는 맵을 대리자(delegate)로 사용 가능하게 해주는 메소드이다. 대리자(delegate)는 아주 강력한 컨셉으로 "Ch09. 델리게이션을 통한 확장"에서 보도록 할 것이다.

정리

코틀린은 Java의 컬렉션을 확장하는 동시에 읽기전용 뷰를 통해서 컴파일 시간의 안정성을 향상시켰다. 함수형 코드를 쓰거나, 동시성 코드를 작성하거나, 비동기 프로그램을 만들 때는 읽기전용 뷰를 사용해야 한다.

코틀린의 페어와 트리플은 한정된 작은 크기의 컬렉션을 만들기에 유용하다. 크기가 크고, 고정된 크기의 컬렉션을 만들 때는 **Array** 클래스를 사용하는 것이 좋다. 반면에 크기기 변경되는 콜렉션이라면 리스트와 셋 중에서 골라서 사용하도록 하자. 콜렉션을 사용할 때는 콜렉션 생성 메소드를 선택해야만 한다. 예를 들자면 listOf()는 JDK의 콜렉션의 읽기전용 뷰를 획득하는 메소드이고, mutableListOf() 메소드는 읽기-쓰기 뷰를 획득한다. 맵을 사용하기 위해서는 Java의 맵 구현체를 조작하기 위한 코틀린의 뷰 인터페이스를 사용해야 한다.

우리는 이번 챕터에서 반복자를 이용하는 방법을 배웠다. 내부 반복자를 이용하는 함수형 스타일은 매우 좋은 반복 방법이지만 성능에 영향을 미친다.

이제 코틀린이 컴파일 시 타입 안정성을 제공하는 완전히 새로운 방법에 대해 알아볼 것이다.

Chapter

06

오류를 예방하는 타입 안정성

더 정적인 타입을 가진 언어일수록 타입을 특정하지 않은 상태에서도 기본적인 타입 안정성이 높아진다. 코틀린은 향상된 null 체크, 스마트 타입 캐스팅, 유연한 타입 체킹을 이용해서 개발자들의 코드를 더욱 타입 안정적이면서도 적은 오류를 만들도록 최선을 다한다. 이번 챕터에서는 코틀린의 베이직 타입과 컴파일러에 내장된 효율적인 타입 체크 능력에 대해서 배운다. 그리고 우리는 코틀린이 프로그래밍의 생산성 향상과 런타임시 에러 발생을 방지하기 위해서 컴파일 시점에 빠르게 실패하도록 만드는 방법을 살펴볼 것이다.

TV에서 NullPointerException 오류를 마주칠 거라고 생각이라도 해본 적 있는가? 친구인 브라이언 슬레튼(Brian Sletten, https://twitter.com/bsletten/status/587441266863943680)에게 실제로 일어났던 일이다. 가장 좋아하는 TV쇼를 보기 위해서 TV를 켠 친구의 눈에 들어온 것은 오류 메세지뿐이었다. 이제 공포영화가 망하는 건 시간문제 아닐까? 코틀린은 컴파일 시간에 NullPointerException을 방지할 수 있도록 도와준다.

코틀린의 디자인 바이 컨트랙트(Design By Contract) 접근방식으로 개발자는 함수나 메소드가 null을 받거나 리턴할 수 있는지 명확하게 표현할 수 있으며, 그 시점도 알 수 있다. 만약에 참조가 null이 될 수 있다면 참조하고 있는 객체의 속성이나 메소드를 사용할 땐 언제나 null 체크를 하도록 강제한다. 코틀린은 이런 식으로 코드를 안전하게 만든다. 그리고 안전한 코드는 디버깅과 서비스 중에 일어나는 오류를 막아준다. 그리고 코틀린은 null에 사용 가능한 연산자를 몇 가지 제공한다. 그런 연산자를 사용하면 null일 가능성이 있는 참조를 다룰 때 코드에 혼란이 적어진다. 이 기능의 더 특별한 기능은 이런 체크가 모두 컴파일 시간에만 이루어지고 바이트코드에는 아무 것도 추가되지 않는다는 점이다.

코틀린의 모든 클래스는 Java의 Object 클래스처럼 Any 클래스에서 상속을 받는다. Any 클래스는 코틀린의 모든 클래스에서 사용 가능한 유용한 메소드를 포함하고 있다. 여러 타입을 사용할 때 타입 캐스팅이 필요하다면 코틀린의 스마트 캐스트 기능이 자동으로 캐스팅을 해 줄 것이다. 그래서 개발자는 개발자와 컴파일러가 보기에 뻔한 코드를 쓸 필요가 없다. 이 기능은 타이핑을 줄여줄 뿐 아니라 코드의 쓸모없는 부분들을 줄여주기 때문에 코드를 유지보수하기가 쉬워진다. 그리고 타입캐스팅을 명확하게 해야 하는 경우라면, 타입캐스팅을 위한 코틀린의 우아한 문법이 존재한다. 곧 보게 될 것이다.

코틀린의 고급 개념 중의 하나는 제네릭 파라미터 타입의 공변성(convariance)과 반공변성(contravariance)이다. 복잡하게 들리겠지만(실제로도 복잡하긴 하다) 이번 챕터에서 개념을 배워서 Java에서보다 코틀린에서 제네릭을 효율적으로 사용할 수 있게 된다. 그리고 우리는 레이파이드(reified) 타입 파라미터를 이용해서 실행 시간에 타입 정보가 필요한 제네릭 함수를 만들거나 사용할 때 생기는 오류와 어수선한 코드를 줄이는 방법을 배운다.

이번 챕터에서 Any와 Nothing 클래스를 배우고 null 가능 참조(references)와 연관된 연산자, 스마트 캐스트의 장점을 배운다. 그리고 타입 캐스팅을 안전하게 하는 방법과 타입 안정적으로 확장 가능한 제네릭 함수를 만드는 방법을 배운다. 이번 챕터에서 배우는 것들은 오류를 줄이고 코드의 유지보수를 쉽게 하도록 디자인하는 데 도움이 될 것이다.

6-1 Any와 Nothing 클래스

equals()나 toString()같은 메소드는 많은 클래스에서 쓰인다. Java에서는 Object가 베이스인 클래스에는 해당 메소드를 찾을 수 있다. 코틀린에선 해당 메소드들이 Any 클래스에 포함되어있다. 그리고 Any 클래스는 어떤 클래스에서도 사용 가능한 유용한 다른 메소드들도 많이 가지고 있다. 코틀린의 Any 클래스는 Java의 Object에 대응되는 클래스라고 볼 수 있다. Any 클래스에는 확장함수를 통해서 들어오는 수많은 특별한 메소드들이 있다. 코틀린은 Nothing이라는 클래스도 가지고 있다. Nothing은 함수가 아무것도(nothing) 리턴하지 않을 경우 리턴하는 클래스이다. 메소드가 하나 이상의 브랜치에서 아무것도 리턴하지 않을 경우 타입 체크를 한다면 Nothing 클래스가 있어야 유용하다. Java에는 코틀린의 Nothing과 대응되는 것이 없다. 여기서는 어디에나 존재하는 Any 클래스와 Nothing 클래스에 대해서 배운다.

베이스 클래스 Any

코틀린의 모든 클래스는 Any를 상속받았다. 이는 Java의 Object와 유사하다. 만약에 함수가 여러 타입의 객체를 파라미터로 받는다면, 함수의 파라미터를 Any로 설정해 놓으면 된다. 이와 유사하게 함수에서 특정 타입을 리턴하기 난감하다면 Any를 리턴하면 된다. 타입의 관점에서 봤을 때, Any 클래스는 개발자에게 최대한(가끔은 너무 과할 정도로) 유연성을 제공한다. 그러니 아주 제한적으로 사용해야만 한다.

Any의 목적은 변수, 파라미터, 리턴타입을 Any로 정의하도록 하는 게 아니다. 물론 가끔 그런 경우도 있지만, 일반적으로는 모든 코틀린의 타입에 공통으로 적용되는 메소드를 만들기 위해 존재한다. 예를 들자면 equals(), hashCode(), toString()같은 메소드들은 코틀린의 모든 타입에서 사용 가능하다. 왜냐하면 해당 메소드들은 Any에 구현되어 있기 때문이다.

비록 Any가 Java 바이트코드에서는 Object에 매칭되지만, Any와 Object가 동일한 것은 아니다. Any는 확장함수를 통해서 특별한 메소드들을 제공한다. 예를 들면 "5-2. 페어와 트리플 사용하기"에서 to() 확장함수를 사용했고 이는 아주 훌륭한 예시이다. 다른 객체들로 조합된 Pair를 만드는 일이 잦고 맵을 만들기 위해 헬퍼 함수와 함께 사용하는 경우가 많자, 코틀린은 to() 메소드를 만들었다. to() 메소드는 모든 타입의 모든 객체를 사용할 수 있는 Any 타입으로 구성된 Pair를 만들 수 있다.

비슷한 맥락으로, 객체의 컨텍스트 안의 코드 블록을 실행할 때 많은 반복적이고, 장황한 코드들을 제거할 수 있다. 이런 것들을 수월하게 하기 위해서 Any는 let(), run(), apply(), also()같은 확장함수를 가지고 있고, "12-5. Any 객체를 이용한 자연스러운 코드"에서 살펴볼 것이다. 이 메소드들을 사용하면 많은 불필요한 것들을 제거할 수 있다. 그리고 내부DSL을 만들 때도 아주 유용하다. 내부 DSL에 관해서는 "Ch13. 내부 DSL 만들기"에서 다룬다.

Nothing은 void보다 강력하다

Java와 같은 언어에서 리턴이 없는 메소드에 void를 사용한다. 코틀린에서는 표현식(expression)이 리턴을 하지 않을때 void 대신 Unit을 사용한다. 그런데 가끔 함수가 진짜로 아무것도 리턴하지 않는 상황이 있다. 정말이다. 이럴 때 Nothing 클래스가 필요하다. Nothing 클래스는 인스턴스가 없고 값이나 결과가 영원히 존재하지 않을 것이라는 걸 나타낸다. Nothing을 메소드의 리턴타입으로 사용한다면, 그건 해당 함수가 절대로 리턴을 하지 않는다는 이야기이다. 함수호출은 예외만 발생시킨다.

Nothing은 모든 것을 대표할 수 있다는 유니크한 기능이 있다. Nothing은 Int, Double,

String 등 모든 클래스로 대체할 수 있다. 예제로 아래의 코드를 살펴보자.

```
fun computeSqrt(n: Double): Double {
  if(n >= 0) {
    return Math.sqrt(n)
  } else {
    throw RuntimeException("No negative please")
  }
}
```

if문은 Double을 리턴한다. else문은 예외를 던진다. 예외는 Nothing 타입을 대표한다. 이 경우에 컴파일러는 if문의 리턴타입이 Double이라고 정의할 수 있다. Nothing의 유일한 목적은 컴파일러가 프로그램의 타입 무결성을 검증하도록 도와주는 것이다.

6-2 Null 가능 참조

Java에서 null은 항상 오류를 유발할 가능성이 있고 우리는 null을 절대 피할 수 없다. 만약에 객체를 리턴하는 함수가 호출에서 리턴할 게 아무 것도 없는 경우 Java에서는 null을 리턴해야 한다. 불행히도 이런 방식은 메소드를 호출한 사람이 null 체크를 하지 않고 메소드를 실행시킬 경우 NullPointerException을 야기한다. 최근의 Java에서는 Optional이 이런 이슈의 해결책으로 사용되고 있다. 하지만 Optional의 사용은 3가지의 불리한 점을 가지고 있다. 첫째, 개발자가 Optional을 사용해야 한다. 컴파일러가 Optional을 사용하도록 강제하지 않는다. 둘째, Optional이 객체의 참조 또는 null 참조를 감쌀 때 객체가 없다면 작은 오버헤드가 생긴다. 셋째, 개발자가 Optional이 아니고 null을 리턴하더라도 Java 컴파일러는 별다른 경고를 주지 않는다. 코틀린에는 이런 이슈들이 없다. 그리고 컴파일 시간에 개발자에게 null 체크여부를 확인시켜준다.

먼저 일반적으로 null 참조를 사용하는 게 좋지 않은 이유를 논의해 볼 것이다. 그리고 코틀린 컴파일러가 어떻게 임의의 참조에 null을 할당하지 않을 수 있는지 알아본다. 그리고 null을 할당할 수 있는 특별한 nullable 타입을 어떻게 사용하는지 알아본다. 그 후 코틀린 컴파일러가 제공하는 안전하고 편리한 nullable 참조를 디레퍼런스* 할 수 있게 하는 연산자를 알아본다. 이 연산자는 컴파일시점에 필수 null 체크 검증을 완료해준다. 마지막으로

---

* **역주_** 레퍼런스가 가르키는 메모리 주소에 수납된 데이터의 접근

when 익스프레션이 null 체크를 어떻게 하는지 알아볼 것이다.

null은 에러를 유발한다

〈이펙티브 자바 3/E〉(인사이트, 2018)에서 콜렉션을 리턴하는 함수가 실행 시간에 리턴할 게 아무것도 없다면 null이 아니고 빈 콜렉션을 리턴해야 한다고 말한다. 왜냐하면 null을 리턴한다면 결과를 받는 쪽에서 null로 인한 오류가 발생할 수 있고, 이를 피하려면 반드시 null 체크를 해줘야만 하기 때문이다. 좋은 조언이다.

만약 함수의 결과가 콜렉션이 아니고 객체라면 어떨까? 리턴해 줄 참조가 없는 경우에 전통적인 Java의 해결책은 그냥 null을 리턴하는 것이었고, 좀 더 최근엔 Optional<T>를 리턴하도록 권장하고 있다. 하지만 이런 해결책은 이슈를 몇 가지 만들어낸다.

Java에서는 참조가 리턴되어야 할 메소드에서 null을 리턴하는 코드를 짜는 것을 막을 수 없다. 프로그래머는 Optional<T>를 사용하는 방법을 선택해야 하는데 Optional<T>는 언제, 어디서 사용하는지 매우 혼란스럽다. 게다가 Optional<T>는 null을 피하려고만 해도 오버헤드가 발생한다.

코틀린은 이런 상황을 안전하고, 우아하고, 고상하게 해결한다. 우선 null을 null 불가 참조에 할당하거나 참조타입이 null 불가인 곳에 null을 리턴하려고 하면 컴파일 오류가 난다.

아래의 코드는 코틀린 컴파일러가 불평을 쏟아내는 코드이다.

[코드 types/nonull.kts]

```
fun nickName(name: String): String {
  if (name == "William") {
    return "Bill"
  }
  return null //ERROR
}
println("Nickname for William is ${nickName("William")}")
println("Nickname for Venkat is ${nickName("Venkat")}")
println("Nickname for null is ${nickName(null)}") //ERROR
```

위 코드에서 nickName() 함수는 흔한 이름인 "William"을 위한 별명만 리턴을 해주고 다른 모든 이름에 대해서는 null을 리턴한다.

유사한 코드를 Java에서 작성하면 컴파일은 잘 되고, 실행 시간에 오류가 날 것이다. 하지만 코틀린은 우리가 곧 실패하고 오류를 유발하는 코드를 작성하는 것을 원하지 않는다. 최소한 저렇게 쉽게 작성하도록 놔두진 않는다. 코틀린은 리턴타입이 String일 경우(String은 null이 불가능하다) null을 리턴하지 못하게 한다. 이와 유사하게, 파라미터 타입이 String인 경우 함수를 호출할 때 null을 인자로 넘기지도 못하게 한다. 아래는 위 코드를 컴파일했을 때 컴파일러가 보여주는 메시지이다.

```
nonull.kts:6:10: error: null can not be a value of a non-null type String
return null //ERROR
       ^
nonull.kts:11:42: error: null can not be a value of a non-null type String
println("Nickname for null is ${nickName(null)}") //ERROR
                                         ^
```

일반적으로 코틀린 코드를 작성할 때 Java와 상호운용할 목적이 아니라면 null과 nullable 타입은 절대 사용하지 않는 편이 좋다. 하지만 반드시 null을 받거나 리턴하거나 혹은 둘 다 해야하는 상황이라면 코드에 개발 의도를 아주 명확하게 표현해서 코틀린이 컴파일 시간에 NullPointerException이 발생하지 않게 할 수 있도록 조치를 취해야 한다. null 참조를 위한 컴파일 시간 안정성에 대해서 이야기해보자.

Null 가능 타입 사용하기

null 불가 타입들은 각자 대응하는 null 가능 타입이 존재한다. 타입이 null 불가 참조일 경우 검증된 null이 아닌 참조만을 넘겨줄 수 있다. 하지만 null 가능 참조 타입일 경우 null과 검증된 참조 둘 다 넘겨줄 수 있다. 받는 쪽에서는 null 체크를 하지 않으면 null 가능 참조를 사용할 수 없다.

null 가능 타입은 타입 이름 뒤에 ?가 붙는다. 가령 null 불가 타입이 String이라면 null 가능 타입은 String?이다. 비슷하게 Int와 Int?, List<String>과 List<String>?, YourClass와 YourClass? 로 사용된다.

이제 이전 예제의 문제점들을 하나씩 수정해 보도록 하자. 처음 시작은 안전하게 null을 리턴하는 것부터 시작하자. 우리가 nickName() 함수에서 참조나 null을 리턴하기 위해서 우리는 함수의 리턴타입을 String에서 String의 null 가능 타입인 String?으로 바꿔야 한다. 컴파일 오류를 해결하기 위해서는 위의 수정만으로 충분하다.

[코드 types/returnnull.kts]

```
fun nickName(name: String): String? {
  if (name == "William") {
    return "Bill"
  }
  return null
}
println("Nickname for William is ${nickName("William")}")
println("Nickname for Venkat is ${nickName("Venkat")}")
//println("Nickname for null is ${nickName(null)}")
```

우리가 null을 전달하려는 마지막 줄은 주석 처리를 했다. 이 코드는 이제 실행하는 데 아무 문제가 없이, 아래와 같은 출력이 나온다.

```
Nickname for William is Bill
Nickname for Venkat is null
```

거의 다 됐다. 노파심에 말하자면 내 별명은 null이 아니다. 단순히 결과가 다는 아니다. 좀 더 해야 할 것이 남아있다. 단순히 응답을 프린트하는 것이 아니라 응답을 응용하려고 했다면 코틀린은 응답에 대한 null 체크를 요청했을 것이다. 일단은 응답으로 다른 처리를 하는 것보다 파라미터의 인자로 null을 전달할 수 있도록 바꿔보자. 그렇게 하는 게 예제를 짧게 유지하면서 null 가능 참조를 연산하는 방법을 배우는 데 더 도움이 될 것이다.

nickName() 함수를 개량해 보겠다. 수정된 함수는 입력된 이름이 "William"이면 "Bill"을 리턴하며 "William"이나 null이 아닐 경우 이름을 뒤집어서 리턴하고 null이 입력되면 null을 리턴한다. 따라서 파라미터가 null을 입력받을 수 있도록 파라미터의 타입을 String에서 String?으로 바꿨다.

[코드 types/receivenullerror.kts]

```
fun nickName(name: String?): String? {
  if (name == "William") {
    return "Bill"
  }
  return name.reversed() //ERROR
}
println("Nickname for William is ${nickName("William")}")
println("Nickname for Venkat is ${nickName("Venkat")}")
println("Nickname for null is ${nickName(null)}")
```

코드의 마지막 줄에서 null을 전달하는 건 현재로써 문제가 없어보인다. 하지만 함수 안에서 우리가 name에 reversed()를 호출하는 부분에서 컴파일 오류가 난다. 코틀린은 null 가능 참조가 메소드를 호출할 때는 세이프 콜 연산자(safe call operator) 또는 null이 아님을 확인해주는 연산자(non-null assertion operator) 프리픽스를 요구한다. 이 연산자들에 대해서는 곧 알게될 것이다. 위 예제에서 컴파일러가 앞서 말한 연산자를 요구하는 이유는 name이 null일 수있기 때문이다 그리고 null에서 메소드를 호출한다면... 말 안 해도 알 것이다. 컴파일러가이미 우리를 보호 해주고 있다. 이런 보호가 없다면 실행 시간에 재앙이 닥칠 것이 분명하다.고맙다, 코틀린!

null이 될 수 있는 객체에 접근하기 전에 먼저 null 체크를 해야 한다.

```
if (name != null) {
  return name.reversed()
}
return null
```

코틀린은 은근히 안전하고 방어적인 프로그래밍을 하도록 권한다. null 가능 타입을 사용할때 null 체크를 까먹을 수가 없다. 이렇게 하면 거의 안전하다(하지만 곧 안전하지 않은 순간을 보게 될 것이다). 이제 null 체크가 포함되도록 코드를 변경시키고 실행시켜 보도록 하자.

```
Nickname for William is Bill
Nickname for Venkat is takneV
Nickname for null is null
```

동작한다. 하지만 null 체크가 너무 지저분하다. 이제 안정성은 유지하면서 지저분한 코드를 제거해 보도록 하자.

세이프 콜 연산자

?연산자를 이용하면 메소드 호출 또는 객체 속성 접근과 null 체크를 하나로 합칠 수 있다. ?연산자를 세이프 콜 연산자(safe-call operator)라고 한다. 참조가 null일 경우에 세이프 콜 연산자의 결과는 null이다. 참조가 null이 아닐 경우 연산결과는 속성이거나 메소드의 결과가된다. 타입은 속성의 타입이나 메소드의 null 가능 대응 타입의 리턴타입이 된다.

깔끔하고 편리한 세이프 콜 연산자를 이용해서 아래의 코드를 변경해 보자.

```
if (name != null) {
  return name.reversed()
}
return null
```

한 줄로 아름답게 만들었다.

```
return name?.reversed()
```

이름을 뒤집은 문자열을 모두 대문자로 변경한다고 가정해보자. 세이프 콜 연산자로 연결할 수도 있다.

```
return name?.reversed()?.toUpperCase()
```

아주 좋다. 하지만 그보다 더 좋은 것이 있으니 바로 엘비스(Elvis)다.

엘비스 연산자(Elvis Operator)

세이프 콜 연산자는 타깃이 null일 경우에 null을 리턴한다. 그런데 우리가 null이 아닌 다른 걸 리턴해 주고 싶다면 어떨까? nickName() 함수를 더 발전시켜서 null이 넘어오면 "Joker"를 리턴하도록 변경해 보자. 그러기 위해서 리턴 타입을 null이 가능한 String? 에서 null이 불가능한 String으로 변경한다. 아래에 변경한 코드가 있다. 하지만 코드에서 약간 냄새가 나는 것 같다. 좀 더 우아하게 바꾸기로 하자.

```kotlin
fun nickName(name: String?): String {
  if (name == "William") {
    return "Bill"
  }
  val result = name?.reversed()?.toUpperCase()
  return if (result == null) "Joker" else result
}
println("Nickname for William is ${nickName("William")}")
println("Nickname for Venkat is ${nickName("Venkat")}")
println("Nickname for null is ${nickName(null)}")
```

결과를 확인해 보자.

```
Nickname for William is Bill
Nickname for Venkat is TAKNEV
Nickname for null is Joker
```

함수는 null 인자를 받기 위해 String?을 인자로 받는다. 그런데 리턴타입은 String이다. 만약에 이름이 "William"이 아닌 경우 전달받은 파라미터를 reversed() 메소드로 역순으로 만든 후 대문자로 변형한다. 이는 이전과 동일하다. 하지만 이번 버전에서는 세이프 콜 연산자를 두 번 사용한 후 나온 결과를 임시 변수인 result에 저장한다. 그리고 null 체크를 진행하고 null이라면 "Joker"를 리턴해 주고 null이 아니라면 result를 리턴해 준다. null 체크는 정말 죽지 않고 돌아오는 악당 조커같은 존재다.

좋은 소식과 나쁜 소식이 있다. null 체크 이후에 값을 리턴해 줄 때는 관습적인 코드가 없다. result의 타입이 String?이고 함수의 리턴타입이 String이어도 문제가 없다. 그냥 else 뒤 마지막에 result를 리턴할 수 있다. 일반적으로는 String 타입이 예상되는 곳에 String? 객체를 리턴할 수 없다. 하지만 코틀린은 개발자가 이미 null 체크를 했기 때문에 오류가 날 가능성이 없다는 사실을 알고 있다. 나쁜 소식은 우리가 코드를 두 줄이나 작성했고 임시변수를 사용했다는 점이다. 엘비스 연산자 ?: 를 이용하면 이런 복잡함을 줄일 수 있다.

엘비스 연산자는 좌측 표현식의 결과가 null이 아닐 경우 결과를 리턴해주고 null일 경우 우측 표현식의 결과를 리턴해준다. 엘비스 연산자는 짧은 순환식이라고 보면 된다. 엘비스 연산자는 오른쪽 표현식이 사용되지 않는 경우 연산을 실행하지 않는다.

이전 코드에서 지저분했던 부분을 고쳐보자.

```
val result = name?.reversed()?.toUpperCase()
return if (result == null) "Joker" else result
```

이렇게 우아하게 고쳤다.

```
return name?.reversed()?.toUpperCase() ?: "Joker"
```

엘비스 연산자는 엘비스 프레슬리처럼 매우 쿨하다. 고개를 왼쪽으로 꺾어 연산자를 바라보자. 눈(:) 위로 엘비스의 헤어스타일(?)이 보이는가? ?: 연산자의 이름이 엘비스인 이유이다.

세이프 콜 연산자와 엘비스 연산자는 우리의 친구이다. 그런데 가끔은 !!연산자의 간결함 때문에 세이프 콜과 엘비스를 사용하고 싶지 않을 때도 있을 것이다. 하지만 !!연산자를 사용하는 건 좋은 생각이 아니다. 다음 장에서 살펴보자.

사용해서는 안될 안전하지 않은 확정 연산자 !!

연산자가 하나 더 있다. 바로 not-null 확정(not-null assertion) 연산자인 !!이다. !!연산자는 조커 연산자라고 부르고 싶다. 왜냐하면 !!는 배트맨에 나오는 조커처럼 전형적인 악당이기 때문이다. 처음보면 아주 쿨해 보이지만 곧 !!는 순수 악이란 사실을 알게 될 것이다.

우리는 null 가능 타입일 경우 null 체크를 하지 않으면 해당 타입에 대응되는 null 불가 타입의 메소드를 호출할 수 없었다. 예를 들자면 String? 타입의 참조에서는 null 체크를 하지 않으면 reversed() 메소드를 사용할 수 없다. 그런데 특정 참조가 절대 null이 아니란 사실을 알고 있다면 어떨까? 그럴땐 코틀린에게 쓸모없는 체크는 할 필요가 없다고 전달하고 String?에서도 String의 메소드와 속성을 사용할 수 있다.

우리가 String? 타입의 name이 null이 아니라는 사실을 알고 있다면 ?. 연산자와 ?: 연산자를 !!로 바꿀 수 있다.

```
return name!!.reversed().toUpperCase() //BAD CODE
```

아주 간결하다. 뭐 잘못될 일이 있을까?

연산자가 두 개의 느낌표(!!)인 이유가 있다. 우리는 name이 null이 아니라고 확신했다. 근데 만약에 name이 null이라면 어떻게 될까? 실행 중이라면 NullPointerException으로 프로그램이 끝날 것이다. 그렇다. 우리가 애초에 null 가능 타입으로부터 처음부터 피하려고 했던 일이 발생해버린다. !!를 사용하지 말아라. 그냥 존재하지도 않는다고 생각해라. 이 책에서 !!을 언급했다는 사실도 잊어버리도록 하자.

지금까지 본 것처럼 세이프 콜과 엘비스 연산자는 null 가능 타입을 연산하기 위한 좋은 방법이다. 그런데 when 인자 매칭 연산자를 사용하면 코드가 더 직관적으로 바뀔 것이다.

when의 사용

코드 속에서 지저분함을 제거하는 것과 로직을 쉽게 만드는 모든 노력은 가치가 있다. null 가능 참조로 작업을 할 때 참조의 값에 따라서(값이 null인 경우도 고려한다) 다르게 동작하거나 다른 행동을 취해야 한다면 ?.이나 ?:보다는 when을 사용하는 것을 고려해 보자. "When을 사용해야 할 때"에서 다룬 when이다. 다시 말해서 세이프 콜이나 엘비스 연산자는 값을 추출해낼 때 사용하고 when은 null 가능 참조에 대한 처리를 결정해야 할 때 사용하도록 해라.

nickName() 함수는 null 가능 참조의 값에 기반해서 리턴할 것을 결정하고 있다. 단지 값만을 추출하는 함수가 아니다. 따라서 함수를 이렇게 변경해야 한다.

```
fun nickName(name: String?): String {
  if (name == "William") {
    return "Bill"
  }
  return name?.reversed()?.toUpperCase() ?: "Joker"
}
```

이전의 코드보다는 아래의 코드가 잘 동작한다.

```kotlin
fun nickName(name: String?) = when (name) {
  "William" -> "Bill"
  null -> "Joker"
  else -> name.reversed().toUpperCase()
}
```

이 코드에서 when은 표현식으로 쓰였다. 그리고 해당 식이 만들어낸 값은 함수의 결과로 리턴됐다. 이번엔 else절이 필요하며 당연히 마지막에 나타나야 한다. null에 해당하는 절은 else 위면 어디든 상관없다.

null 체크를 했기 때문에 when에 있는 다른 모든 경우 전달받은 참조가 null이 아닌 경우에만 동작한다. 이 사실은 우리도 컴파일러도 잘 알고 있다. 그래서 null이 아닌 경우에 대해 null 체크를 할 필요가 없고 세이프 콜 연산자나 엘비스 연산자도 필요없다. 아주 만족스럽다. 할 일도 적고, 코드도 명확하다.

코틀린은 null을 다룰 때 안정성만 제공해 주는 것이 아니고 우아한 연산자를 제공해서 코드의 지저분함도 없애준다. 그리고 같은 우아함을 타입 체크와 타입 캐스팅에서도 찾아볼 수 있을 것이다.

6-3 타입 체크와 캐스팅

가끔씩 지금 가지고 있는 객체가 내가 예상한 특정 객체인지 궁금할 때가 있다. 그러면 해당 객체가 맞는지 검증을 하고, 특정 타입으로 캐스팅을 하면 원하는 메소드를 사용할 수 있다. Java라면 그렇게 해야 할 것이다. 이제 코틀린이 타입 체크와 타입 캐스팅을 도와주는 방법에 대해서 확인해보자. 그러면서 코틀린의 타입 안정성이 주는 이득과 코틀린이 어떻게 쓸모 없는 코드들을 제거하는지 확인해 보도록 하자.

타입 체크

"그게 기능이냐? 아니면 결함이냐?"는 실행 시간 타입 체크에 대한 끝없는 논쟁이다. 가끔씩 객체의 타입을 체크하는 것은 필수적이다. 하지만 확장성의 측면에서 봤을 때 타입체크는 최소한으로만 해야 한다. 임의의 타입을 체크하는 행위는 새로운 타입이 추가됐을 때 코드를 부서지기 쉽게 만들고 개방–폐쇄 원칙(로버트 C. 마틴의 〈클린 소프트웨어〉에 나오는 내용)에도 위배된다. 실행 시간에 타입 체크를 진행할지 여부는 코드를 짜기 전에 여러 번 생각을 해보는 것이 좋다.

그렇게 말하긴 했어도 실행 시간에 타입 체크를 하는 건 아주 유용하며 다음 두 상황에서는 반드시 해야 한다. 하나는 equals() 메소드를 구현할 때다. equals() 메소드를 구현하려면 현재 가지고 있는 객체가 해당 클래스의 인스턴스인지 알아야 한다. 또 하나는 when을 사용할 때다. when의 분기가 인스턴스의 타입에 기반해서 이루어지는 경우 타입체크가 필요하다.

이제 실행 시간에 타입체크를 어떻게 하는지 알아보고 타입 확인 이후 캐스팅을 할 때 불편한 점들을 덜어주는 기능을 살펴보자.

is 사용하기

Object의 equals() 메소드는 참조 기반 비교이다. 하지만 클래스에서 equals() 메소드를 참조가 아닌 동일성을 확인하도록 오버라이드했을 수도 있다. 그 전통을 이어가면서 Any 클래스의 자식인 코틀린의 모든 클래스(6-1의 "베이스클래스 Any"에서 다뤘다)는 equals() 메소드를 오버라이드했다. 그리고 우리가 "2-4. 향상된 동일성 체크"에서 본 것처럼 코틀린은 == 연산자를 equals() 메소드에 매핑해놨다. 비록 코틀린의 클래스에 대해 배우진 않았지만 타입체크를 알아보기 위해서 클래스의 equals() 메소드 구현에 대해서 알아보자.

아래 코드에서 Animal 클래스는 equals() 메소드가 모든 Animal 클래스의 인스턴스를 동일하게 취급하도록 오버라이드한다. 그런데 Any의 메소드를 오버라이드한 메소드의 시그니처를 보면 전달받은 Any? 타입인 파라미터가 Animal이 아닐 경우 false를 리턴해야 한다.

[코드 types/equals.kts]

```
class Animal {
  override operator fun equals(other: Any?) = other is Animal
}
```

is 연산자는 객체가 참조로 특정 타입을 가리키는지 확인한다. 위 코드에서는 other가 Animal 클래스인지 확인한다. 인스턴스가 예상된 타입이라면 true를 리턴하고, 아닐 경우 false를 리턴한다.

equals() 메소드를 사용해 보자.

```
val greet: Any = "hello"
val odie: Any = Animal()
val toto: Any = Animal()
println(odie == greet) //false
println(odie == toto) //true
```

"2-4. 향상된 동일성 체크"에서 우리는 ==과 ===의 차이에 대해서 확인했다. 위의 예제에서 우리는 equal() 메소드를 == 연산자를 통해서 사용할 수도 있다. Animal의 인스턴스와 String을 비교하면 false를 리턴 받는다. 하지만 Animal의 인스턴스 두 개를 가지고 비교를 하면 true를 리턴받는다. 예제에 나오는 모든 참조들은 Any 타입이다. 만약에 참조 타입이 특정 타입이라면(예를 들어 greet은 String 타입으로 정의되어 있고, odie는 Animal로 정의되어있다면) 코틀린 컴파일러는 소스 코드에서 발견되는 타입 불일치 때문에 동등성 검사를 하지 않게 된다. 오버라이드한 equals()를 설명하기 위해서 Any로 선언을 해서 타입체크를 회피했다.

is 연산자는 모든 타입의 참조에 사용될 수 있다. 만약에 참조가 null일 경우 is의 연산결과는 false 이다. 하지만 is 연산자 뒤의 타입이 객체의 타입과 같거나 상속관계에 있다면 true를 리턴한다.

is 연산자를 '부정'과 함께 사용할 수도 있다. 예를 들어서 other !is Animal 이런 식으로 사용한다면 other가 Animal이 아니라는 것을 확인하는 것이다.

코틀린은 1+1정책을 사용한다. 만약에 is나 !is를 사용하면 캐스팅을 공짜로 할 수 있게 된다. 확인해 보자.

스마트 캐스트

Animal 클래스에 age 속성이 있다고 가정해 보자. 그리고 객체를 비교할 때 그 속성을 사용한다고 생각해보자. equals() 메소드에서 파라미터의 참조 타입은 Any이다. 그래서 우리는 age 파라미터를 직접 가지고 올 수 없다. 만약에 Java로 프로그래밍한다면 Animal 클래스의 equals() 메소드는 이런 식으로 만들 것이다.

```
//Java code
@Override public boolean equals(Object other) {
  if(other instanceof Animal) {
    return age == ((Animal) other).age;
```

```
  }
  return false;
}
```

Java에서는 age 속성에 접근하기 위해서 other이 Animal인지 확인하려고 instanceof를 사용하는 것만으로는 부족하다. 확인 이후에 ((Animal)other).age 이런 식으로 캐스팅을 해야 사용 가능하다. Java에서 저런 기능의 코드 스니펫은 뭐라고 불릴까?

'징벌'이라고 불린다. 뭐 가끔은 캐스팅이라고도 부른다.

코틀린은 참조의 타입이 확인되면 자동 혹은 스마트 캐스팅을 한다. Animal 클래스를 변경해서 age를 추가하고 equals() 메소드에서 age를 사용하도록 해보자.

[코드 types/smartcast.kts]

```
class Animal(val age: Int) {
  override operator fun equals(other: Any?):Boolean {
    return if (other is Animal) age == other.age else false
  }
}
```

equals() 메소드 안에서 우리는 캐스트 없이 other.age라고 바로 사용할 수 있었다. 왜냐면 if문의 조건에서 코틀린이 other가 Animal인지를 확인했기 때문이다. 만약에 other.age를 if문 전에 접근하려고 했다면 컴파일 오류가 났을 것이다. 하지만 일단 is 연산자로 체크를 했기 때문에 캐스트를 할 필요가 없는 것이다.

변경된 Animal 클래스를 사용해본 뒤 리팩토링을 통해 복잡도를 줄여보자.

[코드 types/smartcast.kts]

```
val odie = Animal(2)
val toto = Animal(2)
val butch = Animal(3)
println(odie == toto) //true
println(odie == butch) //false
```

이 예제는 스마트 캐스트를 사용한 타입 체크를 확인한다. 스마트 캐스트는 코틀린이 타입을 확인하는 즉시 작동한다. 스마트 캐스트는 if문뿐만 아니라 || 혹은 && 연산자 이후에도

작동한다.

이런 기능을 사용해서 equals()를 리팩토링 해보자.

```
override operator fun equals(other: Any?) =
other is Animal && age == other.age
```

코틀린은 스마트 캐스트가 가능하다면 자동으로 스마트 캐스트를 해준다. 참조의 타입이 특정 타입이란 것이 확인되면 캐스트를 할 필요가 없다. 이와 유사하게 코틀린이 객체가 null 참조가 아니라고 판별하면 null 가능 타입이 null 불가 타입으로 자동으로 캐스팅된다. 그래서 명시적으로 캐스팅을 할 일을 줄여준다.

when과 함께 타입 체크와 스마트 캐스트 사용하기

우리는 when 명령문 또는 표현식에 is나 !is, 스마트 캐스팅을 사용할 수 있다. "4-3. When을 사용해야 할 때"에서 만든 whatToDo() 함수를 보자.

```
fun whatToDo(dayOfWeek: Any) = when (dayOfWeek) {
  "Saturday", "Sunday" -> "Relax"
  in listOf("Monday", "Tuesday", "Wednesday", "Thursday") -> "Work hard"
  in 2..4 -> "Work hard"
  "Friday" -> "Party"
  is String -> "What?"
  else -> "No clue"
}
```

when에서 사용되는 조건 중 하나는 실행 중에 전달받은 파라미터가 String인지 확인하기 위해서 is 연산자로 타입 체크를 하는 것이다. 더 나아가서 아무런 캐스팅 없이도 String의 속성이나 메소드를 사용할 수 있다. 예를 들어보면 해당 조건 뒤에 나오는 표현식을 이렇게 바꾸는 게 가능하다

```
is String -> "What, you provided a string of length ${dayOfWeek.length}"
```

비록 함수의 dayOfWeek가 Any 타입의 파라미터지만 is String 조건에서는 String으로 취급할 수 있다. 코틀린의 스마트 캐스트 능력이 다시 나오는 것이다. 스마트 캐스트는 우리의

동맹이다. 가능한 의지하도록 하자.

때때로 명시적으로 캐스팅을 할 때가 있을 것이다. 코틀린은 명시적으로 캐스팅을 하는 몇 가지 옵션을 제공해 준다.

6-4 명시적 타입 캐스팅

명시적 타입캐스팅은 컴파일러가 타입을 확실하게 결정할 수 없어 스마트 캐스팅을 하지 못할 경우에만 사용하도록 하자. 예를 들면 var 변수가 체크와 사용 사이에서 변경되었다면 코틀린은 타입을 보장해줄 수 없다. 이런 케이스에서는 스마트 캐스트를 적용할 수 없다. 그렇기 때문에 개발자가 타입 캐스트를 해야만 한다.

코틀린은 명시적 타입 캐스트를 위해서 2가지 연산자를 제공한다. as와 as? 이다. 두 연산자의 사용법을 이해하기 위해서 예제를 만들어 보자.

다른 타입의 메시지를 리턴해 주는 함수가 있다고 가정해 보자.

[코드 type/unsafecast.kts]

```
fun fetchMessage(id: Int): Any =
  if (id == 1) "Record found" else StringBuilder("data not found")
```

이제 저 함수에서 전달받은 메시지가 필요하다고 가정해보자. 그리고 함수 결과가 String 타입일 경우 메시지에 대한 세부사항들을 출력해보자. 이걸 구현하는 방법 중 하나는 fetchMessage()의 결과를 임시 변수에 저장한 후 is로 타입 체크를 해서 타입이 String일 경우 스마트 캐스트를 이용해서 임시 변수의 세부사항을 얻어오는 것이다.

저런 방법도 동작한다. 방어적인 코딩 방법이자, 신중한 솔루션이다. 그러나 우리는 코드의 길이를 줄이겠다는 유혹에 빠져서 무리하게 줄이다가 의도치 못한 동작이 나타나게 할지도 모른다. 이 코드에서 그런 유혹에 빠졌다면 as를 이용해서 이렇게 코드를 작성하고 싶어질 수 있다.

[코드 types/unsafecast.kts]

```
for (id in 1..2) {
  println("Message length: ${(fetchMessage(id) as String).length}")
}
```

as를 이용해서 캐스팅을 하는 것은 모든 돈을 복권을 사는데 쓰는 것과 진배없다. 결과가 안좋을 게 뻔하다. 만약에 객체의 타입이 예상했던 것과 다를 경우 실행 시간 예외가 발생한다. 짜증난다.

```
Message length: 12
java.lang.ClassCastException: java.base/java.lang.StringBuilder cannot be cast
  to java.base/java.lang.String
```

이런 가능성을 피하기 위해서 우리는 뒤로 물러나서 is 연산자를 사용하는 게 좋겠다. 그런데 안전한 대응 연산자인 as?를 쓴다면 이 예제에서 동작할 것이다.

as 연산자는 우측에 지정된 타입과 같은 타입을 결과로 준다. 아래 예제에서 as를 보자.

```
val message: String = fetchMessage(1) as String
```

반면에 as?는 null 가능 참조 타입을 결과로 가진다.

```
val message: String? = fetchMessage(1) as? String
```

as 연산자는 캐스팅이 실패하면 죽는데 반해서 안전한 캐스트 연산자인 as?는 캐스팅이 실패하면 null을 할당한다. as 연산자를 안전한 대응 연산자인 as?로 변경해 보자. 아래의 코드는 위의 예제를 바꾼 코드이다.

```
println("Message length: ${(fetchMessage(id) as? String)?.length ?: "---"}")
```

안전 캐스트 연산자가 캐스트에 실패하면 null을 할당하기 때문에 우리는 엘비스 연산자를 이용해서 length를 적절하게 대응시킬 수 있다. 아래는 바꾼 이후의 출력결과이다.

```
Message length: 12
Message length: ---
```

안전 캐스팅 연산자인 as?는 안전하지 않은 as에 비해서 훨씬 좋다. 아래는 실무에서 사용할 만한 권장사항들이다.

▶ 가능한 스마트 캐스트를 사용하라

▶ 스마트 캐스트가 불가능한 경우에만 안전한 캐스트 연산자를 사용하라

▶ 애플리케이션이 불타거나 무너지는걸 보고 싶다면 안전하지 않은 캐스트 연산자를 사용하라

코드에 타입 안정성을 주려고 하는 코틀린의 노력은 단순한 타입으로 끝나지 않는다. 코틀린은 몇 발자국 더 나가서 제네릭 타입 역시 안전하게 쓸 수 있도록 해준다. 우리는 종종 코드에서 제네릭 타입을 사용한다. 그리고 코틀린이 제공하는 파라미터 타입을 배우면 더 좋은 코드를 만들 수 있을 뿐만 아니고 이런 기능을 사용하는 코드를 이해하는 데 도움을 준다.

일반적으로 제네릭을 사용하기란 쉽지 않다. 그리고 공변성(covariance)과 반공변성(contravariance)같은 용어들이 더해진다면 좌절을 맛볼 수 있다. 다음에 나오는 고급 기능들은 배울 만한 가치가 있다. 그러니 시간이 오래 걸리더라도 개념을 이해하도록 하자. 우선 첫걸음을 내딛고 커피를 리필한 뒤 다시 코드를 읽자. 이렇게 하다 보면 앞으로 나올 고급 주제를 쉽게 이해하는 데 도움이 될 것이다.

6-5 제네릭: 파라미터 타입의 가변성과 제약사항

코드 재사용에 대한 욕구가 타입 안정성을 저하시켜서는 안 된다. 제네릭은 이런 이슈에 적절한 균형을 맞춰준다. 제네릭을 사용하면 다양한 타입에서 사용 가능한 코드를 만들 수 있다. 동시에 컴파일러는 제네릭 클래스 또는 함수가 의도하지 않은 타입에서 사용되는지를 검증할 수 있다. 우리는 Java에서 제법 좋은 타입 안정성을 제공하는 제네릭을 사용했다. 그런데 코틀린이 더 좋은 뭔가를 제공할 수 있을까? 이런 의문이 들지도 모른다. 이제 알아보자.

Java에서 기본적으로 제네릭은 타입 불변성을 강요했다. 제네릭 함수가 파라미터 타입 T를 받는다면 T의 부모 클래스나 자식 클래스를 사용하는 것이 불가능했다. 타입이 정확히 일치해야만 했다. 이런 점은 좋은 점이다. 이점에 대해서는 이번 섹션 뒤에서 다룰 예정이다. 그런데 예외가 없다면 규칙에서 좋은 점이 뭘까? 코틀린은 예외를 적용해 발전시켰다.

일단 타입 불변성에 대해서 알아보고 코틀린이 Java처럼 타입 불변성을 적절하게 제공해주는지 확인해 보자. 그리고 나서 기본 기능을 바꾸는 방법을 자세히 알아보자.

가끔 우리는 컴파일러가 타입 T 이외에도 공변성(covariance)를 허용해주길 원할 때가 있다. 그 말은 유저가 컴파일러한테 파라미터 타입 T의 자식 클래스도 사용하도록 허용해달라 하는 것과 같다. Java에서 <? extends T> 문법을 사용해서 공변성(covariance)을 사용했다. 하지만 이 문법엔 제약사항이 있다. 이 문법은 제네릭을 사용할때 사용이 가능하고(사용처 가변성),

제네릭을 선언할땐 사용이 불가능하다(선언처 가변성). 코틀린에서는 두 경우 모두 사용이 가능하다.

때로는 컴파일러에게 반공변성(contravariance)을 허용하도록 요청할 때도 있다. 이 뜻은 파라미터 타입 T의 부모 클래스를 타입 T가 필요한 자리에서 쓸 수 있도록 한다는 뜻이다. 다시 한번, Java에선 타입 T의 부모 클래스 허용을 위해서 <? super T>문법을 사용한다. 하지만 이역시 사용처 가변성만 가능하고 선언처 가변성에서는 사용할 수 없다. 코틀린에서는 반공변성을 두 가지 경우에서 모두 사용 가능하다.

이번 섹션에서 일단은 Java의 타입 가변성에 대해서 리뷰를 한다. 리뷰 이후엔 아래에 나올더 심도 깊은 내용을 위한 컨텍스트를 설정하는데 도움이 될 것이다. 그리고 사용처와 선언처모두에서 사용 가능한 공변성에 대한 문법을 배운다. 그 후 사용처와 선언처 모두에서 사용가능한 반공변성 문법을 배운다. 마지막으로 가변성을 위해서 여러 제약조건을 혼합하는 법을 배운다.

타입 불변성

메소드가 클래스 T의 객체를 받을 때, T 클래스의 자식이라면 어떤 객체든 전달할 수 있다. 예를 들어 Animal의 인스턴스를 전달할 수 있다면, Animal의 자식 클래스인 Dog의 인스턴스역시 전달 가능하다. 하지만 메소드가 타입 T의 제네릭 오브젝트를 받는다면(예를 들면 List<T>) T의 파생 클래스를 전달할 수 없다. 예를 들어보면 List<Animal>을 전달할 수는 있지만 Dog extends Animal이더라도 List<Dog>를 전달할 수는 없다. 이게 타입 불변성이다. 타입을 변경할 수 없다.

일단 타입 불변성에 대한 예를 들어보자. 그 후에 예제를 타입을 변경할 수 있도록 변경해 보자. 우리한테 Fruit 클래스가 있고, Fruit을 상속받은 2개의 클래스가 있다고 생각해 보자.

[코드 types/typeinvariance.kts]

```
open class Fruit
class Banana : Fruit()
class Orange: Fruit()
```

이제 Fruit 바구니가 Array<Fruit>로 표현되어 있다고 가정하고 바구니를 다루는 메소드를 만들어보자.

```
fun receiveFruits(fruits: Array<Fruit>) {
  println("Number of fruits: ${fruits.size}")
}
```

현재 receiveFruits() 메소드는 전달받은 배열의 사이즈만을 출력하고 있다. 하지만 곧 get 과 set을 이용해 Array<Fruit>에 객체를 빼거나 더할 수 있도록 변경할 것이다. 만약에 지금 우리가 Banana의 바구니를 가지고 있다면 그건 Array<Banana>일 것이다. Java처럼 코틀린도 receiveFruits() 메소드에 Array<Banana>를 전달할 수 없다.

```
val bananas: Array<Banana> = arrayOf()
receiveFruits(bananas) //ERROR: type mismatch
```

이런 제약은 코틀린이 가진 제네릭에 대한 타입 불변성 때문에 발생한다. Banana의 바구니 는 Fruit 바구니에서 상속받지 않았다. 여기엔 진짜 좋은 이유가 있다. 상속이란 대체 가능 성을 의미한다. 자식 클래스의 인스턴스는 부모 클래스의 인스턴스를 인자로 하는 모든 메 소드에 전달할 수 있다. Array<Banana>가 Array<Fruit>을 인자로 받는 메소드에 인자로 전달될 수 있다면 receiveFruits() 메소드가 Orange를 Array<Fruit>에 담게 될 때 문제 가 발생한다. 이런 상황에서 Array<Banana>를 처리할 때 우리가 Orange를 Banana로 취급 을 하게 되면서 캐스팅 예외가 발생된다. 오렌지는 바나나처럼 취급될 수 없다. 대신 우리는 receiveFruits() 메소드를 구현하여 Array<Banana>가 아닐 경우에 Orange를 추가할 수 있 도록 한다. 하지만 이런 타입체크는 리스코프 치환 원칙에 위배된다. 이에 관해서는 〈클린 소 프트웨어〉(제이펍, 2017)를 읽어보도록 하라.

코틀린은 Banana가 Fruit을 상속받았더라도 Array<Banana>를 Array<Fruit>으로 취급해 서 전달하는 것을 막아서 제네릭을 타입 안정적으로 만들었다. 다음 것을 배우기 전에 우리가 방금 이해한 것을 토대로 코드를 살짝 바꿔보자. 처음엔 별나 보이겠지만 실제로는 사운드 타 입 시스템의 신호이다.

```
fun receiveFruits(fruits: List<Fruit>) {
  println("Number of fruits: ${fruits.size}")
}
```

우리는 파라미터 타입을 Array<Fruit>에서 List<Fruit>로 변경했다. 이제 List<Banana>를 함수에 전달해 보자.

```
val bananas: List<Banana> = listOf()
receiveFruits(bananas) //OK
```

변경을 하니 코틀린 컴파일러가 불평을 하지 않는다. 좀 불공평해 보인다. 코틀린이 Array는 제한하고 List는 풀어주는 거 같다. 하지만 이런 다른 동작이 나오는 이유는 아주 적절하다. Array<T>는 뮤터블하지만 List<T>는 이뮤터블하다. 개발자가 Orange는 Array<Fruit>에 추가할 수 있지만 List<Fruit>에는 추가할 수 없다. 합리적이다. 아마도 코틀린이 어떻게 저런 차이점을 알려주는지 궁금할지도 모른다. 그 답은 두 타입이 정의되는 방식에 달려있다. Array<T>는 class Array<T>로 정의되며 List<T>는 interface List<out E>로 정의한다. 가장 큰 차이는 out에 달렸다. 자세히 살펴보자.

공변성 사용하기

코틀린은 Array<Banana>가 Array<Fruit>을 받아야 하는 곳에 전달되는 것으로부터 우리를 보호해 준다. 그리고 이상한 과일이 Banana 배열에 추가되는걸 막아준다. 아주 좋다. 근데 가끔은 우리가 코틀린에게 타입 안정성을 희생하지 않고 약간 제약을 풀어달라고 요청해야 할 때도 있다. 다시 말하면 코틀린 컴파일러가 공변성을 허용해서 제네릭 베이스 타입이 요구되는 곳에 제네릭 파생 타입이 허용되도록 하길 원하는 것이다. 이럴 때 타입 프로젝션이 필요하다.

이제 예제를 살펴보자. 이 예제에서 코틀린은 우리의 접근을 차단할 것이다. 접근을 차단했을 때 타입 안정성을 저해하지 않으면서 접근할 수 있는 방법을 찾아보기로 하자.

이번 예제뿐만 아니라 이번 챕터의 다른 모든 예제에서도 Fruit, Banana, Orange 클래스가 사용될 예정이다. 그렇기 때문에 우리가 이전 섹션에서 사용했던 예제들을 가지고 와야 한다. 아래의 copyFromTo() 함수는 두 개의 Fruit 배열을 사용한다.

[코드 types/copy.kts]

```
fun copyFromTo(from: Array<Fruit>, to: Array<Fruit>) {
  for (i in 0 until from.size) {
    to[i] = from[i]
  }
}
```

copyFromTo() 함수는 from 파라미터의 객체를 순차적으로 순회하면서 to 배열로 값을 넣어 준다. 이번에 볼 내용에서 다른 세부사항들은 별로 중요하지 않다. 전달받은 두 배열의 크기가 동일하다고 가정하도록 하자. 이제 두 개의 Fruit 배열을 생성하고 그 중 하나의 배열을 다른 배열에 복사하도록 하자.

[코드 types/copy.kts]

```
val fruitsBasket1 = Array<Fruit>(3) { _ -> Fruit() }
val fruitsBasket2 = Array<Fruit>(3) { _ -> Fruit() }
copyFromTo(fruitsBasket1, fruitsBasket2)
```

copyFromTo() 메소드는 두 개의 Array<Fruit>를 전달받아야 하고 우리는 정확한 타입으로 전달할 것이다. 아무 문제 없다. 이번엔 파라미터를 변경해서 copyFromTo() 함수를 호출해 보도록 하자.

[코드 type/copyerr.kts]

```
val fruitsBasket = Array<Fruit>(3) { _ -> Fruit() }
val bananaBasket = Array<Banana>(3) { _ -> Banana() }
copyFromTo(bananaBasket, fruitsBasket) //ERROR: type mismatch
```

코틀린은 Array<Fruit>자리에 Arrary<Banana>를 전달하지 못하도록 막는다. copyFromTo() 함수에서 Banana가 아닌 Fruit을 Array<Banana>에 추가할 수 있기 때문이다. 이런 일은 일어나서는 안된다. 이전에 논의했던 것처럼 Array<T> 타입은 변경할 수 없다.

코틀린에서 from 파라미터는 파라미터의 값을 읽기만 하기 때문에 Array<T>의 T에 Fruit 클래스나 Fruit 클래스의 하위 클래스가 전달되더라도 아무런 위험이 없다. 이런 것을 타입이나 파생 타입에 접근하기 위한 파라미터 타입의 공변성이라고 이야기한다.

Fruit의 자식 클래스들을 전달 가능하게 만들기 위하여 from: Array<out Fruit>문법을 사용했다. 코틀린은 from 레퍼런스에 data가 새로 들어가게 하는 메소드 호출이 없다는 사실을 확인하고 메소드 시그니처가 호출되는 것을 확인하여 이를 검증한다.

이제 공변성 파라미터 타입을 사용해서 코드를 고쳐 보도록 하자.

```
fun copyFromTo(from: Array<out Fruit>, to: Array<Fruit>) {
  for (i in 0 until from.size) {
    to[i] = from[i]
  }
}
```

이제 코틀린이 copyFromTo() 함수에 Fruit의 하위 클래스로 된 파라미터를 전달하는 호출이 없는지를 확인한다. 다시 말하자면 아래의 두 호출을 이야기하는 것이다. 아래의 두 호출이 copyFromTo() 안에 있다면 컴파일이 실패할 것이다.

```
from[i] = Fruit() //ERROR
from.set(i, to[i]) //ERROR
```

from에서는 읽기만 하고 to에 값을 설정하는 경우에만 from 파라미터 위치에 Array<Banana>, Array<Orange>, Array<Fruit>을 전달할 수 있다.

```
copyFromTo(bananaBasket, fruitsBasket) //OK
```

Array<T> 클래스는 T타입의 객체를 읽고, 쓰는 메소드 모두를 가지고 있다. Array<T>를 사용하는 모든 함수는 읽고, 쓰는 두 타입의 메소드를 사용할 수 있다. 하지만 공변성을 사용하기 위해서 우리가 코틀린 컴파일러에게 주어진 Array<T> 파라미터에서 어떤 값도 추가하거나 변경하지 않겠다는 약속을 해야 한다. 이런 제네릭 클래스를 사용하는 관점에서 공변성을 이용하는 걸 사용처 가변성(use–site variance) 혹은 타입 프로젝션 이라고 부른다.

사용처 가변성은 제네릭 클래스를 공변성으로 사용하려 할 때 유용하다. 하지만 더 넓은 수준에서 볼 때 제네릭 클래스를 만든 사람은 해당 클래스를 사용하는 모든 사람이 클래스를 사용할 때 값을 읽고 쓰는 것 모두 가능하게 하여 공변성을 사용할 수 있도록 만든 것이다. 제네릭 타입을 사용할 때가 아니라 선언할 때 공변성을 사용한다고 지정하는 것을 선언처 가변성(declation–site variance)이라고 부른다. 선언처 가변성의 좋은 예제는 List<out T>로 되어있는 List 인터페이스의 정의에서 찾아볼 수 있다. List<out T>로 선언 가변성 정의가 되어있기 때문에 List<Banana>를 receiveFruits() 메소드에 전달할 수 있는 권한을 얻을 수 있었다.

Array<Banana>는 전달할 수 없었던 것과는 대조적이다.

다르게 말하자면 List<out T>는 코틀린에게 receiveFruits()를 비롯해 이와 유사한 모든 메소드들에서 List<T>에 변경이나 추가가 없다는 것을 보장해준다. 반대로 Array<out T>는 코틀린에게 Array<out T>의 공변성 파라미터에 변경이나 추가가 없다는 것을 보장해준다. 선언 가변성은 적용된 파라미터에만 사용 가변성(use-site variance)과 같이 작용한다.

공변성을 사용하면 컴파일러에게 자식 클래스를 부모 클래스의 자리에 사용할 수 있게 요청할 수 있다. 베이직 타입 역시 마찬가지다. 이를 반공변성(contravariance)이라고 하고, 바로 다음에 배울 내용이다.

반공변성 사용하기

copyFromTo() 메소드를 보도록 하자. T가 Fruit 타입이거나 Fruit의 하위 클래스라면 아무 Array<T>로부터 객체를 복사하는 게 적절하다. 공변성은 코틀린이 from 파라미터를 유연하도록(flexible)하는 게 안전하다는 사실을 알려준다. 이제 to 파라미터를 살펴보자. to 파라미터의 타입은 변경 불가능한 Array<Fruit>이다.

to 파라미터에 Array<Fruit>을 전달한다면 아무런 문제도 없다. 근데 Fruit 콜렉션이나 Fruit 기반의 하위 클래스 콜렉션에 Fruit이나 Fruit의 부모클래스를 전달하고 싶을 때는 어떨까? 우리가 이런 종류의 유연성을 원한다면 간단하게 Array<Any>를 to 파라미터에 전달할 수 없다. 반드시 컴파일러에게 파라미터 타입 인스턴스가 필요한 곳에 파라미터 타입의 베이스 타입이 접근할 수 있도록 명시적으로 반공변성 권한을 요청해야 한다.

반공변성을 사용하지 않고 Array<Any>를 to 자리에 넣으면 어떻게 되는지 확인해 보자.

[코드 types/copyinerr.kts]

```
val things = Array<Any>(3) { _ -> Fruit() }
val bananaBasket = Array<Banana>(3) { _ -> Banana() }
copyFromTo(bananaBasket, things) //ERROR: type mismatch
```

실행이 안 된다. 다시 한 번 코틀린의 기본 타입 불변성이 우리를 보호해 준 것이다. 코틀린에게 다시 진정하라고 요청할 수 있다. 그런데 이번엔 파라미터 타입에 원래 요청된 타입이나 그 타입의 부모 베이스 타입(반공변성)이 가능하게 하는 권한을 요청할 것이다.

```
fun copyFromTo(from: Array<out Fruit>, to: Array<in Fruit>) {
  for (i in 0 until from.size) {
    to[i] = from[i]
  }
}
```

Array<Fruit>였던 두 번째 파라미터를 Array<in Fruit>으로 변경했다. in 키워드는 메소드가 파라미터에 값을 설정할 수 있게 만들고, 값을 읽을 수 없게 만든다.

이제 다시 한 번 메소드를 호출해 보자.

```
copyFromTo(bananaBasket, things) //OK
```

아무 문제도 없다. 사용처 가변성(use–site variance)이 다시 나왔다. 하지만 이번엔 공변성(covariance)인 out이 아니고 반공변성(contravariance)인 in을 사용했다. 공변성을 위한 선언처 가변성(declaration–site variance)처럼 클래스는 <in T>로 정의될 것이다. <in T>로 정의되면 전체적으로 파라미터 타입을 받을 수만 있고 리턴하거나 다른 곳으로 보낼 수는 없는 반공변성으로 특정된다.

제네릭 함수와 클래스를 디자인하는 것은 쉬운 작업이 아니다. 타입, 변수, 결과에 대해서 충분한 시간을 들여서 생각을 해야 한다. 그리고 파라미터 타입을 이용해서 작업을 할 때는 전달될 수 있는 파라미터 타입을 제한하는 것에 대한 고려도 해야 한다. 이제부터 살펴보자.

where를 사용한 파라미터 타입 제한

제네릭은 파라미터에 여러 타입을 쓸 수 있도록 유연함을 제공해준다. 하지만 때때로 너무 많은 유연성은 올바른 선택이 아닐 때가 있다. 여러 타입을 사용할 수 있지만 제약조건이 필요한 경우도 있다.

아래 예제 코드의 타입 T는 close() 메소드를 서포트해야 한다.

```
fun <T> useAndClose(input: T) {
```

```
    input.close() //ERROR: unresolved reference: close
}
```

하지만 어떤 타입은 close() 메소드가 없다. 그래서 컴파일러는 close() 메소드 호출에 실패한다. 하지만 우리는 코틀린에게 인터페이스를 통해서 close() 메소드가 있는 타입만 들어올 수 있도록 제약을 걸 수 있다. 예를 들어보자면 AutoCloseable 인터페이스가 있다. 함수를 제약조건을 사용해서 다시 정의해 보자.

[코드 types/closable.kts]

```
fun <T: AutoCloseable> useAndClose(input: T) {
  input.close() //OK
}
```

useAndClose() 함수는 T를 파라미터 타입으로 사용한다. 하지만 모든 타입이 되는 게 아니며, AutoCloseable 인터페이스를 구현한 클래스만이 가능하다. 이제 AutoCloseable 제약조건을 만족하는 모든 클래스를 전달할 수 있게 됐다.

[코드 types/closable.kts]

```
val writer = java.io.StringWriter()
writer.append("hello ")
useAndClose(writer)
println(writer) // hello
```

하나의 제약조건을 넣기 위해서 파라미터 타입 뒤에 콜론을 넣은 후 제약조건을 정의하면 된다. 하지만 여러 개의 제약 조건을 넣을 땐 이런 방식으로는 불가능하다. 이 경우는 where를 사용해야 한다.

파라미터 타입이 AutoCloseable을 만족하는 것에 추가로 Appendable을 제약조건으로 더하면 append() 메소드도 사용 가능하다.

[코드 types/where.kts]

```
fun <T> useAndClose(input: T)
where T: AutoCloseable,
T: Appendable {
```

```
    input.append("there")
    input.close()
}
```

메소드 정의 끝부분에 where절을 쓰고 콤마(,)로 구분해서 제약조건을 나열한다. 이제 우리는
전달받은 파라미터의 close() 메소드와 append() 메소드를 사용할 수 있게 되었다. 이제 변
경한 버전의 useAndClose() 메소드를 사용해 보자.

[코드 types/where.kts]

```
val writer = java.io.StringWriter()
writer.append("hello ")
useAndClose(writer)
println(writer) //hello there
```

우리는 StringWriter의 인스턴스를 전달했다. StringWriter는 AutoCloseable과
Appendable을 모두 구현하고 있다. 하지만 StringWriter 뿐 아니라 두 제약조건을 만족하
는 클래스의 인스턴스라면 어떤 인스턴스도 전달할 수 있다.

스타 프로젝션

코틀린의 제네릭과 Java의 제네릭의 차이점은 선언처 가변성(declaration-site variance)뿐만이
아니다. Java는 개발자가 raw 타입을 직접 만들 수 있다. 예를 들자면 ArrayList가 있다.
하지만 raw 타입을 직접 만드는 것은 일반적으로 타입 안정성이 없고 가급적 하지 말아야 할
일이다. 또한 Java에서 함수가 모든 타입의 제네릭 객체를 받아서 읽기전용으로 사용할 수
있도록 만들기 위해 ?를 사용한다. 파라미터 타입을 정의하는 스타 프로젝션(Star projection)
<*>은 제네릭 읽기전용 타입과 raw타입을 위한 코틀린의 기능이다.

스타 프로젝션은 타입에 대해 정확히는 알 수 없지만 타입 안정성을 유지하면서 파라미터를
전달할 때 사용된다. 스타 프로젝션은 읽는 것만 허용하고 쓰는 것은 허용하지 않는다. 아래
는 스타 프로젝션을 사용한 코드이다.

[코드 types/star.kts]

```
fun printValues(values: Array<*>) {
  for (value in values) {
    println(value)
```

```
    }
    //values[0] = values[1] //ERROR
  }
  printValues(arrayOf(1, 2)) //1\n2
```

printValues() 함수는 Array<*>을 파라미터로 받는다. 그리고 함수 내에서 어떠한 변경도 허용되지 않는다. 파라미터를 Array<T>로 작성했다면 위에서 ERROR가 발생한 values[0] = values[1] 같은 적은 코드도 주석 처리하지 않았어도 컴파일이 됐을 것이다. 이 경우 콜렉션을 반복하는 도중 콜렉션을 변경할 가능성이 있다. 스타 프로젝션은 이런 부주의한 오류로부터 우리를 보호해준다. 여기서 사용된 스타 프로젝션<*>은 out T 와 동일하지만 더 간결하게 작성할 수 있다. 스타 프로젝션이 선언처 가변성에서 <in T>로 정의된 반공분산으로 사용된다면 in Nothing을 사용한 것과 같아진다. 이 점을 강조하기 위해서 아무거나 사용하더라도 컴파일 에러가 발생할 것이다. 스타 프로젝트는 모든 작성(쓰기)을 방지하고 안정성까지 제공해준다.

6-6 구체화된 타입 파라미터

Java에서 제네릭을 사용할 때 Class<T>를 함수에 파라미터로 전달해야 하는 냄새나는 코드를 볼 수 있다. 제네릭 함수에서 특정 타입이 필요하지만 Java의 타입 이레이저 때문에 타입 정보를 잃어버릴 경우 필수적으로 따라온다. 코틀린은 구체화된 타입 파라미터(Reified Type Parameters)를 이용해서 악취를 제거했다.

구체화를 확실히 이해하기 위해서 일단 좀 장황하고 지저분한 코드를 사용할 것이다. 이 코드에서 우리는 함수에 클래스 디테일을 파라미터로 전달할 것이고, 타입 구체화를 이용해서 리팩토링을 진행할 것이다.

우리에게 Book 클래스와 그 자식 클래스들이 있다고 가정해 보자.

[코드 types/reifiedtype.kts]

```
abstract class Book(val name: String)
class Fiction(name: String) : Book(name)
class NonFiction(name: String) : Book(name)
```

아래의 리스트는 다른 종류의 책이 있는 리스트이다.

```
val books: List<Book> = listOf(
Fiction("Moby Dick"), NonFiction("Learn to Code"), Fiction("LOTR"))
```

List<Book>에는 Fiction과 NonFiction이 섞여있다. 이제 우리가 list안의 Fiction과 Nonfiction 중 특정 타입의 첫 번째 인스턴스를 찾아야 한다고 생각해 보자. 아마 코틀린 코드를 이런 식으로 Java에서 작성하던 것처럼 작성할 수도 있을 것이다.

```
fun <T> findFirst(books: List<Book>, ofClass: Class<T>): T {
  val selected = books.filter { book -> ofClass.isInstance(book) }
  if(selected.size == 0) {
    throw RuntimeException("Not found")
  }
  return ofClass.cast(selected[0])
}
```

바이트코드로 컴파일되면서 파라미터 타입 T가 지워지기 때문에 함수 안에서 T를 book is T 나 selected[0] as T처럼 연산자와 함께 사용할 수 없다. 해결 방법으로 Java와 코틀린 모두에서 우리가 원하는 객체의 타입을 파라미터로 던진다. 위 예제에서는 ofClass: Class<T>의 방법을 사용했다. 그리고 코드에서 우리는 ofClass를 타입 체크와 타입 캐스팅을 위해서 사용했다. 이런 이유로 코드가 장황하고 어질러져 있다. 이런 접근은 함수를 사용하는 사람에게도 짐이 된다.

```
println(findFirst(books, NonFiction::class.java).name) //Learn to Code
```

함수가 호출될 때마다 프로그래머는 실행 시간 타입 정보를 추가적인 아규먼트로 전달해야만 한다. 그러면 호출하는 쪽과 받아주는 쪽 모두에게 나쁜 코드를 만들게 된다. 이런 행위는 코드에 오류가 나도록 하는 경향이 있다.

다행히도 코틀린엔 reified(구체화) 타입 파라미터라는 훨씬 좋은 대용품이 있다.

코틀린도 타입 이레이저의 한계를 다뤄야 한다. 실행 시간에 파라미터 타입은 사용할 수 없다. 하지만 코틀린은 파라미터 타입이 reified라고 마크되어 있고 함수가 inline으로 선언되었다면 우리가 파라미터 타입을 사용할 수 있도록 권한을 준다. inline의 장점에 대해서는 "10-6. 람다를 이용한 인라인 함수"에서 다루기로 하고 지금은 간단하게 인라인 함수란 컴파일 시점에서 확정되므로 함수 호출 시 오버헤드는 없는 함수라고 이야기하도록 하자.

이제 findFirst() 함수를 reified로 리팩토링해 보자.

[코드 types/reifiedtype.kts]

```
inline fun <reified T> findFirst(books: List<Book>): T {
  val selected = books.filter { book -> book is T }
  if(selected.size == 0) {
    throw RuntimeException("Not found")
  }
  return selected[0] as T
}
```

파라미터 타입 T를 reified로 선언하고 Class<T> 파라미터를 제거했다. 함수 안에서 T를 타입 체크와 캐스팅용으로 사용 가능하다. 함수가 inline으로 선언되어 있기 때문에(reified는 inline 함수에서만 사용 가능하다) 함수의 바디가 함수 호출하는 부분에서 확장된다. 그래서 코드가 확장될 때 타입 T는 컴파일 시간에 확인되는 실제 타입으로 대체된다.

이 덕에 함수의 가독성을 높이는 것 이외에도 reified 타입 파라미터를 사용하는 함수를 호출하는 사용자 입장에서도 장점이 있다. findFirst()를 호출하는 코드를 수정해 보자.

[코드 types/reifiedtype.kts]

```
println(findFirst<NonFiction>(books).name) //Learn to Code
```

구체화된 타입 파라미터(Reified type Parameter)는 클러터를 지우는 데 유용하고, 잠재적인 코드의 오류를 제거하는 데에도 도움이 된다. Reified 타입 파라미터는 함수에 추가적인 클래스 정보를 전달하지 않도록 만들어주고, 코드에서 캐스팅을 안전하게 하는 데 도움을 주고 컴파일 시간 안정성을 확보한 채로 리턴타입을 커스터마이징할 수 있게 해준다.

코틀린으로 작업을 할 때는 reified 타입 파라미터를 사용하는 함수를 주시하도록 해라. 대표적으로 코틀린 스탠다드 라이브러리에 있는 listOf<T>()와 mutableListOf<T>() 함수(컬렉션 사용하기에서 다뤘다), klaxon 라이브러리에 있는 parse<T>가 있다(비동기 프로그래밍에서 다룬다).

정리

코틀린은 평균적인 정적 타입 언어가 되려는 것이 아니다. 코틀린은 완전 새로운 수준의 타입 안정성을 추구한다. nullable 레퍼런스 타입을 non-nullable 레퍼런스 타입에서 분리하면서 컴파일러는 메모리 오버헤드 없이 아주 안정적인 타입 안정성을 가지게 되었다. 코틀린은 nullable 레퍼런스로부터 쉽고 유연하게 객체를 가지고 올 수 있는 몇 가지 연산자도 제공해 준다. 스마트 캐스트 기능은 불필요한 캐스팅을 할 필요 없게 만들어주면서 코드의 복잡함을 줄여 주었다. 제네릭 함수와 클래스를 사용할 때 개발자의 니즈를 충족시켜 주기 위해서 파라미터 타입을 조정하여 타입 안정성과 유연성을 제공해준다. 게다가 reified 타입 파라미터는 컴파일 시간 타입 안정성을 강화해서 코드의 클러터와 오류를 제거해 준다.

다음 장에서 코틀린의 객체지향 프로그래밍에 대해 탐구해볼 것이다.

PART 02

객체지향 코틀린

코틀린은 객체지향 패러다임을 지향하지만 약간 다른 점이 있다. 코틀린에는 보일러플 레이트 코드가 없고 컴파일러가 적절하게 코드를 자동으로 생성한다. 그리고 Java에 서는 사용할 수 없는 스페셜 클래스 타입을 몇 가지 제공한다. 이번 파트에서 우리는 데이터 클래스(Data Class)와 씰드 클래스(Sealed Class), 컴패니언 객체(Companion Object), 싱글톤(Singleton) 등을 다룬다. 디자인의 측면에서는 코틀린이 직접 지원하는 상속과 델리게이션(delegation, 위임) 중 언제 어떤 것을 사용해야 하는지에 대해 알아 볼 것이다. 이제 즐겁게 객체지향 코드를 배워 보자.

07

객체와 클래스

코틀린은 개발자가 절차적 프로그래밍, 함수형 프로그래밍, 객체지향적 프로그래밍 중 어떤 형식으로 코드를 작성하더라도 유연하고 간결하고 표현력이 강한 코드를 작성할 수 있도록 만들어졌다. 상황에 따라서 클래스도 필요 없을 수 있고 탑레벨 함수*만을 이용해서 작업할 수도 있다. 객체지향 프로그래밍이 개발할 프로그램에 적절한 디자인이라면 코틀린은 클래스 작성 등을 위한 장황한 보일러플레이트 코드 없이 바로 객체지향 프로그래밍을 할 수 있도록 해준다. 우리는 적은 노력과 적은 코드로 쉽고 빠르게 클래스를 만들 수 있다.

클래스와 객체를 만들고 사용하는 코틀린의 기능은 Java보다 Scala와 더 유사하다. 코틀린은 몇 가지 방법을 통해 Scala보다도 적은 코드를 사용한다. 코틀린은 클래스 생성자를 함수처럼 사용할 수 있다(new 키워드가 없다). 그리고 코틀린은 필드를 구현해주므로 굳이 시간과 노력을 들여 필드를 정의할 필요가 없다. 개발자는 속성만 정의하면 코틀린이 필요한 부분에 백킹 필드**를 만들어 준다. 데이터 클래스(Data Class)를 이용하면 데이터를 처리하는 것보다 데이터를 보여주는데 집중할 수 있다. 그리고 코틀린이 생성한 컨벤셔널 메소드를 이용할 수 있다.

이번 챕터에서 우리는 생성자, 속성, 메소드, 컴패니언 객체, 데이터 클래스를 다루는 클래스를 만드는 방법을 배운다. 인스턴스 메소드를 정의하는 방법을 배우고 코틀린에서 **static** 메소드를 정의하는 방법이 Java와는 어떤 차이가 있는지 알아본다. 그리고 파라미터 타입 제약

---

* **역주_** top–level function, 최상위 레벨, 클래스 외부에서 선언되어 코드 어느 곳에서든 호출할 수 있는 함수

** **역주_** backing field, 클래스의 속성 정보

사항을 가지고 있는 제네릭 클래스를 만드는 방법도 배운다. 관습적인 코드가 전혀 없는 객체 그 자체로부터 시작해 보자.

7-1 객체와 싱글톤

〈GoF의 디자인 패턴〉(프로텍미디어, 2015)에서 논의된 싱글톤 디자인 패턴은 가장 이해하기 쉬운 동시에 구현하기 가장 어려운 디자인 패턴이다. 클래스의 인스턴스 수를 제어하는 건 하찮은 일이 아니다. 생성자에 리클렉션의 접근을 방지해야 하고, 스레드 안정성도 보장해야 하는 동시에 인스턴스가 존재하는지를 확인하는 과정에서 오버헤드를 발생시켜서는 안 된다. 코틀린은 싱글톤을 직접 지원함으로써 싱글톤을 구현할 때 발생할 수 있는 부담과 구현이 잘못될 수 있는 리스크를 제거했다. 개발자가 필요하다면 클래스 정의 없이 객체를 생성할 수 있다. 간단한 상황이면 객체를 바로 사용할 수 있고, 추상클래스를 정의해야하는 복잡한 상황인 경우엔 클래스를 정의한 후 만들어서 사용할 수 있다. 이번 섹션에선 객체에 집중하도록 하자. 객체를 만드는 방법과 만든 객체를 싱글톤으로 사용하는 법을 알아보자.

객체 표현식으로 사용하는 익명 객체

객체가 필요하면 객체를 가져야 한다. 실수도 없을 거고, 습관적으로 입력할 코드도 없고, 세금도 필요없다. 코틀린의 객체 표현식은 Java의 익명 클래스(Anonymous Class)를 생성하는 데 유용하게 쓰이지만, JavaScript의 객체, C#의 익명 타입(Anonymous Type)과 비슷하다.

대부분의 기본 형식에서 객체 표현식은 object 키워드 이후에 {} 블록이 나온다. 기본적인 형태의 객체 표현식은 사용할 때 한계를 가지고 있지만 완전 무의미한 것은 아니다. 원을 표현할 데이터가 필요하다고 가정해보자. 첫 번째 옵션은 Circle 클래스를 만드는 것이다. 그런데 원을 표현하기에는 너무 과한 노력이 들어가는 것 같다. 다른 옵션으로는 여러 개의 지역변수를 만드는 것이 있다. 그런데 이 경우엔 여러 개의 지역변수가 서로 연관이 있다는 것을 코드만 읽고 알아채기가 쉽지 않다. 객체 표현식이 이런 경우에 도움이 된다. 예제를 한 번 보자.

[코드 oop/object.kts]

```
fun drawCircle() {
  val circle = object { //an expression
    val x = 10
```

```
    val y = 20
    val radius = 30
  }
  //Pass circle.x, circle.y, circle.radius to a draw function here
  println("Circle x: ${circle.x} y: ${circle.y} radius: ${circle.radius}")
  //Circle x: 10 y: 20 radius: 30
}
drawCircle()
```

Circle 객체가 x, y, radius를 간단하게 그룹핑했다. 객체 표현식은 여러 개의 지역변수를 그룹핑해 준다. 비슷하게 개발자는 게임으로 치면 여러 능력이 합쳐져 있어서 한 가지 특성으로 분류할 수 없는 무서운 캐릭터인 alien이라는 객체를 생성할 수도 있다.

속성을 val로 정의하는 대신 var로 정의해서 뮤터블하게 만들 수도 있다. 객체에 메소드를 추가하는 것 역시 가능하다. 하지만 그렇게까지 해야 한다면 익명 객체를 사용하기보다는 그냥 클래스를 정의하는 편이 좋은 선택일 것이다. 왜냐하면 클래스는 익명 객체가 가지는 한계가 없기 때문이다. 아래는 익명 객체가 가지는 한계이다.

▶ 익명 객체의 내부 타입은 함수나 메소드의 리턴타입이 될 수 없다.

▶ 익명 객체의 내부 타입은 함수나 메소드의 파라미터가 될 수 없다.

▶ 클래스 안에 저장된 속성들이 있다면, 해당 속성들은 Any로 간주된다. 그러면 모든 속성이나 메소드에 직접 접근할 수 없게 된다.

짧게 말해서 대부분의 기초적인 객체 표현식은 지역변수들을 그룹핑할 때만 유용하다.

작은 변화만 주면 익명 객체는 인터페이스의 구현체가 된다. 마치 Java의 익명 내부 객체(Anonymous Inner Class)와 같다. 익명 내부 객체는 전통적으로 즉석에서 인터페이스를 구현하는 데 사용되어왔다. object 키워드와 {} 블록 사이에 구현하길 원하는 인터페이스의 이름을 쉼표(,)로 구분하여 적으면 된다. 그리고 이 케이스에선 키워드 뒤에 콜론(:)를 써야 한다. 이제 코틀린 객체 표현식을 이용해서 JDK의 유명한 인터페이스인 Runnable을 구현해 보자.

[코드 oop/anonymous.kts]

```
fun createRunnable(): Runnable {
  val runnable = object: Runnable {
    override fun run() { println("You called...") }
  }
  return runnable
}
```

```
val aRunnable = createRunnable()
aRunnable.run() //You called...
```

변수 runnable이 익명 내부 클래스의 인스턴스를 참조한다. 변수의 타입은 Runnable이다. 이 함수에서 생성된 인스턴스를 리턴할 수도 있고, 익명 내부 객체가 구현하고 있는 인터페이스를 리턴 타입으로 사용할 수 도 있다. 만약에 인스턴스가 인터페이스가 아니라 클래스를 확장한 경우라면 이 클래스는 타입으로 사용될 수도 있다.

익명 내부 클래스에 의해 구현된 인터페이스가 싱글 추상 메소드 인터페이스(Single abstract method interface, Java8의 함수형 인터페이스)라면 다음과 같이 메소드 이름을 명명하지 않고 바로 구현할 수 있다.

```
fun createRunnable(): Runnable = Runnable { println("You called...") }
```

싱글 추상 메소드를 구현을 사용하며 앞의 예제에서의 **createRunnable()** 함수의 블록과 **return** 키워드를 제거하여 간단한 싱글 표현식(single expression) 함수로 바꿨다.

익명 내부 클래스가 둘 이상의 인터페이스를 구현해야 한다면 리턴이 필요한 경우에는 반드시 리턴할 인스턴스 타입을 명시해줘야 한다. 이전 예제가 **Runnable**과 **AutoCloseable** 인터페이스를 모두 구현하게 변경한 후 **Runnable**을 그대로 리턴타입으로 명시하여 방금 설명한 내용을 이해해 보도록 하자.

```
fun createRunnable(): Runnable = object: Runnable, AutoCloseable {
  override fun run() { println("You called...") }
  override fun close() { println("closing...") }
}
```

함수 외부에서 익명 내부 클래스가 구현한 인터페이스를 이용해서 익명 내부클래스의 인스턴스에 접근이 가능하다(위 케이스에선 Runnable이다).

Java에서 익명 내부 클래스를 사용한 부분이라면 어디든지 코틀린의 객체 표현식을 사용할 수 있다.

객체 선언을 이용한 싱글톤

object 키워드와 {} 블록 사이에 이름을 넣는다면, 코틀린은 이를 표현식이 아니라 명령문 또는 선언(Declaration)으로 인식한다. 익명 이너클래스의 인스턴스를 만들 땐 객체 표현식을 사용하도록 하고 싱글톤(하나의 인스턴스만을 만드는 클래스)을 만들 땐 객체 선언을 사용하라. 코틀린에서 싱글톤의 대표적인 예가 Unit이다. object 키워드를 사용하면 싱글톤을 직접 생성할 수 있다.

이제 코드가 실행되는 시스템의 세부사항을 가져오는 싱글톤 유틸리티 객체를 만들어 보자.

[코드 oop/util.kts]

```
object Util {
  fun numberOfProcessors() = Runtime.getRuntime().availableProcessors()
}
```

객체 선언을 이용해서 만들 Util 객체가 싱글톤이다. Util로는 객체를 생성할 수 없다. 코틀린 컴파일러는 Util을 클래스로 취급하지 않는다. Util은 이미 객체인 상태이다. Java의 private 생성자와 static 메소드만 가지고 있는 클래스라고 생각하면 된다. 내부적으로 코틀린은 싱글톤 객체를 Util 클래스의 static 인스턴스라고 표현한다. @JvmStatic 어노테이션을 사용하지 않았다면 해당 메소드는 바이트코드에서 static이 되지 않는다("static 메소드 생성"에서 살펴볼 것이다). 싱글톤의 메소드를 Java에서 클래스의 static 메소드를 호출하듯이 사용할 수 있다.

이제 싱글톤의 메소드인 numberOfProcessors()를 호출해 보자.

```
println(Util.numberOfProcessors()) //8
```

필자의 컴퓨터에서 Util.numberOfProcessors()를 호출한 결과 8이 나왔다. 여러분의 컴퓨터엔 프로세서가 얼마나 있는가? 8개 보다 많을까? 궁금하다.

싱글톤은 메소드만 가질 수 있는게 아니다. val과 var로 선언된 속성 모두 가질 수 있다. 객체 선언은 객체 표현식처럼 인터페이스를 구현할 수도 있고, 이미 존재하는 클래스를 확장할 수도 있다. 싱글톤이 부모 클래스나 인터페이스를 가지고 있다면 싱글톤은 참조로 할당되거나 부모 타입의 파라미터로 전달될 수 있다. 예제를 통해서 알아보자.

```
object Sun : Runnable {
  val radiusInKM = 696000
  var coreTemperatureInC = 15000000
  override fun run() { println("spin...") }
}
fun moveIt(runnable: Runnable) {
  runnable.run()
}
println(Sun.radiusInKM) //696000
moveIt(Sun) //spin...
```

movieIt() 함수가 Runnable의 인스턴스를 파라미터로 받고 있어서, 싱글톤 Sun을 moveIt() 함수의 파라미터로 전달할 수 있다. 그리고 클래스 인스턴스에 접근하는 것처럼 radiusInKM 같은 싱글톤의 속성에도 접근이 가능하다. 물론 이 예제가 언어의 기능을 설명하고 있는 중이 긴 하지만 싱글톤에 뮤터블한 상태를 두는 것은 좋은 생각이 아니다. 특히 멀티스레드 앱이라 면 더 그렇다.

코틀린은 매우 유연하고, 독선적이지 않고, 개발자가 탑레벨 함수와 싱글톤 사이에서 선택을 할 수 있도록 한다. 객체지향 콘셉트에 깊게 들어가기 전에 먼저 탑레벨 함수 대신 싱글톤을 선택해야 할 상황들을 논의해 보자.

탑레벨 함수 vs 싱글톤

모듈화는 애플리케이션의 안정성을 유지하는 매우 중요한 요소이다. 하지만 우리는 극단적인 모듈화를 원하지는 않는다. 코틀린을 사용하면 애플리케이션의 요구에 따라 적절한 밸런스를 유지할 수 있다.

탑레벨 함수(패키지에 직접 작성된 함수들)과 싱글톤 중 무엇을 선택해야 할까? 둘 중에 무엇이 더 좋은지를 논의하기 전에 탑레벨 함수와 싱글톤이 모두 포함되어 있는 패키지의 예제를 살펴보자.

```
package com.agiledeveloper.util
fun unitsSupported() = listOf("Metric", "Imperial")
fun precision(): Int = throw RuntimeException("Not implemented yet")
```

```kotlin
object Temperature {
  fun c2f(c: Double) = c * 9.0/5 + 32
  fun f2c(f: Double) = (f - 32) * 5.0/ 9
}
object Distance {
  fun milesToKm(miles: Double) = miles * 1.609344
  fun kmToMiles(km: Double) = km / 1.609344
}
```

Util.kt 파일에 package 키워드를 이용해서 패키지를 정의했다. 코틀린의 패키지 정의 문법은 세미콜론이 생략 가능하다는 점을 제외하면 Java와 동일하다. 그리고 파일에 직접 탑 레벨 함수들을 정의했다. 그 후 관련있는 메소드들을 그룹핑한 싱글톤을 만들었다.

unitsSupported() 같은 탑레벨 함수를 사용하기 위해서 com.agiledeveloper.util.unitsSupported()와 같이 패키지명을 포함한 함수명을 쓰거나 com.agiledeveloper.util.unitsSupported 혹은 com.agiledeveloper.util.*을 임포트한 후에 함수명 unitsSupported()를 통해서 호출할 수 있다. 싱글톤의 메소드 역시 유사한 방법으로 사용 가능하다.

이름이 겹치거나 중복되는 경우가 있다면 패키지명을 포함한 모든 이름을 쓰거나 얼라이어스*를 통해서 사용할 수 있다. 얼라이어스는 import somepackage.SingletonName as ALocalName과 같이 설정하고, somepackage.SingletonName을 참조하기 위해서 ALocalName을 사용한다.

이제 com.agiledeveloper.util 패키지의 메소드를 사용해 보자.

[코드 oop/com/agiledeveloper/use/UseUtil.kt]

```kotlin
package com.agiledeveloper.use
import com.agiledeveloper.util.*
import com.agiledeveloper.util.Temperature.c2f
fun main() {
  println(unitsSupported())
  println(Temperature.f2c(75.253))
  println(c2f(24.305))
}
```

---

* **역주_** alias, 별명 짓기, 특정 단어를 입력하면 미리 설정해둔 명령어가 실행되도록 하는 설정

com.agiledeveloper.util의 함수를 사용할 코드는 com.agiledeveloper.use라는 새로운 패키지에 위치해 있다. 위의 예제에서 com.agiledeveloper.util 패키지의 모든 멤버와 Temperature 싱글톤의 c2f 메소드가 임포트되었다. main() 메소드 안에서 우리는 탑레벨 함수인 unitsSupported()와 Temperature 싱글톤의 c2f() 메소드를 호출하고 있다. 호출할 함수와 메소드는 이미 import 해두었기 때문에 이름을 검증하지 않았다. 하지만 Temperature 싱글톤의 f2c() 메소드를 호출할 땐 com.agiledeveloper.util.*으로 import 되어있으므로 싱글톤 이름인 Temperature로 메소드명을 검증해주었다.

두 파일을 컴파일하고 UseUtil.kt의 코드를 실행하기 위해서 아래의 아래의 커맨드를 실행하면 된다(윈도우에선 슬래시 대신 역슬래시를 사용해야 한다).

```
$ kotlinc-jvm ./com/agiledeveloper/util/Util.kt \
  ./com/agiledeveloper/use/UseUtil.kt \
  -d Util.jar
$ kotlin -classpath Util.jar com.agiledeveloper.use.UseUtilKt
```

패키지, 함수, 싱글톤을 어떻게 사용히는지 보여주는 것과 더불어 이 예제는 우리가 왜 용도에 따라 탑레벨 함수나 싱글톤을 선택해야 하는지를 보여준다. 사용할 함수들이 하이레벨이거나 일반적이거나 넓게 사용될 예정이라면 패키지 안에 직접 넣어서 탑레벨 함수로 사용하는 게 좋다. 반대로 함수들이 연관되어 있다면(c2f와 f2c의 연관성은 c2f나 f2c가 milesToKm와 갖는 연관성보다 높다) 싱글톤을 사용하는 게 좋다. 또한 함수들이 상태에 연관되어 있다면 상태와 연관된 함수들을 싱글톤으로 만드는 게 좋다. 그런데 이런 목적에서는 클래스를 만드는 게 더 좋은 선택일 가능성이 크다. 싱글톤에 뮤터블한 상태를 사용하면 멀티스레드 애플리케이션에서 문제를 유발할 수 있어서 사용에 주의해야 한다. 요약하자면 탑레벨 함수와 싱글톤을 이용한 함수의 그룹핑과 모듈화는 애플리케이션의 니즈에 기반해야 한다.

우리가 프로그램의 행동(프로세스), 계산, 작동에 집중할 때 함수와 싱글톤은 적절해진다. 하지만 상태를 다뤄야 한다면 클래스를 사용하는 게 더 좋은 선택이다. 그리고 코틀린은 클래스를 생성할 때도 훌륭한 서포트를 해준다.

7-2 클래스 생성

코틀린에서 클래스 정의는 Java와는 좀 다르다. Java에서 클래스를 작성하려면 매우 많은 보일러플레이트 코드가 필요하다. 보일러플레이트 코드를 써야 하는 고통을 경감하기 위해서 프로그래머는 IDE의 코드 생성기에 많이 의존한다. 많은 코드를 작성할 필요가 없다는 점은 좋은 점이지만, 매일 모든 코드를 처리해야 한다는 사실은 좋지 않다. 코틀린은 코드 생성을 IDE에서 컴파일러로 옮겨버렸다. 특히 코틀린은 세계 최고의 IDE 회사에서 만든 언어다.

코틀린의 클래스 생성 문법은 Java보다는 Scala와 비슷하다. 클래스 생성 시 사용할 수 있는 옵션들과 유연성은 끝이 없는 것처럼 보인다. 이제 작은 클래스부터 시작해서 점진적으로 클래스를 크게 만드는 코드를 작성해 보자.

가장 작은 클래스

아래 코드는 아주 짧게 클래스를 만드는 예시다. 클래스의 이름 앞에 **class** 키워드를 적으면 된다.

[코드 oop/empty.kts]

```
class Car
```

속성, 상태, 동작과 관련된 코드가 한 줄도 없다. 따라서 이 클래스에는 큰 의미가 없다.

읽기전용 속성

이제 클래스에 속성을 정의해 보자.

[코드 oop/property.kts]

```
class Car(val yearOfMake: Int)
```

이 엄청나게 간결한 문법을 사용하면서 우리는 몇 가지 디자인적인 결정을 했다. 우리는 생성자가 정수형 파라미터를 받도록 만들었다. 그리고 단 한 줄의 코드로 **yearOfMake**라는 이름으로 **Int** 타입의 읽기전용 속성을 만들었다. 코틀린 컴파일러는 생성자를 작성했고, 필드를 정의하고, 해당 필드에 접근하게 해주는 **getter**를 추가했다.

이제 클래스 정의에 대해 좀 더 가까이서 살펴보자. 위의 한 줄은 아래의 내용을 축약해서 적은 것이다.

```
public class Car public constructor(public val yearOfMake: Int)
```

기본적으로 클래스에 접근했는데 클래스의 멤버가 public이면 생성자 역시 public이다. 앞 코드가 정의한 클래스는 실제로 코틀린에서 주 생성자로 정의하고 있다. constructor 키워드는 접근제어자나 주 생성자용 표기를 사용할 게 아니라면 필요 없다.

인스턴스 생성하기

클래스의 인스턴스를 만들어 보자. 코틀린에서 객체를 만드는 데 있어서 새로운 점이 있다. new 키워드가 없다는 점이다. 객체를 만들 때는 함수를 사용하듯 그냥 클래스 이름을 이용한다.

[코드 oop/property.kts]

```
val car = Car(2019)
println(car.yearOfMake) //2019
```

이뮤터블 변수인 car는 생성자에 2019를 전달해서 만든 Car 클래스의 인스턴스를 참조하고 있다. yearOfMake 속성은 인스턴스인 car를 통해 직접적으로 접근할 수 있다. 하지만 변경하려고 한다면 아래와 같이 문제가 발생할 것이다.

```
car.yearOfMake = 2019 //ERROR: val cannot be reassigned
```

지역변수로 val을 사용했을 때처럼 속성 선언 시에 val로 선언을 하면 이뮤터블이 된다.

읽기-쓰기 속성

원한다면 속성을 뮤터블로 디자인할 수 있다.

```
class Car(val yearOfMake: Int, var color: String)
val car = Car(2019, "Red")
car.color = "Green"
println(car.color) //GREEN
```

새로 추가된 속성인 color는 String 타입이다. 그리고 생성자에 의해서 초기화된다. 하지만 yearOfMake와는 다르게 color는 언제든 변경할 수 있다.

읽기전용 속성을 만들 때는 val, 변경 가능한 속성을 만들 때는 var를 사용하자.

들여다보기 – 필드와 속성

필자의 생각에 이전 예제의 yearOfMake와 color는 Java의 관점에서 봤을 땐 속성이라기보다는 필드에 가깝다. 하지만 이것들은 모두 필드가 아니고 속성이다. 코틀린에서는 클래스에 필드가 없다.

car.yearOfMake를 호출하면 실제로는 car.getYearOfMake()를 호출한 것이다. 컴파일러는 JavaBean컨벤션을 존중한다. 이걸 증명해 보기 위해서 코틀린 컴파일러로 바이트코드를 생성하는 실험을 해보자.

첫째, Car 클래스를 분리하여 Car.kt라는 파일에 작성하자.

[코드 oop/Car.kt]

```
class Car(val yearOfMake: Int, var color: String)
```

둘째, javap 툴을 이용해서 코드를 컴파일하고 바이트코드를 살펴보자. 실행을 위한 커맨드는 아래와 같다.

```
$ kotlinc-jvm Car.kt
$ javap -p Car.class
```

코틀린 컴파일러가 생성한 Car 클래스의 바이트코드의 일부이다.

```
Compiled from "Car.kt"
public final class Car {
  private final int yearOfMake;
  private java.lang.String color;
  public final int getYearOfMake();
  public final java.lang.String getColor();
  public final void setColor(java.lang.String);
  public Car(int, java.lang.String);
}
```

Car 클래스를 만든 한 줄의 간결한 코틀린 코드가 속성을 위한 두 개의 백킹 필드(backing field), 생성자, 두 개의 getter, 하나의 setter로 바뀌었다. 아주 훌륭하다.

객체를 사용할 때 필드에 직접 접근을 할 수 없는지 검증해 보자. 검증을 위해서 UseCar.kt 라는 파일을 만들고 아래의 코드를 작성한다.

[코드 oop/UseCar.kt]

```
fun useCarObject(): Pair<Int, String> {
  val car = Car(2019, "Red")
  val year = car.yearOfMake
  car.color = "Green"
  val color = car.color
  return year to color
}
```

아래의 커맨드를 이용해서 바이트코드를 생성한다.

```
$ kotlinc-jvm Car.kt UseCar.kt
$ javap -c UseCarKt.class
```

출력 내용을 보면 '필드에 직접 접근할 수 없다'고 나온다. 코드는 JavaBean 컨벤션을 잘 따르고 있고 캡슐화를 깨뜨리지 않는다.

```
//...
7: ldc          #11  // String Red
9: invokespecial #15 // Method Car."<init>":(ILjava/lang/String;)V
```

```
12: astore_0
13: aload_0
14: invokevirtual #19 // Method Car.getYearOfMake:()I
17: istore_1
18: aload_0
19: ldc           #21    // String Green
```
Chapter 7. Objects and Classes • 116
```
21: invokevirtual #25   // Method Car.setColor:(Ljava/lang/String;)V
24: aload_0
25: invokevirtual #29   // Method Car.getColor:()Ljava/lang/String;
//...
```

코틀린에선 getter, setter 대신 속성의 이름을 이용해서 속성에 접근할 수 있다.

속성 제어 변경

Car 클래스에서 yearOfMake는 이뮤터블이고 color는 뮤터블이다. 이뮤터빌리티(Immutability: 불변성)는 안전하다. 하지만 제대로 제어되지 않는 변경 가능한 속성은 안정성을 해친다. color는 String 타입이다. String? 타입이 아니기 때문에 코틀린은 color를 null로 설정하거나 변경하는 것을 방지한다(String은 null 가능 타입이 아니다). 그런데 누군가가 color를 빈 문자열로 설정하면 어떻게 될까? 이런 일을 방지할 수 있도록 클래스를 수정하자. 이 과정에서 클래스에 다른 속성을 추가할 것이지만, 추가된 속성은 생성자에 의해 값이 설정되지 않는다.

[코드 oop/setter.kts]

```kotlin
class Car(val yearOfMake: Int, theColor: String) {
  var fuelLevel = 100
  var color = theColor
  set(value) {
    if (value.isBlank()) {
      throw RuntimeException("no empty, please")
    }
    field = value
  }
}
```

반복해 보자면 코틀린에서 개발자는 필드를 만들 수 없다(백킹 필드는 필요한 경우에만 자동으로 생성된다). 커스텀 getter와 setter를 가진 필드를 정의하고 field 키워드를 사용한 백킹 필드를 사용하지 않는다면 백킹 필드가 생성되지 않는다. setter나 getter 중 하나만 작성한다면 백킹 필드가 생성된다.

위 예제의 생성자에서 우리는 하나의 속성(yearOfMake)를 정의하고, theColor라는 하나의 파라미터(필드가 아니다)를 사용했다. 이 파라미터에는 val이나 var를 사용하지 않았다. 이 파라미터 이름을 굳이 color로 하고 싶다면 그렇게 할 수도 있다.

Car 클래스 내부에서 우리는 fuelLevel이라는 속성을 생성하고 값을 100으로 초기화시켰다. fuelLevel의 타입은 컴파일러의 타입 추론 기능으로 Int가 된다. fuelLevel 속성은 생성자에 전달되는 파라미터에 의해서 설정되지 않는다.

속성 color를 생성하면서 생성자에서 받아온 파라미터인 theColor의 값을 할당한다. 만약에 생성자의 파라미터 이름을 theColor가 아니고 color라고 했다면 아래와 같은 코드가 탄생했을 것이다.

```
var color = color
```

하지만 파라미터를 theColor라고 했기 때문에 아래와 같이 되었다.

```
var color = theColor
```

같은 이름의 속성과 파라미터를 사용하는 것은 Java에서 사용했던 this.color = color 문법과 유사하다. 하지만 코드를 읽을 때 혼란스럽다. 속성과 파라미터는 다른 이름을 사용하도록 하자.

코틀린은 fuelLevel 속성에 사용되는 getter와 setter를 만들어 낸다. color 속성은 getter만 만들고 setter는 제공되는 코드를 사용하게 된다. setter는 color에 빈 값이 들어가게 되면 예외를 발생시킨다. set 함수의 파라미터 이름은 value가 아니라 원하는 것을 설정할 수 있다. 그리고 set의 파라미터의 타입도 지정할 수 있다. 예제에선 컴파일러가 속성 초기화의 타입에 기반해서 이미 타입을 알고 있다. 전달받은 값이 사용 가능하다면 값을 스페셜 키워드인 field에 의해서 참조되고 있는 필드에 할당한다. 코틀린이 필드를 내부적으로 만들었기 때문에 코드에서 필드에 접근할 수 있는 방법이 없다. 개발자는 getter나 setter에 있는 field 키워드를 통해서만 필드를 사용할 수 있다.

변경된 클래스를 사용해서 필드에 접근해 보도록 하자.

```
val car = Car(2019, "Red")
car.color = "Green"
car.fuelLevel--
println(car.fuelLevel) //99
try {
  car.color = ""
} catch(ex: Exception) {
  println(ex.message) //no empty, please
}
println(car.color) //Green
```

fuelLevel을 변경하고 color를 "Green"으로 변경하는 동안 아무런 문제가 없었다. 하지만 color를 빈 문자열로 변경하려 하자 실행 시간 예외와 함께 변경을 실패했다. 코틀린 컨벤션에 따라서 예외의 세부사항은 Exception 클래스의 getMessage() 메소드가 아니고 message 속성을 이용했다. 마지막 라인에서 color 속성이 try 표현식 이전에 설정했던 값과 동일하다는 것을 검증했다.

접근 제어자

코틀린에서 클래스의 속성과 메소드는 public이 기본이다. 코틀린에는 public, private, protected, internal 네 개의 접근 제어자가 있다. 처음 두 개는 Java와 동일하다. protected는 파생(자식) 클래스들의 메소드가 속성에 접근할 수 있는 권한을 준다. internal은 같은 모듈에 있는 모든 코드에서 속성이나 메소드에 접근이 가능하다. 여기서 모듈이란 함께 컴파일된 모든 소스 코드를 뜻한다. internal 접근 제어자는 바이트코드에 직접 나타나지 않는다. internal은 네이밍 컨벤션을 이용해서 코틀린 컴파일러에 의해 다뤄지고, 실행 시간 오버헤드가 전혀 없다.

getter의 접근 권한은 속성의 접근 권한과 동일하다. setter의 경우 개발자가 원하는 대로 접근 권한을 설정할 수 있다. fuelLevel의 접근 제어자를 변경해서 클래스 내부에서만 변경 가능하도록 해보자.

```
var fuelLevel = 100
private set
```

setter를 private으로 만드려면 set 키워드 앞에 private 키워드를 써주면 된다. setter를 다시 구현할 생각이 없다면 파라미터인 value와 메소드 바디는 생략하면 된다. setter를 작성하지 않거나 setter에 접근 제어자를 설정하지 않으면 속성과 동일한 권한으로 접근이 가능하다.

초기화 코드

주 생성자는 첫 번째 줄에 나타난다. 생성자를 위해서 파라미터와 속성이 파라미터 리스트로 정의된다. 생성자의 파라미터로 전달되지 않는 속성들은 클래스 내부에서 정의된다. 객체를 초기화하는 코드가 값들을 설정하는 것보다 더 복잡하다면 생성자용 바디를 만들 필요가 있다. 코틀린은 생성자용 바디를 만들기 위한 특별한 공간을 제공해 준다.

클래스는 0개 이상의 init 블록을 가질 수 있다. 이 블록들은 주 생성자의 실행의 한 부분으로써 실행된다. init 블록의 코드는 top-down으로 순차적으로 실행된다. 주 생성자에서 선언된 속성과 파라미터는 클래스 전체에서 사용 가능하기 때문에 init 블록 어디에서든 속성과 파라미터를 사용할 수 있다. 하지만 클래스 내부에서 선언된 속성을 사용하기 위해서는 init 블록을 속성 선언 아래에 위치시켜야 한다.

init 블록은 여러 개를 정의할 수 있다. 하지만 그 뜻이 반드시 init 블록을 정의하라는 뜻은 아니다. 클래스 안에서 첫 번째로 속성을 가장 위에 정의하도록 하고, 그 후에 init 블록을 작성해라(필요한 경우에 한해서). 그리고 보조(Secondary) 생성자를 구현하도록 해라(역시 필요한 경우에만) 마지막으로 필요한 메소드를 작성하면 된다.

init 블록에 대해 더 궁금한 점이 있다면 아래의 fuelLevel을 yearOfMake에 기반해서 값을 설정하는 예제를 보도록 하자.

[코드 oop/initialization.kts]

```
class Car(val yearOfMake: Int, theColor: String) {
  var fuelLevel = 100
    private set
  var color = theColor
    set(value) {
      if (value.isBlank()) {
        throw RuntimeException("no empty, please")
      }
      field = value
    }
```

```
    init {
      if (yearOfMake < 2020) { fuelLevel = 90 }
    }
  }
```

init 블록에서 fuelLevel은 yearOfMake에 값에 따라서 변경된다. fuelLevel에 접근해야만 하기 때문에 fuelLevel을 정의하는 시점보다 init 블록이 앞에 있으면 안 된다.

init 블록이 아니라 fuelLevel을 정의하는 시점에서 처리할 수 있는 방법은 없을까? 하는 궁금증이 있는 사람이 있을 수도 있다. 당연히 가능하다. init 블록을 모두 지워 버리고 아래의 코드를 써보도록 하자.

```
var fuelLevel = if (yearOfMake < 2020) 90 else 100
  private set
```

가급적 init 블록은 1개만 만들고, 가능하다면 1개도 만들지 않도록 하라. 생성자에서 최대한 아무런 작업도 안 하는 것이 프로그램의 안정성과 퍼포먼스 측면 모두에서 더 장점이 크다.

보조 생성자

주 생성자를 작성하지 않았다면 코틀린은 아규먼트가 없는 기본 생성자를 생성한다. 만약에 주 생성자가 모든 파라미터를 위한 기본 아규먼트를 가지고있다면 코틀린은 주 생성자와 함께 아규먼트가 없는 생성자를 생성한다. 어떤 상황이든 생성자를 더 많이 만들수 있다. 이렇게 만드는 생성자를 보조 생성자라고 한다.

보조 생성자는 주 생성자를 호출하거나, 다른 보조 생성자를 호출해야만 한다. 보조 생성자의 파라미터도 역시 val이나 var를 사용할 수 없다. 보조 생성자에서는 속성을 선언할 수 없다. 주 생성자와 클래스 내부에서만 속성을 정의할 수 있다.

Person 클래스에 생성자를 정의해 보자.

[코드 oop/seondary.kts]

```
class Person(val first: String, val last: String) {
  var fulltime = true
  var location: String = "-"
  constructor(first: String, last: String, fte: Boolean): this(first, last) {
```

```
      fulltime = fte
    }
  constructor(
    first: String, last: String, loc: String): this(first, last, false) {
      location = loc
    }
    override fun toString() = "$first $last $fulltime $location"
  }
```

Person의 주 생성자는 2개의 속성 first와 last를 val로 선언했다. 주 생성자에서 constructor 키워드는 선택사항이다. 두 개의 보조 생성자는 constructor 키워드로 선언했다. 첫 번째 보조 생성자는 this를 이용해서 주 생성자를 호출한다. 바디 안에서 첫 번째 보조 생성자는 필드 하나를 초기화한다. 두 번째 보조 생성자는 첫 번째 보조 생성자를 호출한다. 두 번째 보조 생성자도 주 생성자를 호출할 수 있다. 모든 보조 생성자는 주 생성자나 보조 생성자를 호출할 수 있다. 단, 생성자끼리 서로를 호출하는 순환은 일어나선 안된다.

다른 생성자를 이용해서 인스턴스를 생성해서 이 클래스를 검증해 보자.

[코드 oop/secondary.kts]

```
println(Person("Jane", "Doe"))          //Jane Doe true -
println(Person("John", "Doe", false))   //John Doe false -
println(Person("Baby", "Doe", "home"))  //Baby Doe false home
```

호출자의 관점에서 봤을 때 주 생성자를 사용하는 것과 보조 생성자를 사용하는 것엔 차이가 없다. 호출자의 입장에서는 파라미터를 이용해서 객체를 생성하는 것에 초점이 맞춰진다.

인스턴스 메소드 정의

클래스 안의 메소드를 정의할 때는 fun 키워드를 사용한다. 메소드는 기본으로 public이 된다. fun 키워드 앞에 private, protected, internal 키워드를 이용해서 메소드의 권한을 설정할 수 있다.

Person 클래스의 internal로 선언된 fullName() 메소드와 private으로 선언된 yearsOfService() 메소드를 확인해보자.

[코드 oop/methods.kts]

```
class Person(val first: String, val last: String) {
  //...
  internal fun fullName() = "$last, $first"
  private fun yearsOfService(): Int =
  throw RuntimeException("Not implemented yet")
}
```

클래스 안의 메소드들은 탑레벨 함수와 유사하게 선언되어 있다. 차이점이라면 클래스 바디 {} 안에 있다는 점이다. Java와 마찬가지로 메소드들은 속성과 클래스 안의 다른 메소드에 접근할 수 있다. 그리고 인스턴스를 사용하거나 인스턴스 메소드를 실행하기 위하여 this를 사용할 수 있다.

접근 권한이 없는 메소드(예를 들자면 private 메소드)에 접근을 시도한다면 오류가 발생한다. 예를 들면 이전 코드에서 yearsOfService() 메소드는 클래스 외부에서 감춰져 있다. 이 메소드에 접근을 시도한다면 컴파일 오류가 난다.

[코드 oop/methods.kts]

```
val jane = Person("Jane", "Doe")
println(jane.fullName()) //Doe, Jane
//jane.yearsOfService() //ERROR: 'Person' 클래스의 private 메소드에 접근할 수 없다.
```

코틀린의 클래스는 Java의 클래스와 동일한 문법을 가진다. 하지만 코틀린은 컴파일 시간에 클래스를 지우는 특별한 기능을 가지고 있다. 바로 알아보도록 하자.

인라인 클래스

클래스는 추상화를 나타낸다. 그리고 프리미티브 타입도 역시 동일하다. 우리는 디자인을 할 때 클래스와 프리미티브 타입 중 어떤 것을 사용할지 논쟁을 하곤 한다. 예를 들어서 주민번호(Social Security Number) 혹은 정부가 발행한 인증서에 대한 양식은 SSN 클래스를 사용해서 나타낼 수도 있고, 그냥 String을 사용할 수도 있다. 클래스를 만들면 명확성을 띌 수 있다는 장점이 있다. SSN이 필요한 곳에 실수로 잘못된 String(예를 들면 "Jone Doe"같은 이름)을 넘기는 일을 방지할 수 있다. 그러나 현실에서 String으로 존재하는 데이터인 SSN을 클래스로 만들면 오버헤드(객체 생성과 메모리 사용에 관한 오버헤드)가 발생하면서 퍼포먼스가 나빠질 가능성이 있다. 이 책을 작성하는 시점에서 실험적으로 제공되는 기능인 inline 클래스는 균형을 잡게 해주는 좋은 기능이다*. 컴파일 시간에는 클래스의 장점을 취할 수 있고, 실행 시간에는 프리미티브 타입으로 취급된다. 바이트코드로 변화되었을 때 프리미티브 타입으로 변경되는 것이다.

inline 함수("람다를 이용한 인라인 함수"에서 다룬다)를 호출하면 바디로 변경되기 때문에 함수 호출로 인한 오버헤드가 발생되지 않는다. 이와 유사하게 inline 클래스는 사용되는 기본 멤버로 확장되거나 대체된다.

예를 들어서 inline으로 만들어진 SSN 클래스를 보도록 하자.

[코드 oop/ssn.kt]

```
inline class SSN(val id: String)
fun receiveSSN(ssn: SSN) {
  println("Received $ssn")
}
```

위 코드를 실험적 기능을 사용할 수 있도록 −XXLanguage:+InlineClasses 커맨드라인 옵션을 주고 컴파일하면 receiveSSN() 함수는 SSN이 아닌 String을 받도록 변경되어 컴파일된다. 하지만 코틀린 컴파일러는 receiveSSN() 함수를 호출할 때 raw 문자열이 아닌 SSN 인스턴스를 이용했는지를 검증한다.

receiveSSN(SSN("111-11-1111"))

컴파일러가 SSN의 인스턴스가 receiveSSN()으로 전달될 수 있다는 검증을 마치면 검증이 끝난 String 인스턴스를 receiveSSN() 함수에 직접 전달해 메모리와 객체 생성 측면에서의 잠재적인 오버헤드와 wrapper를 제거한다.

inline 클래스는 속성과 메소드를 가질 수 있고, 인터페이스를 구현할 수도 있다. 내부를 살펴보면 메소드는 프리미티브 타입을 받는 static 메소드가 inline 클래스로 둘러싸여있다. inline 클래스는 final이 되어야 하고, 다른 클래스에 의해서 확장될 수 없다.

속성과 인스턴스 메소드를 가지는 클래스를 만드는 것은 간단한 일이다. Java에서는 static 메소드를 사용했다. 하지만 코틀린에서는 fun 키워드 앞에 static 키워드를 사용할 수 없도

---

* **역주_** 2021년 1월까지 공식 홈페이지에 아직 실험적인 기능이라고 나오고 있다

록 했다. 코틀린은 클래스 멤버를 생성하도록 컴패니언 객체를 제공한다.

7-3 컴패니언 객체와 클래스 멤버

우리가 지금까지 만든 클래스는 속성과 인스턴스 메소드만 가지고 있었다. 속성이나 메소드가 클래스 레벨에서 필요하고, 클래스의 특정 인스턴스와는 관련이 없어야 한다면 클래스 안에 만들 수 없다. 대신, 그런 속성이나 메소드를 컴패니언 객체(companion object)로 만든다. 7-1의 "객체 선언을 이용한 싱글톤"에서 싱글톤을 만들었다. 컴패니언 객체는 클래스 안에 정의한 싱글톤이다(클래스의 싱글톤 컴패니언들이다). 컴패니언 객체는 인터페이스를 구현할 수도 있고 다른 클래스를 확장할 수도 있다. 그리고 코드 재사용에도 유용하다.

클래스 레벨 멤버

아래 예제에서 MachineOperator 클래스는 클래스 레벨의 속성과 메소드가 필요하다. 컴패니언 객체를 이용해서 구현해 보도록 하자.

[코드 oop/companion.kts]

```
class MachineOperator(val name: String) {
  fun checkin() = checkedIn++
  fun checkout() = checkedIn--
  companion object {
    var checkedIn = 0
    fun minimumBreak() = "15 minutes every 2 hours"
  }
}
```

클래스에서 컴패니언 객체는 companion object 키워드를 이용해서 정의되었다. 컴패니언 객체 안에 있는 속성 checkedIn은 MachineOperator 클래스의 클래스 레벨 속성이 되었다. 이와 유사하게 minimumBreak 메소드 역시 어떤 인스턴스에도 속하지 않는 클래스 레벨 메소드다.

클래스의 컴패니언 객체의 멤버에는 아래와 같이 클래스 이름을 참조로 하여 접근할 수 있다.

[코드 oop/companion.kts]

```
MachineOperator("Mater").checkin()
println(MachineOperator.minimumBreak())    //15 minutes every 2 hours
println(MachineOperator.checkedIn)         //1
```

단, 멀티 스레드인 경우 컴패니언 객체에 뮤터블 속성을 사용하면 스레드 안정성 문제를 발생시킬 수 있으니 주의하자.

checkin() 메소드 같은 인스턴스 메소드는 타깃 인스턴스가 필요하다. 하지만 컴패니언 객체의 한 부분인 minimumBreak() 같은 메소드는 인스턴스를 이용해서 접근할 수 없다. 클래스 이름을 이용해서 접근해야 한다. checkedIn 같은 캠패니언 객체 안에서 정의된 속성 역시 마찬가지로 클래스 이름을 이용해서 접근할 수 있다.

컴패니언에 접근하기

어떨 때는 컴패니언 객체의 속성이 아닌 컴패니언 객체 자체의 참조가 필요한 경우도 있다. 특히 컴패니언 객체가 인터페이스를 구현하고 있는 경우에는 컴패니언 객체에 참조가 필요한 경우가 생긴다. 예를 들자면 함수나 메소드에 특정 인터페이스를 구현한 싱글톤 객체가 필요한 경우가 있겠다. 이럴 때는 클래스에 .Companion을 붙여서 접근할 수 있다(C는 대문자로 입력해야 한다). 아래의 예제는 MachineOperator 클래스의 컴패니언에 접근하는 방법을 보여준다.

[코드 oop/companion.kst]

```
val ref = MachineOperator.Companion
```

클래스의 컴패니언을 직접 사용할 일이 별로 없다면 이런 접근도 좋다. 하지만 빈번하게 사용해야 한다면 Companion보다는 더 적절한 이름을 지어주고 싶을 것이다. Companion은 컴패니언 객체에 명확한 이름이 없을 경우에만 사용한다. 컴패니언 객체에 이름을 만드는 방법은 아래와 같다. MachineOperator 클래스의 컴패니언 객체에 이름을 지정해 보았다.

```
//companion object {
companion object MachineOperatorFactory {
var checkedIn = 0
//...
```

MachineOperator 클래스에서 Companion이라는 이름은 더 이상 사용할 수 없다. 컴패니언을 사용하기 위해선 지정된 이름을 사용하면 된다.

```
val ref = MachineOperator.MachineOperatorFactory
```

컴패니언 객체를 위한 이름은 코틀린에서 사용 가능한 모든 이름을 사용할 수 있다. 하지만 Factory 접미사를 붙이는 경우는 컴패니언 객체가 팩토리로 사용된다는 것을 암시한다.

팩토리로 사용하는 컴패니언

컴패니언 객체에 이름이 있든지 없든지 상관없이, 컴패니언 객체는 클래스의 팩토리로 사용할 수 있다.

생성자는 객체를 유효한 상태로 초기화해 준다. 하지만 객체를 사용 가능한 상태로 만들기까지 몇 가지 단계를 두고 진행을 해야 할 때가 있다. 가령 객체를 이벤트 핸들러에 등록하거나 타이머에 등록해서 실행시키는 경우가 있을 수 있다. 생성자 안에서(이벤트 핸들러나 타이머에) 등록을 하려는 것은 좋은 생각이 아니다. 생성자의 작업이 완료되기 전에 객체가 사용 가능해지는 상황이 발생할 수 있다. 생성자의 작업 완료 이후 등록 메소드를 호출하는 것 역시 좋은 생각이 아니다. 클래스를 사용하는 사람이 등록을 까먹거나 등록 이전에 다른 메소드를 실행시키는 경우가 생길 수도 있다. 이런 경우 팩토리처럼 동작하는 클래스의 컴패니언 객체를 설계하는 것을 고려해볼 수 있다.

캠패니언을 팩토리로 사용하기 위해서는 클래스에 private 생성자를 만들어야 한다. 그 후 컴패니언 객체에서 생성된 인스턴스를 리턴하기 전에 인스턴스를 처리하는 메소드를 하나 이상 생성한다.

이전 예제를 다시 살펴보도록 하자. MachineOperator 클래스가 팩토리를 사용하도록 변경하자.

```
class MachineOperator private constructor(val name: String) {
  //...
  companion object {
    //...
    fun create(name: String): MachineOperator {
      val instance = MachineOperator(name)
      instance.checkin()
```

```
        return instance
    }
  }
}
```

MachineOperator 클래스의 생성자가 private이 되었다. 클래스 외부에서 우리는 어떤 인스턴스도 직접 생성할 수 없다. 컴패니언 객체 안에서 우리는 name을 파라미터로 받는 새로운 create() 메소드를 만들었다. 이 메소드는 MachineOperator 클래스의 인스턴스를 생성하고, checkin() 메소드를 실행시키고, 인스턴스를 리턴해 준다. create() 메소드가 인스턴스를 생성하는 유일한 방법이기 때문에 컴패니언 객체가 클래스의 팩토리로서 동작한다.

인스턴스를 생성하기 위해서 우리는 create() 메소드를 사용해야 한다.

```
val operator = MachineOperator.create("Mater")
println(MachineOperator.checkedIn) //1
```

create() 메소드는 MachineOperator 클래스에서 직접 호출된 컴패니언 객체로 라우팅되어 있다. 컴패니언 객체에 하나 이상의 메소드를 만들어 여러 종류의 파라미터를 전달받을 수 있다.

Static과는 다르다

클래스 이름을 이용해서 컴패니언 객체에 접근하는 방법을 보고 나면 컴패니언 객체의 멤버가 static 멤버가 되는 듯 보일지도 모른다. 하지만 컴패니언의 메소드가 클래스의 static 메소드가 된다고 생각하면 안 된다.

컴패니언 객체의 멤버에 접근하면 코틀린 컴파일러는 싱글톤 객체로 라우팅을 한다. 그런데 Java와의 상호 운용성 측면에서 봤을 때 이런 동작은 문제를 야기할 수 있다. 특히 프로그래머가 static 메소드를 기대하고 있을 경우에 그럴 가능성이 크다. @표기가 이런 문제를 해결할 때 유용하다. 이 표기의 기능, 목적, 사용했을 때의 이점 등은 17-3의 "static 메소드 생성"에서 곧 배우게 된다.

우리가 지금까지 만든 클래스들은 특별한 타입의 속성을 가지고 있었다. 그러나 속성의 타입이 파라미터에 의해서 결정될 수도 있다. 이제 제네릭 클래스를 만드는 방법을 알아보자.

7-4 제네릭 클래스 생성

우리는 주로 특정 타입을 다루는 클래스들을 만든다. 예를 들자면 Book 클래스는 String 타입의 title, authors, publisher 등을 가지고 있을 것이다. 때때로(특히 콜렉션을 다룰 때) 우리는 클래스의 멤버를 특정 타입으로만 한정짓지 않을 때가 있다. 예를 들면 Book 리스트와 Author 리스트는 모두 리스트이다. 리스트는 이 두 타입 이외에도 모든 타입에 일반적으로 제공되어야 한다 하지만 특정 부분에서는 허용하지 않는 점도 있어야 한다. 예를 들자면 Book 리스트에 Author를 추가할 수는 없어야 한다. 제네릭 클래스는 이렇게 타입 안정성을 지키면서 일반화를 할 때 사용되었다. 코틀린의 제네릭 기능은 여러 부분에서 Java와 유사하다. 하지만 가변성과 제약들은 다르게 선언되었다. 이런 제네릭 함수의 컨텍스트에 대해서는 "6-5. 제네릭: 파라미터 타입의 가변성과 제약사항"에서 이미 다루었다.

우리는 제네릭 클래스를 빈번하게 사용한다. 하지만 애플리케이션 프로그래머들은 제네릭 클래스를 제네릭이 아닌 클래스에 비해서는 덜 만드는 경향이 있다. 그래도 제네릭 클래스는 여전히 유용하다. 다음 예제를 통해서 제네릭 클래스를 만드는 방법을 알아보자.

코틀린엔 Pair라고 불리는 두 가지 타입의 다른 객체를 소유하고 있는 클래스가 있다. 이제 PriorityPair라는 클래스를 만들 예정이다. PriorityPair는 동일한 타입의 객체 2개를 소유하는 객체이다. 그리고 그 객체는 큰 객체가 첫 번째, 작은 객체가 두 번째에 오도록 정렬된다. 객체의 순서를 정하기 위해서 Comparable<T> 인터페이스의 compareTo() 메소드를 사용할 것이다.

코드를 작성하기 전에 우리가 만들 클래스의 기능을 생각해 보도록 하자. 일단 인스턴스를 만들면 PriorityPair의 멤버를 변경할 일은 없을 것이다. 그렇기 때문에 뮤터블한 연산은 없어도 된다. 객체들이 정렬될 것이기 때문에 파라미터 클래스는 Comparable<T> 인터페이스를 구현하기 위해 제한되어야 한다. 클래스는 읽기전용이어야 하고 쓸 수 없어야 한다. 코틀린의 Pair 클래스가 class Pair<out A, out B>로 정의되어 있듯 파라미터 타입에 out 어노테이션을 쓰고 싶어질 수 있다. 그러나 우리가 만드는 클래스의 속성은 Comparable<T> 인터페이스의 compareTo() 메소드에 전달되어야 하기 때문에 우리는 out 키워드를 사용할 수 없다. 이 정도면 생각은 충분히 한 것 같다. 이제 코드를 작성해 보자.

아래의 코드는 PriorityPair 클래스이다. 파라미터 타입 T는 Comparable<T>를 구현하는데 제약이 있다.

```kotlin
class PriorityPair<T: Comparable<T>>(member1: T, member2: T) {
  val first: T
  val second: T
  init {
    if (member1 >= member2) {
      first = member1
      second = member2
    } else {
      first = member2
      second = member1
    }
  }
  override fun toString() = "${first}, ${second}"
}
```

클래스 이름을 보면, 파라미터 타입과 제약조건이 <> 사이에 명시되어 있다. 제약조건이 하나이기 때문에 where절을 사용하지 않고 간단하게 콜론(:)을 이용하는 문법을 사용했다("6 5. 제네릭: 파라미터 타입의 가변성과 제약사항"에서 다루었다). 클래스는 2개의 주 생성자 파라미터로 T타입의 member1과 member2를 받는다. 두 개의 속성 first와 second는 이뮤터블인 val로 선언되었다. 그러나 멤버의 순서를 확인하기 전까지는 초기화를 잠시 미뤄놨다.

init 블록 안에서 생성자에 전달된 두 멤버가 값에 따라서 순서가 정해진 후 first와 second로 초기화된다. 이때 순서는 Comparable 인터페이스의 compareTo() 메소드에 의해서 정해진다. compareTo() 메소드를 직접 사용하는 대신에 >= 연산자를 사용했다("12–1. 연산자 오버로딩" 참조). 마지막으로 toString() 메소드는 first와 second 속성을 String으로 리턴해준다.

이제 방금 만든 제네릭 클래스로 2개의 인스턴스를 만들어 보자.

```kotlin
println(PriorityPair(2, 1))      //2, 1
println(PriorityPair("A", "B"))   //B, A
```

PriorityPair<T>의 인스턴스는 Comparable<T>의 인터페이스를 구현하고 있는 타입이라면 어떤 타입이든 이용해서 만들 수 있다. 제네릭 클래스는 일반적인 클래스를 만드는 문법을 기반으로 가변성과 제약조건을 추가해서 정의한다. 제네릭 클래스를 디자인할 때는 특별히 더 많은 테스트를 진행해서 제네릭 클래스가 특정 타입에서도 정확히 동작하는지를 확인해야 한다.

PriorityPair 클래스를 보면 equals()와 hashCode() 메소드를 구현하지 않았다. 두 메소드를 구현할 필요가 있다면 빠르게 구현할 수 있다. 하지만 모든 코드를 직접 구현할 필요가 없다. 비록 코틀린이 속성을 쉽게 정의하게 해주고, 클래스의 메소드를 쉽게 만들게 해주지만, 이외에도 코틀린이 구현해주는 것들이 더 있다. 다음 장에서 살펴보자.

7-5 데이터 클래스

Scala의 case 클래스와 유사하게, 코틀린의 data class는 특정한 행동, 동작보다는 데이터를 옮기는 데 특화된 클래스이다. 주 생성자에는 val이나 var를 사용한 속성 정의가 적어도 하나 이상 필요하다. 데이터 클래스에선 val이나 var가 아닌 파라미터는 사용할 수 없다. 필요하다면 바디 {} 안에 속성이나 메소드를 추가할 수 있다.

각각의 데이터 클래스에 코틀린은 자동으로 equals(), hashCode(), toString() 메소드를 만들어준다. 거기에 추가적으로 셀렉트 속성의 업데이트된 값을 제공하면서 인스턴스를 복사해 주는 copy() 메소드도 제공해 준다. 그리고 주 생성자에 의해서 정의된 각각의 속성에 접근할 수 있게 해주는 메소드인 이름이 component로 시작되는 특별한 메소드(component1(), component2() 등)도 제공해 준다. 앞으로는 편의를 위해서 이런 메소드를 componentN()이라고 부르겠다.

아래는 데이터 클래스의 예제이다. 태스크 혹은 To-Do 아이템을 나타내며, 의도를 전달하기 위해 data 키워드로 표기해봤다.

[코드 oop/taskdataclass.kts]

```
data class Task(val id: Int, val name: String,
    val completed: Boolean, val assigned: Boolean)
```

어떤 속성도 클래스 바디 {} 안에 정의되지 않았다. 현재는 생성된 equals(), hashCode(), toString() 메소드 모두 사용하지 않는다. 그리고 componentN() 메소드 역시 생성되지 않았다.

예제를 계속해서 진행해 보자. 이제 데이터 클래스의 객체를 만들고 생성된 메소드인

toString()을 사용해 보자.

```
val task1 = Task(1, "Create Project", false, true)
println(task1)
  //Task(id=1, name=Create Project, completed=false, assigned=true)
println("Name: ${task1.name}") //Name: Create Project
```

toString() 메소드가 String을 리턴했다. toString() 메소드는 속성과 속성의 값들은 생성자의 파라미터가 리스팅된 순서 그대로 정렬해서 가지고 있다. 우리가 예제에서 name 속성을 이용해서 접근한 것처럼 속성에는 이름을 이용해서 접근할 수 있다.

데이터 클래스에서 코틀린은 copy() 메소드를 생성한다. copy() 메소드는 대상 객체의 모든 속성을 복사하여 새 객체를 생성하는 메소드이다. equals(), hashCode(), toString() 메소드와는 다르게 copy() 메소드는 주 생성자에 생성된 속성뿐만 아니라 클래스 안에서 정의된 속성도 포함한다. 메소드에 대한 각 파라미터는 기본 아규먼트를 전달받고, 네임드 아규먼트를 이용해서 대체 값을 모든 속성에 전달할 수 있다. 이런 기능을 이용해서 task1을 복사하면서 2개의 속성 값을 변경해 보도록 하자.

```
val task1Completed = task1.copy(completed = true, assigned = false)
println(task1Completed)
  //Task(id=1, name=Create Project, completed=true, assigned=false)
```

새롭게 생성된 인스턴스는 원본에서 새로운 값이 할당된 completed와 assigned 속성을 제외하고 모든 속성을 복사했다. copy() 함수는 프리미티브와 참조에 대한 쉘로우 카피*만 가능하다. 객체 내부의 참조들은 copy() 메소드에 의해서 딥카피 되지 않는다. 이런 점은 내부의 모든 객체가 이뮤터블인 경우라면 문제가 되지 않는다.

componentN() 메소드의 주된 목적은 구조분해(destructuring)다. Java 클래스를 포함하여, componentN() 메소드를 가지고 있는 모든 클래스는 구조분해가 가능하다.

---

* **역주_** shallow copy, 객체를 복사할 때 객체 안의 참조하고 있는 객체가 있다면 새로운 참조객체를 만들지 않고 참조만 복사하는 것

아래의 예제는 id와 assigned 속성을 Task 인스턴스에서 추출하는 예제이다.

```
val id = task1.id
val isAssigned = task1.assigned
println("Id: $id Assigned: $isAssigned") //Id: 1 Assigned: true
```

그런데 위와 같은 방법은 지루하고 속성을 추출하는데 많은 코드 라인이 필요하다. 이렇게 하지 않고 데이터 클래스의 구조분해 기능을 이용할 수 있다.

구조분해를 하기 위해서 우리는 주 생성자가 만든 속성 순서와 동일한 속성 순서로 속성을 추출할 수 있다. 하지만 우리가 모든 속성을 추출할 필요는 없다. 필요없는 속성은 요청하지 않으면 된다. 필요없는 속성 다음으로 나오는 속성의 값이 필요하면 간단하게 "필요없다, 상관없다"는 의미로 통용되는 언더스코어(_)를 사용하자. 아래의 예제가 이해를 도울 것이다.

[코드 oop/taskdataclass.kts]

```
val (id, _, _, isAssigned) = task1
println("Id: $id Assigned: $isAssigned") //Id: 1 Assigned: true
```

추출된 값이 들어갈 지역변수를 val(방금 코드에서 사용한 것처럼)이나 var로 정의할 수 있다. 지역변수 id는 task1의 속성 id에 할당된 값(이렇게 하기 위해서 component1() 메소드를 인보크한다)을 할당했다. name과 completed 속성은 무시했다. 그리고 assigned 속성의 값을 지역변수인 isAssigned(여기에서 다시 코틀린은 component4() 메소드를 사용한다)에 할당했다. 만약에 뒤에 더 많은 속성이 있었더라도(이번 예제에는 더 이상 없지만) 언더스코어(_)를 쓰지 않아도 무시된다. 뒤따라오는 순서의 속성은 언더스코어(_)가 필요없다.

코틀린의 데이터 클래스 구조분해에는 중대한 한계가 있다. JavaScript에서 객체 구조분해는 속성 이름에 기반한다. 하지만 슬프게도 코틀린의 경우는 주 생성자에 전달되는 프로퍼티 순서에 기반한다. 개발자가 현재 파라미터 사이에 새로운 파라미터를 넣게 된다면 끔찍한 결과가 나올 것이다.

가령 우리가 Task 클래스의 주 생성자에서 name과 completed 사이에 새로운 파라미터를 추가한다고 생각해 보자. 생성자를 사용하는 모든 코드가 수정되고 다시 컴파일이 되어야 한다. 그러나 구조분해에 끼치는 영향은 아주 심각해진다. 예를 들어 이전에 사용한 구조분해 코드는 어떤 컴파일 오류도 발생시키지 않지만 파라미터의 순서가 변경되었기 때문에 isAssigned변수는 assigned 속성의 값이 아니라 completed 속성의 값이 할당된다.

구조분해를 할 때 타입 추론을 이용하지 않고 특정 타입을 명시했다면 약간은 안심이 될 것이다. 그러나 타입을 명시한다고 이런 문제를 모두 해결하는 건 아니다. 파라미터 순서를 변경하는 것이 좋지 않은 프로그래밍 방법이란 것에는 동의하지만, 이런 문제가 코틀린같은 정적 타입 언어를 사용하는 때 자동화 테스트를 강화해야 할 이유가 된다.

아래는 코틀린에서 일반 클래스와 데이터 클래스를 이용해야 할 때를 결정하는 데 도움을 주기 위한 선택지이다. 아래와 같은 상황에서는 데이터 클래스를 사용해라.

- ▶ 행동, 동작보다는 데이터 자제에 집중된 모델링을 할 경우
- ▶ equals(), hashcode(), toString()과 copy()가 생성되길 원하거나 copy()만 생성되길 원할 경우
  (해당 메소드들은 원한다면 오버라이드해 사용할 수도 있다.)
- ▶ 주 생성자에 적어도 하나 이상의 속성이 포함되어야 할 경우
  (아규먼트가 없는 생성자는 데이터 클래스에서 불가능하다.)
- ▶ 주 생성자를 속성만으로 구성해야 할 경우
- ▶ 구조분해 기능을 이용해서 데이터를 쉽게 추출하고 싶은 경우
  (데이터 추출은 속성의 이름이 아닌 순서에 기반한 것이라는 점을 인지하고 있어야 한다)

정리

코틀린은 우리가 기존에 사용하던 Java를 뛰어넘은 객체지향 프로그래밍을 지원해준다. 코틀린은 필드를 생성하고, getter와 setter도 생성해 준다. 때문에 보일러플레이트 코드를 작성하느라 시간을 낭비할 필요가 없다. 인스턴스 멤버는 클래스 안에 있고, 클래스 멤버는 컴패니언 객체에 들어있다. 싱글톤은 코틀린에서 최고의 객체이다. 데이터 클래스는 행동보다 데이터 자체에 집중해야 하는 경우에 유용하며 구조분해 기능으로 클래스에서 속성을 유연하게 추출할 수 있다. 제네릭 클래스는 대부분 Java와 유사하게 지원해 준다. 하지만 뛰어난 가변성과 제약조건 기능 지원으로 더 향상된 타입 안정성을 제공해 준다.

우리는 이번 챕터에서 클래스를 생성하는 법을 봤다. 하지만 클래스는 하나만 존재하는 게 아니다. 다음 챕터에서 우리는 여러 클래스를 사용해 볼 것이다. 내부 클래스와 상속을 이용한 클래스 계층을 만들어본다.

Chapter

08

클래스 계층과 상속

클래스는 사회적인 존재다. 클래스는 다른 클래스의 추상화에 연결되어 있으며 이를 바탕으로 만들어진다. 복잡한 어플리케이션을 만들기 위해선 추상화와 상속의 과정이 간단해야 한다. 코틀린은 그런 점에서 아주 뛰어나다. 코틀린을 이용하면 인터페이스를 만들고, 중첩(nested) 클래스와 내부 클래스를 정의하고, 상속을 사용할 수 있다.

정적타입 언어인 코틀린은 명세에 따른 설계를 장려한다. 인터페이스는 명세에 따라서 제공되어야 하고 클래스는 그런 명세를 구현해야 한다. 그리고 추상 클래스를 생성하여 스펙 이외에도 구현을 재사용할 수 있다.

안정성의 관점에서 보면 클래스는 기본적으로 final이어야 하며 open을 통해 베이스 클래스로 사용해야 한다. 더욱이 코틀린은 상속가능/상속불가능의 이분적인 상태로 작동하지 않는다. 클래스를 sealed로 정의하여 클래스에서 확장할 수 있는 특정 클래스를 명시할 수 있다. 이런 기능은 타입 이론의 대수 데이터 타입(algebraic data type)이라고 불리는 클로즈드 셋 모델링을 가능하게 해준다. 이는 아직 Java에서는 활용 불가능한 뛰어난 아이디어다.

이번 챕터는 인터페이스와 추상 클래스를 생성하는 것부터 시작한다. 그 후 중첩(nested) 클래스와 내부(inner) 클래스(두 개의 클래스가 서로 긴밀한 연관이 있을 때 사용하기 좋은 설계이다) 생성을 확인한다. 그리고 상속을 이용해서 다른 클래스의 인스턴스가 요구되는 부분에 사용 가능한 객체를 만든다. 그리고 sealed 클래스로 하위 클래스를 제한하는 방법을 배운다. 마지막으로 하나의 추상 클래스를 만들어서 여러 값을 표현하는 방법인 enum을 배운다.

8-1 인터페이스와 추상 클래스 생성

객체지향 프로그래밍이란 추상화 개념을 바탕으로 프로그래밍하는 것이다. 복잡한 애플리케이션은 보통 다양한 인터페이스와 추상화 클래스, 구현 클래스를 가지고 있다. 우리는 인터페이스에 크게 의존해 추상적인 동작을 판단하며 구현을 재사용하기 위해 추상화 클래스를 이용한다. 그러니 인터페이스와 추상화 클래스에 대한 학습은 객체지향 구조를 만드는 법을 배우는 데 좋은 시작점이 될 거라 생각한다.

최근 몇 년간 Java에서 인터페이스는 극적인 진화를 맞이했다. 과거에 인터페이스는 메소드를 선언만 할 수 있었고 구현은 할 수 없었다. 할 수 있다고 말만 할 뿐 실제로 행동은 하지 않았다(마치 필자의 상사같다). Java의 최근 버전에서 인터페이스는 기본 메소드, static 메소드, 심지어 private 메소드를 가질 수 있다. Java의 이런 성장 속에서, 코틀린이 모던 Java의 인터페이스에 어떻게 맞춰가는지 궁금해지는 게 당연하다. 위의 질문으로부터 시작해서 코틀린의 인터페이스는 어떤지 비교해 보기로 한다. 그리고 Java와 비교했을 때 코틀린의 추상 클래스는 어떻게 다른지도 확인한다.

인터페이스 만들기

의미적으로, 코틀린의 인터페이스는 Java의 인터페이스와 많이 유사하다. 하지만 문법적으로 봤을 땐 많이 다르다. 인터페이스 안에 추상 메소드를 작성하는 명세에 의한 설계를 할 수도 있고 Java에서 필요한 default 키워드 없이 인터페이스 안에 메소드를 구현할 수도 있다. 코틀린 클래스의 static 메소드가 컴패니언 객체에 들어있는 것과 유사하게 인터페이스 역시 인터페이스 안에 컴패니언 객체를 작성하여 static 메소드를 가질 수 있다.

코틀린의 인터페이스에 대해 알아보기 위하여 우리는 인터페이스에 몇 개의 추상 메소드와 구현된 메소드를 만들 예정이다. 그리고 그 인터페이스를 상속하여 실제 사용되는 클래스에서 그 구현된 메소드를 가지고 오는지 확인한다. 마지막으로 코틀린이 인터페이스에서 static 메소드를 정의하는 법을 다룬다.

리모컨을 나타내는 Remote 인터페이스를 만들며 시작해 보자.

[코드 inheritance/remote.kts]

```
interface Remote {
  fun up()
  fun down()
  fun doubleUp() {
```

```
    up()
    up()
  }
}
```

up() 메소드 같은 추상 메소드는 인터페이스에 정의만 되어 있다. doubleUp() 같은 구현된 메소드는 클래스에서 구현된 것과 유사해 보인다. 추가적인 문법이나 필수로 입력해야 할 코드가 없다. 인터페이스를 구현하는 어떤 클래스라도 추상 메소드를 오버라이드해야만 한다. 하지만 doubleUp() 같은 구현된 메소드는 구현하지 않아도 상관없고, 오버라이드가 필요한 경우에만 오버라이드하면 된다.

Java8에서 default메소드가 처음으로 나왔지만, 코틀린의 인터페이스에서 구현된 메소드(코틀린 타입 디폴트 메소드)는 Java 1.6 이상에서 사용 가능하다. 코틀린 디폴트 메소드가 바이트 코드에서 default 메소드로 보이기 위해서 @jvmDefault 표기를 사용할 수 있다. 표기에 대해서는 "그 외 표기"에서 다룬다.

인터페이스가 구현된 클래스에서 어떻게 상호작용하는지 보기 위해서 Remote 인터페이스를 구현하여 TVRemote 클래스를 만들어 보자. TVRemote 클래스는 TV의 볼륨을 컨트롤할 때 사용될 클래스이다.

[코드 inheritance/remote.kts]

```kotlin
class TV {
  var volume = 0
}
class TVRemote(val tv: TV) : Remote {
  override fun up() { tv.volume++ }
  override fun down() { tv.volume-- }
}
```

TVRemote가 Remote 인터페이스를 구현한다는 것을 명시하기 위해서 주 생성자 뒤에 콜론(:)을 사용하고 Remote를 적었다. 코틀린은 Ruby와 C# 스타일의 상속 문법을 따른다. TVRemote는 Remote의 추상 메소드를 구현해야 한다. 그리고 베이스 클래스나 인터페이스의 메소드를 오버라이드할 땐 override 키워드를 사용한다. TVRemote 클래스는 Remote 인터페이스의 doubleUp() 메소드를 오버라이드 하지 않았다.

이 클래스와 인터페이스가 어떻게 동작하는지 보기 위해서 TVRemote의 인스턴스에서 Remote

의 메소드를 사용해 보자.

[코드 inheritance/remote.kts]

```
val tv = TV()
val remote: Remote = TVRemote(tv)
println("Volume: ${tv.volume}") //Volume: 0
remote.up()
println("After increasing: ${tv.volume}") //After increasing: 1
remote.doubleUp()
println("After doubleUp: ${tv.volume}") //After doubleUp: 3
```

remote는 Remote 타입이다. 하지만 실행 시간에 TVRemote의 인스턴스를 참조한다. up() 메소드의 호출은 TVRemote 인스턴스에 의해 다뤄진다. 하지만 doubleUp() 메소드를 호출할 땐 Remote에 구현된 메소드를 사용한다.

Java에서 인터페이스 역시 static 메소드를 가질 수 있다. 하지만 코틀린에서는 static 메소드를 인터페이스 안에 직접 만들 수 없다. 이는 클래스 안에 static 메소드를 직접 작성할 수 없는 것과 동일하다. 인터페이스에 static 메소드를 작성하기 위해선 컴패니언 객체를 사용해야 한다. 두 개의 리모컨을 묶어서 한번에 두 개의 리모컨에 동시에 명령을 내릴 수 있는 combine() 메소드를 만들어보자. 하나에 명령을 내린 다음 리모컨에 명령을 내린다.

[코드 inheritance/remote.kts]

```
companion object {
  fun combine(first: Remote, second: Remote): Remote = object: Remote {
    override fun up() {
      first.up()
      second.up()
    }
    override fun down() {
      first.down()
      second.down()
    }
  }
}
```

위의 컴패니언 객체는 Remote 인터페이스에 바로 작성하면 된다. 컴패니언 객체의 메소드에 접근하기 위해서 Remote 인터페이스를 사용한다.

[코드 inheritance/remote.kts]

```
val anotherTV = TV()
val combinedRemote = Remote.combine(remote, TVRemote(anotherTV))
combinedRemote.up()
println(tv.volume) //4
println(anotherTV.volume) //1
```

인터페이스를 구현할 때는 모든 추상 메소드를 구현해야 한다. 여러 개의 인터페이스를 구현할 때는 충돌하는 모든 메소드(다른 인터페이스에서 같은 이름과 시그니처를 가지고 있는 메소드)를 클래스에 구현해야 한다.

추상 클래스 생성하기

코틀린에서는 추상 클래스도 지원한다. abstract로 선언을 시작하는 클래스는 추상 클래스이다. 그리고 추상 클래스에서도 추상 메소드는 abstract라고 표시한다.

아래의 예제는 abstract 베이스 클래스와 그 클래스를 확장한 클래스이다.

[코드 inheritance/abc.kts]

```
abstract class Musician(val name: String, val activeFrom: Int) {
  abstract fun instrumentType(): String
}
class Cellist(name: String, activeFrom: Int) : Musician(name, activeFrom) {
  override fun instrumentType() = "String"
}
val ma = Cellist("Yo-Yo Ma", 1961)
```

---

instrumentType() 메소드가 베이스 클래스에서 구현되어 있지 않기 때문에 abstract라고 표시되어있다. 자식 클래스에서 오버라이딩할 때 override 키워드가 필요하다. 자식 클래스인 Cellist의 주 생성자는 2개의 파라미터를 받은 후 베이스 클래스에게 넘겨준다. 자식 클래스의 생성자는 베이스 클래스에서는 필요하지 않은 파라미터를 추가적으로 받을 수 있으며, 자식 클래스에서 추가적으로 받는 파라미터를 val 혹은 var로 선언하면 프로퍼티가 된다.

추상 클래스와 인터페이스의 주된 차이는 아래와 같다.

▶ 인터페이스에 정의된 속성엔 백킹 필드가 없다. 인터페이스는 구현 클래스로부터 속성을 얻는 것을 추상 메소드에 의존한다. 반면에 추상 클래스는 백킹 필드를 가진다.

▶ 인터페이스는 한 번에 여러 개를 구현할 수 있지만, 클래스는 추상 클래스든지 일반 클래스든지 하나만 확장 가능하다.

인터페이스? 추상클래스?

인터페이스와 추상클래스 중 무엇을 만들어야 할까? 인터페이스는 필드를 가질 수 없다. 하지만 클래스에서 여러 개의 인터페이스를 한 번에 구현할 수 있다. 반면에 추상 클래스는 필드를 가질 수 있다. 하지만 한 번에 하나의 클래스만 확장할 수 있다. 그래서 각각은 장/단점을 가지고 있다. 인터페이스와 추상 클래스 중에 뭘 선택해야 할지 논의해 보자.

여러 클래스 사이에서 상태를 다시 사용해야 한다면 추상 클래스가 좋은 선택이다. 추상 클래스에서는 공통 상태를 구현할 수 있다. 그리고 클래스에서 구현할 때 추상 클래스가 제공해 주는 상태를 재사용하며 메소드를 오버라이드한다.

하나 이상의 명세와 요구사항을 만족하는 클래스들을 원하지만 각각의 클래스들이 각각의 구현을 하는 것을 원한다면 인터페이스가 좋은 선택이다. 인터페이스를 사용하면 클래스들이 각각의 상태를 구현하게 하면서 공통 메소드를 인터페이스에 옮겨놓을 수 있다.

모던 Java와 코틀린 양쪽에서 인터페이스가 추상 클래스보다 약간의 이점을 가지고 있다. 인터페이스는 메소드를 상태와 상관없이 구현할 수 있는 능력이 있다. 클래스는 여러 개의 인터페이스를 구현할 수 있다. 유연성을 위해서 가능하다면 추상 클래스나 베이스 클래스를 사용하는 것보다는 인터페이스를 사용하는 편이 좋다.

인터페이스의 예제에서 Remote 인터페이스의 메소드를 구현하기 위해서 TVRemote는 public 속성인 TV의 volume에 의존했다. 다음 장에선 이런 접근을 대체할 만한 기술에 대해서 알아본다.

8-2 중첩 클래스와 내부 클래스

이전 예제에서 TV가 Remote 인터페이스에 직접 구현되어 있지 않고, Remote 인터페이스를 구현한 TVRemote에 분리된 TV 클래스를 가지고 있었는지 궁금했을 것이다. TVRemote처럼 직접 구현한 게 아니고 분리된 클래스를 가지고 있는 것에는 각각 장/단점이 있다. 장점을 먼저 말하고 단점을 논하기로 하자. 그리고 두 옵션 중 최고의 솔루션을 찾도록 하자.

TVRemote를 가지고 있는 것의 첫 번째 장점은 자동차와 차고 문이 여러 개의 리모컨을 갖는 것과 마찬가지로 TV 인스턴스 하나에 여러 개의 TVRemote를 가질 수 있다는 점이다. 이런 디자인의 장점은 리모컨이 하나일 경우 리모컨을 가지고 있는 사람을 방해하고 TV인스턴스를 제어해달라고 요청해야 하는 것에 반해서 리모컨이 여러 개 있다면 각각의 사람들이 리모트 근처에 있는 사람을 방해하지 않고 TV인스턴스를 컨트롤 할 수 있기 때문에 연결관계를 아낄 수 있다는 점이다. 둘째로 TVRemote의 인스턴스들은 TV 인스턴스의 상태와 분리된 채로 내부 상태를 가질 수 있다. 예를 들자면 어두운 곳에서 TVRemote 인스턴스 중 하나를 사용하려는 사람이 있다면 어두운 곳에서 사용하기 편하도록 백라이트를 켜는 것이 가능하다.

분리된 클래스에서 인터페이스를 구현하는 것엔 단점이 있다. Remote 인터페이스를 구현하고 있는 TVRemote 메소드들은 TV의 public 메소드로 사용해야만 한다. 만일 TV가 Remote 인터페이스를 구현하고 있다면 public 메소드에 의존할 필요가 없어진다. 그리고 구현을 하게 되면 클래스 내부에서만 볼 수 있는 내부를 효율적으로 사용할 수 있게 해준다. 그리고 TV의 인스턴스를 TVRemote의 생성자에 전달하는 대신 TV에 인터페이스를 직접 구현한다면 TVRemote의 내부에서 TV의 참조를 추가로 가지고 있을 필요도 없다.

장점은 유지하면서 단점을 피할 수 있는 디자인 옵션이 있다. 내부 클래스를 사용하면 효율성 저하를 피하면서 분리된 클래스를 사용하는 이점을 얻을 수 있다. 이 방법이 처음엔 좀 난해해 보이지만 C#, Java, 코틀린의 콜렉션의 반복자를 구현할 때 널리 사용되었다.

코틀린의 클래스는 다른 클래스에 중첩(내부에 위치한다는 뜻이다)될 수 있다. Java와는 다르게 코틀린의 중첩 클래스는 외부 클래스의 private 멤버에 접근할 수 없다. 하지만 중첩 클래스에 inner 키워드를 사용한다면 내부 클래스로 변하면서 제약이 사라진다.

이전 예제의 TVRemote 클래스를 TV의 내부 클래스로 변경해 보도록 하자.

[코드 inheritance/nestedremote.kts]

```
class TV {
  private var volume = 0
  val remote: Remote
  get() = TVRemote()
  override fun toString(): String = "Volume: ${volume}"
  inner class TVRemote : Remote {
    override fun up() { volume++ }
    override fun down() { volume-- }
    override fun toString() = "Remote: ${this@TV.toString()}"
  }
}
```

이전 버전의 TV 클래스와는 다르게 이번 예제에서는 TV의 volume 속성이 private이기 때문에 TV 인스턴스 외부에서 접근할 수 없다. 하지만 TVRemote는 내부 클래스이기 때문에 TVRemote의 up() 메소드와 down() 메소드가 volume이 TVRemote의 속성인 것처럼 접근할 수 있다. 내부 클래스는 외부 클래스의 private 멤버를 포함한 모든 멤버에 직접 접근이 가능하다. 이제 TV클래스는 TVRemote의 인스턴스를 리턴하는 public 속성인 remote를 제공하게 되었다.

이제 TVRemote의 수정된 버전을 사용해 보자.

[코드 inheritance/nestedremote.kts]

```
val tv = TV()
val remote = tv.remote
println("$tv") //Volume: 0
remote.up()
println("After increasing: $tv") //After increasing: Volume: 1
remote.doubleUp()
println("After doubleUp: $tv") //After doubleUp: Volume: 3
```

TV 인스턴스의 유저는 remote 속성을 이용해서 TV 인스턴스의 Remote의 참조를 얻을 수 있다. 이 속성의 getter는 매번 호출할 때마다 다른 remote 인스턴스를 리턴하도록 디자인되어 있다. 이는 콜렉션의 각각의 iterate() 메소드가 매번 새로운 반복자 인스턴스를 리턴하는 것과 유사하다.

내부 클래스의 속성이나 메소드가 외부 클래스의 멤버와 이름이 일치한다면 특별한 this 표현식을 이용하여 내부 클래스에서 외부 클래스의 멤버에 접근할 수 있다. 이 방법은 TVRemote의 toString() 메소드에서 확인할 수 있다. 독자를 배려해 한 번 더 보여주겠다.

```
override fun toString() = "Remote: ${this@TV.toString()}"
```

스트링 템플릿 안의 this@TV 문법을 읽어보면 "TV의 this"가 된다. this는 TVRemote를 나타내지만 this@TV는 외부 클래스인 TV의 인스턴스를 나타낸다. 이제 내부 클래스의 인스턴스에서 외부 클래스의 인스턴스에 접근할 수 있는지 검증해보자.

[코드 inheritance/nestedremote.kts]

```
println(remote) //Remote: Volume: 3
```

TVRemote의 메소드에서 TV의 베이스 클래스인 Any의 toString()에 접근하고 싶다면 어떻게 해야 할까? TV의 this 대신 외부 클래스의 베이스 클래스 super를 사용하면 된다.

```kotlin
override fun toString() = "Remote: ${super@TV.toString()}"
```

super@Outer 문법은 자주 사용하면 안 된다. 이런 설계는 다형성의 의미와 메소드 오버라이드의 의도를 저버리고 클래스의 베이스 클래스로 바이패스를 해주기 때문에 오류가 많아진다.

중첩 클래스나 내부 클래스에 특별한 상태가 필요하다면 외부 클래스에서 하듯이 속성을 생성하면 된다. 그리고 클래스 안에 내부 클래스를 생성하는 대신에 메소드 안에서 익명 내부 클래스(Annonymous inner class)를 생성할 수 있다. 이전 예제에서 remote 속성의 getter가 익명 내부 클래스를 사용하도록 변경해보자.

```kotlin
class TV {
  private var volume = 0
  val remote: Remote get() = object: Remote {
    override fun up() { volume++ }
    override fun down() { volume-- }
    override fun toString() = "Remote: ${this@TV.toString()}"
  }
  override fun toString(): String = "Volume: ${volume}"
}
```

Inner 키워드는 익명 내부 클래스에서는 사용되지 않았다. 익명 내부 클래스는 Remote 인터페이스를 구현하고 있고, 이름이 없다. 이런 차이점 외에는 익명 내부 클래스는 이전에 내부 클래스였던 TVRemote 클래스와 다른 점이 없다.

지금까지 인터페이스를 구현하고, 중첩 클래스와 내부 클래스를 생성하는 방법을 확인했다. 이제 클래스를 확장하는 방법을 알아보자.

8-3 상속

상속을 사용할 때, 코틀린이 제공해주는 추가적인 안전망에 안정감을 느끼게 될 것이다. 상속은 객체지향 프로그래밍에서 오용되는 콘셉트로, 코틀린이 개발자의 의도가 클래스 사용자에게 명확하게 전달되도록 만든다.

코틀린은 클래스가 어쩌다 베이스 클래스로서 동작하는 것을 원하지 않는다. 클래스의 작성 자로서, 개발자는 클래스가 베이스 클래스로서 사용되게 하려면 명시적인 권한을 제공해야 한다. 이와 유사하게, 메소드를 작성할 때 개발자는 코틀린에게 자식 클래스가 해당 메소드를 오버라이드하는 것이 가능하다는 사실을 알려줘야 한다. 코틀린이 어떤 방식으로 안전망을 제공하는지 확인해 보자.

인터페이스와 다르게, 코틀린의 클래스는 디폴트가 final이다. 이 뜻은 우리가 클래스로부터 상속을 받을 수 없다는 이야기이다. open이라고 명시되어있는 클래스로부터만 상속을 받을 수 있다. 자식 클래스는 open으로 명시한 열려있는 클래스의 열려있는 메소드만 오버라이드할 수 있고, 자식 클래스에선 override라고 명시를 해줘야 한다. 즉, open이나 override으로 명시 되어 있지 않은 메소드는 오버라이드가 불가능하다. 또한, 메소드를 오버라이드할 때 final override를 명시하면 이후 서브 클래스가 해당 메소드를 오버라이드하는 걸 방지할 수 있다.

속성도 오버라이드 할 수 있다. 클래스 내부에 정의된 속성과 생성자에 정의된 속성 모두 오 버라이드 가능하다. val로 정의된 속성은 오버라이드할 때 val과 var 모두를 사용해서 오버 라이드 가능하지만 var로 정의된 속성은 var로만 오버라이드 할 수 있다. 왜냐하면 val은 getter만 가지고 있고, 자식 클래스에서 var로 오버라이드를 하면서 setter를 생성할 수 있 지만 베이스 클래스에서 var로 생성한 속성을 val로 오버라이딩하면서 setter를 제거할 수 는 없기 때문이다.

이런 모든 콘셉트들은 다음 예제에서 나타날 것이다. Vehicle 클래스는 open이라고 명시되 어있기 때문에 베이스 클래스로서 사용될 수 있다.

[코드 Inheritance/inheritance.kts]

```
open class Vehicle(val year: Int, open var color: String) {
  open val km = 0
  final override fun toString() = "year: $year, Color: $color, KM: $km"
  fun repaint(newColor: String) {
    color = newColor
  }
}
```

Vehicle 클래스는 생성자에서 2개의 파라미터를 받는다. 첫 번째 파라미터는 Vehicle 클 래스의 자식 클래스에서 오버라이드될 수 없다. 그리고 두 번째 파라미터는 open이라고 명시되어 있기 때문에 오버라이드될 수 있다. 속성 km 역시 자식 클래스에서 오버라이드할 수 있다. 이 클래스는 자기 자신의 베이스 클래스인 Any의 toString() 메소드를 오버라이드 했다. 하지만 이후에 더 이상 toString() 메소드를 오버라이드하지 못하도록 방지해놨다. repaint() 메소드는 open으로 명시되어 있지 않기 때문에 final이다.

이제 Vehicle 클래스의 자식 클래스를 만들어 보도록 하자.

[코드 Inheritance/inheritance.kts]

```
open class Car(year: Int, color: String) : Vehicle(year, color) {
  override var km: Int = 0
  set(value) {
    if (value < 1) {
      throw RuntimeException("can't set negative value")
    }
    field = value
  }
  fun drive(distance: Int) {
    km += distance
  }
}
```

Car 클래스는 Vehicle 클래스에서 파생되었다. 그리고 동시에 모든 확장된 클래스들과 마찬가지로 베이스 클래스로서 동작할 수 도 있다. Car의 생성자의 파라미터들은 Vehicle 클래스로 전달된다. 구현할 인터페이스를 명시받는 것과 마찬가지로 콜론(:) 뒤에 상속받을 클래스를 명시하여 상속을 표현한다. Java와는 다르게, 코틀린은 implements와 extends를 구분하지 않는다. 그냥 상속(inheritance)이라고 표현한다.

Car 클래스에 km 속성을 오버라이드하고 setter에서 0보다 큰 수만 받을 수 있도록 체크하는 로직을 넣었다. 그리고 체크를 통과한 숫자만 km 속성의 백킹 필드에 전달되도록 하였다. getter는 명시하지 않았다. 백킹 필드의 값은 요청되면 자동으로 리턴될 것이다. drive() 메소드는 Car의 km 속성을 수정하고, open으로 명시되지 않았기 때문에 final이 된다.

이제 Car의 인스턴스를 만들어서 Car 클래스의 동작을 공부해보자.

[코드 inheritance/inheritance.kts]

```
val car = Car(2019, "Orange")
println(car.year) // 2019
```

```
println(car.color) // Orange
car.drive(10)
println(car) // year: 2019, Color: Orange, KM: 10
try {
  car.drive(-30)
} catch(ex: RuntimeException) {
  println(ex.message) // can't set negative value
}
```

Car의 인스턴스는 year와 color 속성의 값을 전달받는다. 두 속성 모두 베이스 클래스로 전달되고 베이스 클래스에 저장된다. drive() 메소드가 처음으로 호출될 때 Car의 km 속성이 변경된다. Vehicle의 속성이 변경되는 것이 아니다. km의 값은 println(car)에 의해서 호출된 toString() 메소드에 의해서 표시되게 된다. toString() 메소드가 Car가 아니고 Vehicle에 있지만 km 속성은 toString() 메소드에서 접근이 가능하다. 오버라이드된 Car의 구현이 다형성으로 사용되었기 때문이다. 두 번째로 호출한 drive()는 km 속성에 전달한 값이 1보다 작기 때문에 실패한다.

Car 클래스를 부모로 자식 클래스를 생성할 수도 있다. FamilyCar 클래스는 Car 클래스를 확장한 클래스이다.

[코드 inheritance/inheritance.kts]

```
class FamilyCar(year: Int, color: String) : Car(year, color) {
  override var color: String
  get() = super.color
  set(value) {
    if (value.isEmpty()) {
      throw RuntimeException("Color required")
    }
    super.color = value
  }
}
```

값을 백킹 필드에 가지고 있는 Car의 km 속성과는 다르게 FamilyCar 클래스는 color의 값을 저장하지 않는다. 대신 getter와 setter를 모두 오버라이드해서 getter와 setter 메소드를 이용해서 베이스 클래스의 속성에 값을 가지고 오고, 저장도 한다. Car 클래스가 color를 오버라이드하지 않았기 때문에, FamilyCar 클래스의 color는 Vehicle 클래스의 속성을 사용한다. 하지만 set에 전달된 value가 empty인 경우엔 오버라이드된 setter에 의해서 변경이 허용되지 않는다.

FamilyCar 클래스의 생성자는 전달받은 값들을 베이스 클래스로 보낸다. 하지만 FamilyCar 클래스의 getter와 setter가 다형성에 의해 적절하게 사용될 것이다.

FamilyCar 클래스의 인스턴스를 사용해서 어떻게 동작하는지 알아보자.

[코드 inheritance/inheritance.kts]

```
val familyCar = FamilyCar(2019, "Green")
println(familyCar.color) //Green
try {
  familyCar.repaint("")
} catch(ex: RuntimeException) {
  println(ex.message) // Color required
}
```

---

color는 Vehicle 안에 저장되어있지만, FamilyCar의 인스턴스가 속성의 값을 검증하고, color의 값이 비어있는 경우를 허용하지 않는다.

코틀린이 합리적인 제약사항을 만들어놨지만, 오버라이딩을 할 때 접근 권한에 관한 제약사항이 좀 더 관대하고 느슨하게 만들 수 있다. 예를 들어 private이나 protected 멤버를 자식 클래스에서는 public으로 만들 수 있다. 하지만 베이스 클래스의 public 멤버를 자식 클래스에서 protected로 만들 수는 없다.

지금까지 코틀린의 상속을 확인했다. open인 클래스라면 모두 베이스 클래스가 될 수 있다. 가끔은 자식 클래스를 일부 선택된 클래스로 제한할 수 있다. 코틀린은 이를 위해서 sealed 클래스를 제공한다.

8-4 씰드 클래스

코틀린의 한쪽 극단에 final 클래스가 존재한다. final 클래스란 open으로 표기되어 있지 않아서 자식클래스가 하나도 없는 클래스를 의미한다. 그리고 반대 극단엔 open과 abstract 클래스가 있다. open과 abstract 클래스에서 어떤 클래스가 상속을 받았는지는 전혀 알 수 없다. 클래스를 만들 때 작성자가 지정한 몇몇 클래스에만 상속할 수 있도록 하는 중간 영역이 있다면 좋지 않을까.

코틀린의 sealed 클래스는 동일한 파일에 작성된 다른 클래스들에 확장이 허용되지만 그 외의 클래스들은 확장할 수 없는 클래스이다.

아래는 sealed 클래스인 Card이다. Card.kt 파일에 존재하는 몇몇 클래스들은 Card로부터 상속받을 수 있다.

[코드 inheritance/Card.kt]

```kotlin
sealed class Card(val suit: String)
class Ace(suit: String) : Card(suit)
class King(suit: String) : Card(suit) {
  override fun toString() = "King of $suit"
}
class Queen(suit: String) : Card(suit) {
  override fun toString() = "Queen of $suit"
}
class Jack(suit: String) : Card(suit) {
  override fun toString() = "Jack of $suit"
}
class Pip(suit: String, val number: Int) : Card(suit) {
  init {
    if (number < 2 || number > 10) {
      throw RuntimeException("Pip has to be between 2 and 10")
    }
  }
}
```

sealed 클래스의 생성자는 private이 표기되지 않았지만 private으로 취급된다. Ace같은 sealed 클래스의 자식 클래스는 여러 개의 인스턴스를 생성할 수 있고, 상태(속성)를 가질 수 있고, 메소드를 가질 수 있다. 자식 클래스는 sealed 클래스의 싱글톤 객체가 될 수 있다. 이 예제에서는 Card는 5개의 자식 클래스만 가지고 있다. 다른 파일에서 Card를 상속받으려고 한다면 컴파일에 실패할 것이다.

sealed 클래스의 생성자는 private으로 취급되기 때문에 이 클래스로부터 객체를 인스턴스화 할 수 없다. 하지만 sealed 클래스로부터 상속받은 클래스의 생성자를 private으로 명시하지 않으면 상속받은 클래스를 통해서 객체를 생성할 수 있다. Card의 자식 클래스의 인스턴스를 만들어보자.

```kotlin
fun process(card: Card) = when (card) {
  is Ace -> "${card.javaClass.name} of ${card.suit}"
  is King, is Queen, is Jack -> "$card"
  is Pip -> "${card.number} of ${card.suit}"
}
fun main() {
  println(process(Ace("Diamond"))) // Ace of Diamond
  println(process(Queen("Clubs"))) // Queen of Clubs
  println(process(Pip("Spades", 2))) // 2 of Spades
  println(process(Pip("Hearts", 6))) // 6 of Hearts
}
```

sealed 클래스의 자식 클래스의 인스턴스 생성은 간단하다. 하지만 when 표현식을 사용할 때 else를 사용하면 안 된다. 만일 when에 sealed 클래스의 자식 클래스가 어떤 타입이어도 속할 수 있는 조건이 있을 때 else를 사용한다면 else는 절대 사용되지 않는다는 경고가 나타난다. 만약 when에 자식 클래스가 속할 수 있는 조건이 누락된 경우 컴파일러가 else 조건을 추가하라는 제안을 하게 된다. 혹은 컴파일러가 제안하지 않더라도 직접 else를 추가하는 경우도 있다. 컴파일러가 else를 추가하는 것을 제안하더라도 절대 추가해서는 안된다. 물론 그렇다고 컴파일러가 생성하는 모든 경고를 무시하라는 말은 아니다. 만약에 else를 추가하면 나중에 새로운 sealed 클래스가 추가되었을 때 새로운 케이스가 처리되지 않았음을 알리는 컴파일 오류가 나타나지 않고, 프로그램이 의도되지 않은 코드를 실행하게 될 수도 있다.

Sealed 클래스의 파생 클래스로는 많은 인스턴스를 만들 수 있다. 하지만 enum이라는 특별한 케이스가 있다. enum은 인스턴스의 숫자를 서브 클래스 하나당 한 개씩으로 제한한다.

8-5 Enum의 생성과 사용

이전 예제에서 우리는 suit를 표현하기 위해서 String을 사용했다. 하지만 그런 코드는 약간 냄새가 난다. suit를 위한 값은 정해져 있다. Suit를 sealed 클래스로 만들고 suit에 허용될 값을 가지고 있는 파생 클래스를 만들 수도 있다. 사실 suit는 4가지 값만을 가지게 되고, 짧게 말하자면, 이 경우 클래스가 필요없다. 단순하게 4개의 인스턴스만 있으면 된다. Enum 클래스가 이런 문제를 우아하게 해결해 준다.

아래는 suit 속성을 String 대신 enum을 이용하도록 변경한 코드이다.

[코드 inheritance/CardWithEnum.kt]

```kotlin
enum class Suit { CLUBS, DIAMONDS, HEARTS, SPADES }
sealed class Card(val suit: Suit)
class Ace(suit: Suit) : Card(suit)
class King(suit: Suit) : Card(suit) {
  override fun toString() = "King of $suit"
}
//...
```

생성자에 String을 전달하지 않고 enum 클래스인 Suit를 전달한다.

[코드 inheritance/UseCardWithEnum.kt]

```kotlin
println(process(Ace(Suit.DIAMONDS)))   // Ace of DIAMONDS
println(process(Queen(Suit.CLUBS)))    // Queen of CLUBS
println(process(Pip(Suit.SPADES, 2)))  // 2 of SPADES
println(process(Pip(Suit.HEARTS, 6)))  // 6 of HEARTS
```

Suit.DIAMONDS가 표현하고 있는 것은 Suit 클래스의 인스턴스이고, enum 클래스의 static 속성을 참조한다. enum은 열거형 값을 만드는 데 적합할 뿐만 아니라, enum을 커스터마이즈 해서 쉽게 enum의 값들을 반복할 수도 있다.

String이 주어지면 valueOf() 메소드를 이용해서 해당하는 enum 인스턴스를 얻을 수 있다.

[코드 inheritance/iteratesuit.kts]

```kotlin
val diamonds = Suit.valueOf("DIAMONDS")
```

valueOf()에 전달된 String과 매치되는 값이 해당 enum 클래스에 없다면 실행 시간 예외가 발생한다. Enum 클래스를 이용해서 enum이 가진 값들을 반복할 수 있다.

[코드 inheritance/iteratesuit.kts]

```kotlin
for (suit in Suit.values()) {
  println("${suit.name} -- ${suit.ordinal}") //CLUBS -- 0, etc.
}
```

values() 메소드는 enum 클래스의 인스턴스의 모든 값을 배열로 제공해 준다. enum 인스턴스의 name과 ordinal(순서) 속성이 이름과 인스턴스에 정의된 인덱스로 리턴된다.

enum 클래스는 상태와 메소드를 가질 수 있다. enum으로 상태와 메소드로 정의할 때는 값이 끝나는 곳에 세미콜론을 이용해서 상태와 메소드를 분리시켜야 한다. 각각의 Suit enum에 symbol 속성을 추가하고 name과 symbol을 리턴하는 메소드를 만들어 보자.

[코드 inheritance/initlizeenum.kts]

```kotlin
enum class Suit(val symbol: Char) {
  CLUBS('\u2663'),
  DIAMONDS('\u2666'),
  HEARTS('\u2665') {
    override fun display() = "${super.display()} $symbol"
  },
  SPADES('\u2660');
  open fun display() = "$symbol $name"
}
```

enum 클래스인 Suit는 이제 Char 타입의 symbol 속성용 파라미터를 사용하게 된다. 그리고 display() 메소드가 name과 symbol을 리턴해 준다. display() 메소드를 추상적으로 정의했다면 각각의 suit의 값은 메소드를 구현해야 한다. 우리가 open 없이 display()를 정의했다면 어떤 suit의 값도 display()를 오버라이드할 수 없다. 여기서는 중간지점을 선택했다. 메소드를 오버라이드하길 원하는 suit엔 오버라이드를 하고 다른 suit에는 이미 구현된 메소드를 사용한다.

각각의 값 CLUBS, DIAMONDS 등은 적절한 유니코드 값을 생성자에 아규먼트로 전달한다. HEARTS는 당신이 생각한 것처럼 특별하다. HEART는 Suit의 인스턴스가 아니고 display() 메소드를 오버라이드하는 익명 내부 클래스다. 마지막 enum 값인 SPADES 뒤에서 세미콜론이 enum의 값이 끝났다는 것을 표시하고, 이제부터 enum 클래스의 속성과 메소드가 시작된다는 것을 알려준다.

동작의 변화를 보기 전에, Suit의 값을 반복해서 각 값의 display() 메소드를 호출해 보자.

[코드 inheritance/initlizeenum.kts]

```kotlin
for (suit in Suit.values()) {
  println(suit.display())
}
```

아래와 같은 결과가 나오고, 오버라이드한 HEARTS의 display() 역시 잘 호출되었다.

```
♣ CLUBS
♦ DIAMONDS
♥ HEARTS ♥
♠ SPADES
```

Suit의 인스턴스를 suit.javaClass로 확인해 보면 CLUBS, DIAMONDS, SPADES는 Suit의 인스턴스라고 나오지만 HEARTS는 Suit의 익명 내부 클래스의 인스턴스라고 나온다.

코틀린 컴파일러는 가능한 경우 enum 클래스의 인스턴스를 최소한으로 생성해 주고, 익명 내부 클래스가 필요한 경우엔 이 역시 생성 가능하다. 이와 관계없이 관리하기 쉽도록 잘 만들어진 코드를 생성하기 위해 타입 안정적인 방식으로 enum들을 사용하기도 한다.

정리

코틀린을 사용하면 Java보다 뛰어난 클래스 계층구조를 만들 수 있다. 인터페이스는 다른 언어들과 대부분 비슷하지만 정의하는 방식에서 차이가 있다. 코틀린은 default 키워드가 없고, 인터페이스에서도 static 메소드를 컴패니언 객체로 사용한다. 코틀린의 중첩 클래스와 내부 클래스는 Java의 중첩 클래스와 내부 클래스와 다르다. Java와 다르게 코틀린은 중첩 클래스와 내부 클래스 사이에 명확한 경계가 있어서 의도를 명확하게 할 수 있다. 클래스의 디폴트는 final이다. 모든 open 클래스가 전부 상속 가능한 것은 아니다. sealed 클래스를 사용하면 상속을 제한할 수 있다. 코틀린은 상속에 제약을 주고 있어 클래스가 의도치 않게 베이스 클래스로 사용되는 일은 없다. 이런 점이 개발자가 의도를 명확하게 하고, 안전하게 코드를 쓸 수 있도록 도와준다. 마지막으로 enum 클래스의 인스턴스는 static 멤버로 생성된다. 그리고 특정 값을 특별하게 만들어야 할 경우 익명 내부 클래스로 만들어 사용할 수 있다.

이와 관계없이 enum을 타입 세이프한 방식으로 사용할 수 있고, 관리하기 쉽도록 잘 만들어진 코드를 생성하기 위해 사용하기도 한다.

디자인 가이드라인은 종종 상속보다 델리게이션(delegation, 위임)을 사용해야 한다고 설명한다. 하지만 많은 객체지향 언어들이 델리게이션에 대해선 약간의 지원만 해준다. 코틀린은 개발자가 올바른 설계를 선택할 수 있도록 도와준다. 다음 챕터에서 우리는 코틀린의 델리게이션 기능에 대해 배운다.

Chapter

09

델리게이션을 통한 확장

상속과 델리게이션 모두 객체지향 프로그래밍의 디자인 방식이다. 두 방식 모두 클래스를 다른 클래스로부터 확장시킨다. 우리는 두 방식 사이에서 현명하게 선택을 해야 한다. 종종 개발자의 선택을 언어가 제한하는 경우가 있다. 다른 언어들이 한계를 보여도 코틀린은 두 방식 모두를 지원해 준다.

상속은 강력하고 자주 사용되기 때문에(베이스 클래스로부터 속성, 메소드, 구현체를 가지고 올 수 있다.) 강력하게 묶이고 수정할 수 없게 된다. 상속이 가능한 대부분의 언어는 클래스가 다른 베이스 클래스들 사이에서 선택을 할 권한을 주지 않는다. 일단 상속을 받으면, 클래스 귀속되어 버린다. 생물학적 부모를 바꿀 수 있는 선택권이 없는 것과 마찬가지다.

델리게이션은 상속보다는 유연하다. 객체는 객체 자신이 처리해야 할 일을 다른 클래스의 인스턴스에게 위임하거나 넘겨버릴 수 있다. 서로 다른 클래스의 인스턴스끼리 위임을 할 수 있다. 한 부모를 가진 형제가 다른 친구를 선택할 수 있는 것처럼

〈GoF의 디자인 패턴〉(프로텍미디어, 2015) 같은 설계론 책들은 가능한 경우라면 상속보다는 델리게이션을 사용하라고 조언해준다. 〈이펙티브 자바 3/E〉(인사이트, 2018) 역시 Java 프로그래머들에게 상속보다는 델리게이션을 사용할 것을 강하게 추천했다. 지금까지 Java에서 델리게이션보다는 상속을 통한 재사용을 많이 봐왔다. 왜냐하면 Java는 상속에 대해 많은 지원을 해줬지만 델리게이션에 대해서는 지원이 약하기 때문이다. 코틀린은 위에 언급한 서적들이 추천한 디자인 방식 중에서 델리게이션을 위한 기능들을 제공한다.

이번 챕터에서는 언제 상속이 아닌 델리게이션을 써야 하는지, 그것을 어떻게 사용하는지 배운다. 그리고 코틀린의 빌트인 델리게이션도 살펴본다. 배우는 것처럼 재미있는 일을 다른 사람에게 넘길 필요는 없다. 빨리 시작하자.

9-1 상속 대신 델리게이션을 써야 하는 상황

상속과 델리게이션은 둘 다 유용하다. 하지만 둘 중 하나가 다른 하나보다 유용한 경우엔 어떤 것을 사용할지 결정해야 한다. 상속은 객체지향 언어에서 흔하고, 많이 사용되는 최고의 기능이다. 델리게이션이 더 유연하지만, 많은 객체지향 언어들은 별로 지원을 안 해준다. 델리게이션을 사용하려면 상속을 사용하는 것에 비해 더 많은 노력이 필요하기 때문에 사용을 꺼리기도 한다. 코틀린은 델리게이션과 상속 모두를 지원하기 때문에 문제를 기반으로 적절한 해법을 선택하기만 하면 된다. 아래의 규칙은 상속과 델리게이션을 선택할 때 도움이 된다.

▶ 클래스의 객체가 다른 클래스의 객체가 들어갈 자리에 쓰여야 한다면 상속을 사용해라.
▶ 클래스의 객체가 단순히 다른 클래스의 객체를 사용만 해야 한다면 델리게이션을 사용해라.

다음 그림을 보면 두 가지 디자인 방식을 확인할 수 있다. Candidate 클래스는 왼쪽에서는 상속을 사용했고, 오른쪽에서는 델리게이션을 사용했다.

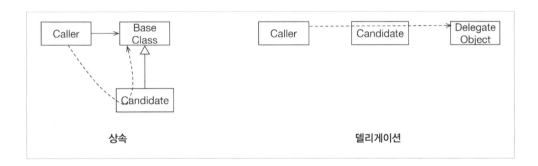

Candidate 클래스가 BaseClass를 상속 받을 때(왼쪽 그림) Candidate 클래스의 인스턴스는 내부에 BaseClass의 인스턴스를 같이 가지고 다닌다고 볼 수 있다. 베이스 인스턴스(BaseClass)는 자식클래스(Candidate)와 분리시킬 수 없을 뿐만 아니라 변경할 수도 없다. 컴파일 시간에 BaseClass의 인스턴스를 참조하고 있는 Caller는 실행 시간에는 Candidate의 인스턴스로 사용될 수도 있다. 우리는 이런 것을 정적 타입 객체지향 언어에서의 상속을 통한 다형성의 매력이라고 생각하고 사용한다. 하지만 베이스 클래스에서 상속받은 인스턴스를 자식 클래스에서 마음대로 바꾸려는 행동은 오류를 일으킬 수 있다. 〈클린 소프트웨어〉(제이펍, 2017)에서 설명된 리스코프 치환원칙(LSP)이 경고하듯 말이다. 문제는 자식 클래스에서 부모 클래스의 메소드를 오버라이드할 때 베이스 클래스의 외부 동작을 유지해야 한다는 것이다. 짧게 말해, 상속을 사용해 자식 클래스를 설계하면 엄청난 제약사항이 따른다.

`Candidate` 클래스가 `DelegateObject`로 델리게이션을 하면(오른쪽 그림) `Candidate` 클래스의 인스턴스는 델리게이션의 참조를 갖는다. 실제 델리게이션 클래스는 다양할 수 있다. Groovy, Ruby, JavaScript 같이 델리게이션을 지원하는 몇몇 언어에서는 실행 시간에 `Candidate` 인스턴스에서 위임되는 객체를 변경할 수도 있다. 상속과는 다르게 인스턴스들은 분리가 가능하고, 그 덕분에 엄청난 유연성을 가지게 된다. `Caller`는 `Candidate`에게 요청을 보내고, `Candidate`는 적절하게 해당 요청을 한다.

이런 두 가지 뚜렷한 선택이 가능할 때, 개발자들은 두 가지 중에서 현명한 선택을 해야 한다. 클래스의 구현을 새로 하거나 한 클래스의 인스턴스를 '개는 동물이다'와 같이 포함 관계에 있는 다른 클래스로 대체할 때 상속을 사용하라. 오직 다른 객체의 구현을 재사용하는 경우라면 델리게이션을 사용하라. 예를 들자면 `Manager`는 `Assistant`를 가지고 있고, `Assistant`에게 일을 넘긴다.

델리게이션이 적절한 설계일 때 Java 같은 언어를 사용하면 많은 코드를 중복 작성해야 한다. 중복코드 작성은 관리하기 어려운 너무 과한 코드를 만들어낸다. 코틀린은 델리게이션을 사용할 때 더 좋은 선언적인 접근 방식을 사용한다. 개발자는 편리하게 의도를 전달하고, 컴파일러는 필요한 코드를 생성하여 실행시킨다.

9-2 델리게이션을 사용한 디자인

이전 챕터에서 우리는 코틀린이 제공해 주는 상속이 Java와는 어떻게 다르고, 더 안전한지 보았다. 이와 비슷하게 코틀린은 델리게이션도 Java보다 더 잘 지원하고 있다. 델리게이션 문법을 배우기 전에, 상속이 아닌 델리게이션을 쓰는 이유를 더 잘 이해하기 위해서 상속을 이용해서 작은 문제를 디자인해보자. 지금부터 상속이 방해 요소로 변하는 시점과 문제 해결을 위해 델리게이션을 사용하는 이유를 알아볼 것이다. 그 후 코틀린에서 델리게이션을 사용해 디자인하는 법을 살펴보도록 하자.

디자인적 문제점

기업의 소프트웨어 프로젝트를 시뮬레이션하는 어플리케이션을 만들어 보자. 우선 일을 할 작업자가 필요하다. Worker 인터페이스를 만들자.

[코드 delegation/version1/project.kts]

```
interface Worker {
  fun work()
  fun takeVacation()
}
```

작업자는 두 개의 일을 할 수 있다. 첫째 일을 한다. 둘째 가끔 휴가를 떠난다. Worker중에서도 각각의 언어에 특화된 JavaProgrammer와 CSharpProgrammer 두 개의 클래스를 구현해 보자. 폴리글랏(polyglot, 다양한 언어로 코드를 작성하는 개념)이란 개념은 이 회사에 아직 안 들어 왔다고 생각하자.

[코드 delegation/version1/project.kts]

```
class JavaProgrammer : Worker {
  override fun work() = println("...write Java...")
  override fun takeVacation() = println("...code at the beach...")
}
class CSharpProgrammer : Worker {
  override fun work() = println("...write C#...")
  override fun takeVacation() = println("...branch at the ranch...")
}
```

프로그래머들은 각자 맡은 일을 한다. work() 메소드는 각 클래스에 기반해 작동하고, 그들은 근로기준법에 따라 휴가를 간다.

회사에는 팀을 관리하기 위한 소프트웨어 개발 매니저가 필요하다. 해당 클래스를 만들어 보자.

[코드 delegation/version1/project.kts]

```
class Manager
```

Manager 클래스는 아주 작고, 빠르고, 효율적이며, 코드에 쓰여있듯이 아무 일도 하지 않는다. 매니저 인스턴스에서 work()를 호출해봐야 아무 의미 없다. Manager에 로직을 넣기 위해 디자인을 해야 하는데, 이것은 쉬운 일이 아니다.

잘못된 경로로의 상속

이제 Worker에 대한 인터페이스가 있고, 해당 인터페이스를 이용해 구현한 JavaProgrammer 클래스와 CSharpProgrammer 클래스가 있다. 이제 Manager 클래스에 집중해 보도록 하자. 회사는 프로젝트를 실행하고, 전달하기 위해 Manager에 의존할 것이다. Manager는 프로그래머에게 일을 시킬 것이다. 가장 단순한 형태로 만들어보자면, Manager가 work()를 호출하기 위해선 Worker 내의 구현을 실행하면 된다. 이를 위한 방법 중 하나는 상속을 사용하는 것이다. Java에선 주로 상속을 사용한다. Manager를 JavaProgrammer에서 상속받으면 Manager 클래스에서 구현을 다시 작성할 필요가 없다. 그리고 이런 점에서 상속이 매력적이다. 그러니 상속으로 디자인해 보자.

첫 번째 단계로 JavaProgrammer 클래스에 open 표기를 사용한다.

[코드 delegation/version2/project.kts]

```
open class JavaProgrammer : Worker {
```

그리고 Manager 클래스를 JavaProgrammer로부터 상속받겠다.

[코드 delegation/version2/project.kts]

```
class Manager : JavaProgrammer()
```

이제 Manager 인스턴스에서 work()를 사용할 수 있다.

[코드 delegation/version2/project.kts]

```
val doe = Manager()
doe.work() //...write Java...
```

잘 동작한다. 하지만 이 디자인에는 문제점이 존재한다. Manager 클래스는 JavaProgrammer 클래스에 갇혀버리게 된다.

이제 Manager에서는 CSharpProgrammer 클래스가 (혹은 나중에 Worker를 이용해 만들어질 또 다른 클래스가) 제공하는 구현을 사용할 수 없다. 불공평하지 않은가. 하지만 이게 상속의 결과다. 이번에는 상속의 또 다른 예상치 못한 결과인 대체 가능성에 대해 살펴보도록 하겠다.

우리는 Manager가 JavaProgrammer나 특정 언어의 프로그래머라고 얘기한 적이 없다. 하지만 안타깝게도 상속이 그렇게 만들어버렸다.

[코드 delegation/version2/project.kts]

```
val coder: JavaProgrammer = doe
```

의도된 디자인은 아니지만, 막을 방도가 없다. 원래 우리가 의도했던 바는 JavaProgrammer 뿐만 아니라 작업을 맡길 수 있는 모든 Worker에게 Manager가 의존하는 것이다. 하지만 이건 상속이 아니라 델리게이션에서 가능하다. 우리는 Manager 인스턴스가 모든 종류의 Worker 인스턴스에게 일을 위임하게 만들길 원한다. 이것이 가능하도록 디자인해 보자. 그리고 어떻게 앞서 언급한 의도치 않은 동작을 발생시키지 않고 문제를 해결하는지 보자.

어려운 델리게이션

Java 같은 언어는 상속을 위한 문법을 가지고 있어도 델리게이션을 위한 문법은 없다. 아마 다른 객체를 참조할 수 있겠지만, 언어 차원에서 그런 디자인을 구현하는 부담을 모두 개발자에게 미뤄버릴 것이다.

델리게이션의 예제를 살펴보자. 비록 코드가 코틀린이지만 잠시 동안 Java에서 사용 가능한 기능만 사용해 보도록 하자. 아래의 코드는 Java에서 Manager가 Worker에게 델리게이션을 사용하는 방식을 코틀린 코드로 나타낸 것이다.

[코드 delegation/version3/project.kts]

```
class Manager(val worker: Worker) {
  fun work() = worker.work()
  fun takeVacation() = worker.work() // 그렇다. 쉬는 게 쉬는 게 아니다.
}
```

디자인의 질을 따지기 전에 변경한 Manager 클래스를 사용해보자.

```
val doe = Manager(JavaProgrammer())
doe.work() //...write Java...
```

Manager 인스턴스를 만든 후 JavaProgrammer 인스턴스를 생성자로 전달했다. 이런 디자인이 상속을 이용한 것보다 좋은 점은 Manager가 JavaProgrammer 클래스에 강하게 묶이지 않는다는 것이다. Manager의 생성자에 CSharpProgrammer 클래스의 인스턴스 혹은 Worker 인터페이스를 구현한 클래스의 인스턴스라면 어떤 인스턴스든 넘길 수 있다. 다르게 말하자면 Manager의 인스턴스는 JavaProgrammer, CSharpProgrammer 등 Worker 인터페이스를 구현한 클래스의 인스턴스에게 위임할 수 있다는 뜻이다.

이런 방식의 또 하나 좋은 점은 JavaProgrammer 클래스가 더 이상 상속을 해주지 않기 때문에 JavaProgrammer 클래스에 더 이상 open을 입력할 필요가 없다는 사실이다.

하지만 이런 디자인은 바람직하지 못하다. 코드가 장황할 뿐만 아니라, 소프트웨어 디자인의 기본사항 몇 가지도 어기고 있다. 이런 문제들에 대해서 한 번에 하나씩 이야기해 보자.

Manager 클래스 안에 work() 메소드를 구현했다. work() 메소드는 Manager의 인스턴스가 참조로 가지고 있는 Worker의 인스턴스를 호출하는 기능만 가지고 있다. takeVacation() 메소드도 동일하게 worker의 참조를 호출한다. Worker에게 더 많은 메소드가 있다고 생각해 보자. Manager에는 더 많은 호출 코드가 들어가야 할 것이다. 모든 호출 코드는 호출할 메소드명을 제외하고는 거의 비슷하다. 이는 〈실용주의 프로그래머〉(인사이트, 2014)에서 설명한 "DRY(Don't Repeat Yourself, 반복하지 말 것)" 원칙을 위반한다.

코드는 DRY 이외에도, 〈클린 소프트웨어〉(제이펍, 2017)에서 논의된 바 있는 버트란드 메이어(Bertrand Meyer)의 개방–폐쇄원칙(OCP, Open-Closed Principle)도 지키지 못했다. OCP란 소프트웨어의 모듈(클래스, 함수 등)은 확장에는 열려있어야 하고(Open for extension), 변경에는 닫혀있어야 한다(Closed from modification)는 원칙이다. 다시 말하면, 클래스를 확장하기 위해서 클래스를 변경하면 안 된다는 이야기이다. 슬프게도 지금 구현된 디자인이 Worker 인터페이스에 deploy() 메소드를 추가한다면 Manager가 해당 메소드를 위임하는 호출을 하기 위해 Manager 클래스도 변경하여 해당 메소드를 호출하는 메소드를 추가해야 한다. OCP 위반이다.

이런 문제로 인해 Java 개발자들은 델리게이션보다는 상속을 사용하려는 경향이 있다. 델리게이션에 이런 문제가 생긴 이유는 언어의 지원이 부족하기 때문이다. 반대로 상속은 지원을 아주 많이 받고 있다. 하지만 Manager는 JavaProgrammer가 아니다. 상속을 사용한 모델링도

LSP를 위반한다. 프로그래머들은 "해도 망하고 안해도 망하는" 상황에 빠지게 된다.

코틀린은 이런 문제를 해결하기 위해 언어 수준에서 델리게이션을 지원한다.

코틀린의 by 키워드를 사용한 델리게이션

이전 예제에서 Manager 클래스에 Worker 인터페이스로 요청을 위임하는 델리게이션을 구현했다. Manager의 바디는 중복된 메소드 호출과 DRY, OCP 원칙 위반으로 지저분해졌다. Java에서는 저런 코딩만이 유일한 방법이지만 코틀린에서는 개발자가 직접 손대지 않고도 컴파일러에게 코드를 요청(라우팅)하도록 할 수 있다. 그래서 Manager는 보스답게 번거로운 작업 없이 일을 맡길 수 있다.

이제 이 문제를 해결하게 해주는 코틀린의 가장 간단한 델리게이션을 시작해보자.

[코드 delegation/version4/project.kts]

```
class Manager() : Worker by JavaProgrammer()
```

이번 코드의 Manager는 어떤 메소드도 가지고 있지 않다. 코드를 작성하는 시점에 그렇다는 이야기이다. Manager는 JavaProgrammer를 이용해 Worker 인터페이스를 구현하고 있다. 코틀린 컴파일러는 Worker에 속하는 Manager 클래스의 메소드를 바이트코드 수준에서 구현하고, by 키워드 뒤에 나오는 JavaProgrammer 클래스의 인스턴스로 호출을 요청한다. 다시 말하자면 위 예제의 by 키워드가 컴파일 시간에 이전 예제에서 우리가 시간을 들여서 수동으로 구현했던 델리게이션을 대신 해준다.

코틀린의 by 키워드의 왼쪽에는 인터페이스가, 오른쪽엔 해당 인터페이스를 구현한 클래스가 필요하다.

새로운 Manager 클래스의 인스턴스를 만들어 보자.

[코드 delegation/version4/project.kts]

```
val doe = Manager()
doe.work() //...write Java...
```

Manager의 인스턴스를 만들고, 해당 인스턴스의 work() 메소드를 호출하기가 아주 쉽다.

언뜻 보기에 상속을 이용한 솔루션과 아주 비슷하게 보인다. 하지만 여기엔 몇 가지 주요한 차이점이 있다. 첫째, Manager 클래스는 JavaProgrammer 클래스를 상속받지 않는다. 상속을 이용한 솔루션에서 우리는 Manager의 인스턴스를 JavaProgrammer 타입의 참조가 필요한 곳에 사용할 수 있었다. 다행히도 그런 상황은 더 이상 발생하지 않으며, 아래와 같은 상황에서는 오류가 발생한다.

[코드 delegation/version4/projecterror.kts]

```
val coder: JavaProgrammer = doe //ERROR: type mismatch
```

둘째, 상속을 사용한 솔루션에서 work() 같은 메소드를 호출하는 것은 Manager 클래스에서는 구현되지 않았다. 대신 베이스 클래스로 요청을 넘겼다. 코틀린의 델리게이션을 사용하면, 컴파일러가 내부적으로 Manager 클래스에 메소드를 생성하고 요청(라우팅)을 한다. 사실상 우리가 doe.work()를 호출할 때, 우리는 Manager 클래스의 보이지 않는 메소드인 work()를 호출하는 격이다. 이 메소드는 코틀린 컴파일러에 의해서 합성되었고 델리게이션에게 호출을 요청한다. 이번 경우에는 클래스 선언 시 주어진 JavaProgrammer의 인스턴스에게 요청하게 된다.

위의 솔루션은 델리게이션의 가장 간단한 형태였다. 이제 이런 형태의 델리게이션이 갖는 제약사항과 그 해결책에 대해 살펴보도록 하자.

9-3 파라미터에 위임하기

이전 예제에서 Worker by JavaProgrammer()란 코드를 작성했다. 즉, Manager의 인스턴스가 명시적으로 생성된 JavaProgrammer의 인스턴스로 델리게이트를 한다. 하지만 이런 구현엔 두가지 이슈가 있다. 첫 번째, Manager 클래스의 인스턴스는 오직 JavaProgrammer의 인스턴스에만 요청할 수 있다. 다른 종류의 Worker 인터페이스를 구현한 클래스에게 요청이 불가능하다. 두 번째, Manager의 인스턴스는 델리게이션에 접근할 수 없다. 이 말의 뜻은 Manager 클래스 안에 다른 메소드를 작성하더라도 해당 메소드에서는 델리게이션에 접근할 수 없다는 의미이다. 이런 제약은 인스턴스를 생성하면서 델리게이션을 지정하지 않고 생성자에 델리게이션 파라미터를 전달함으로써 쉽게 해결 가능하다.

[코드 delegation/version5/project.kts]

```
class Manager(val staff: Worker) : Worker by staff {
  fun meeting() =
```

```
        println("organizing meeting with ${staff.javaClass.simpleName}")
    }
```

Manager 클래스의 생성자는 staff라는 파라미터를 받는다. staff는 val로 정의했기 때문에 속성이 된다. 만약에 val이 제거된다면 staff는 클래스의 속성이 아니고 그냥 파라미터로 남는다. val이 사용되든 안되든 상관없이 클래스는 staff 파라미터를 델리게이션으로 사용한다.

Manager 클래스의 meeting() 메소드에서 staff에 접근할 수 있다. 왜냐면 staff가 Manager 객체의 속성이기 때문이다. work() 같은 메소드를 호출하면 staff가 델리게이션이기 때문에 staff로 요청이 전달될 것이다. Manager 인스턴스 두 개를 생성해서 이런 동작들을 확인해 보자.

[코드 delegation/version5/project.kts]

```
val doe = Manager(CSharpProgrammer())
val roe = Manager(JavaProgrammer())
doe.work() //...write C#...
doe.meeting()//organizing meeting with CSharpProgrammer
roe.work() //...write Java...
roe.meeting()//organizing meeting with JavaProgrammer
```

첫 번째 Manager의 인스턴스는 CSharpProgrammer의 인스턴스를 전달받았고, 두 번째 Manager의 인스턴스는 JavaProgrammer의 인스턴스를 전달받았다. 이는 델리게이션이 유연하다는 것을 보여준다. 델리게이션은 JavaProgrammer 같은 하나의 클래스에 구속되지 않는다. Worker 인터페이스를 구현한 클래스를 모두 사용할 수 있다. 두 개의 Manager 인스턴스에 work() 메소드가 호출되면, 코틀린이 자동으로 연결된 델리게이션으로 요청을 전달한다. 그리고 Manager 인스턴스의 meeting() 메소드가 호출되면 Manager 인스턴스의 속성인 staff를 이용해서 요청을 한다.

9-4 메소드 충돌 관리

코틀린 컴파일러는 델리게이션에 사용되는 클래스마다 델리게이션 메소드를 위한 랩퍼를 만든다. 사용하는 클래스와 델리게이션 클래스에 동일한 이름과 시그니처가 있는 메소드가 있다면 어떻게 될까? 코틀린은 이런 충돌을 해결했다. 결과적으로 선택이 가능하고 델리게이션 클래스의 모든 메소드를 일일이 위임할 필요가 없다. 좀 더 살펴보기로 하자.

이전 예제에서 Worker 인터페이스는 takeVacation() 메소드를 가지고 있고, Manager 클래스는 해당 메소드를 델리게이션인 Worker에게 위임했다. 비록 이게 코틀린 델리게이션의 기본 동작이지만, Manager가 이를 순순히 받아들일리 없다. 매니저가 work()를 델리게이션 하는 건 당연한 일이지만 takeVacation()은 Manager 인스턴스에서 실행해야지 델리게이션해서는 안된다고 생각할 것이기 때문이다.

코틀린에서는 델리게이션을 이용하는 클래스가 델리게이션 클래스의 인터페이스를 구현해야 한다. 하지만 실제로는 인터페이스의 각 메소드를 모두 구현하지 않는다. 앞서 보았듯, Manager는 Worker 인터페이스를 구현하지만 work()나 takeVacation() 메소드를 실제로 구현하여 제공하지 않는다. 델리게이션 클래스의 모든 인터페이스를 위해서 코틀린 컴파일러가 랩퍼를 만든다. 하지만 델리게이션 클래스가 인터페이스의 메소드를 구현하지 않은 경우엔 델리게이션을 이용하는 클래스에서 메소드를 구현해야 한다. 델리게이션 클래스가 인터페이스의 메소드를 이미 구현한 상태에서 델리게이션을 이용하는 클래스에서 다시 메소드를 구현하려고 하는 경우엔 override 키워드를 사용해야 한다. 그렇게 하면 클래스에서 구현한 메소드에 우선순위가 생기고, 컴파일러는 랩퍼 메소드를 생성하지 않는다.

이런 행동을 확인하기 위해서 Manager 클래스에 takeVacation() 메소드를 구현해 보자.

[코드 delegation/version6/project.kts]

```
class Manager(val staff: Worker) : Worker by staff {
  override fun takeVacation() = println("of course")
}
```

override 키워드를 사용했기 때문에, 코드를 읽는 사람들은 해당 메소드가 어쩌다보니 델리게이션의 메소드와 같은 이름으로 생성된 게 아니라 인터페이스의 메소드를 구현했다는 사실을 명확하게 알 수 있다. 이것을 보고 코틀린 컴파일러는 takeVacation() 메소드의 랩퍼를 생성하지 않고 work() 메소드의 랩퍼만 생성할 것이다.

이번 버전 Manager 클래스의 인스턴스에서 인터페이스의 메소드를 사용해 보자.

[코드 delegation/version6/project.kts]

```
val doe = Manager(CSharpProgrammer())
doe.work() //...write C#...
doe.takeVacation() //of course
```

Manager 클래스의 인스턴스에서 work() 메소드를 사용하기 위해서 델리게이션으로 요청
이 넘어갔다. 하지만 takeVacation() 메소드를 사용할 땐 델리게이션에게 요청하지 않고
Manager에 구현된 메소드가 실행되었다. 코틀린은 메소드 충돌을 훌륭하게 해결해 인터페이
스의 특정 메소드를 델리게이션으로 요청하지 않도록 오버라이드 해준다.

지금까지의 예제에서 우리는 하나의 인터페이스를 구현하는 클래스의 델리게이션만 봤다. 클
래스는 여러 개의 인터페이스 역시 델리게이션할 수 있다. 만약에 인터페이스 사이에서 메소
드 충돌이 있다면 후보 클래스가 충돌된 메소드를 오버라이드해야 된다. 다음 예제에서 이런
행동을 확인해 보자. Worker 인터페이스에 메소드를 추가해 보자.

[코드 delegation/version7/project.kts]

```
interface Worker {
  fun work()
  fun takeVacation()
  fun fileTimeSheet() = println("Why? Really?")
}
```

새로운 메소드인 fileTimesheet()가 인터페이스 내부에 구현되었다. Worker 인터페이스를
구현하는 클래스들은 fileTimesheet() 메소드를 오버라이드하지 않고 바로 사용할 수 있다.

이번엔 새로운 인터페이스인 Assistant를 살펴보자.

[코드 delegation/version7/project.kts]

```
interface Assistant {
  fun doChores()
  fun fileTimeSheet() = println("No escape from that")
}
```

이 인터페이스는 두 개의 메소드를 가지고 있다. 한 개는 인터페이스 내부에 구현되어 있다.
아래는 Assistant 인터페이스를 구현한 클래스이다.

[코드 delegation/version7/project.kts]

```
class DepartmentAssistant : Assistant {
  override fun doChores() = println("routine stuff")
}
```

이제 두 인터페이스를 델리게이션해 보자.

[코드 delegation/version7/project.kts]

```
class Manager(val staff: Worker, val assistant: Assistant) :
  Worker by staff, Assistant by assistant {
  override fun takeVacation() = println("of course")
  override fun fileTimeSheet() {
    print("manually forwarding this...")
    assistant.fileTimeSheet()
  }
}
```

Manager 클래스는 이제 두 개의 속성이 주 생성자에 파라미터로 정의되었다. 두 개의 파라미터 모두 델리게이션 객체이다. 첫번째는 Worker 인터페이스의 델리게이션이고, 두번째는 Assistant 인터페이스의 델리게이션이다. 만약에 우리가 Manager 클래스에서 fileTimesheet() 메소드를 오버라이드하지 않았다면 두 인터페이스에 모두 포함되어 있는 fileTimesheet() 메소드의 충돌 때문에 컴파일 오류가 났을 것이다. 이 충돌을 해결하기 위해서 Manager 클래스에 이 메소드를 구현해야 한다.

이제 최신 버전의 Manager 클래스가 두 개의 델리게이션을 어떻게 사용하는지 확인해 보자.

[코드 delegation/version7/project.kts]

```
val doe = Manager(CSharpProgrammer(), DepartmentAssistant())
doe.work() //...write C#...
doe.takeVacation() //of course
doe.doChores() //routine stuff
doe.fileTimeSheet() //manually forwarding this...No escape from that
```

work() 메소드 호출은 Worker 인터페이스의 구현체에게 요청된다. takeVacation() 메소드는 델리게이션되지 않고 Manager 인스턴스에서 실행되었다. doChores() 메소드는 Assistant 인터페이스의 구현체로 요청되었다. 마지막으로 fileTimesheet() 메소드의 호출은 Manager 인스턴스에서 실행되었다. Manager 인스턴스가 fileTimesheet() 메소드의 호출을 가로챘기 때문에 Worker와 Assistant에 있는 메소드가 충돌하거나 임의의 메소드가 실행되는 것을 방지할 수 있었다. Manager 인스턴스는 수동으로 Worker에게 요청할지 혹은 Assistant에게 요청할지 아니면 둘 다에게 요청할지 결정할 수 있다. 이번엔 Manager가 요청을 가로채서 fileTimesheet() 메소드를 실행하고 수동으로 assistant 속성을 이용해서 Assistant 인터페이스에 요청을 위임했다.

코틀린이 델리게이션을 위해 제공하는 기능은 Java에서 부족했던 기능을 생각할 때 숨통을 트여줄 것이다. 하지만 델리게이션을 사용할 땐 몇 가지 주의해야 할 사항이 있다. 나중에 충격적인 상황을 맞이하는 것을 방지하기 위해서 이제 주의사항을 살펴보도록 하자.

9-5 델리게이션의 주의사항

지금까지 우리가 만든 예제에서 Manager는 JavaProgrammer의 인스턴스에게 델리게이션을 요청했다. 하지만 Manager의 참조는 JavaProgrammer의 참조에 할당될 수 없다. 이 말의 뜻은 Manager는 JavaProgrammer를 사용할 수 있지만 Manager를 JavaProgrammer로 사용할 수는 없다는 이야기이다. 다시 말하면 Manager는 JavaProgrammer를 가지고 있는 것이지 JavaProgrammer의 한 종류가 아니라는 뜻이다. 앞서 말한 바와 같이 델리게이션은 상속과 다르게 우연히 대체될 가능성이 없는 재사용성을 제공해 준다.

하지만, 코틀린이 델리게이션을 구현하는 데는 작은 결과물이 따른다. 델리게이션을 사용하는 클래스는 위임할 인터페이스를 구현해야 한다. 그래서 델리게이션을 사용하는 클래스를 참조하면 위임할 인터페이스의 참조에 할당될 수 있다. 비슷한 맥락으로 델리게이션을 사용하는 클래스의 참조가 위임할 인터페이스가 필요한 메소드에 전달될 수 있다. 즉, 다음과 같은 코드는 유효하지 않다.

```
val coder: JavaProgrammer = doe //ERROR: type mismatch
```

하지만 아래는 가능하다.

```
val employee: Worker = doe
```

이게 의미하는 바는 Manager가 Worker의 한 종류라는 뜻이다. 델리게이션의 진짜 목적은 Manager가 Worker를 이용하는 것이다. 하지만 코틀린의 델리게이션 구현의 부작용으로 Manager는 Worker로 취급된다.

속성을 델리게이션으로 이용할 때의 주의사항도 있다. 우리가 Worker 타입의 파라미터를

Manager의 생성자로 전달할 때 val을 사용했다. "2-3. var보다는 val을 선호"에서 왜 var 보다는 val을 사용했는지 논의했었다. 저기에서 말했던 권장사항이 이 케이스에도 유용하다. 우리가 델리게이션 속성 선언을 val에서 var로 변경하면 몇 가지 결과가 발생한다. 예제를 통해서 살펴보자.

아래의 예제는 우리가 사용할 예제의 전체 코드다.

[코드 delegation/version8/project.kts]

```
interface Worker {
  fun work()
  fun takeVacation()
  fun fileTimeSheet() = println("Why? Really?")
}
class JavaProgrammer : Worker {
  override fun work() = println("...write Java...")
  override fun takeVacation() = println("...code at the beach...")
}
class CSharpProgrammer : Worker {
  override fun work() = println("...write C#...")
  override fun takeVacation() = println("...branch at the ranch...")
}
class Manager(var staff: Worker) : Worker by staff
val doe = Manager(JavaProgrammer())
println("Staff is ${doe.staff.javaClass.simpleName}")
doe.work()
println("changing staff")
doe.staff = CSharpProgrammer()
println("Staff is ${doe.staff.javaClass.simpleName}")
doe.work()
```

Manager의 주 생성자는 staff란 이름의 델리게이션 속성을 뮤터블로 정의했다. 그리고 우리는 JavaProgrammer를 전달해서 doe 인스턴스를 만들었다. 그 다음에 doe 인스턴스의 staff 속성에 접근해서 타입을 확인하였다. 우리가 doe 인스턴스의 work() 메소드를 호출하면, 우리는 staff 속성을 통해서 JavaProgrammer의 work() 메소드가 호출될 것이라고 예상할 수 있다.

그리고 staff 속성을 CSharpProgrammer 클래스로 변경했다. 그 후 staff 속성이 JavaProgrammer가 아니고 CSharpProgrammer임을 확인하기 위해서 staff 속성이 참조하고

있는 객체의 타입을 확인했다. 마지막으로 work() 메소드를 호출했다. CSharpProgrammer와 JavaProgrammer의 work() 메소드 중 어떤 것이 호출되었을까?

다시 한 번 Manager의 정의를 살펴보도록 하자.

```
class Manager(var staff: Worker) : Worker by staff
```

델리게이션이 무엇인지 놓치기 쉽다. 가장 오른쪽에 있는 델리게이션은 속성이 아니라 파라미터이다. 선언에서 실제로 staff란 이름의 파라미터를 받은 후 staff란 이름의 멤버에 할당한다. 마치 this.staff = staff라고 한 것과 같다. 주어진 객체에는 두 개의 참조가 있다. 하나는 클래스 안에 백킹 필드로서 존재하는 참조, 또 하나는 델리게이션의 목적으로 존재하는 참조다. 우리가 CSharpProgrammer의 인스턴스로 속성을 변경했을 때 우리는 필드만 변경한 것이지 델리게이션의 참조를 변경한 것이 아니다. 그래서 아래와 같은 결과를 얻게 된다.

```
Staff is JavaProgrammer
...write Java...
changing staff
Staff is CSharpProgrammer
...write Java...
```

코틀린은 객체의 속성이 아닌 주 생성자에 보내진 파라미터로 델리게이션을 한다. 이런 행동은 미래에 변경될 것이다.

우리가 방금 사용한 코드에는 다른 문제도 발생한다. staff를 CSharpProgrammer의 인스턴스로 변경했을 때 원래 사용하던 JavaProgrammer의 인스턴스엔 더 이상 접근할 수 없어진다. 하지만 델리게이션이 JavaProgrammer의 인스턴스를 사용 중이기 때문에 가비지 콜렉터가 수집해 가지 않는다. 그래서 속성이 변경되더라도 델리게이션의 생명주기가 객체의 생명주기와 동일해진다.

이런 주의사항을 알고 있는 것이 개발자가 안전하게 델리게이션의 장점을 사용하는데 도움이 된다. 하지만 주의사항은 이뿐만이 아니다. 좀 더 자세히 알아보도록 하자.

9-6 변수와 속성 델리게이션

지금까지의 예제에서 우리는 클래스 수준의 델리게이션에 집중했다. 객체의 속성과 지역변수에 접근하기 위한 델리게이션 역시 설정하고, 사용할 수 있다.

속성이나 지역변수를 읽을 때, 코틀린 내부에서는 getValue() 함수를 호출한다. 이와 유사하게 속성이나 변수를 설정할 때 코틀린은 setValue() 함수를 호출한다. 객체의 델리게이션을 위의 두 메소드와 함께 제공함으로써 우리는 객체의 속성과 지역변수를 읽고 쓰는 요청을 가로챌 수 있다.

변수 델리게이션

우리는 지역변수의 읽기와 쓰기에 대한 접근을 모두 가로챌 수 있다 그리고 리턴되는 것을 변경할 수 있고 데이터를 언제, 어디에 저장하는지도 변경할 수 있다. 이런 기능을 묘사하기 위해서 String 변수에 대한 접근을 가로채는 커스텀 델리게이션을 만들어 보자.

우리가 유저의 코멘트를 받는 애플리케이션을 만든다고 가정해 보자. 유저가 입력하는 텍스트는 다른 유저들에게 보여져야 하기 때문에 정중해야 한다. 자, 이제 예의없는 단어인 "stupid"를 필터링하는 델리게이션을 작성해 보자.

아래의 스크립트는 필터가 없는 스크립트다.

```
println(comment)
comment = "This is stupid"
println(comment)
println("comment is of length: ${comment.length}")
```

이 스크립트를 실행하면 버릇없는 내용이 출력된다.

```
Some nice message
This is stupid
comment is of length: 14
```

우리의 목표는 "stupid"라는 단어를 변경하여 문장이 출력되었을 때 무례하지 않게 만드는 것이다. 이를 위해서 PoliteString이라는 클래스를 만들어 보자. 이 클래스의 getValue()와 setValue() 메소드는 스페셜 시그니처를 가지고 있다.

```kotlin
package com.agiledeveloper.delegates
import kotlin.reflect.KProperty
class PoliteString(var content: String) {
  operator fun getValue(thisRef: Any?, property: KProperty<*>) =
    content.replace("stupid", "s*****")
  operator fun setValue(thisRef: Any, property: KProperty<*>, value: String) {
    content = value
  }
}
```

PoliteString 클래스는 델리게이션으로만 작동하도록 되어있다. 코틀린에선 인터페이스를 구현할 필요도 없고 관습적인 코드도 없다. 단지 메소드만 있으면 된다. 델리게이션이 뮤터블한 속성이나 변수를 타깃으로 한다면 set 메소드도 요구할 것이다. 이 정도로 단순하다. 만약에 이런 메소드 시그니처에 대한 확신이 없다면 kotlin.properties.ReadOnlyProperty 와 kotlin.properties.ReadWriteProperty 인터페이스를 참고하면 된다. 이런 인터페이스를 구현할 필요는 없지만 getValue()와 setValue() 메소드가 위의 상징적인 인터페이스와 동일한 역할을 한다.

PoliteString 클래스는 content라는 뮤터블한 속성을 받는다. getValue() 함수에서 문제가 되는 단어를 정리하고 문자열을 반환해 준다. 메소드들은 operator 표기로 작성되어 "=" 기호를 get 또는 set에 사용할 수 있다.

이 코드들은 분리된 패키지에 있기 때문에 컴파일하여 jar 파일로 변환해서 사용해야 한다. 곧 컴파일하는 명령어를 확인할 예정이다. 이제 불손한 표현에 이 델리게이션을 이용해 보자.

[코드 delegation/politecomment.kts]

```kotlin
import com.agiledeveloper.delegates.PoliteString
var comment: String by PoliteString("Some nice message")
println(comment)
comment = "This is stupid"
println(comment)
println("comment is of length: ${comment.length}")
```

우리는 PoliteString을 임포트하고 comment 변수를 PoliteString을 사용하도록 변경했다. String이 PoliteString에 접근할 때 델리게이션을 사용한다.

아래는 이 예제를 컴파일하고 실행시키는 명령어다.

```
$ kotlinc-jvm com/agiledeveloper/delegates/PoliteString.kt -d polite.jar
$ kotlinc-jvm -classpath polite.jar -script politecomment.kts
```

이 코드의 결과에서 변경된 단어를 보여준다.

```
Some nice message
This is s*****
comment is of length: 14
```

위 예제에서 우리는 PoliteString의 인스턴스를 델리게이션으로 사용하기 위해서 넘겨주었다. 하지만 by 뒤에 나오는 클래스의 생성자를 호출하기보단 델리게이션 인스턴스를 리턴해주는 함수를 사용하길 원한다면 더 쉽게 할 수 있다. com.agiledeveloper.delegates 패키지의 PoliteString.kt 파일에서 top-level 함수를 사용해보자.

[코드 delegation/com/agiledeveloper/delegates/PoliteString.kt]

```
//이 함수는 PoliteString 클래스의 맨 마지막에 위치한다.
fun beingpolite(content: String) = PoliteString(content)
```

우리는 PoliteString 클래스 대신 이 함수를 사용할 수 있다.

```
import com.agiledeveloper.delegates.beingpolite
var comment: String by beingpolite("Some nice message")
```

우리는 무례한 말을 필터링하기 위해서 PoliteString 델리게이션을 향상시킬 수 있다. 그리고 예의 바른 표현을 사용해야 한다면 어디든지 변수를 델리게이션에 전달하여 목표를 이룰 수 있다.

속성 델리게이션

이전에 사용한 접근법으로 우리는 지역변수뿐만 아니라 객체의 속성에도 델리게이션 접근을 할 수 있다. 속성을 정의할 때 값을 할당하는 게 아니라 by를 사용하고 그 뒤에 델리게이션을 위치하면 된다. 다시 말하자면 델리게이션은 getValue()를 구현하는(읽기전용), 그리고 getValue()와 setValue()를 모두 사용하는(읽기-쓰기) 속성이라면 어떤 객체에서든 사용 가능하다.

다음 예제에서, 우리가 이전에 만든 PoliteString 델리게이션의 변형을 사용할 예정이다. 코멘트를 PoliteString에 저장하지 않고 기존 데이터에 저장한다.

코틀린 스탠다드 라이브러리의 디자인을 보면 Map과 MutableMap은 델리게이션을 사용할 수 있다. Map은 val 속성, MutableMap은 var 속성으로 사용할 수 있다. 사용할 수 있다. 왜냐하면 Map은 get() 메소드 외에도 getValue() 메소드도 가지고 있기 때문이다. 이와 유사하게 MutableMap 역시 set() 메소드 외에도 setValue() 메소드를 가지고 있다. 이번 예제에서 우리는 이 메소드들을 델리게이션으로 사용해 속성 접근을 다룬다.

일단 우리는 데이터 소스로 사용될 MutableMap에 comment의 값을 저장하기 위해서 PoliteString의 변형을 만든다.

[코드 delegation/postcomment.kts]

```
import kotlin.reflect.KProperty
import kotlin.collections.MutableMap
class PoliteString(val dataSource: MutableMap<String, Any>) {
  operator fun getValue(thisRef: Any?, property: KProperty<*>) =
    (dataSource[property.name] as? String)?.replace("stupid", "s*****") ?: ""
  operator fun setValue(thisRef: Any, property: KProperty<*>, value: String) {
    dataSource[property.name] = value
  }
}
```

String 파라미터를 받는 대신에 MutableMap<String, Any>를 받아서 comment의 값을 저장한다. getValue() 메소드 안에서 속성의 이름을 key로 사용해서 map에 있는 값을 리턴해 준다. 값이 존재한다면 쉽게 String으로 캐스팅하고 정리할 수 있다. 값이 없다면 빈 문자열을 리턴해 준다. setValue()에서는 값을 map에 저장하기만 한다.

이제 PostComment 클래스를 만든다. PostComment 클래스는 블로그 게시물의 comment를 나타낸다. PostComment의 속성은 로컬 필드에 저장하는 대신 map에 get/set 동작을 위임한다. 이제 코드를 살펴보고 논의해 보도록 하자.

```
class PostComment(dataSource: MutableMap<String, Any>) {
  val title: String by dataSource
  var likes: Int by dataSource
  val comment: String by PoliteString(dataSource)
  override fun toString() = "Title: $title Likes: $likes Comment: $comment"
}
```

주 생성자가 `MutableMap<String, Any>` 타입의 기존 데이터 `dataSource`를 파라미터로 받는다. `dataSource`는 이 클래스의 속성을 위임받아서 처리해 주는 델리게이션이다. `title`은 `String` 타입의 읽기전용 속성이고, `dataSource`에 위임된다. 이와 유사하게 `likes`는 `Int` 타입이고, 읽기전용 속성이다. 같은 객체인 `dataSource`에 위임된다. 하지만 `comment` 속성은 `PoliteString`에 위임된다. `PoliteString`은 동일한 `dataSource`에서 데이터가 저장되고 검색된다.

`PostComment`의 인스턴스의 속성인 `title`을 읽을 때, 코틀린은 델리게이션 `dataSource`에 속성 이름인 `title`을 전달하여 `dataSource` 속성의 `getValue()` 메소드를 실행한다. 따라서 `map`은 key인 `title`의 값이 존재할 경우 값을 리턴해 준다.

`likes` 속성을 읽어오는 동작은 `title` 속성을 읽어오는 동작과 유사하다. 하지만 `title`과는 다르게, `likes`는 뮤터블이다. `likes` 속성이 set될 때 코틀린은 델리게이션에 속성 이름인 `likes`와 set할 값을 전달하면서 `setValue()` 메소드를 실행시킨다. 이런 동작이 `MutableMap<String, Any>`인 `dataSource`에 있는 key가 `likes`인 곳에 값을 저장하는 결과로 나타난다.

`comment` 속성의 읽기와 쓰기는 각각 `PoliteString` 델리게이션의 `getValue()`와 `setValue()`을 호출한다. 이 위임을 통해서 `comment` 값을 `dataSource`에서 읽거나 `dataSource`에 저장한다.

이제 블로그 포스트 댓글의 샘플 데이터를 만들어 보자. 댓글들을 `MutableMap` 인스턴스의 리스트에 저장할 것이다.

```
val data = listOf(
  mutableMapOf(
    "title" to "Using Delegation",
```

```
      "likes" to 2,
      "comment" to "Keep it simple, stupid"),
    mutableMapOf(
      "title" to "Using Inheritance",
      "likes" to 1,
      "comment" to "Prefer Delegation where possible"))
```

이제 리스트의 데이터를 이용해서 PostComment의 인스턴스를 만들어보자.

[코드 delegation/postcomment.kts]

```
val forPost1 = PostComment(data[0])
val forPost2 = PostComment(data[1])
forPost1.likes++
println(forPost1)
println(forPost2)
```

PostComment의 인스턴스들은 MutableMaps의 얼굴과 같은 행동을 한다. PostComment가 모든 dataSource에 대한 접근을 위임해 준다. 아래는 위 코드의 출력이다.

```
Title: Using Delegation Likes: 3 Comment: Keep it simple, s*****
Title: Using Inheritance Likes: 1 Comment: Prefer Delegation where possible
```

객체 하나가 모든 속성을 위임할 필요는 없다. 여기에서 본 것처럼 객체는 속성을 다른 델리게이션들에게 위임할 수 있고, 내부적으로 필드를 저장하고 있을 수도 있다.

직접 델리게이션을 만드는 법을 확인해 보았다. 이제 코틀린 스탠다드 라이브러리에 저장되어 있는 빌트인 델리게이션을 확인해 보자.

9-7 빌트인 스탠다드 델리게이션

코틀린은 우리가 실제로 유용하게 사용할 만한 몇 가지 빌트인 델리게이션을 제공해 준다. 지연 델리게이션은 객체 생성이나 연산 실행이 실제 필요할 때까지 실행을 지연시켜주는 유용한 기능이다. observable 델리게이션은 속성의 값이 변하는 것을 지켜보게 해주는 유용한 기능이다. Vetoable 델리게이션은 기본 규칙이나 비즈니스 로직에 기반한 속성이 변경되는 것을 막아준다. 이번 섹션에선 이런 기능들을 살펴보자.

조금 게을러도 괜찮다

수십 년 전, 존 맥카시(John McCarthy)는 Boolean 로직에서 중복 계산을 제거하기 위한 단축 평가를 도입했다. 단축 평가란 지금까지 진행한 식의 평가가 결과를 도출하기에 충분할 경우 식의 실행을 건너뛰는 것을 말한다. 대부분의 프로그래밍 언어는 이 기능을 지원한다. 그리고 프로그래머들은 이런 접근의 효율성을 빠르게 배웠다. 지연 델리게이션은 이런 접근의 영역을 넓혀준다. 한 번 확인해 보자.

도시의 현재 온도를 얻을 수 있는 함수가 있다고 가정해보자. 아래의 구현은 일단 가짜 결과만 리턴해 준다.

[코트 delegation/shortcircuit.kts]

```
fun getTemperature(city: String): Double {
  println("fetch from webservice for $city")
  return 30.0
}
```

이 가상의 함수 getTemperature()는 웹 서비스에 원격 접속을 해야 하기 때문에 약간의 시간이 걸린다. 그리고 웹 서비스를 사용할 때 사용요금을 내야 한다. 따라서 가능하다면 호출을 안 하는 게 이득이다. 단축 평가는 자연스럽게 호출을 피한다. 예제를 보자.

[코드 delegation/shortcircuit.kts]

```
val showTemperature = false
val city = "Boulder"
if (showTemperature && getTemperature(city) > 20) //(nothing here)
  println("Warm")
else
  println("Nothing to report") //Nothing to report
```

showTemperature 변수의 값이 false이다. 단축 평가식 덕분에 getTemperature() 메소드는 생략된다. 아주 효율적이다. 작업의 결과가 사용되지 않는다면, 해당 작업을 하지 않는다.

하지만, 이 코드를 약간 리팩토링하면 효율성이 떨어져 버린다.

```
val temperature = getTemperature(city) //fetch from webservice
if (showTemperature && temperature > 20)
  println("Warm")
else
  println("Nothing to report") //Nothing to report
```

우리는 getTemperature()의 결과를 지역 임시변수에 저장했다 그리고 if문을 사용해서 결과를 평가했다. 하지만 이런 변화 때문에 오버헤드가 발생했다. 그리고 단축 평가 때문에 temperature 변수는 사용되지도 않았다. 이 얼마나 슬픈가.

왜 코틀린은 이런 호출을 피할 만큼 스마트하지 못한가? 하는 생각이 들 수도 있다. 왜냐하면 함수나 메소드를 호출했을 때 실행시키지 않고 스킵을 하면 스킵이 되지 않는 부작용을 일으킬 수도 때문이다. 단축 평가의 컨텍스트에선 실행이 스킵될 수 있다. 이유는 잘 알려진 프로그램의 행동 때문이다. 개발자들은 Boolean식의 단축 평가에 아주 익숙하다. 그리고 언어의 기능으로 Boolean식의 내부 식을 실행시킬지는 확실치 않다.

하지만 일부 독자는 Boolean식 외에도 실행을 스킵할 수 있는 방법이 있다는 이의를 제기할 수 있을 것 같다. 코틀린은 이런 독자들의 말을 수용했다. 개발자는 직접 컴파일러에게 식의 결과가 정말로 필요하기 전까지는 식을 실행하지 않도록 지연 연산을 요청할 수 있다. 식의 결과가 필요하지 않으면 식 전체를 스킵해 버린다.

이제 이전 코드를 지연 델리게이션을 사용하도록 수정해 보자. 그런데 Lazy 델리게이션 클래스를 직접 사용하는 대신 편리한 lazy 랩퍼 함수를 사용한다.

```
val temperature by lazy { getTemperature(city) }
if (showTemperature && temperature > 20) //(nothing here)
  println("Warm")
else
  println("Nothing to report") //Nothing to report
```

변수 temperature를 by 키워드를 사용해서 델리게이션 속성으로 변경했다. lazy 함수는 연산을 실행할 수 있는 람다 표현식을 아규먼트로 받는다. 그리고 필요한 순간에만 실행한다. 요청 즉시 실행하지 않는다. 람다 표현식의 연산은 변수의 값이 필요할 때만 수행된다. 변수의 값이 필요하기 전까지 실행은 연기되고, 영원히 실행되지 않을 가능성이 있다. 이번 예제에서는 영원히 실행되지 않는다.

우리가 showTemperature 변수의 값을 true로 변경한다면 getTemperature()가 실행된다. temperature가 정의되는 시점에서 실행되는 게 아니라 Boolean 값 평가 showTemperature 이후에 temperature > 20의 평가가 필요한 시점에서 실행이 된다.

일단 람다 표현식이 실행되면 델리게이션은 결과를 저장하고 있다가 미래에 요청이 있으면 저장된 값을 알려준다. 람다 표현식이 다시 실행되는 게 아니다.

lazy 함수는 기본적으로 람다 표현식의 실행과 동기화된다. 그래서 하나의 스레드만 실행된다. 만약에 멀티플 스레드에서 코드를 동시에 실행하는 게 안전한 경우 또는 안드로이드 UI 애플리케이션처럼 싱글 스레드만 쓸 수있는 경우라면 enum 타입인 LazyThreadSafetyMode 아규먼트를 lazy 함수로 전달해서 다른 종류의 동기화 옵션을 선택할 수 있다.

좀 게을러도 괜찮다. 게으름이 더 효율적인 것을 만들 것이다. 다음으로 변수의 값이 변하는 것을 관측하는 방법을 알아보자.

옵저버블 델리게이션

싱글톤 객체인 kotlin.properties.Delegates는 observable()이라는 편리한 함수를 가지고 있다. 이 함수는 연관된 변수나 속성의 변화를 가로채는 ReadWriteProperty 델리게이션을 만든다. 변화가 발생하면 델리게이션이 개발자가 observable() 함수에 등록한 이벤트 핸들러를 호출한다.

이벤트 핸들러는 속성, 이전 값, 새로운 값에 대한 메타데이터를 가지고 있는 KProperty 타입의 파라미터 3개를 받는다. 그리고 아무것도 리턴하지 않는다. Unit 혹은 void 함수인 것이다. 이제 옵저버블 델리게이션으로 변수를 만들어보자.

[코드 delegation/observe.kts]

```
import kotlin.properties.Delegates.observable
var count by observable(0) { property, oldValue, newValue ->
  println("Property: $property old: $oldValue: new: $newValue")
}
println("The value of count is: $count")
count++
println("The value of count is: $count")
```

```
count--
println("The value of count is: $count")
```

변수 count는 0으로 초기화되어 있다. 이 초기화는 observable() 함수의 첫 번째 인자로 들어가 있다. 두 번째 인자는 이벤트 핸들러로 사용될 람다 표현식이다. 이 표현식은 속성의 세부사항(변경 이전 값, 변경 이후 값)을 프린트해 준다. count를 증가시키는 연산이 이 이벤트 핸들러를 호출하게 될 것이다. 아래는 출력 결과이다.

```
The value of count is: 0
Property: var Observe.count: kotlin.Int old: 0: new: 1
The value of count is: 1
Property: var Observe.count: kotlin.Int old: 1: new: 0
The value of count is: 0
```

지역변수나 객체의 속성의 변화를 지켜보려고 한다면 옵저버블 델리게이션을 사용하라. 모니터링과 디버깅 목적으로 사용할 때 매우 유용하다. 지켜보기만 하는 게 아니라 변경을 허가할지, 불허할지를 결정하려면 vetoable 델리게이션을 사용하도록 하자.

거부권을 연습하자

리턴 타입이 Unit인 observable로 핸들러를 등록하는 것과는 다르게 vetoable 핸들러를 등록하면 Boolean 결과를 리턴받을 수 있다. true를 리턴한다면 변경을 허가한다는 뜻이고, false라면 변경을 불허하는 것이다.

observable()을 사용한 이전 코드를 vetoable()을 사용하도록 변경해 보자.

[코드 delegation/veto.kts]

```
import kotlin.properties.Delegates.vetoable
var count by vetoable(0) { _, oldValue, newValue -> newValue > oldValue }
println("The value of count is: $count")
count++
println("The value of count is: $count")
count--
println("The value of count is: $count")
```

이번 버전에서는 property 파라미터를 사용하지 않는다. 코틀린 컴파일러가 코틀린 컴파일러가 사용하지 않는 변수가 있다는 경고를 주는 것을 피하기 위해서 _를 해당 위치에 사용한다. 새로운 값이 이전 값보다 클 경우 람다 표현식이 true를 리턴하고 새로운 값이 이전 값보다 작거나 같을 경우 false를 리턴한다. 다시 말하면 count가 증가하는 경우만 허용된다는 뜻이다. 이 코드의 출력을 살펴보자.

```
The value of count is: 0
The value of count is: 1
The value of count is: 1
```

지역변수 또는 속성을 지켜보고 특정 규칙에 따라 변화를 허용하고 싶다면 vetoable 델리게이션을 사용하라.

정리

모범적인 사례들을 보면 상속보다는 델리게이션을 사용해야 한다고 제안한다. 하지만 객체지향 언어에서는 델리게이션에 대한 직접적인 지원이 부족해 델리게이션을 사용하기 어려웠다. 코틀린은 델리게이션을 이용해서 객체의 호출 기능과, 지역변수와 속성 모두에 액세스 하는 기능을 제공함으로써 이런 문제를 해결했다. by 키워드를 사용하면 getValue() 메소드와 setValue() 메소드를 구현한 모든 객체에 델리게이션을 사용할 수 있다. 이런 low-ceremony 기능을 사용하면 개발자가 쉽게 커스텀 델리게이션을 만들 수 있다. 개발자는 몇 가지 코틀린 스탠다드 라이브러리의 빌트인 스탠다드 델리게이션도 사용할 수 있다. 예를 들자면 지연 델리게이션 같은 게 있다.

멀티 패러다임 언어로서 코틀린은 지금까지 본 것과 같은 객체지향 언어에 관한 기능만 제공하는 게 아니다. 코틀린은 함수형 프로그래밍 역시 지원한다. 다음 챕터에서 함수형 스타일과 람다 표현식을 학습해 보자.

PART 03

함수형 코틀린

함수형 프로그래밍은 명령형 프로그래밍에 비해 덜 복잡하다. 함수형 코드는 문제의 설명처럼 읽을 수 있어 더 이해하기 쉽다. 함수에 함수를 전달하는 기능으로 우리는 코틀린의 객체 분해(object decomposition)와 함께 함수 분해(functional decomposition)도 사용할 수 있다.

이번 파트에서, 코틀린의 함수형 프로그래밍 기능에 초점을 맞출 것이다. 람다 표현식에 대해서 배울 것이다. 람다 표현식을 왜, 언제 사용하는지, 어떻게 표현력과 유연성을 높이면서 퍼포먼스를 유지하는지에 대해 배운다. 그리고 람다 표현식을 사용에 따르는 장점인 인터널 반복자, 시퀀스, 디자인 패턴을 배운다.

Chapter

10

람다를 사용한 함수형 프로그래밍

함수형 코드는 선언적이다. 개발자는 처리할 일에 집중할 수 있고 세부적인 방법은 함수의 라이브러리에 맡길 수 있다. 개발자가 처리할 일과 해결법을 모두 고려해야 하는 명령형 프로그래밍과는 대조적이다. 어플리케이션이 점점 복잡해지면서, 로직 처리를 직접 다루게 되면 코드가 매우 복잡해지게 되었다. 함수형 스타일은 본질적으로 복잡성이 낮다. 개발자는 적은 코드로 기능을 구현할 수 있을 뿐만 아니라 코드가 더 읽기 쉽고, 이해하기 쉽고, 유지보수하기 쉽게 만들 수 있다.

몇십 년동안 명령형 프로그래밍이 대세였다. Java같은 언어는 명령형 스타일과 객체지향 스타일의 조합을 제안했다. 객체지향 프로그래밍은 추상화와 캡슐화 개념에서 유용했다. 함수형 프로그래밍의 목적은 객체지향형 프로그래밍을 대체하려는 것이 아니다. 객체지향 프로그래밍은 복잡성을 크게 낮춰준다. 진짜 문제는 명령형 스타일이다. 이런 이유 때문에 Java가 최근에 점진적으로 함수형 스타일을 수용하고 있다. 이제 우리는 Java에서 명령형, 함수형, 객체지향 프로그래밍을 모두 할 수 있다. Java가 진화하는 동안 코틀린은 태생부터 명령형, 함수형, 객체지향형 패러다임을 지원한다.

이번 챕터에서 우리는 함수형 스타일의 장점을 배운다. 그리고 람다 표현식(줄여서 람다)을 만들고 사용하는 법, 람다를 짧게 쓰는 법 람다로 해야하는 것, 하면 안되는 것에 대해 배운다. 또, 렉시컬 스코핑과 람다가 필요한 곳에 메소드를 전달하는 법, 언제 람다 대신 익명 함수를 사용하는지도 배운다.

때때로 겉모습에 속을 수도 있다. 그리고 함수형 스타일은 조심히 사용하지 않으면 퍼포먼스가 안좋을 수 있다. 어떻게 퍼포먼스를 떨어뜨리지 않고 코드를 유연하고 표현력있게 만드는지도 배울 것이다.

10-1 함수형 스타일

함수형 프로그래밍은 아주 오래 전에 나왔다. 비록 함수형이 주류는 아니었지만, 요 몇 년 사이 인기를 얻고 있다. 먼저 함수형이 뭔지 알아본 다음에 왜 함수형 스타일이 중요한지 알아보자.

함수형 스타일이 뭐야?

"컴퓨터는 멍청하다. 모든 세부사항을 컴퓨터에게 일일이 말해줘야 한다." 10대인 필자의 아이가 프로그래밍을 배울 때마다 하는 말이다. 슬프게도, 모든 프로그래머는 컴퓨터에게 세부사항을 일일이 말해주느라 고통받았다. 이런 문제점을 개선하는 것이 올바른 방향이다. 함수형 프로그래밍은 좋은 솔루션이다.

명령형 프로그래밍에서 우리는 모든 단계를 직접 다뤘어야 했다. i라는 이름의 변수를 만들고, 0으로 초기화하고, i가 k보다 작은지 체크하는데... 작은 걸 체크하는 게 맞던가? 작거나 같은 걸 체크해야 했던가?

선언적 스타일은 개발자가 원하는 곳을 말하면 호출한 함수가 원하는 것을 처리해준다. 예를 들어서 우리 친구 Nemo가 names 리스트에 들어있는지 찾으려면, 명령형 스타일에서는 모든 요소들 순회하면서 찾아야 하지만, 선언적 스타일에서는 contains() 메소드를 호출하고, 빠르게 완료한다.

"이 메소드는 어떻게 작동하지?" 좋은 질문이다. 짧게 대답해주자면 "상관없어"라고 말할 수 있지만 좀 버릇없게 들린다. 다시 말해보자. "캡슐화되어 있어" 우리가 신경 쓸 필요 없다는 뜻이다. 하지만 프로그래머로써 우리에겐 이런 디테일이 중요하다는 것을 알고 있다.

명령형 스타일과의 차이점이라고 하면 명령형 스타일에서는 이런 세부사항들이 필요하든, 필요없든 상관없이 항상 눈앞에 있다. 선언적 스타일에서는 레이어 아래에 캡슐화 되어있다. 개발자는 중요하다고 생각하고 확인해 볼 필요가 있다면 디테일을 확인할 수 있고, 그게 아니면 더 이상 개발자를 귀찮게 하지 않는다.

함수형 스타일은 선언적 스타일에서 태어났다. 함수형 스타일은 선언적 스타일의 특성과 고차함수를 혼합해놨다. 우리는 함수에 객체를 전달하고 함수로부터 객체를 리턴받는데 익숙하다. 고차함수는 파라미터로써 함수를 전달받을 수 있고, 결과로써 함수를 리턴할 수 있다. 우리는 문제를 해결하고, 코드를 이해하기 쉽게 만들기 위해서 함수호출 체인(함수형 컴포지션이라고도 한다)을 만들 수 있다.

명령형 스타일은 대부분의 프로그래머에게 익숙하다. 하지만 명령형 스타일은 복잡하고, 읽기 어렵다. 이런 이유 중 하나는 변화하는 부분들이 너무 많기 때문이다. 아래의 작은 예제가 이런 문제점을 보여준다.

함수형 스타일 : 선언적 스타일 + 고차함수

[코드 lambdas/doubleofeven.kts]

```
var doubleOfEven = mutableListOf<Int>()
for (i in 1..10) {
  if (i % 2 == 0) {
    doubleOfEven.add(i * 2)
  }
}
```

1부터 10까지의 숫자 중에 짝수의 2배의 값을 계산하기 위해서, 우리는 일단 비어있는 뮤터블 리스트를 만든다. 그리고 1~10까지 값을 가지고 있는 콜렉션에서 값이 짝수인지 확인해서 골라낸다. 그리고 뮤터블 리스트에 짝수를 2배로 만들어서 추가한다.

함수형 프로그래밍은 프로그래머들에게 좀 덜 친숙하다. 하지만 매우 간결하다. 우리는 같은 일을 함수형으로 하기 위해서 `IntRange` 클래스의 `filter()`, `map()`같은 고차함수를 사용할 수 있다. 다음 예제에서 보이는 것처럼 람다를 함수에 전달할 수 있다. 일단 문법은 무시하고 컨셉에 집중하도록 하자. 문법에 대해선 곧 배우게 된다.

```
val doubleOfEven = (1..10)
  .filter { e -> e % 2 == 0}
  .map { e -> e * 2 }
println(doubleOfEven) //[4, 8, 12, 16, 20]
```

뮤터블 리스트를 만들고 값을 반복적으로 추가하는 대신 이 코드에서 로직의 흐름을 볼 수 있다. 1~10까지의 값들에서 짝수만을 필터링(혹은 선택)한다. 그리고 선택된 값들을 두 배로 만들어서 맵(혹은 트랜스폼)으로 만든다. 결과는 값들의 이뮤터블 리스트가 된다. 그리고 코드를 실행하는 동안 우리는 뮤터블한 변수를 하나도 사용하지 않았다. 이게 바로 변화하는 부분이 적다는 것이다.

함수형 스타일을 깊게 배우기 전에, 명령형과 비교했을 때 왜 그리고 언제 더 좋은 접근방법인지 논의해보자.

함수형 스타일은 왜, 언제 사용해야 하는가

선언적 스타일의 뿌리는 프로그래밍을 뛰어넘는 곳에 있다. 이 세상이 선언적 스타일을 포용하고 있기 때문이다.

예를 들어서, 자동차를 보자. 렌터카 회사가 어떤 차를 빌리고 싶은지 물어볼 때, 나는 이렇게 말한다. "바퀴가 4개인 거로 주세요". 수동 차량은 명령형 프로그래밍과 같다. 필자가 가끔 명령형 스타일을 사용하는건 볼 수 있을지 몰라도, 절대로 스틱 자동차를 운전하는 것은 볼 수 없을 것이다. 자동변속 차는 명령형 스타일에 유창함을 더한 것과 같다. 필자는 우버나 리프트를 애용한다. 운전자가 목적지에 데려다 주는 동안 뒷좌석에서 코드를 정리한다. 그리고 필자가 운전석에 앉으니 우버를 타야 세상이 더 안전해진다.

세상은 이제 자동운전 차량을 향해 가고 있다. 그래서 우리는 어디에 가는지 집중을 하지, 어떻게 목적지까지 가는지는 중요하게 생각하지 않는다. 프로그래밍의 세계도 비슷하다. 더 선언적인 방향으로 나아가고 있다. 우리는 이런 현상을 프레임워크와 라이브러리에서 볼 수 있다. 프레임워크와 라이브러리는 저레벨 API의 힘든 일을 제거하고 있다.

선언형 스타일의 한 종류인 함수형 스타일을 시작하면 아래와 같은 것을 깨달을 수 있다.

▶ 명령형 스타일은 익숙하다. 하지만 복잡하다. 익숙함 때문에 쓰기는 쉽지만 읽기가 매우 어렵다.

▶ 함수형 스타일은 좀 덜 친숙하다. 하지만 단순하다. 익숙하지 않기 때문에 작성하기는 어렵지만, 읽기가 쉽다.

일단 함수형이 편해지기 시작하면 명령형과 비교했을 때 덜 복잡하단 것을 볼 수 있다. 그리고 함수형 스타일의 코드를 동시에 만드는게 명령형 스타일의 코드를 동시에 만드는 것보다 쉽다. 함수형 스타일은 덜 복잡하고, 변경하기 쉽고, 동시 실행 시 안전하다.

함수형 스타일은 덜 복잡하다. 하지만 매번 함수형을 쓰는 게 명령형을 사용하는 것보다 좋은 것은 아니다. 함수형 스타일은 코드가 연산에 집중하고 있을 때 써야 한다. 그러면 뮤터빌리티(변경가능성)와 그 부작용을 피할 수 있다. 그리고 일련의 변환으로 표현 가능한 문제에 대해서 사용해야 한다. 하지만 많은 입출력이 존재해 뮤테이션이나 부작용을 피할 수 없거나 코드가 많은 수의 예외를 처리해야 한다면 명령형 스타일이 더 좋은 선택이다. 이 문제에 대해서는 "Ch16. 비동기 프로그래밍"에서 다룬다.

이제 람다를 보도록 하자. 람다의 구조와 어떻게 람다를 만들고, 사용하는지를 확인해보자.

10-2 람다 표현식

몇 해 전, 한 컨퍼런스에서 람바다 표현식에 관해 강연을 해줄 수 있는지 요청해왔다. 물론 람바다 춤도 표현의 한 방법이다. 하지만 춤에 대한 강연을 하기엔 내 실력이 모자랐다. 그래서 대신 람다 표현식에 대해 강연하겠다고 제안했다. 람다 역시 표현의 한 방법이다. 람다는 쉽고, 표현력이 강하고, 우아하다.

람다는 고차함수에 아규먼트로 사용되는 짧은 함수이다. 함수에 데이터를 전달하는 대신 우리는 람다를 이용해서 실행 가능한 코드를 함수에 전달할 수 있다. 고차함수는 데이터를 이용해서 결정을 하거나 계산을 하는 대신 람다에게 결정이나 계산을 시킬 수 있다. 본질적으로 고기를 잡아주는게 아니고 고기를 잡는 법을 알려주는 것이다. 이제 람다에 대해 알아보자.

람다의 구조

람다 표현식은 이름이 없고 타입추론을 이용한 리턴 타입을 가지는 함수이다. 일반적으로 함수는 이름, 리턴 타입, 파라미터 리스트, 바디 4개 부분으로 나눌 수 있다. 람다는 필수적인 부분만 가지고 있다. 바로 파라미터 리스트와 바디 두 개다. 아래는 코틀린 람다의 문법이다.

```
{ parameter list -> body }
```

람다는 {}로 감싸져 있다. 바디는 화살표(→)를 이용해서 파라미터와 분리된다. 그리고 바디는 일반적으로 단일 명령문 혹은 단일식이다. 필요하다면 여러 줄이 될 수도 있다.

람다를 함수의 아규먼트 리스트로 전달할 때, 마지막 아규먼트가 아니라면 멀티라인 람다를 넘기는 것은 지양하는게 좋다. 왜냐하면 멀티라인 코드가 아규먼트 중간에 있다면 코드를 읽기 매우 어려워진다. 그러면 람다의 장점인 읽기 쉽고 표현력이 강한 점을 잃게 된다. 이런 경우엔 멀티라인 람다보다는 함수 레퍼런스를 사용해라. 함수 레퍼런스는 10-2의 "함수 참조 사용"에서 다룬다.

람다 전달

시간과 노력을 들여서 함수형으로 사고하고 람다를 사용하는데 익숙해지도록 하자. 문제가 주어지면 우리는 변화하는 단계들을 생각하고, 그 단계들 속에서 우리를 도와줄 함수를 찾아야 한다.

예를 들어서, 함수형 스타일로 주어진 숫자가 소수인지 아닌지를 알려주는 함수를 구현해보자. 일단 문제를 명확하게 하고, 코드로 짜보자. 숫자가 소수인지를 확인하는 가장 간단한 방법을 생각한다. 이 단계에서 최적화나 효율성을 중요하지 않다. 1보다 크고, 2와 자기 자신 사이에 나누어 떨어지는 수가 없다면 소수이다. 이제 다시 정의해보자. 숫자가 1보다 크고, 2와 n 사이에 나뉘어 떨어지는 숫자가 없으면 소수이다. 말로 풀어보니 함수형 코드가 보이는 거 같다.

```
fun isPrime(n: Int) = n > 1 && (2 until n).none({ i: Int -> n % i == 0 })
```

이제 이 코드에서 어떻게 람다가 파라미터로써 넘어가는지 논의해보자. 이 예제에서 함수형 스타일은 명령형만큼이나 효율적이다. 코드의 2 until n은 IntRange 클래스의 인스턴스를 리턴한다. IntRange 클래스는 none() 메소드를 2개의 오버로딩된 버전으로 가지고 있다. 그중 하나는 람다를 파라미터로 받는 고차함수이다. 레인지의 값을 람다식에 적용했을 때 그 중 하나라도 람다가 true를 리턴한다면 none() 함수는 false를 리턴한다. 반대의 경우는 true를 리턴한다. none() 함수는 단축 평가를 한다. 람다가 true를 리턴하는 경우 이후의 요소에 대해서는 평가를 진행하지 않고, none() 함수는 즉시 false를 리턴한다. 짧게 말하면 none() 함수는 나눠지는 수를 구하면 바로 반복문에서 빠져나온다. 함수형 코드인 none() 함수는 이 문제에는 명령형 코드와 비슷한 효율을 갖는다.

none() 함수로 전달된 람다의 파라미터 리스트는 파라미터 i의 타입을 Int로 지정한다. 코틀린이 파라미터에는 타입추론을 적용하지 않기 때문에 함수에 전달되는 각 파라미터의 타입이 필요하다는 사실은 이미 알고 있을 것이다. 하지만 코틀린은 람다의 파라미터에는 타입을 필요로 하지 않는다. 코틀린은 람다가 전달되 함수의 파라미터를 기반으로 타입을 추론할 수 있다. 예를 들면, none() 메소드의 시그니처 none(predicate:(Int) -> Boolean): Boolean 은 IntRange에서 none() 메소드가 호출될 때 Int 타입의 파라미터가 람다에 전달된다는 사실을 알려준다(실제 none() 메소드의 파라미터는 T이지만 현재는 컨텍스트상 Int가 된다). 그래서 우리는 람다의 파라미터리스트에서는 타입을 생략할 수 있다.

```
fun isPrime(n: Int) = n > 1 && (2 until n).none({ i -> n % i == 0 })
```

코드가 약간 덜 복잡해졌다. 하지만 우리는 여기서 한 발짝 더 나가야 한다. 우리가 사용하는 버전의 none()이 하나의 파라미터만 받기 때문에 괄호를 생략할 수 있다. 이런 점에 대해서는 "람다를 마지막 파라미터로 사용하기"에서 다룬다. 이제 none()에 전달되는 아규먼트의 ()를 제거해보자.

```
fun isPrime(n: Int) = n > 1 && (2 until n).none { i -> n % i == 0 }
```

타입과 괄호를 사용하지 않아도 되는 곳에서는 사용하지 말자. 그렇게 하면 손가락을 덜 움직여도 되고, 코드를 읽는 사람의 눈도 덜 움직여도 된다.

암시적 파라미터 사용

이전 예제의 i처럼 함수에 전달된 람다가 하나의 파라미터만 받는다면 파라미터 정의를 생략하고 it이라는 이름의 특별한 암시적 파라미터를 사용할 수 있다. none()에 전달된 람다를 it을 사용하도록 변경해보자.

```
fun isPrime(n: Int) = n > 1 && (2 until n).none { n % it == 0 }
```

파라미터를 하나만 취하는 짧은 람다를 쓸 때는 파라미터 정의와 화살표(->)를 생략하고 변수 이름으로 it을 사용하도록 하자. 이렇게 사용했을 때 발생하는 유일한 단점은 람다가 파라미터가 없는 람다인지 아니면 it을 사용하여 파라미터 하나를 취하는 람다인지 빠르게 파악하기 어렵다는 점뿐이다. 다시 말하자면, 람다가 매우 짧다면, 별로 걱정할만한 문제가 아니다. 그런데 긴 람다의 경우는 어떨까? 여러 줄로 이루어진 람다는 유지보수하기 매우 어렵기 때문에 사용을 가급적 피해야 한다.

람다 받기

지금까지 람다를 고차함수로 전달하는 방법을 봤다. 이제 람다를 파라미터로 받는 람다를 만들어보자. 아래의 함수는 Int와 람다를 하나씩 파라미터로 받는 함수이다. 이 함수는 1부터 전달받은 숫자까지 반복하면서 전달받은 람다를 범위 안에서 실행시킨다.

[코드 lambdas/iterate.kts]

```
fun walk1To(action: (Int) -> Unit, n: Int) =
  (1..n).forEach { action(it) }
```

코틀린에서 우리는 파라미터를 n: Int 라고 정의하는 것처럼 변수의 이름과 타입을 지정한다. 이런 형식은 람다 파라미터에서도 역시 사용된다. 이 예제에서, 첫 번째 파라미터의 이름은 action이다. Int처럼 간단한 타입을 사용하는 것 대신 함수로 선언되어있다. walk1To() 함수가 받는 함수(action)는 Int를 파라미터로 받고, 아무것도 리턴하지 않는다(리턴이 Unit이다). 변화된 문법(type list) -> output type이 사용되었다(위 예제에서는 (Int) -> Unit 으로 사용됨). 화살표 -> 의 왼쪽은 함수가 받을 인풋 타입을 나타내고, 화살표 ->의 오른쪽은 리턴 타입을 나타낸다.

이 함수를 람다 표현식과 Int, 두 개의 아규먼트를 전달해서 호출해보자.

```
walk1To({ i -> print(i) }, 5) //12345
```

첫 번째 아규먼트는 람다이다. 그리고 람다에 파라미터 타입은 Int로 추론되었다. 두 번째 아규먼트는 5다. 함수의 두 번째 파라미터의 타입이다.

이 코드는 동작한다. 하지만 약간 읽기 어렵다. 우리는 파라미터를 재정리해 함수를 향상시킬 수 있다.

람다를 마지막 파라미터로 사용하기

이전 예제에서 람다는 첫 번째 아규먼트였다. 하나 이상의 람다를 파라미터로 받는 함수에서는 드문 일이 아니다. 함수를 호출할 때 람다인 첫 번째 아규먼트를 두 번째 아규먼트와 구분하기 위해서 콤마를 사용했다. 두 아규먼트는 모두 () 안에 있다. 중괄호{}, 콤마, 괄호()는 모두 호출할 때 방해요소로 보인다. 그리고 첫 번째 아규먼트로 전달되는 람다가 한 줄 이상의 코드일 경우 코드는 훨씬 더 읽기 어려워진다. }, 5)가 분리된 라인의 끝에 걸려있게 된다. 이런 코드는 최소한 읽기가 즐겁지 않다.

코틀린은 한가지 양보를 하기로 했다. 람다가 마지막에 있는 경우엔 규칙을 좀 풀어주기로 했다. 매우 좋은 기능으로 코드를 간단하게 만들 수 있다. 이런 이유로 함수의 파라미터로 람다가 하나 이상 들어간다면 람다 파라미터를 맨 마지막에 사용하도록 하라.

이전 예제의 파라미터 위치를 다시 잡아보자.

```
fun walk1To(n: Int, action: (Int) -> Unit) = (1..n).forEach { action(it) }
```

변경한 이후에도 람다를 괄호 안에 넣을 수 있다. 하지만 두 번째 자리에 놔야 한다.

```
walk1To(5, { i -> print(i) })
```

더 잘 읽히게 바꿀 수도 있다. 콤마를 제거하고, 람다를 괄호 밖에 놓는다.

```
walk1To(5) { i -> print(i) }
```

이전 호출보다는 간단해보인다. 하지만 우리가 멀티라인 람다를 사용한다고 생각해보면 이런 변화가 의미가 있다. 어떤 느낌인지 보기 위해서 짧은 람다를 여러 라인으로 쪼개보자.

```
walk1To(5) {i ->
  print(i)
}
```

한 발자국 더 나아가서 i 대신 암시적 변수 it을 사용할 수도 있다. 이렇게 하면 한층 더 읽기 편해졌다.

```
walk1To(5) { print(it) }
```

이 예제에서 우리는 첫 번째 아규먼트 5를 괄호 안에 넣었다. 함수가 람다타입의 파라미터 하나만 받는다면 빈 괄호를 쓸 필요도 없다. 메소드 이름 뒤에 바로 람다를 사용할 수 있다. 이 방식은 이미 앞에서 none() 메소드를 사용할 때 확인했다.

함수 참조 사용

지금까지 코틀린이 가독성을 높이기 위해서 어떻게 규칙을 풀어줬는지를 확인했다. 하지만 람다를 패스스루로 사용하면 훨씬 더 읽기 편해진다.

이전 예제에서 사용한 filter(), map(), none()에 전달된 람다를 살펴보자. 각각의 함수들은 비교나 연산을 위해서 파라미터를 받았다. 예를 들자면 e * 2 같은게 있었다. 하지만 forEach()나 walk1To()같은 함수에 전달된 람다는 파라미터를 다른 함수로 전달하는 것 외에는 아무 동작도 하지 않는다. 람다는 forEach()에서 파라미터 i를 람다 action으로 전달해주었다. 유사하게 walk1To()에 전달된 람다에서 파라미터는 print()로 전달되기만 했다. 우리는 패스스루 람다를 파라미터가 전달될 함수의 이름으로 대체할 수 있다.

예를 들기 위해서, 아래의 코드를 보자.

```
({x -> someMethod(x) })
```

우리는 위 코드를 아래처럼 바꿀 수 있다.

```
(::someMethod)
```

만약에 다른 람다로 패스스루 된다면 ::는 필요없다. 이전 예제에 이 멋진 기능을 적용해보자. 적용하는 동안 함수 참조의 변화를 보기 위해서 예제를 좀 더 확장해보도록 하자.

첫째로 walk1to() 함수를 변경해야 한다. 우리는 forEach() 메소드에 action을 전달하는 람다를 교체할 수 있다. 아래와 같은 코드로 교체 가능하다.

```
fun walk1To(n: Int, action: (Int) -> Unit) = (1..n).forEach { action(it) }
```

우리가 읽을 땐 이렇게 읽는다.

```
fun walk1To(n: Int, action: (Int) -> Unit) = (1..n).forEach(action)
```

우리는 파라미터를 action으로 보내기만 하는 중개인을 제거했다. 아무런 가치도 더하지 않는 람다는 필요가 없다. 전반적으로 이해하기도 쉬워지고 작업도 줄어들며 작동 시간도 짧아진다.

이제 walk1To() 함수 호출을 할 때 람다를 제거할 수 있다. 하지만 action과는 다르게 함수 print()는 람다가 아니다. 그래서 이전의 람다에서 action을 대체한 것과는 다르게 람다를 print로 대체할 수는 없다. 함수가 람다에 적합하다면 함수이름 앞에 ::를 붙인다. 변화를 확실히 확인하기 위해서 walk1To() 함수를 람다로 호출해보고 함수 참조를 이용해서 호출해보기로 하자.

```
walk1To(5) { i -> print(i) }
walk1To(5, ::print)
```

이제, 우리가 파라미터를 System.out.println()으로 보낸다고 가정해보자. 람다는 함수 참조로 대체할 수 있다. 하지만 이번 경우엔 점()을 ::로 대체해야 한다. 예제를 살펴보도록 하자.

```
walk1To(5) { i -> System.out.println(i) }
```

위 코드를 아래처럼 변경할 수 있다.

```
walk1To(5, System.out::println)
```

println()은 System.out 인스턴스에서 호출되었다. 참조는 암시적 리시버인 this가 될 수 있다. 만약 암시적 리시버인 this를 사용한 상황이라면 람다를 this의 함수 레퍼런스로 대체할 수 있다. 아래 예제에서 send()는 암시적 리시버인 this를 사용한다.

```
fun send(n: Int) = println(n)
walk1To(5) { i -> send(i) }
walk1To(5, this::send)
```

같은 구조가 싱글톤에서 함수를 사용할 때 사용된다.

```
object Terminal {
  fun write(value: Int) = println(value)
}
walk1To(5) { i -> Terminal.write(i) }
walk1To(5, Terminal::write)
```

람다가 통과하는 람다라면, 람다를 적절하게 다른 람다의 참조나 함수 참조로 변경할 수 있다.

함수를 리턴하는 함수

함수가 함수를 리턴할 수 있다는 사실은 흥미롭다. 앞에서 이 기능을 3-1의 "블록바디로 만든 함수"에서 블록바디가 있는 함수가 = 으로 타입 추론을 할 때 사용해봤다. 함수를 반환하고 싶으면 적절하게 사용할 수 있다.

이름을 요소로 하는 콜렉션을 가지고 있고, 콜렉션에 처음으로 등장하는 길이가 5인 이름과 4인 이름을 찾는다고 가정해보자. 아마 이렇게 코드를 작성할 것이다.

[코드 lambdas/returnlambda.kts]

```
val names = listOf("Pam", "Pat", "Paul", "Paula")
println(names.find {name -> name.length == 5 }) //Paula
println(names.find { name -> name.length == 4 }) //Paul
```

예제에 있는 두 람다는 이름의 길이를 제외하면 모두 같은 일을 한다. 이건 별로 큰일이 아니다. 하지만 코드가 중복되는 것은 좋지 않다. 람다 코드가 좀 복잡하다면 로직을 두 번 이상 쓰면서 Write Every Time(WET, 매번 새로 작성한다) 안티패턴을 실천하고 싶지는 않을 것이다. 코드를 리팩토링해 길이를 파라미터로 받고, 람다를 리턴하는 함수를 만들면 해당 함수를 다시 사용할 수 있다.

[코드 lambdas/returnlambda.kts]

```
fun predicateOfLength(length: Int): (String) -> Boolean {
  return { input: String -> input.length == length }
}
```

```
println(names.find(predicateOfLength(5))) //Paula
println(names.find(predicateOfLength(4))) //Paul
```

predicateOfLength()로 전달된 파라미터는 Int 타입이다. 하지만 리턴타입은 단순하지가 않다. 리턴타입은 함수가 리턴하게 될 함수의 시그니처이다. String을 파라미터로 받고, Boolean을 출력으로 가진다. 함수가 리턴하는 람다는 input이라는 String 타입의 파라미터를 받고, input의 길이를 predicateOfLength() 함수에 전달된 length 파라미터의 값과 비교한다.

함수에서 predicateOfLength() 함수의 리턴 타입을 지정했다. 우리는 코틀린의 타입 추론을 사용할 수도 있다. 타입추론은 함수가 짧고, 블록바디가 없는 경우에만 사용 가능하다. 이번 예제에서는 가능하다. 이제 긴 리턴타입 코드를 줄여보도록 하자.

[코드 lambdas/returnlambda.kts]

```
fun predicateOfLength(length: Int) =
  { input: String -> input.length == length }
println(names.find(predicateOfLength(5))) //Paula
println(names.find(predicateOfLength(4))) //Paul
```

블록 바디 함수에서 리턴할 때는 항상 리턴타입을 명시하도록 하라. 타입추론은 리턴할 함수가 블록 바디가 아닌 경우만 사용하라. 사실 이점은 객체를 리턴할 때와 함수를 리턴할 때 모두 해당된다.

지금까지 람다를 위해 코틀린이 제공하는 다양한 옵션을 살펴보았다. 이제 재사용을 위해서 변수에 람다를 담아보도록 하자.

10-3 람다와 익명 함수

람다는 종종 함수의 아규먼트로 전달된다. 그런데 한 람다가 여러 곳에서 호출이 필요하다면 중복코드를 생성하게 될 수도 있다. 우리는 몇 가지 방법으로 이런 상황을 피할 수 있다. 하나는 재사용을 위해서 람다를 변수에 담는 것이다. 다른 하나는 람다 대신 익명 함수를 사용하는 것이다. 두 방법 중 어떤 것을 선택할지는 어떤 디자인(설계)을 사용하느냐에 따라서 나뉜다. 이제 이 두 옵션을 각각 언제 사용하는지 논의해보자.

이전 예제에서는 람다를 생성하기 위해서 함수를 작성했다. 만일 같은 람다가 여러 번 사용된다면 람다를 변수에 담아 재사용할 수 있다. 그런데 여기엔 주의사항이 있다. 람다가 아규먼트가 되어 함수로 전달될 때, 코틀린은 파라미터의 타입을 추론한다. 그런데 변수를 람다를 저장하기 위해서 사용했다면 코틀린은 타입에 대한 정보를 알 수가 없다. 그래서 이런 경우엔 타입 정보를 제공해줘야 한다.

우리가 이전에 find() 메소드에 전달했던 람다를 변수에 저장해보자.

[코드 lambdas/savelambdas.kts]

```
val checkLength5 = { name: String -> name.length == 5 }
println(names.find(checkLength5)) //Paula
```

변수 checkLength5는 String을 파라미터로 받는 람다를 참조하고 있다. 이 람다의 리턴타입은 코틀린이 추론한다. 왜냐면 타입을 추론하기에 충분한 정보를 가지고 있기 때문이다. 이제 이 변수를 람다를 파라미터로 받는 함수에 아규먼트로써 전달을 한다. 이제 변수를 이용해서 여러 차례 다른 호출에도 람다를 재사용할 수 있다.

이번 예제에서 우리는 람다의 파라미터를 지정했다. 그리고 코틀린이 변수의 타입을 (String) -> Boolean이라고 추정했다. 우리가 코틀린에게 반대방향으로 타입추론을 요청할 수도 있다. 변수의 타입을 지정해놓고 람다의 파라미터의 타입을 추론하게 할 수도 있다. 한번 해보자.

[코드 lambdas/savelambdas.kts]

```
val checkLength5: (String) -> Boolean = { name -> name.length == 5 }
```

이런 케이스에서 람다가 리턴하는 타입이 변수에 지정해놓은 타입과 다르다면 컴파일 에러가 발생한다.

또 하나의 바람직하지 못한 방법은 변수와 람다 모두에 타입을 지정해 놓는 것이다. 예제를 보자.

[코드 lambdas/savelambdas.kts]

```
val checkLength5: (String) -> Boolean = { name: String -> name.length == 5 }
//Not Preferred
```

이 기능은 "무쓸모 부서"에서 일하는 프로그래머나 사용하도록 하자. 나머지 프로그래머들은 사용해선 안된다.

람다의 리턴타입을 고정하고 싶을 때는 변수에 타입을 정의하고, 리턴타입을 타입추론으로 사용하고 싶다면 람다의 파라미터에 타입을 정의하자.

람다가 할당될 변수의 타입을 정의한다면 반드시 리턴타입을 지정해야 한다. 람다의 파라미터 타입을 지정한다면 리턴타입은 타입 추론이 된다. 또 다른 옵션으로 변수의 타입은 타입추론을 사용하고, 리턴타입만 지정하는 방법이 있다. 이게 바로 익명 함수다.

익명 함수는 일반 함수처럼 작성한다. 그래서 리턴타입을 지정하는 규칙(블록바디는 타입추론을 사용할 수 없다. 블록바디일 경우 return 키워드가 필요하다 등등)이 적용된다. 차이점은 단 하나뿐이다. 익명 함수에는 이름이 없다. 이전 예제에서 람다 대신 익명 함수를 사용해보자.

[코드 lambdas/savelambdas.kts]

```
val checkLength5 = fun(name: String): Boolean { return name.length == 5 }
```

익명 함수를 변수에 저장하지 않고, 함수를 호출할 때 직접 아규먼트에 작성해서 사용할 수도 있다. 예를 들면 아래의 코드는 익명 함수를 find() 메소드에 전달하는 예제이다.

[코드 lambdas/savelambdas.kts]

```
names.find(fun(name: String): Boolean { return name.length == 5 })
```

람다를 전달하는 것보다는 좀 장황하다. 그래서 특정 소수의 예외적인 상황을 제외하면 람다 대신 익명 함수를 함수 호출에 사용할 이유가 없다.

람다 대신 익명 함수를 사용하는 데에는 약간의 제약사항이 있다. 블록바디 익명 함수에서는 값을 리턴하기 위해서 **return** 키워드가 필요하다. 리턴은 감싸고 있는 함수가 아닌 익명 함수에서만 리턴된다. 이런 점에 대해서는 "10-5. 비지역성(non-local)과 라벨(labeled) 리턴"에서 다룬다. 또한 람다 파라미터가 마지막 파라미터라면 람다를 괄호 밖에서 전달할 수 있다. 이 점에 대해서는 10-2의 "람다를 마지막 파라미터로 사용하기"에서 다뤘다. 하지만 익명 함수는 괄호 안에서 사용해야 한다. 짧게 말하면 아래의 방식은 허용되지 않는다.

```
names.find { fun(name: String): Boolean { return name.length == 5 } } //ERROR
```

람다 사용이 가능하다면 익명 함수보다 람다를 사용하자 그리고 익명 함수는 람다보다 익명 함수가 더 적합한 경우에만 신택직으로 사용하도록 하자. 이에 대해서는 "Ch16. 비동기 프로그래밍"에서 다룬다.

10-4 클로저와 렉시컬 스코핑

함수형 프로그래밍 개발자들은 람다와 클로저에 대해 이야기한다. 많은 개발자가 두 개념을 상호교환해 가며 사용한다. 두 개념을 교환해서 사용하는 것은 가능하다 하지만 차이점에 대해서 잘 알고, 문맥상 어떤 것이 더 적합한지를 알아야 한다. 어떻게 람다가 변수에 엮이는지 자세히 알아보고, 그게 어떻게 클로저의 컨셉과 연관이 있는지 알아보자.

람다에는 상태가 없다. 람다의 결과는 입력 파라미터의 값에 달려있다. 예를 들면 아래 람다의 결과는 인풋 파라미터 값의 두 배이다.

[코드 lambdas/clousures.kts]

```
val doubleIt = { e: Int -> e * 2 }
```

가끔 우리는 외부 상태에 의존하고 싶어한다. 람다는 클로저라고 불린다. 왜냐면 람다는 스코프를 로컬이 아닌 속성과 메소드로 확장할 수 있기 때문이다. 방금 사용한 람다를 클로저로 만들어보자.

[코드 lambdas/clousures.kts]

```
val factor = 2
val doubleIt = { e: Int -> e * factor }
```

위 버전에서 e는 여전히 파라미터이다. 하지만 바디 안에 변수 또는 속성인 factor가 없다. 로컬 변수가 아니란 이야기이다. 컴파일러는 factor 변수에 대한 클로저의 범위(스코프) 즉, 클로저의 바디가 정의된 곳을 살펴봐야 한다. 만약에 클로저가 정의된 곳에서 factor 변수를 찾지 못했다면 클로저가 정의된 곳이 정의된 곳으로 스코프를 확장하고, 또 못 찾는다면 계속 범위를 확장한다. 이게 바로 렉시컬 스코핑이다.

우리의 예제에서 컴파일러는 변수 factor를 클로저가 정의된 곳 바로 위에 있는 바디에서 찾았다. 바로 `val factor = 2` 부분이다.

우리는 이미 10-2의 "함수를 리턴하는 함수"에서 렉시컬 스코핑을 사용했다. 그리고 자연스럽게 느껴져서 눈에 띄지도 않았다. 아래는 방금 언급한 섹션과 연관된 코드이다. 독자의 편의를 위해서 아래에 다시 보여준다.

```kotlin
fun predicateOfLength(length: Int): (String) -> Boolean {
  return { input: String -> input.length == length }
}
```

리턴된 람다는 `input`이란 이름의 파라미터를 가진다. 람다의 바디 안에서 우리는 `input` 파라미터의 `length` 속성과 변수 `length`를 비교한다. 하지만 변수 `length`는 람다에 속해있지 않다. 변수 `length`는 파라미터가 `predicateOfLength()` 함수로 전달될 때 나타나는 클로저의 렉시컬 스코프에 있는 변수이다.

뮤터블리티는 함수형 프로그래밍의 금기사항이다. 하지만 코틀린은 클로저 안에서 뮤터블 변수의 값을 잃거나 변경하는 것을 불평하지 않는다. 앞선 예제에서 변수 `factor`는 `val`로 정의했기 때문에 이뮤터블이다. 만약에 우리가 변수정의를 `var`로(뮤터블로) 변경한다면 우리는 클로저 안에서 `factor`를 변경할 수 있다. 코틀린 컴파일러는 해당 상황에서는 경고를 하지 않는다. 하지만 그 결과는 예상할 수 없는 게 나오거나 최소한 코드를 읽는 사람들에게 혼란이 될 것이다.

아래의 코드에서 우리는 두 콜렉션에 있는 값을 변경한다. 하나는 `listOf()`를 사용해서 생성한 콜렉션이고, 다른 하나는 `sequenceOf()`를 이용해서 생성했다. 그 후 우리는 `factor` 변수의 값을 변경했다. 그리고 마지막으로 변경된 콜렉션의 값을 출력해보았다. 코드 실행 전에 결과가 어떨지 생각해보자.

[코드 lambdas/mutable.kts]

```kotlin
var factor = 2
val doubled = listOf(1, 2).map { it * factor }
val doubledAlso = sequenceOf(1, 2).map { it * factor }
factor = 0
doubled.forEach { println(it) }
doubledAlso.forEach { println(it) }
```

각 라인이 2,4,2,4일까? 아니면 0,0,0,0 또는 2,4,0,0 일까?

두 콜렉션을 변화하는 코드의 구조가 비슷하지만, 리스트와 시퀀스의 다른 행동에 대해서는 생각하는데 어려움을 겪을 필요가 없다 "Ch11. 내부 반복과 지연 연산"에서 다룬다. 클로저에서 뮤터블 변수를 사용하는 것은 에러의 원인이 되기도 하기 때문에 사용을 피해야 한다. 혼란을 피하고, 에러를 최소화하기 위해서 클로저를 순수한 함수로 놔주는 것이 좋다"을 보자).

10-5 비지역성(non-local)과 라벨(labeled)리턴

람다는 리턴값이 있더라도 return 키워드를 가질 수 없다. 람다와 익명 함수 사이에는 이런 중대한 차이점이 있다. 익명 함수는 리턴할 값이 있는 경우 return을 반드시 사용해야 한다. 외부 함수에서 리턴하는 게 아니고, 익명 함수 자체가 값을 리턴한다. 이번 섹션에서 우리는 왜 return이 없는 것이 기본인지 확인하고, 라벨 리턴을 사용하는 방법도 확인한다 그리고 언제 비지역성(non-local) return이 허용되는지 확인한다.

리턴은 허용되지 않는 게 기본이다

람다에서 return은 허용되지 않는 게 기본이다. 하지만 특별한 상황에서는 사용할 수 있다. 컨텍스트와 결과를 파악하는데 시간을 많이 들이지 않는다면 이런 특징을 보고 혼란스러울 수 있다. 이번 주제는 시간을 들여서 자세히 확인하도록 하자.

우리는 함수를 사용해서 이번 섹션의 컨셉을 그릴 것이다. 이 함수는 Int와 람다, 2개의 파라미터를 받고 Unit을 리턴한다.

[코드 lambdas/noreturn.kts]

```
fun invokeWith(n: Int, action: (Int) -> Unit) {
  println("enter invokeWith $n")
  action(n)
  println("exit invokeWith $n")
}
```

invokeWith() 함수에서, 우리는 전달받은 Int 파라미터를 람다를 참조하고 있는 action()을 이용해서 전달받은 람다로 보낸다. 단순하다. 아직까진 별로 흥미로운 게 없다.

이제 caller() 함수에서 invokeWith() 함수를 호출해보자. 그리고 caller() 함수를 호출해보자.

```
fun caller() {
  (1..3).forEach { i ->
    invokeWith(i) {
      println("enter for $it")

      if (it == 2) { return } //ERROR, return is not allowed here

      println("exit for $it")
    }
  }

  println("end of caller")
}

caller()
println("after return from caller")
```

caller() 함수는 값을 1~3까지 반복하면서 각 값을 이용해서 invokeWith() 함수를 호출한
다. invokeWith() 함수에 전달된 람다는 람다에 들어갈 때와 빠져나올 때 한번씩 메시지를
출력한다. 암시적 참조인 it을 사용한 람다의 파라미터가 2일 경우 return 키워드를 이용해
서 즉시 리턴을 한다.

return이 포함된 라인이 컴파일 실패를 일으킨다. 이런 결과가 나온 이유는 전체코드의 흐름
을 확인하고 해당 라인을 보면 더 명확해진다. if (it==2) 조건문 안에서 return을 호출하
면 코틀린은 이게 무슨 의미인지 모른다. 과연 다음 세가지 중 어떤 의미일까? ① 즉시 람다에
서 빠져나오고 invokeWith() 함수의 action(n) 이후의 나머지를 실행하라. ② for 루프를
빠져나와라. ③ caller() 함수에서 빠져나와라. 이런 혼란을 피하기 위해서 코틀린은 return
키워드를 허용하지 않는다. 하지만, 코틀린은 이 규칙의 예외를 2개 만들어놨다. 바로 라벨
(labeled, 명시적) 리턴과 논로컬(non-local, 비지역적) 리턴이다. 이제부터 하나씩 알아보자.

라벨 리턴

현재 람다에서 즉시 나가고 싶다면 라벨 리턴을 사용하면 된다. 라벨 리턴은 return@label
형태로 사용하고, label 자리에는 label@ 문법을 이용해서 만든 라벨을 넣을 수 있다. 변경
된 버전의 caller()에 라벨 리턴을 적용해보자.

```
fun caller() {
  (1..3).forEach { i ->
    invokeWith(i) here@ {
      println("enter for $it")
      if (it == 2) {
        return@here
      }
      println("exit for $it")
    }
  }
  println("end of caller")
}
caller()
println("after return from caller")
```

7번째 줄의 return을 return@here로 변경했다. 그리고 추가로 here@ 라벨을 3번째 줄에 추가했다. 컴파일러는 더 이상 return 때문에 불평하지 않을 것이다.

라벨 리턴은 람다의 흐름을 제어해서 라벨 블록으로 점프를 하기 위해서 만들어졌다. 다시 말하면 람다를 빠져나가는 것이다. 라벨 리턴의 행동은 명령형 스타일 프로그래밍에서 반복문을 사용할 때 이후 과정을 생략하고 반복문의 마지막으로 가기 위해 사용하던 continue와 동일하다. 이번 예제에서, 라벨 리턴은 람다의 마지막 부분으로 뛰어넘는다. 이전 예제 코드의 결과를 보면 라벨 리턴의 행동을 볼 수 있다.

```
enter invokeWith 1
enter for 1
exit for 1
exit invokeWith 1
enter invokeWith 2
enter for 2
exit invokeWith 2
enter invokeWith 3
enter for 3
exit for 3
exit invokeWith 3
end of caller
after return from caller
```

@here같이 명시된 라벨을 사용하는 대신 람다가 전달된 함수의 이름같은 암시적인 라벨을 사용할 수도 있다. 때문에 우리가 return@here을 return@invokeWith로 변경하고 here@ 라벨을 제거할 수 있다.

[코드 lambdas/implicitlabeledreturn.kts]

```
fun caller() {
  (1..3).forEach { i ->
    invokeWith(i) {
      println("enter for $it")
      if (it == 2) {
        return@invokeWith
      }
      println("exit for $it")
    }
  }
  println("end of caller")
}
```

비록 코틀린이 메소드 이름을 라벨로 사용할 수 있는 권한을 줬지만, 명시적 라벨을 사용하는 걸 권장한다. 명시적 라벨이 의도를 명확하게 보이게 하고 코드를 쉽게 이해할 수 있게 도와준다.

컴파일러는 라벨 리턴이 스코프 바깥의 임의의 곳을 향하지 못하도록 막는다. 오직 현재의 람다만을 벗어날 수 있다. 현재 함수가 정의된 곳 외부로 나가고 싶다면, 그렇게 할 수 없는 게 기본이다. 하지만 람다가 인라인 함수에 전달됐다면 외부로 나가는게 가능하다. 우리는 기본 행동은 이전 섹션에서 확인을 했다. 이제 인라이닝 옵션으로 넘어가자.

논로컬 리턴

람다에서는 기본적으로 return 키워드를 사용할 수 없다. 라벨 리턴을 사용하면 현재의 흐름을 제어하면서 현재 동작중인 람다의 밖으로 나갈 수 있다. 논로컬 리턴은 람다와 함께 구현된 현재 함수에서 나갈 때 유용하다. caller() 함수를 다시 한번 변경해서 논로컬 리턴의 기능을 알아보자.

```
fun caller() {
  (1..3).forEach { i ->
```

```
    println("in forEach for $i")
    if (i == 2) { return }
    invokeWith(i) {
      println("enter for $it")
      if (it == 2) { return@invokeWith }
      println("exit for $it")
    }
  }
  println("end of caller")
}
caller()
println("after return from caller")
```

caller() 함수에서, forEach() 함수에 람다를 전달한다. 5번 줄의 i == 2 인 경우 return 을 하는 문장이 있다. 코틀린은 10번째 줄처럼 라벨 리턴이 아니라면 람다 내에서 리턴을 허용하지 않는다. 하지만 5번 줄에서는 아무런 문제도 없다. 흥미롭다. 우리가 '왜'를 생각하기 전에 '무엇'인지를 생각해보자. 5번 줄의 return이 무슨 행동을 하는지 이해해보도록 하자. 현재 람다를 빠져나가는 라벨 리턴과는 달리 5번째 줄의 리턴은 현재 실행 중인 함수를 빠져나간다. 예제코드에서는 caller()를 빠져나간다. 그래서 우리가 이걸 논로컬(비지역성, Non-Local) 리턴이라고 부르는 것이다.

caller() 함수를 실행시켜서 행동을 살펴보자.

```
in forEach for 1
enter invokeWith 1
enter for 1
exit for 1
exit invokeWith 1
in forEach for 2
after return from caller
```

실행 중 return문을 만났을 때 caller() 메소드를 빠져나간다. 그리고 return이후에 caller() 메소드 이후의 코드를 실행시킨다.

이제 질문해보자. 왜 코틀린은 우리가 전달한 invokeWith() 람다에 라벨이 없는 경우 return을 허용하지 않지만 forEach()에 전달한 람다에는 return을 사용해도 상관없는가? 답은 두 함수의 숨겨진 정의 속에 있다.

우리는 invokeWith() 함수를 아래와 같이 정의했다.

```
fun invokeWith(n: Int, action: (Int) -> Unit) {
```

반면에 forEach()는 코틀린 스탠다드 라이브러리에 아래와 같이 정의되어 있다.

```
inline fun <T> Iterable<T>.forEach(action: (T) -> Unit): Unit {
```

답은 inline이라는 키워드에 있다. 우리는 다음 섹션에서 키워드를 다룰 예정이다. 다음으로 가기 전에 return 키워드의 행동을 정리해보자.

- ▶ return은 람다에서 기본적으로 허용이 안된다.
- ▶ 라벨 리턴을 사용하면 현재 동작중인 람다를 스킵할 수 있다.
- ▶ 논로컬 리턴을 사용하면 현재 동작중인 람다를 선언한 곳 바깥으로 나갈 수 있다. 하지만 람다를 받는 함수가 inline으로 선언된 경우만 사용 가능하다.

아래는 return의 동작과 관련된 복잡성을 다루는 방법이다.

- ▶ 람다를 빠져나가기 위해서 언제든지 라벨 리턴을 사용할 수 있다.
- ▶ return을 사용할 수 있다면 람다에서 빠져나가거나 람다를 호출한 곳을 빠져나가는 것이 아니라 람다가 정의된 곳에서 빠져나간다는 사실을 기억해야 한다.
- ▶ return을 사용할 수 없더라도 걱정할 필요 없다. 코틀린이 알려줄 것이다.

10-6 람다를 이용한 인라인 함수

람다는 우아하다. 그리고 함수를 함수로 넘겨주기 위해 사용하기 편리하다. 그런데 람다에는 주의사항이 있다. 바로 퍼포먼스이다. 코틀린은 람다를 사용할 때 호출 오버헤드를 제거하고 성능을 향상시키기 위해서 inline 키워드를 제공한다. inline 람다는 forEach()같은 함수에서 리턴을 사용하는 것처럼 논로컬 흐름을 제어를 위해 사용되고, 우리가 "6-6. 구체화된 타입 파라미터"에서 본 것처럼 구체화된 타입 파라미터를 전달하기 위해서 사용한다.

람다를 이용한 함수의 성능을 향상시키기 위한 방법을 알아보기 전에, 컨텍스트를 세팅하도록 하자. 우리가 이 섹션에서 작성하는 모든 고차함수(higher-order function)는 솔루션이 필요없다. 우리가 작성하게 될 많은 양의 코드는 합리적인 성능을 보일 것이고, 특별할 것이 없다.

하지만 특정상황(예를 들자면, 고차함수가 반복문을 포함하고, 반복문안에서 지나치게 람다를 많이 호출하는 상황)에서는 고차함수와 고차함수 안의 람다를 호출하면서 발생하는 오버헤드를 측정하는 것이 가능할 수도 있다. 이런 상황에서는 성능 측정을 먼저 하고 그 다음에 필요한 부분에 성능 향상을 위한 복잡성(코드)을 추가해야 한다.

인라인 최적화는 없는 게 기본

inline을 배우기 위해서, invokeTwo() 함수를 만들도록 하자. invokeTwo() 함수는 Int 하나와 람다 2개를 파라미터로 받는다. 그리고 람다를 리턴한다. 우리는 이번 섹션에서 이 함수를 몇 차례 변경할 예정이다. 하지만 아래의 버전이 inline없이 시작하기에 좋은 예제이다.

[코드 lambdas/noinline.kts]

```
fun invokeTwo(
  n: Int,
  action1: (Int) -> Unit,
  action2: (Int) -> Unit
): (Int) -> Unit {
  println("enter invokeTwo $n")
  action1(n)
  action2(n)
  println("exit invokeTwo $n")
  return { _: Int -> println("lambda returned from invokeTwo") }
}
```

짧은 함수가 두 개의 람다를 실행시키고 함수 안에서 생성한 람다를 리턴한다. 리턴되는 람다는 인풋 파라미터를 무시하고 메시지만 출력한다. 이제 이 함수를 다른 함수인 callInvokeTwo() 함수에서 호출해보자. 그리고 callInvokeTwo() 함수를 정의하고 바로 callInvokeTwo() 함수를 호출하자.

[코드 lambdas/noinline.kts]

```
fun callInvokeTwo() {
  invokeTwo(1, { i -> report(i) }, { i -> report(i) })
}
callInvokeTwo()
```

callInvokeTwo() 함수에서 우리는 1을 invokeTwo()의 첫 번째 아규먼트로 전달했다. 두 번째와 세번째 아규먼트로는 report라는 이름의 함수를 호출하는 동일한 람다를 전달했다. report 함수는 아직 존재하지 않는다. 이제부터 report를 작성한다. report는 전달받은 파라미터와 콜스택의 뎁스(깊이)를 출력한다.

[코드 lambdas/noinline.kts]

```
fun report(n: Int) {
  println("")
  print("called with $n, ")
  val stackTrace = RuntimeException().getStackTrace()
  println("Stack depth: ${stackTrace.size}")
  println("Partial listing of the stack:")
  stackTrace.take(3).forEach(::println)
}
```

---

report() 함수는 현재 실행되고 있는 report() 함수의 콜스택 레벨을 알려준다. 이제 코드를 실행시켜서 호출되는 것과 콜스택의 레벨을 확인해보자.

```
enter invokeTwo 1
called with 1, Stack depth: 31
Partial listing of the stack:
Noinline.report(noinline.kts:31)
Noinline$callInvokeTwo$1.invoke(noinline.kts:20)
Noinline$callInvokeTwo$1.invoke(noinline.kts:1)
called with 1, Stack depth: 31
Partial listing of the stack:
Noinline.report(noinline.kts:31)
Noinline$callInvokeTwo$2.invoke(noinline.kts:20)
Noinline$callInvokeTwo$2.invoke(noinline.kts:1)
exit invokeTwo 1
```

callInvokeTwo()를 호출하면 invokeTwo()가 호출된다. invokeTwo()의 호출이 첫 번째 람다 파라미터인 action1()을 호출한다. 람다는 report() 함수를 호출한다. 이와 유사하게 invokeTwo()가 두 번째 람다인 action2()를 호출하면, action2()가 report()를 호출한다. invokeTwo()를 호출하는 위치와 각각의 report() 호출 사이에 3개의 스택 레벨이 있다. 그 게 31개의 뎁스 중에서 상위 3개이다.

인라인 최적화

inline 키워드를 이용해서 람다를 받는 함수의 성능을 향상시킬 수 있다. 함수가 inline으로 선언되어있으면 함수를 호출하는 대신 함수의 바이트코드가 함수를 호출하는 위치에 들어가게 된다. 이렇게 해서 함수 호출의 오버헤드를 제거하지만 함수가 호출되는 모든 부분에 바이트코드가 위치하기 때문에 바이트코드가 커지게 된다. 일반적으로 긴 함수를 인라인으로 사용하는건 좋은 생각이 아니다.

비록 재귀적이지 않은 함수를 인라인으로 사용할 수도 있지만, 인라인을 사용했을 때 이득이 없는 경우라면 코틀린이 경고를 해준다. 예를 들자면 람다 파라미터를 받지 않는 함수일 경우가 있다.

invokeTwo() 함수를 inline을 사용해서 최적화 해보자.

```
inline fun invokeTwo(
  n: Int,
  action1: (Int) -> Unit,
  action2: (Int) -> Unit
): (Int) -> Unit {
```

함수의 바디는 변화가 없다. inline 어노테이션이 함수 정의 앞에 붙었다. 이렇게만 하면 컴파일러에게 호출을 최적화하라고 말한 것이다.

변경한 코드를 실행시켜보자. 그리고 콜스택의 뎁스를 확인해보자.

```
enter invokeTwo 1
called with 1, Stack depth: 28
Partial listing of the stack:
Inlineoptimization.report(inlineoptimization.kts:31)
Inlineoptimization.callInvokeTwo(inlineoptimization.kts:20)
Inlineoptimization.<init>(inlineoptimization.kts:23)
called with 1, Stack depth: 28
Partial listing of the stack:
Inlineoptimization.report(inlineoptimization.kts:31)
Inlineoptimization.callInvokeTwo(inlineoptimization.kts:20)
Inlineoptimization.<init>(inlineoptimization.kts:23)
exit invokeTwo 1
```

앞서 말했던 inline 어노테이션을 추가하기 전의 콜스택의 상위 3개가 사라졌다. 컴파일러는 callInvokeTwo() 함수에서 invokeTwo() 함수용 바이트코드를 확장했다. 그리고 invokeTwo() 함수의 바디에서 컴파일러는 람다를 호출하는 대신 바디 안에 람다용 바이트코드를 넣거나 확장했다. 이런 최적화가 report() 호출시 발생하는 오버헤드를 없앨 때까지 계속된다.

inline 어노테이션으로 호출에 들어가는 오버헤드를 제거할 수 있다. 하지만 inline이 될 함수가 매우 클 경우 그리고 함수를 매우 여러 곳에서 호출한다면 어떻게 될까? inline을 사용하지 않을 때에 비해서 바이트코드가 훨씬 커지게 된다. 측정하고 최적화하라. 덮어놓고 최적화를 하면 안된다.

선택적 노인라인 파라미터

어떤 이유로 람다 호출을 최적화하지 않는다면, 람다의 파라미터를 noinline으로 표시하여 최적화를 제거할 수 있다. noinline 키워드는 함수가 inline인 경우에만 파라미터에 사용할 수 있다.

invokeTwo() 함수를 inline으로 만들면, 그 영향으로 action1()도 인라인이 된다. 하지만 noinline을 action2()에 사용하면 action2()는 최적화에서 제외할 수 있다.

```
inline fun invokeTwo(
  n: Int,
  action1: (Int) -> Unit,
  noinline action2: (Int) -> Unit
): (Int) -> Unit {
```

action1()이 인라인이기 때문에 코틀린은 우리가 action1()의 레퍼런스를 가지고 있는 것을 허용하지 않는다. 하지만 action2()는 noinline으로 정의했기 때문에 원한다면 action2의 레퍼런스를 만들 수 있다.

또한, action2 파라미터가 noinline으로 마크되어있기 때문에 action2를 호출할 때 최적화가 일어나지 않는다. 그래서 action2로 전달된 람다에서의 report()호출은 action1로 전달된 람다에서 호출하는 report()보다 콜스택이 더 깊다. 코드를 실행시켜보면 확인할 수 있다.

```
enter invokeTwo 1
called with 1, Stack depth: 28
Partial listing of the stack:
Noinlineoptimization.report(noinlineoptimization.kts:31)
Noinlineoptimization.callInvokeTwo(noinlineoptimization.kts:20)
Noinlineoptimization.<init>(noinlineoptimization.kts:23)
called with 1, Stack depth: 30
Partial listing of the stack:
Noinlineoptimization.report(noinlineoptimization.kts:31)
Noinlineoptimization$callInvokeTwo$2.invoke(noinlineoptimization.kts:20)
Noinlineoptimization$callInvokeTwo$2.invoke(noinlineoptimization.kts:1)
exit invokeTwo 1
```

코드를 인라인으로 만드는 것 외에도, `inline` 키워드를 사용하면 인라인 함수에서 호출한 람다가 논로컬 리턴을 사용할 수 있게 된다. 이런 특징은 이전에 `forEach()`의 컨텍스트에서 확인했다. 다시 `invokeTwo()` 함수로 돌아가보자.

인라인 람다에서는 논로컬 리턴이 가능하다.

이전 예제에서 `invokeTwo()` 함수는 `inline`으로 어노테이션 되어있었다. 그리고 그 결과 첫 번째 람다인 `action1()`이 인라인이 되었다. 그러나 두 번째 람다인 `action2()`는 `noinline`으로 표시되었다. 그래서 코틀린은 `action1`에 전달된 람다에는 논로컬 리턴과 라벨 리턴을 허용하지만, `action2`에 전달된 람다에는 라벨 리턴만 허용한다. 왜냐하면 인라인 람다는 함수 내에서 확장되지만, 인라인이 아닌 람다는 다른 함수 호출을 사용하기 때문이다. 전자의 `return`은 함수에서 나가도록 만들지만, 후자의 `return`은 동일하게 동작하지 않는다. 더 많은 스택 레벨이 있기 때문이다.

```
fun callInvokeTwo() {
  invokeTwo(1, { i ->
    if (i == 1) { return }
    report(i)
  }, { i ->
    //if (i == 2) { return }¦ //ERROR, return not allowed here
    report(i)
  })
}
callInvokeTwo()
```

첫 번째 람다가 invokeTwo()에 전달될 때 파라미터 i의 값이 1일 경우(i == 1) return을 할 수 있다. 이게 바로 논로컬 리턴이고, 논로컬리턴은 함수가 정의된 곳(callInvokeTwo())으로 빠져나가게 해준다. 이런 동작은 출력을 확인해서 검증해볼 수 있다. 반면에 invokeTwo()에 전달되는 두 번째 람다에서 코틀린 컴파일러는 논로컬 리턴을 사용할 권한을 주지 않는다. 라인7의 주석기호를 제거하면 컴파일에 실패한다.

```
enter invokeTwo 1
```

함수를 inline으로 어노테이션 할 수 있을 뿐만 아니라 원한다면 클래스의 메소드나 속성 역시 inline으로 만들 수 있다. Inline을 사용할 때 함수 호출의 오버헤드만 제거할 뿐만 아니라, 인라인 람다에 논로컬 리턴을 사용할 수 있다. 인라인을 사용하지 않는 람다는 논로컬 리턴을 사용할 수 없다. 아주 좋은 기능이다. 하지만 인라인이라고 생각했던 람다가 실제로는 인라인이 아니면 어떨까? 이런 일이 어떻게 발생하고, 코틀린이 이런 상황을 어떻게 개발자에게 알려주는지 논의해보자.

크로스인라인 파라미터

함수가 인라인으로 마크되었다면, 노인라인으로 마크되지 않는 람다 파라미터는 인라인으로 간주된다. 함수에서 람다가 실행되는 위치에 람다의 바디가 들어가 버리는 것이다. 그런데 여기엔 주의사항이 하나 있다. 만약에 주어진 람다를 호출하는게 아니고 람다를 다른 함수로 전달하거나 콜러에게 다시 돌려준다면 어떻게 될까? 미묘하다. 하지만 호출하지 않는 람다를 인라인으로 만들 수 없다.

람다가 호출되는게 아니고 전달되는 경우라면 람다 파라미터에게 아무런 어노테이션도 안한다는건 말이 안된다. 해결방법은 람다에 noinline 어노테이션을 표시하는 것이다. 하지만 람다가 호출될지 아닐지 모를 때 인라인으로 만들고 싶다면 어떨까? 호출한 쪽으로 인라인을 전달하도록 함수에게 요청할 수 있다. 이게 바로 크로스인라인이다.

예제를 통해서 이런 경우에 대한 시나리오를 이해하고 crossinline이 어떻게 도움이 되는지 알아보자. invokeTwo() 함수에 두 가지를 변경하겠다. 일단 action2파라미터의 noinline 어노테이션을 제거하자. 그리고 invokeTwo()의 마지막에 리턴된 람다를 수정해서 action2 를 호출한다. 즉, invokeTwo()를 호출한 호출자가 호출할 수 있도록 invokeTwo()가 action2를 전달한다.

```
inline fun invokeTwo(
  n: Int,
  action1: (Int) -> Unit,
  action2: (Int) -> Unit //ERROR
  ): (Int) -> Unit {
  println("enter invokeTwo $n")
  action1(n)
  println("exit invokeTwo $n")
  return { input: Int -> action2(input) }
}
```

invokeTwo()가 인라인일 때 내부의 호출인 action1(n) 역시 인라인이 될 수 있다. 하지만 invokeTwo()가 action2를 직접 호출하지 않기 때문에 마지막 줄의 람다에 포함된 action2(input)은 인라인이 될 수 없다. invokeTwo() 함수의 두 번째 파라미터에 noinline 어노테이션이 없기 때문에 충돌이 발생하고 컴파일러가 에러를 발생시키게 된다.

오류 외에도 invokeTwo() 함수의 두 번째 람다에 논로컬 리턴을 사용할 수 없다는 사실을 invokeTwo()를 사용하게 될 개발자를 위해서 문서화 해둬야 한다. 우리는 두 가지 방법으로 이런 목표를 달성하고, 컴파일 에러를 해결할 수 있다.

▶ 두 번째 파라미터를 noinline으로 마크한다. 이 경우 action2 호출은 인라인이 될 수 없다. 노인라인을 사용하면 성능상의 이득이 없고 action2에 전달될 람다에는 논로컬 리턴을 사용할 권한도 없다.

▶ 두 번째 파라미터를 crossinline으로 만든다. 이 경우, action2함수는 invokeTwo() 함수가 아니고 호출되는 부분에서 인라인이 된다.

crossinline인 람다 파라미터에는 논로컬 리턴을 사용할 수 없다. 왜냐하면 람다가 실행될 때까지 파라미터로 전달된 함수로부터 빠져나갔을 수도 있기 때문이다. 이미 완료된 함수에서 리턴을 하려고 하는 것은 의미가 없다.

이제 위의 코드를 수정해서 crossinline을 사용해 컴파일이 되도록 만들자.

```
inline fun invokeTwo(
  n: Int,
  action1: (Int) -> Unit,
  crossinline action2: (Int) -> Unit
  ): (Int) -> Unit {
```

이제 우리는 action2를 crossinline으로 만들었다. 컴파일러는 우리가 결과를 이해했다는 사실에 기뻐할 것이다.

요약하자면

▶ inline은 함수를 인라인으로 만들어서 함수 호출의 오버헤드를 제거해서 함수 성능을 최적화한다.

▶ crossinline도 인라인 최적화를 해준다. 하지만 람다가 전달된 곳이 아니라 실제로 람다가 사용된 곳에서 인라인 최적화가 진행된다.

▶ 파라미터로 전달된 람다가 noinline이나 crossinline이 아닌 경우만 논로컬 리턴으로 쓸 수 있다.

인라인과 리턴을 위한 연습

inline, 람다의 return, 논로컬 리턴의 연관된 컨셉은 가볍지 않고 어려울 수 있다. 복습할 시간을 들이도록 하라. 예제를 통해서 연습하고, 스스로 만든 코드로 연습해서 개념을 잡도록 해라.

아래는 return과 inline과 연관된 좋은 예시들과 요약이다.

▶ 라벨이 없는 리턴은 항상 함수에서 발생하며 람다에서는 발생하지 않는다.

▶ 라벨이 없는 리턴은 인라인이 아닌 람다에서 허용되지 않는다.

▶ 함수명은 라벨의 기본 값이 되지만 이를 맹신해서는 안된다. 라벨 리턴을 사용할 거라면 항상 라벨명을 지어야 한다.

▶ 일반적으로 코드 최적화를 하기 전에 성능 측정을 먼저 하라. 특히 람다를 사용하는 코드라면 성능 측정을 먼저 해야한다.

▶ inline은 눈에 띄는 성능 향상이 있을 때만 사용하라.

정리

함수형 프로그래밍은 명령형 스타일 프로그래밍과 비교했을 때 덜 복잡하다. 함수형 프로그래밍은 고차함수를 사용하고, 함수형 구성을 한다. 그래서 유동적인 코드를 쓸 수 있고, 그렇게 하면 더 쉽게 이해할 수 있고 쉽게 유지보수 할 수 있다. 람다는 이름이 없는 함수이다. 그리고 다른 함수의 아규먼트로 쉽게 전달될 수 있는 함수이다. 코틀린은 람다를 작성하는데 다양한 옵션을 제공한다. 람다가 요구되는 곳이라면 함수 레퍼런스를 전달해서 함수나 메소드를 재사용할 수 있다. 람다는 상태가 없지만 클로저가 상태를 옮긴다. 하지만 뮤터블 상태를 많이 사용하면 잠재적인 에러를 내재하게 되고 코드의 행동을 혼란스럽게 하므로 사용을 피하도록 하자. 코틀린은 람다에서 return에 대해 까다로운 규칙을 가지고 있다. 라벨 리턴을 사용할 수 있고, 논로컬 리턴은 특수한 경우에만 사용할 수 있다. 게다가 코틀린은 함수와 람다의 호출 오버헤드를 제거하기 위해서 inline 키워드를 제공한다.

이번 챕터에서는 람다를 만드는 법을 배웠다. 다음 장에서는 내부 반복과 시퀀스를 사용하는 람다를 다룬다.

11

내부 반복과 지연 연산

외부 반복자가 눈에 띄는 명령형 스타일과는 다르게("Ch04. 외부 반복과 아규먼트 매칭" 참조) 함수형 프로그래밍은 내부 반복자를 사용한다. 내부 반복자는 반복을 자동으로 실행한다. 개발자가 반복에 집중하는 것이 아니라 콜렉션이나 범위에 있는 각 요소에 집중하게 해준다. 또한, 내부 반복자는 명시적 뮤터빌리티(변화가능성)을 피하게 해주기 때문에 경쟁조건의 위험 없이 반복을 쉽게 병렬화할 수 있다.

내부 반복자는 고차함수이다. 즉, 람다를 전달해 반복과 관련된 여러 작업들을 수행한다. 예를 들면 특정 값을 선택하거나 데이터를 가공하는 등의 작업 말이다. 고차함수는 반복을 위한 공통 코드를 제공한다. 그리고 람다가 문제를 해결하기 위해 고차함수의 공통코드에 맞춰진다. 예를 들면, `filter()` 고차함수는 콜렉션의 요소들을 반복하면서 조회하고, 선택된 값들을 리턴한다. `filter()`로 전달된 람다가 실제 선택될 요소를 결정한다. 예를 들어서 언어의 리스트가 주어진다고 하면 `filter()` 함수는 기존 리스트에서 정적 타입 언어로 구성된 서브리스트만 리턴할 수 있다. 이걸 만족시키기 위해서 `filter()` 함수에 람다를 전달해서 `filter()`가 언어를 아규먼트로 받고, 정적 타입 언어라면 **true**를 반환하고, 아니면 **false**를 반환하게 만든다.

코틀린의 내부 반복자는 편리하고, 표현력이 강하고, 외부 반복자와 비교했을 때 복잡성을 낮춰준다. 하지만 가끔은 퍼포먼스가 안 좋을 수 있다. 이후에 보게 될 특정상황에서, 내부 반복자는 외부 반복자와 비교해 봤을 때 연산을 약간 더 많이 한다. 콜렉션의 요소의 크기가 수백 개 정도로 비교적 작은 경우엔 별로 영향을 못 미친다. 반면에 데이터 수천 개를 다루는 아주 큰 데이터의 콜렉션을 다루는 경우는 오버헤드가 이슈가 될 수 있다. 이럴 때 바로 코틀린의 시퀀스가 필요하다. 시퀀스는 내부 반복자다. 사람이 봤을 때는 다른 대부분의 내부 반복자와 같아 보인다. 시퀀스는 내부적으로 다르게 구현되어있다. 시퀀스는 실행을 지연시킨다(lazy이기 때문이다.) 그리고 반복할 부분이 꼭 필요할 때만 반복을 진행한다.

이번 챕터에서 우리는 일단 내부 반복자와 외부 반복자의 핵심적인 차이점을 먼저 논해본다. 그리고 코틀린 스탠다드 라이브러리의 여러 내부 반복자들을 살펴본다. 마지막으로 시퀀스의 지연 연산(lazy evaluation)의 장점을 살펴본다.

11-1 외부 반복자 vs 내부 반복자

Java나 C 언어같은 언어에 경험이 있는 프로그래머라면 외부 반복자에 익숙할 것이다. 외부 반복자는 흔하지만 복잡하다. 외부 반복자는 매우 친숙하지만 한 동작을 위해 움직이는 코드가 너무나 많다. 내부 반복자는 많은 프로그래머들에게 덜 친숙하다. 하지만 내부 반복자는 외부 반복자에 비해서 간단하다.

코틀린의 외부 반복자는 Java의 외부 반복자와 비교해봤을 때 이미 발전되어있다. 그럼에도 불구하고 내부 반복자는 훨씬 적은 관습적인 코드를 가진다. 내부 반복자는 편리하고, 코틀린의 외부 반복자와 비교해보면 훨씬 표현력이 강하다. 이제 예제를 통해서 코틀린의 외부 반복자와 내부 반복자를 비교해보도록 하자.

numbers 변수에는 숫자 리스트가 있다.

[코드 internal/iterate.kts]

```
val numbers = listOf(10, 12, 15, 17, 18, 19)
```

코틀린의 for...in 반복문을 사용해서 리스트의 짝수만 출력하려고 하면 아래와 같이 해야 한다.

[코드 internal/iterate.kts]

```
for (i in numbers) {
  if (i % 2 == 0) {
    print("$i, ") //10, 12, 18,
  }
}
```

반복 진행에 따라서 각 연산마다 변수 i는 콜렉션의 다른 값들을 가지게 된다. if식(여기서 i는 조건문으로 사용되었다.)이 현재 i가 가지고 있는 값이 짝수인지를 확인한다. 그리고 현재 i값이 짝수라면 값을 출력한다. 이게 외부 반복이다. 우리는 쉽게 반복 흐름에 break나 continue를 추가할 수 있다.

이제 내부 반복자를 이용해서 다시 작성해보자.

[코드 internal/iterate.kts]

```
numbers.filter { e -> e % 2 == 0 }
  .forEach { e -> print("$e, ") } //10, 12, 18,
```

코틀린 스탠다드 라이브러리는 콜렉션에 몇 가지 확장 함수를 추가했다. 이번 예제에서는 그 중 두 가지를 사용한다. filter()와 forEach() 함수이다. 둘 다 고차함수이고, 람다를 전달 받는다.

filter()에 전달된 람다는 람다에 전달된 파라미터가 짝수일 경우 true를 반환하고, 반대의 경우는 false를 반환한다. 그래서 filter() 함수는 주어진 numbers콜렉션에서 짝수인 값의 리스트를 리턴한다. forEach() 함수는 filter() 함수가 반환한 짝수로 이루어진 리스트에서 동작한다. 그리고 값을 한번에 하나씩 람다로 넘긴다. forEach()에 전달된 람다는 주어진 값을 프린트한다.

비록 외부 반복자를 사용하는 코틀린의 for 반복문이 장황하진 않지만, 내부 반복자를 사용해서 같은 결과를 낸 것이 약간 더 간결하다. 코드는 자연스럽게 문제의 설명처럼 읽힌다. 문제: 주어진 숫자에서 짝수만 필터링하고 각각을 프린트한다. 두 가지 스타일의 차이점은 수행되는 작업의 복잡성이 증가할수록 크게 나타난다. 예제를 통해서 좀더 파헤쳐 보자.

짝수를 프린트하는게 아니고 짝수를 2배로 만들어서 다른 콜렉션에 추가한다고 생각해보자. 아래는 외부 반복자를 사용해서 문제를 해결한 코드이다.

[코드 internal/iterate.kts]

```
val doubled = mutableListOf<Int>()
for (i in numbers) {
  if (i % 2 == 0) {
    doubled.add(i * 2)
  }
}
println(doubled) //[20, 24, 36]
```

이 코드에서 냄새가 나는 첫 번째 부분은 빈 뮤터블 리스트를 정의한 것이다. 그리고 반복문 안에서 두 배로 만든 짝수를 리스트에 넣고 있다. 만약에 다른 프로그래머가 "나쁘지 않은데?"라고 말한다면, 그 동료가 스톡홀름 신드롬에 빠진 탓이다. 그런 말을 한 프로그래머는 잘못이 없다. 코드가 하는 역할은 크지 않은데 내부 반복자를 활용해 같은 동작을 하는 코드를 작성할 때보다 훨씬 더 복잡하다. 하지만 많은 프로그래머들이 외부 반복자에 익숙하고, 종종 외부 반복자를 사용한 코드를 보면서 더 편안하게 느낀다.

이제 같은 기능을 내부 반복자를 사용해서 구현한 버전을 살펴보자.

[코드 internal/iterate.kts]

```
val doubledEven = numbers.filter { e -> e % 2 == 0 }
.map { e -> e * 2 }
println(doubledEven) //[20, 24, 36]
```

forEach() 함수를 사용하는 대신 map() 함수를 사용했다. map() 함수는 주어진 콜렉션의 각 요소에 람다를 적용한 새 콜렉션을 만들어준다. 내부 반복자는 함수형 파이프라인(functional pipeline, 파이프라인을 통해 흐르는 객체나 값에 적용된 함수의 콜렉션)에서 나온다. 이 함수형 파이프라인의 결과는 주어진 콜렉션에서 짝수만 두 배로 만든 읽기전용 리스트이다.

코틀린의 외부 반복자도 좋다. 하지만 내부 반복자가 더 뛰어나다. 개발자는 본인에게 더 편한 것을 사용하면 된다. 그리고 언제든 코드를 문제 해결에 적합하도록 리팩토링 할 수 있다. 이제 코틀린 스탠다드 라이브러리에 내재된 내부 반복자를 탐구해보자.

11-2 내부 반복자

외부 반복자는 보통 for를 사용한다. 하지만 내부 반복은 filter(), map(), flatMap(), reduce() 등 많은 특별한 도구를 포함하고 있다. 마치 전문적인 자동차 엔지니어가 자동차 수리를 위해서 망치만 사용하는 게 아니고 다른 종류의 특화된 공구를 사용하는 것과 유사하다. 함수형 프로그래밍에서 여러 종류의 작업을 하려면 여러 종류의 올바른 도구를 합쳐서 사용한다. 코틀린 스탠다드 라이브러리는 내부 반복을 위한 충분한 고차함수를 제공한다. 이제부터 가장 많이 사용되는 함수를 확인해볼 것이다.

filter, map, reduce

filter(), map(), reduce()는 함수형 프로그래밍의 삼총사다. 이 함수들은 내부 반복자를 사용하는 기본적인 함수들이다. filter() 주어진 콜렉션에서 특정 값을 골라내고 다른 것들은 버린다. map() 함수는 콜렉션의 값을 주어진 함수나 람다를 이용해서 변화시킨다. 마지막으로 reduce() 함수는 요소들을 누적해 연산을 수행한다. reduce()는 종종 하나의 값으로 귀결되기도 한다. 이 세 함수는 모두 주어진 콜렉션을 변경하지 않고 연산을 수행한다. 세 함수는 모두 복사된 값을 리턴한다.

filter() 함수가 리턴한 콜렉션의 사이즈는 0부터 n까지이다. 여기서 n은 주어진 콜렉션의 사이즈이다. filter() 함수의 결과는 서브 콜렉션(부분 콜렉션)이다. filter() 함수가 리턴한 콜렉션의 값은 오리지널 콜렉션의 값과 일치한다. filter() 함수에 전달된 람다는 기존 콜렉션의 모든 요소에 적용된다. 람다가 요소에서 연산을 수행했을 때 true를 반환하는 경우 기존 콜렉션의 요소가 리턴되는 콜렉션에 포함된다.

map() 함수가 리턴하는 콜렉션의 사이즈는 기존 콜렉션과 일치한다. map() 함수에 전달된 람다는 기존 콜렉션의 모든 요소에 적용되고, 적용된 결과가 값을 변화시켜서 리턴하는 콜렉션에 들어간다.

filter()와 map()에 전달되는 람다는 파라미터가 하나다. 하지만 reduce()에 전달되는 람다는 2개의 파라미터를 가진다. 첫 번째는 누적 값이고, 두 번째는 원래 콜렉션의 요소이다. 람다의 결과는 새로운 누적 값이 된다. reduce() 함수의 결과는 람다의 마지막 결과가 된다.

예제를 보면 세가지 함수의 동작을 이해하는데 도움이 될 것이다. 그러기 위해서 일단 Person클래스를 만들고, 샘플 값들로 만든 콜렉션을 사용하기로 하자.

[코드 internal/Iterators.kts]

```kotlin
data class Person(val firstName: String, val age: Int)
val people = listOf(
Person("Sara", 12),
Person("Jill", 51),
Person("Paula", 23),
Person("Paul", 25),
Person("Mani", 12),
Person("Jack", 70),
Person("Sue", 10))
```

이제 내부 반복자를 사용해서 20살 이상인 사람의 이름을 대문자로 바꾸고, 콤마로 구분해보자.

[코드 internal/iterators.kts]

```
val result = people.filter { person -> person.age > 20 }
  .map { person -> person.firstName }
  .map { name -> name.toUpperCase() }
  .reduce { names, name -> "$names, $name" }
println(result) //JILL, PAULA, PAUL, JACK
```

filter() 함수가 주어진 콜렉션에서 나이가 20살 이상인 Person만을 추출했다. 그리고 추출된 리스트를 map()에 전달되었다. map()은 20살 이상인 Person의 리스트를 이름리스트로 변경했다. 두 번째 map()은 전달받은 이름 리스트를 대문자로 변경했다. 비록 2개의 map() 함수를 하나로 합쳐서 사용할 수 있지만, 분리시켜 놓는 것이 코드를 각 라인이 하나의 연산에 집중할 수 있도록 해준다. 마지막으로 reduce() 함수를 이용해서 대문자 이름들을 하나의 문자열에 콤마로 구분해서 넣는다. 다음 그림에서 이 연산을 도식화해서 보여주고 있다.

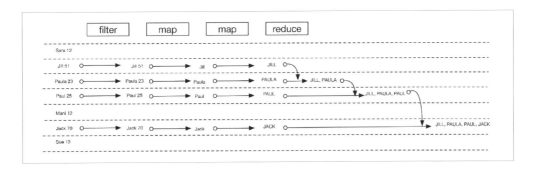

filter() 함수와 map() 함수는 각자의 줄에서 연산을 한다. 각 연산에 들어간 람다는 기존 콜렉션의 각 요소에서 기반한 값을 리턴한다. 반면 reduce()에 전달된 람다는 줄을 뛰어넘어 가면서 연산을 진행한다. 람다가 콜렉션의 이전 연산의 결과와 후속 요소의 결과를 결합한다.

코틀린은 sum, max, joinToString 같은 여러 연산에 특화된 reduce 연산을 제공한다. 방금 사용한 reduce()를 아래처럼 변경하면 코드가 더 간결해진다.

[internal/iterators.kts]

```
joinToString(", ")
```

만약에 리스트의 Person의 나이를 더한 결과를 원한다면 map()과 reduce()를 사용해서 아래와 같이 코딩할 수 있다.

[internal/iterators.kts]

```
val totalAge = people.map { person -> person.age }
.reduce { total, age -> total + age }
println(totalAge) //203
```

reduce()대신에 특화된 reduce연산인 sum()을 사용할 수 있다.

[코드 internal/iterators.kts]

```
val totalAge2 = people.map { person -> person.age }
.sum()
```

reduce()는 콜렉션 값들에 대한 일반적인 누적연산을 가능하게 해준다. 하지만 sum이나 join같은 특화된 함수도 사용 가능하다. 가능하다면 특화된 함수를 사용하면 코드를 더 표현력있게 만들 수 있고, 에러를 적게 발생시키며, 유지보수 또한 쉽게 할 수 있다.

첫 번째와 마지막 가져오기

특화된 reduce 연산인 sum()처럼 코틀린은 주어진 콜렉션의 맨 처음 요소를 리턴하는 first() 메소드도 가지고 있다. filter()와 map()을 사용했을 때 첫 번째 요소를 추출하기 전에 필터링과 변환을 수행할 수 있다.

예를 들어서 first() 함수를 사용하여 첫 번째 성인의 이름을 찾아보자. 성인은 17살보다 나이가 큰 것을 기준으로 판단한다.

[코드 internal/iterators.kts]

```
val nameOfFirstAdult = people.filter { person -> person.age > 17 }
  .map { person -> person.firstName }
  .first()
println(nameOfFirstAdult) //Jill
```

filter() 함수가 콜렉션에서 17살보다 나이가 많은 사람의 콜렉션을 리턴해줬다. 그리고 map() 함수는 이름을 리턴한다. 마지막으로 first() 함수가 성인의 이름의 리스트의 첫 요소를 리턴한다.

첫 번째 성인의 이름 대신 마지막 성인의 이름도 가져올 수 있다. first()를 last()로 변경하기만 하면 된다. 이 예제에서는 "Jack"이 나올 것이다.

플랫화와 플랫맵

우리한테 List<List<Person>>같은 네스티드 리스트가 있다고 가정해보자. 최상위 리스트는 '가족'을 가지고 있고, 가족은 Person의 서브리스트로 되어있다. 우리가 이 리스트를 Person의 플랫리스트로 만들려면 어떻게 될까? 코틀린과 루비같은 언어는 이런 동작을 위해서 flatten() 함수를 가지고 있다.

flatten() 함수에 Iterable<Iterable<T>>를 전달하면 모든 중첩된 반복 가능 객체가 탑레벨로 합처진 Iterable<T>를 리턴한다. 그래서 계층구조를 단일화할 수 있다.

짧은 예제로 flatten()을 사용해보자.

[코드 internal/iterators.kts]

```
val families = listOf(
  listOf(Person("Jack", 40), Person("Jill", 40)),
  listOf(Person("Eve", 18), Person("Adam", 18)))
println(families.size) //2
println(families.flatten().size) //4
```

---

families 변수는 Person 객체들의 네스티드 리스트이다. families의 size 속성을 불러보면 외부 리스트가 2개의 내부 리스트를 가지고 있다는 것을 알려준다. flatten() 함수를 호출하면 네스티드 리스트의 4개의 요소가 탑레벨에 있는 새로운 리스트를 리턴한다.

이전 예제에서 우리는 의도적으로 리스트 내부에 네스티드 리스트를 만들었다. 때로는 이런 네스팅이 다른 콜렉션에 대한 map()연산의 결과로 만들어진다. 이런 경우의 시나리오를 알아보고, flatten()이 이런 맥락에서 어떤 역할을 하는지 알아보자.

people 콜렉션을 다시 확인하고 각각의 사람들의 이름(first name)을 소문자로 변환한 후 거꾸로 뒤집도록 하자. People 콜렉션에서 map() 함수를 이용해서 이름의 리스트를 가져올 수 있다. 그리고 map()의 결과에 다시 한번 map() 함수를 적용해서 이름을 소문자로 바꿀 수 있다. 마지막으로 map()을 한번 더 사용해서 이름을 거꾸로 만들 수 있다. 이 단계를 적용해보고 결과를 확인해보자.

```
val namesAndReversed = people.map { person -> person.firstName }
  .map(String::toLowerCase)
  .map { name -> listOf(name, name.reversed())}
println(namesAndReversed.size) //7
```

마지막 단계에서 전달받은 리스트는 각 사람의 이름과 거꾸로 된 이름 2개의 스트링을 요소로 가지는 리스트를 요소로 가진다. namesAndReversed의 타입은 List<List<String>>이고, 사이즈는 7이다. 기존 리스트의 사이즈와 같다. 그런데 우리가 진짜로 원했던 것은 List<List<String>>가 아니고 List<String>이다. List<String>으로 만들려면 flatten() 함수를 이용하면 된다. 잘 동작하는지 검증해보자.

```
val namesAndReversed2 = people.map { person -> person.firstName }
  .map(String::toLowerCase)
  .map { name -> listOf(name, name.reversed())}
  .flatten()
println(namesAndReversed2.size) //14
```

namesAndReversed2의 타입은 List<String>이다. 그리고 리스트의 크기는 예상했던 대로 14이다. 비록 잘 동작하긴 했지만 flatten 연산과 map 연산을 합칠 수 있다면 더 좋을 것 같다. 왜냐하면 우리의 의도는 네스티드 리스트를 만드는 게 아니라 하나의 플랫 리스트를 만드는 것이었기 때문이다. map-flatten 함수가 있다면 아주 좋을 것 같다.

이런 아이디어에 대해서 다 알아보기 전에 작은 연습을 해보자. 세네 번 크게 소리내어 읽어보자. map-flatten. map-flatten. map-flatten. map-flatten!

연습을 해보니 턱이 좀 이상하게 움직이고 불편해졌다. 이제 map-flatten이라는 함수가 있고, 저런 이름을 부르면서 성장하는 세대의 프로그래머가 있다는 상상을 해보자. 아마도 이상한 단어를 말하기 위해서 이상한 모양의 턱을 가지도록 진화하는 결과를 초래할 것이다. 비록 실제 연산은 맵을 만든 다음에 플랫화 하는 연산이지만 함수형 프로그래밍을 디자인한 사람은 함수의 이름을 flatMap()으로 만들어서 인류를 구원했다.

이제 이전 코드의 마지막 두 단계를 flatMap()이라고 불리는 함수로 합쳐보자.

```
val namesAndReversed3 = people.map { person -> person.firstName }
  .map(String::toLowerCase)
  .flatMap { name -> listOf(name, name.reversed())}
println(namesAndReversed3.size) //14
```

namesAndReversed3의 타입 역시 List<String> 이다 그리고 14개의 값을 가지고 있다. namesAndReversed2와 동일하다.

map()과 flatMap() 중 어떤 것을 사용해야 할지 고민 중이라면 아래의 팁이 도움이 될 것이다.

- ▶ 람다가 one-to-one 함수라면(객체나 값을 하나만 받고, 리턴도 객체나 값 하나만 하는 경우) 콜렉션 변경을 위해서 map()을 사용하라.
- ▶ 람다가 one-to-many 함수라면(객체나 값 하나만 받고 콜렉션을 리턴하는 경우) 기존 콜렉션을 변경하여 콜렉션의 콜렉션으로 넣기 위해서 map()을 사용하라.
- ▶ 람다가 one-to-many 함수지만 기존 콜렉션을 변경해서 객체나 값의 변경된 콜렉션으로 넣고 싶다면 flatMap()을 사용해라.

정렬

콜렉션을 반복하는 것뿐만 아니라 반복 중간에 언제든 정렬을 할 수 있다. 함수형 파이프라인 안에서 정렬을 위한 기준을 세울 수 있다.

예를 들어서, people 콜렉션에서 성인의 이름들을 가져온 후 나이에 따라서 정렬해보자. 나이가 어린 Person의 이름이 먼저 온다.

```
val namesSortedByAge = people.filter { person -> person.age > 17 }
  .sortedBy { person -> person.age }
  .map { person -> person.firstName }
println(namesSortedByAge) //[[Paula, Paul, Jill, Jack]
```

먼저 17보다 나이가 많은 Person을 필터링하고 그 후 sortedBy() 함수로 Person객체의 age 속성을 기준으로 정렬을 했다. sortedBy() 함수가 리턴한 콜렉션은 요소들이 age에 의해서 정렬된 새로 생성된 콜렉션이다. 함수 파이프라인의 마지막 단계에서 map()을 사용해서 정렬된 콜렉션의 firstName 속성들만 추출했다. 최종적인 결과는 기존 리스트에서 젊은 순서대로 정렬된 성인의 firstName 콜렉션이다.

age 속성 혹은 다른 속성의 내림차순으로 정렬을 원한다면 sortedByDescending() 함수를 사용하면 된다. sortedBy() 함수를 sortedByDescending() 함수로 바꿔보도록 하자.

[코드 internal/iterators.kts]

```
.sortedByDescending { person -> person.age }
//[Jack, Jill, Paul, Paula]
```

firstName의 출력이 역순이 되었다. 가장 나이가 많은 Person의 이름이 첫 번째로 나온다.

객체 그룹화

함수형 파이프라인을 통해서 데이터를 변형시키는 아이디어는 filter, map, reduce 같은 기본적인 형태를 뛰어 넘었다. 각기 다른 기준이나 속성을 기반으로 객체를 그룹화 하거나 버킷에 넣을 수 있다.

예를 들어서, groupBy() 함수를 사용하면 people 콜렉션의 Person을 firstName의 첫 번째 글자를 기준으로 그룹화 할 수 있다.

[코드 internal/iterators.kts]

```
val groupBy1stLetter = people.groupBy { person -> person.firstName.first() }
println(groupBy1stLetter)
//{S=[Person(firstName=Sara, age=12), Person(firstName=Sue, age=10)], J=[...
```

groupBy 함수는 콜렉션의 각각의 요소에 대해서 주어진 람다를 실행한다. 람다가 리턴한 것에 기반해서 요소들을 적절한 버킷에 담는다. 위 예제에선 firstName의 첫 글자가 같은 Person이 같은 버킷 혹은 그룹에 들어가게 된다. 연산의 결과는 Map<L,List<T>>이다. 람다는 결과 Map의 키의 타입을 결정한다. 밸류의 타입은 List<T>이며 groupBy()는 Iterable<T>에서 호출된다. 위 예제에서 결과의 타입은 Map<String, List<Person>>이다.

Person을 그룹핑하는 대신에 이름만 그룹핑할 수도 있다. 이름만 그룹핑하기 위해선 오버로드된 버전의 groupBy()를 사용하면 된다. 오버로드된 groupBy()는 아규먼트를 2개 받는다. 첫 번째 람다 파라미터는 기존 콜렉션의 요소에서 키를 만드는데 사용된다. 두 번째 람다 파라미터는 밸류에 들어갈 리스트를 만드는데 사용된다. List<Person>대신에 List<String>을 값으로 만들어서 firstName만 그룹핑 해보도록 하자.

[코드 internal/iterators.kts]

```
val namesBy1stLetter =
  people.groupBy({ person -> person.firstName.first() }) {
    person -> person.firstName
  }
println(namesBy1stLetter)
//{S=[Sara, Sue], J=[Jill, Jack], P=[Paula, Paul], M=[Mani]}
```

groupBy()가 2개의 람다를 파라미터로 받기 때문에, 첫 번째 람다는 괄호() 안에 넣었다. 두 번째 람다는 자유롭게 괄호 바깥에 놔두었다. 이와 관련해서는 10-2의 "람다를 마지막 파라미터로 사용하기"을 참조하길 바란다.

firstName 말고 age로 그룹핑을 하고 싶다면 두 번째 람다의 바디에 person.firstName 대신 person.age를 작성하면 된다.

내부 반복자의 우아하고 표현력 있는 코드와 결합된 강력하고 다양한 도구를 사용하다 보면 이런 의문이 생긴다. 왜 외부 반복자 같은 다른 방식들을 사용하는 걸까? 보이는 것이 전부가 아니다. 우리는 내부 반복자를 사용하는 스타일의 성능의 영향에 대한 인식을 해야 한다. 우리는 이제 성능을 올리기 위한 대안에 대해 논의할 것이다.

11-3 지연 연산을 위한 시퀀스

간단하게 말하면 콜렉션은 열정적이고, 시퀀스는 게으르다. 시퀀스는 콜렉션의 성능 향상을 위한 최적화된 랩퍼다. 이번 섹션에서 우리는 시퀀스라는 게 무엇을 의미하는지와 콜렉션을 사용할 순간과 시퀀스를 사용할 순간을 결정하는 방법을 알아본다.

Java와는 다르게 코틀린에서 filter(), map() 등의 메소드는 Stream<T>에서만 사용 가능한 게 아니고 List<T>같은 콜렉션에서 직접 사용 가능하다. Java의 디자이너들은 성능상의 이유 때문에 이런 메소드들을 콜렉션에서 직접 사용하지 못하도록 결정했다. 반면에 코틀린의 디자이너들은 편의성을 위해서 직접 사용 가능하도록 결정했다. 그리고 그들은 우리가 현명하게 선택할거라고 예상하고 있다.

코틀린에서 내부 반복자는 콜렉션 사이즈가 작을 때 사용해야 한다. 사이즈가 큰 콜렉션에서는 시퀀스를 이용해서 내부 반복자를 사용해야 한다. 그 이유는 이렇다. 콜렉션의 연산이 계속 실행되는 것과는 다르게 시퀀스에서 호출되는 함수는 지연되어 실행된다. 지연 연산은 코드의 실행이 불필요한 경우 실행을 연기한다는 것이다. 최적화를 하지 않았을 때는 연산 결과가 필요하지 않을 때도 연산을 하기 때문에 시간과 자원을 낭비하게 된다. 하지만 최적화를 하게 되면 연산 결과가 필요하지 않을 때는 연산을 하지 않기 때문에 시간과 자원을 절약하게 된다. 그리고 지연 연산은 실행이 필요할 때 무한한 시퀀스를 만들게 해준다. 우리는 여기서 이런 사상에 대해서 탐험하고 그 장점에 대해서 논의한다.

시퀀스로 성능 향상하기

이전 섹션에서 다뤘던 첫 번째 성인을 가져오는 예제를 다시 사용해보자. 이전에 생성한 것과 동일한 Person 클래스와 people 리스트를 사용한다. 내부 반복자의 filter(), map(), first()를 사용해서 그룹 안의 첫 번째 성인의 이름은 가져온다. filter()와 map()에 람다를 전달하는 대신 함수의 레퍼런스를 전달하기로 한다. filter() 메소드는 isAdult() 함수의 참조를 받고, map() 메소드는 fetchFirstName() 함수의 참조를 받는다.

```kotlin
fun isAdult(person: Person): Boolean {
  println("isAdult called for ${person.firstName}")
  return person.age > 17
}
fun fetchFirstName(person: Person): String {
  println("fetchFirstName called for ${person.firstName}")
  return person.firstName
}
val nameOfFirstAdult = people
  .filter(::isAdult)
  .map(::fetchFirstName)
  .first()
println(nameOfFirstAdult)
```

예상한 것처럼 nameOfFirstAdult에 저장된 값은 Jill이다. 별로 놀라울 것이 없다. 하지만 이런 결과를 얻기 위한 노력은 중요하다. filter() 메소드는 isAdult() 함수 호출을 열심히 실행했고, adults 리스트를 만들었다. 그리고 map() 메소드 역시 fetchFirstName() 함수를 열심히 호출했고, adults의 이름 리스트를 만들었다. 마지막으로 adults 리스트와 adults의 이름 리스트, 두 개의 중간 임시 리스트들이 first()가 map()에 의해서 리턴된 리스트의 첫 번째 요소만 가지고 오면서 사라졌다. 비록 하나의 값만이 최종 결과로 예상되었지만, 우리가 출력에서 볼 수 있는 것처럼 실행이 종료되기까지 많은 작업을 수행했다.

```
isAdult called for Sara
isAdult called for Jill
isAdult called for Paula
isAdult called for Paul
isAdult called for Mani
isAdult called for Jack
isAdult called for Sue
fetchFirstName called for Jill
fetchFirstName called for Paula
fetchFirstName called for Paul
fetchFirstName called for Jack
Jill
```

이 예제에서는 작은 콜렉션을 사용했지만 만약에 우리가 수백, 수천 개의 요소를 가진 콜렉션을 사용했다면 어떨까? 마지막엔 사용하지도 않은 수많은 연산이 이루어질 것이다. 낭비가 심하다.

여기가 바로 시퀀스의 지연 연산 기능이 나올 부분이다. 우리는 asSequence() 메소드를 이용해서 콜렉션을 시퀀스로 감싼 후 콜렉션에서 사용한 것과 동일한 내부 반복자 메소드를 사용한다. 이번엔 시퀀스에 적용되는 것이다. 이전 코드를 변경해서 시퀀스를 이용하도록 해보자.

```
val nameOfFirstAdult = people.asSequence()
  .filter(::isAdult)
  .map(::fetchFirstName)
  .first()
println(nameOfFirstAdult)
```

이전 코드와 지금 코드의 유일한 차이점은 filter()를 호출하기 전에 asSequence() 메소드를 사용하는 것이다. 작은 차이지만 출력에서 볼 수 있는 것처럼 성능상에 큰 이득이 있다.

```
isAdult called for Sara
isAdult called for Jill
```

```
fetchFirstName called for Jill
Jill
```

filter() 메소드가 열심히 **adults**의 리스트를 생성하지 않고 시퀀스에서 호출을 하면 다른
시퀀스를 리턴한다. 이와 유사하게 시퀀스에서 map()을 호출하면 다른 시퀀스를 리턴한다.
하지만 filter()나 map()에 전달된 람다는 아직 실행되지 않는다. first() 메소드가 호출
될 때 지금까지 연기됐던 실행이 시작된다. 시퀀스를 리턴하던 시퀀스의 다른 메소드와는 다
르게, first()같은 마지막 메소드는 연산의 파이프라인의 실행 결과를 리턴해준다. 자연스
럽게 시퀀스는 마지막 메소드가 호출될 때까지 실행을 연기하고 원하는 결과를 위한 최소한
의 연산만 수행한다.

내부 반복자를 콜렉션에서 직접 사용하는 것과 내부 반복자를 시퀀스를 통해서 사용하는 것
은 모두 우아한 함수형 스타일의 코드이다. 콜렉션에서 내부 반복자가 실행될 때 연산을 열심
히 수행하는 것과 대조적으로 시퀀스에서는 같은 연산이 지연되어 실행된다.

시퀀스는 일을 적게 하니 모든 내부 반복자를 콜렉션에서 직접 사용하는 대신 시퀀스를 사용
해야 할까? 짧게 대답하자면 아니다. 콜렉션이 작을 경우 퍼포먼스의 차이는 무시할 만큼 적
다. 이런 경우엔 지연 연산을 사용하지 않는 것이 디버그하기 편하고, 추론하기 쉽다. 하지만
콜렉션의 크기가 수백, 수천 개의 요소가 있어서 크다면 시퀀스를 사용하면 중간 콜렉션을 만
들때 생기는 오버헤드를 제거하고 연산을 생략할 수 있다.

무한 시퀀스

성능은 지연 연산의 유일한 장점이 아니다. 지연 연산은 온디맨드 연산에 도움을 준다. 그리
고 온디맨드 연산은 요소의 무한 시퀀스를 만드는데 도움을 준다. 무한 시퀀스는 값으로 시작
되고 그 뒤에 독특한 발생 패턴에 따른 숫자의 시퀀스가 따라온다. 예를 들어 피보나치 시퀀
스인 1,1,2,3,5,8...은 특정 위치의 값이 직전 두 위치의 값을 합한 것이라는 패턴을 따른다.
숫자 2,4,6,8,10...은 2로 시작하는 짝수의 무한 시퀀스이다.

코틀린은 무한 시퀀스를 만드는 방법으로 몇 가지 방법들을 제공한다. generateSequence()
함수가 그 중 하나이다. generateSequence() 함수를 사용해서 소수의 시퀀스를 만들어보
자. 이를 통해서 끝없는 값의 시퀀스를 만드는 시퀀스의 힘을 이해해보자.

숫자 n이 주어졌을 때, n이 소수라면 *isPrime()* 함수는 true를 리턴하고, 소수가 아니라면
false를 리턴한다.

```
[코드 internal/primes.kts]

fun isPrime(n: Long) = n > 1 && (2 until n).none { i -> n % i == 0L }
```

nextPrime() 함수는 숫자 n을 받고 n다음의 소수를 리턴한다. 예를 들어서 우리가 5나 6을
인풋으로 주면 nextPrime()은 다음 소수인 7을 리턴한다. 메소드는 tailrec로 마크 되어있
다. tailrec는 StackOverflowError를 방지해준다. tailrec에 대해서는 "Ch14. 재귀 프로
그래밍과 메모이제이션 프로그래밍"에서 다루며, 꼬리호출 최적화에 대해서 논한다.

```
[코드 internal/primes.kts]

tailrec fun nextPrime(n: Long): Long =
  If (isPrime(n + 1)) n + 1 else nextPrime(n + 1)
```

주어진 두 개의 함수에서 우리는 generateSequenct() 함수를 이용해서 아무 소수로나 시작
하는 소수의 무한 시퀀스를 만들 수 있다.

```
[코드 internal/primes.kts]

val primes = generateSequence(5, ::nextPrime)
```

오버로드된 버전의 generateSequence()는 첫 번째 파라미터로 시작하는 값(seed value)를 받
고, 함수(람다)를 두 번째 파라미터로 받는다. 람다는 값을 받고, 값을 리턴한다. 이 예제에서
우리는 숫자를 받은 다음에 다음 소수를 리턴하는 nextPrime()을 사용했다. 그래서 primes
는 5부터 시작하는 무한한 소수의 시퀀스를 가지게 된다.

generateSequence()의 호출에서 만약에 nextPrime()을 호출하는 두 번째 아규먼트
는 즉시 실행되고 반복되면 함수는 무한한 값의 콜렉션으로 끝난다. 이런 실행은 시간
과 공간적인 관점에서 봤을 때 말이 안되는 것처럼 보인다. 하지만 여기서 사용한 트릭은
generateSequence()가 지연 연산을 하고, 우리가 값을 요청할 때까지 nextPrime() 함수가
실행되지 않는 것에 있다. 우리는 값이 몇 개든 상관 없이 take() 메소드를 이용해서 값을 요
청할 수 있다. 이 메소드를 사용하면 우리가 보거나 사용하려는 무한 시퀀스의 영역을 볼 수
있다. take() 메소드를 사용해서 소수의 무한시퀀스인 primes의 6개의 값을 얻어보자.

```
System.out.println(primes.take(6).toList()) //[5, 7, 11, 13, 17, 19]
```

toList() 함수의 호출이 시퀀스의 값의 평가를 발생시켰다. 하지만 take()가 주어진 숫자만큼의 값만을 제공한다.

무한 시퀀스를 만드는 기능으로 우리는 지연 연산과 관련된 문제를 모델링해서 범위를 미리 알 수 없는 시퀀스를 만들 수 있다.

재귀 함수 nextPrime()을 작성하고 generateSequence()를 사용하는 대신 sequence() 함수를 사용할 수도 있다. sequence() 함수는 코틀린의 진보되고, 비교적 새로운 주제인 '컨티뉴에이션(연속적으로 동작하는) 람다'를 받는다. 우리는 책의 뒷부분에서 광범위하게 컨티뉴에이션과 코루틴에 대해서 다룰 예정이다. 지금은 yield() 호출을 볼 때 "값을 호출자에게 리턴하고 다음 라인의 코드를 계속 실행하는 것"으로 생각하자. 다시 말하면 컨티뉴에이션은 함수가 여러 개의 리턴포인트를 가지게 하는 것처럼 보이게 해준다.

이제 이전 예제의 nextPrime() 함수와 generateSequence() 호출을 아래와 같이 바꿔보자.

```
val primes = sequence {
  var i: Long = 0
  while (true) {
    i++
    if (isPrime(i)) {
      yield(i)
    }
  }
}
```

sequence() 호출의 결과는 Sequence 인터페이스를 구현한 인스턴스이다. sequence() 함수에 제공된 람다에서 우리는 소수를 발생시키는 무한 루프를 가지게 된다. 람다에 포함된 코드는 시퀀스에서 값의 요청이나 소비가 있을 때만 온디맨드로 실행된다. 반복은 값 i가 0일때 시작되고, 코드가 발생시키는 첫 번째 소수는 2이다. 우리는 우리가 원하는 최대한 많은 수의 값을 이 무한 시퀀스에서 가져올 수 있다. 그리고 특정 값을 스킵하거나 버릴 수도 있다. 소수의 시퀀스가 2로 시작되니까 drop()을 이용해서 처음 2개의 값을 버리고 그 이후의 6개의 값을 가지고 와보자.

```
println(primes.drop(2).take(6).toList()) //[5, 7, 11, 13, 17, 19]
```

시퀀스의 다음 값을 생산하는 nextPrime()같은 분리된 함수가 있다면 generateSequence() 함수와 함께 사용해서 무한 시퀀스를 만들어라. 반면에 시퀀스의 다음 값을 생성하는 코드와 코드를 합쳐서 무한 시퀀스를 만들고 싶다면 sequence() 함수를 사용하도록 해라.

정리

외부 반복자는 명령형 스타일 프로그래밍에서 흔하다. 반면 내부 반복자는 함수형 프로그래밍에서 많이 사용되는 방식이다. 외부 반복자와 비교해 봤을 때, 내부 반복자는 덜 복잡하고, 더 유연하고 표현력이 있고 편리하다. 코틀린은 콜렉션에서 직접 사용할 수 있는 내부 반복자를 제공한다. 하지만 콜렉션에서 직접 실행되는 내부 반복자는 모든 요소에 대해서 무조건 실행된다. 이런 방식이 크기가 작은 콜렉션에서는 문제가 되지 않지만, 크기가 큰 콜렉션에서는 성능이 낮아시는 문세가 발생될 수 있다. 그 이유는 필요하지 않는 실행까지도 모두 하기 때문이다. 그래서 코틀린은 시퀀스를 랩퍼로 제공해서 실행을 지연시킨다. 지연 연산 실행으로 인해서 필요하지 않은 연산을 제거할 수 있고, 그 결과 좋은 성능을 내면서 내부 반복자의 장점을 취할 수 있다.

내부 반복자는 편리하고, 표현력이 강하고, 우아하다. 하지만 코틀린은 이런 표현력 강한 코드를 생성하는 기능으로 완전히 새로운 수준의 특성을 만들어냈다. 이제 다음 장에서 만나볼 예정이다.

PART 04

우아하고 효율적인
코틀린

프로그래머들은 종종 코틀린 코드가 아름답다고 말한다. 그럴만한 좋은 이유가 있다. 코틀린 코드는 간결하고 의례적인 코드가 적다. 또한 좋은 문법을 가지고 있어 이미 존재하는 클래스를 확장해 도메인 특화 메소드나 속성을 만들 수 있다. 이번 파트에서 코틀린의 다양한 기능을 보게 될 것이다. 그리고 API와 내부 도메인 특화언어를 구현하고 적용하는 언어의 기능에 대해서 배운다. 또한 코틀린이 재귀를 최적화하는 방법을 배운다. 이를 사용하여 인풋 파라미터가 큰 프로그램을 만들 수 있다.

12

코틀린에서 구현하는 유창성

블레즈 파스칼(Blaise Pascal)은 이런 명언을 남겼다. "죄송합니다. 편지를 짧게 쓸 여유가 없어서 길게 씁니다." 이 말은 프로그래밍에도 똑같이 적용할 수 있다. 이번 챕터에서 필자는 독자들에게 짧아도 읽기 좋은 코드를 쓰는 방법을 배우라고 말할 것이다.

코드는 한번만 쓰여진다. 하지만 읽혀지고, 리팩토링되고, 보강하고, 유지보수 되는 일은 어플리케이션이 살아있는 동안 계속된다. 장황하고, 질이 낮고, 이해하기 어려운 코드는 지구상에서 가장 예의 바른 사람조차 욕을 하게 만든다. 코드의 퀄리티를 올리면 유지보수하는 비용이 낮아진다.

잘 쓰여진 코드는 간결하고, 읽기 쉽고, 이해하기 쉽고, 그 자체로 우리와 팀에게 선물이 된다. 또, 읽는데 즐겁고, 우리를 생산적이게 만들고, 더 좋은 퀄리티의 소프트웨어를 개발하게 하는 모티브가 된다.

잘 쓰여진 코드는 소프트웨어 개발에 직접적으로 경제적인 영향을 미친다. 대부분의 팀은 끊임없이 급한 문제를 가지고 있다. 시간이 남아 편안하게 버그를 고칠만한 여유로운 상황은 거의 발생하지 않는다. 장황하고 읽기 어려운 혼란스러운 코드는 스트레스 레벨을 급격히 올린다. 결과적으로 문제를 파악하고, 해결하기 더 어렵게 만든다. 길고, 알아보기도 어렵고, 장황한 코드에 비해서 잘 쓰여진 코드는 파악하는데 더 적은 시간과 노력이 든다. 소수의 프로그래머들은 어떤 언어로든 코드를 잘 쓸 수 있지만, 유창성(Fluency)이 높은 언어는 우리 모두를 적은 노력으로 코드를 잘 쓸 수 있게 해준다. 유창성이 자연스럽게 코드의 구성요소가 된다면 개발자와 비즈니스 모두 이익을 얻는다.

이번 챕터에서 우리는 어떻게 코틀린 코드를 잘 쓰고, 표현력 있게 쓰고, 간결하게 쓰는지를 배울 것이다. 먼저 의견이 분분한 연산자 오버로딩 기능부터 시작한다. 그리고 이미 존재하는 서드파티 클래스의 메소드와 속성을 인젝팅해서 함수를 확장하고, 함수 호출을 매끄럽게 하고 어떤 객체를 사용하던 코드를 줄일 수 있는 방법을 알아본다. 마지막으로 챕터를 마무리하면서 리시버가 람다 표현식에 접근을 허용하는 진보된 기능에 대해서 알아본다. 여기서 배울 테크닉들은 다음 장에서 DSL을 만들때 좋은 방법이 될 것이다.

12-1 연산자 오버로딩

우리는 전통적으로 숫자타입에 연산자를 사용해서 식을 만들었다. 예를 들자면 2 + 3 또는 4.2 * 7.1 같은 방식이다. 연산자 오버로딩은 언어가 유저가 정의한 데이터 타입에 연산자를 사용하기 위해서 확장한 기능이다.

아래의 두 라인의 코드 조각을 비교해보자.

```
bigInteger1.multiply(bigInteger2)
bigInteger1 * bigInteger2
```

첫 줄은 JDK의 multiply 메소드를 사용한 것이다. 두 번째 줄은 BigInteger의 인스턴스에 * 연산자를 사용한 것이다. 여기서 사용한 * 연산자는 코틀린 스탠다드 라이브러리에서 나왔다. 두 연산이 같은 결과를 만들지만 두 번째 줄이 첫 번째 줄에 비해서 읽고, 쓰기 더 쉽다. * 연산자를 사용한 코드가 더 자연스러워 보이며 유창성을 가질 뿐 아니라, multiply() 메소드를 사용한 것에 비해서 코드가 적다. Java는 유저가 만든 데이터 타입에 연산자를 오버로딩해서 사용할 수 있는 권한을 주지 않는다. 하지만 연산자 오버로딩을 지원하는 언어에서는 가능하다. 이런 점이 코드를 더 유연하고 유창하게 만들며, 덜 어지럽게 하고, 코틀린으로 프로그래밍을 하는걸 즐기게 만들어준다.

코틀린에서는 +, -, * 같은 연산자를 숫자 타입에만 사용하는 것에 추가적으로 연산자를 오버로딩해서 객체에서 사용할 수 있다. 예를 들어 Data 클래스를 참조하는 today 변수가 있다고 하면, today + 2는 오늘로부터 2일 후를 의미한다.

프로그래머와 연산자 오버로딩은 애증 관계에 있다. 왜냐하면 어뷰징하기 쉬운 기능이기 때문이다. 예를 들어서 today + 2는 오늘로부터 2일 후일까? 아니면 2달 후일까? 명확하지 않다. 그리고 이런 점이 코드를 읽는 사람을 실망시킨다. 코드가 읽기에 명확하지 않다면 연산자 오버로딩을 사용하지 말자.

연산자 오버로딩은 정확하게 사용하면 엄청난 이득이 된다. 예를 들어서 wishList + appleWatch는 꽤 직관적이다. 우리가 리스트에 아이템을 추가하는 것이다. 연산자 오버로딩이 유저가 만든 클래스에 사용될 때 우리는 연산자의 동작 의도를 존중하도록 주의를 기울여야 한다. 예를 들어, 우리는 +가 순수한 함수인 것을 알고 있다. +는 피연산자를 변경하지 않는다. +를 List 클래스에 사용되도록 작성한 사람은 +가 피연산자를 변경하지 않도록 해야 한다. 이게 바로 "정확하게 사용"한다는 의미이다. 변수에 사용하는 이름 역시 연산자를 사용하는 코드의 가독성에 영향을 준다. 그렇기 때문에 이름을 신중하게 정해야 한다. 예를 들어서, wishList + appleWatch는 w + x에 비해서 오버로딩된 연산자 +가 List 인스턴스에 적용된다는 의도를 전달한다.

JVM이 연산자 오버로딩을 지원하지 않기 때문에(코틀린은 Java 바이트코드로 컴파일된다) 코틀린은 연산자 오버로딩을 지원하기 위해서 연산자를 특별히 명명된 메소드에 맵핑한다. 예를 들어서, +는 plus() 메소드가 된다. 비록 연산자 우선순위는 고정되어있고 우선순위를 변경할 수는 없지만, 이런 특화된 메소드를 만들었기 때문에, 개발자는 연산자를 직접 만든 클래스에 오버로딩 할 수 있다. 그리고 확장 함수 역시 곧 보게 될 것이다. 우리는 서드파티 클래스의 연산자도 오버로딩할 수 있다.

연산자를 오버로딩하기 위해서, 함수는 operator 키워드로 정의되어 있어야 한다. 아래는 Pair<Int, Int>에 + 연산자를 오버로딩해서 숫자 페어를 더하는 예제이다.

[코드 fluency/pairplus.kts]

```
operator fun Pair<Int, Int>.plus(other: Pair<Int, Int>) =
  Pair(first + other.first, second + other.second)
```

함수의 이름이 plus()이다. plus()는 +를 위한 특별한 메소드 이름이다. plus()는 묵시적 객체에서 동작한다. 왼쪽 피연산자는 this를 이용해서 참조하고, 오른쪽 피연산자는 other

를 이용해서 참조한다. `this.first + other.first`를 사용하는 대신 여기서는 축약형 표현인 `first + other.first`를 이용해서 두 페어의 첫 번째 값을 더하는 연산을 했다. `plus()` 확장 함수는 주어진 페어의 첫 번째 값을 합친 값과 두 번째 값을 각각 합친 값으로 만들어진 새로운 `Pair<Int, Int>` 객체를 리턴한다.

직접 만든 클래스에서 연산자를 오버로딩하기 위해서, 적절한 특화된 메소드를 클래스의 멤버함수로 작성해야 한다. 아래의 예제는 복소수를 나타내는 클래스에 두 개의 복소수를 곱하기 위해서 `*` 연산자를 오버로딩한다.

[코드 fluency/complex.kts]

```
import kotlin.math.abs
data class Complex(val real: Int, val imaginary: Int) {
  operator fun times(other: Complex) =
    Complex(real * other.real - imaginary * other.imaginary,
        real * other.imaginary + imaginary * other.real)
  private fun sign() = if (imaginary < 0) "-" else "+"
  override fun toString() = "$real ${sign()} ${abs(imaginary)}i"
}
println(Complex(4, 2) * Complex(-3, 4)) //-20 + 10i
println(Complex(1, 2) * Complex(-3, 4)) //-11 - 2i
```

즐거운 시간(fun times)이라고 써도 오류가 발생하지 않는 언어를 어떻게 싫어할 수 있겠는가? `operator`로 마크된 `times()` 메소드는 `*` 연산자를 의미한다. `times()` 메소드를 `operator`로 표시하지 않고 `*`를 사용하려고 하면 에러가 난다. 연산자를 나타내기 위해서 특화된 메소드 이름이 아닌 메소드에 `operator` 키워드를 사용하면 역시 에러가 난다.

연산자와 대응하는 메소드 이름은 아래 표와 같다. 메소드 이름과 연산자는 기억하기 쉽고, 제법 직관적이다. 모든 연산은 이해하기 편하다. 연산자가 피연산자를 변경하거나 부작용을 일으키지 않는다.

연산자	대응하는 메소드	주의사항
+x	x.unaryPlus()	
−x	x.unaryMinus()	
!x	x.not()	
x + y	x.plus(y)	
x − y	x.minus(y)	
x * y	x.times(y)	

x / y	x.div(y)	
x % y	x.rem(y)	
++x	x.inc()	x는 할당 가능해야 함
x++	x.inc()	x는 할당 가능해야 함
--x	x.dec()	x는 할당 가능해야 함
x--	x.dec()	x는 할당 가능해야 함
x == y	x.equals(y)	
x != y	!(x.equals(y))	
x < y	x.compareTo(y)	⟨=, ⟩, ⟩= 도 사용 가능
x[i]	x.get(i)	
x[i] = y	x.set(i, y)	
y in x	x.contains(y)	!in으로도 사용 가능
x..y	x.rangeTo(y)	
x()	x.invoke()	
x(y)	x.invoke(y)	

+=, -=, *=, /=, %= 같은 혼합된 연산자를 위한 함수는 첫 번째 연산자의 특화된 메소드명 뒤에 Assign을 붙이면 된다. 예를 들면 plusAssign()은 +=을 뜻하는 메소드명이다. 한 클래스에서 plus()와 plusAssign()을 모두 구현할 필요는 없다. 다른 혼합 연산자도 마찬가지로 모두 구현할 필요가 없다. 예를 들어서, 만약에 plus() 메소드를 구현해놨다면 +=는 plus() 메소드를 적절하게 사용할 것이다. plus()를 구현하지 않았다면 컴파일러는 plusAssign()을 찾을 것이다. 이때 plus()와 plusAssign() 모두 찾을 수 없다면(구현되어 있지 않다면) 해당 클래스의 += 연산자 컴파일이 실패한다. plus()는 순수함수고 새로운 인스턴스를 리턴한다. plusAssign()은 피연산자의 상태를 변경시킨다. 그렇기 때문에 피연산자는 뮤터블이어야 한다.

연산자를 오버로딩할 때는 지켜야 할 규칙이 있다. 개발자는 연관된 연산자의 동작의 관행을 따라야 한다. 예를 들어서 +나 - 연산자를 오버로딩할 때 객체를 변경(mutate)하면 안 된다. 이런 규칙은 객체를 변경시키는 연산자에도 적용된다. 증가연산자와 감소연산자를 오버로딩 해보자. inc() 함수는 선 증가연산 ++x 와 후 증가연산 x++에 모두 사용되고, dec() 함수 역시 선 감소연산과 후 감소연산에 모두 사용된다.

[코드 fluency/counter.kts]

```
class Counter(val value: Int) {
  operator fun inc() = Counter(value + 1)
  operator fun dec() = Counter(value - 1)
```

```
    override fun toString() = "$value"
}
var counter = Counter(2)
println(counter) //2
println(++counter) //3
println(counter) //3
println(counter++) //3
println(counter) //4
```

inc() 메소드에서 우리는 아무것도 변경시키지 않았다. 그대신 새로운 상태를 가진 새로운 객체를 리턴했다. 선 증가연산으로 사용될 때 코틀린은 연산자에 적용된 변수에 리턴해야 하는 값을 저장해놓는다. 그래서 우리가 ++counter를 했을 때 출력이 3이 될 수 있었던 것이다. 반면에 후 증가연산으로 사용될 때는 코틀린이 결과를 해당 변수에 저장하지만 이전 값을 식의 결과로 리턴한다. counter++이 현재의 counter값인 4가 아니고 3인 이유이다.

연산자 오버로딩은 강력한 기능이다. 하지만 사용할 때는 아래의 몇 가지 추천사항을 따르도록 하라.

- ▶ 절제하여 사용하라.
- ▶ 코드를 읽는 사람 입장에서 당연하게 받아들여질 경우에만 사용하라.
- ▶ 오버로딩된 연산자는 일반적인 연산자의 동작이어야 한다.
- ▶ 변수이름을 의미있게 만들어라. 그래야 오버로딩의 문맥을 파악하기 좋다.

연산자는 노이즈를 줄여주고, 정확하게 사용하면 코드를 직관적이고 읽기 좋게 만들어준다. 이제 다음은 연산자를 뛰어넘어서 가독성을 더 좋게 만드는 방법을 확인한다.

12-2 확장 함수와 속성을 이용한 인젝팅

가독성과 자연스러움의 관점에서 본다면 서드파티 클래스의 어플리케이션 특화 메소드들을 사용하면 동료 프로그래머들의 삶의 질이 높아진다. 그리고 코틀린에서 이런 일이 실제로 가능하다. 왜냐면 코틀린이 개발자에게 다른 JVM언어에서 작성된 클래스를 포함한 모든 클래스에 메소드와 속성을 인젝팅할 수 있는 권한을 주기 때문이다. 메타프로그래밍을 제공하는 다른 언어들과는 다르게, 코틀린은 인젝션을 런타임 패치나 클래스 로딩없이 수행한다. 코틀린에서 클래스는 확장에는 열려있다. 상속이 불가능한 클래스 역시 확장에는 열려있다. 확장 함수와 확장 속성은 확장하려는 클래스의 바이트코드 변경 없이 메소드와 속성을 추가하는 테크닉이다. 클래스의 확장 함수를 만들면 해당 클래스의 인스턴스 메소드를 만든 것처럼 보이게 된다. 클래스에 이미 존재하는 메소드를 확장 함수로 만들면 안된다. 충돌이 있는 경우에 클래스의 멤버 함수가 항상 확장 함수를 이긴다. 코틀린 컴파일러가 메소드 호출을 확인하면, 사용 가능한 인스턴스 메소드가 있는지 확인하고, 있을 경우 바로 사용한다. 인스턴스 메소드를 찾지 못한다면 코틀린이 해당 클래스의 확장 함수를 찾기 시작한다.

이미 존재하는 클래스에 메소드와 속성을 인젝팅할 수 있다. 여기엔 final 클래스도 포함되고, 직접 작성하지 않은 클래스도 포함된다. 이게 바로 프리소사이어티 정신이다.

일단 이미 존재하는 클래스에 메소드를 인젝팅 하는 것부터 시작하자. 그리고 연산자를 인젝팅하고, 속성을 인젝팅해보자.

확장 함수를 이용한 메소드 인젝팅

우리의 거대한 엔터프라이즈 어플리케이션이 Point와 Circle이라는 두 개의 클래스를 가지고 있다고 가정해보자. 두 클래스는 아래와 같이 정의되어있다.

[코드 fluency/circle.kts]

```
data class Point(val x: Int, val y: Int)
data class Circle(val cx: Int, val cy: Int, val radius: Int)
```

현재 이 클래스들은 아무런 메소드도 가지고 있지 않다. 그리고 두 클래스는 서로 독립적이다.

점이 원 안에 위치해있는지 찾아야 된다고 가정해보자. 각 클래스에 이런 동작을 해주는 편리한 메소드가 있다면 좋을 것 같다. 하지만 우리가 Circle 클래스나 Point 클래스를 만든 작성자에게 그런 메소드를 만들어달라고 매달릴 필요는 없다. 우리가 직접 메소드를 추가할 수 있다. contains()라는 확장 함수를 Circle클래스에 인젝트 해보자.

[코드 fluency/circle.kts]

```
fun Circle.contains(point: Point) =
  (point.x - cx) * (point.x - cx) + (point.y - cy) * (point.y - cy) <
    radius * radius
```

이 코드는 모든 클래스의 바깥에 존재한다. 패키지의 top level에 존재한다는 의미이다. 이번 예제에서는 기본 패키지에 존재한다. contains() 확장 함수 안에 우리는 암시적으로 Circle클래스의 인스턴스의 멤버에 접근한다. 이 확장 함수가 클래스 내부에 인스턴스 메소드로 정의되었을 때와 동일하게 접근하는 것이다. 이 메소드를 Circle클래스 내부에 작성할 경우 현재와 유일한 차이점은 fun Circle.contains(point: Point)가 아니고 fun contains(point: Point)라고 정의할 것 이라는 것뿐이다.

이 메소드가 보이는 한(즉, 같은 파일이거나 메소드가 있는 패키지를 임포트한 경우) 항상 메소드를 사용할 수 있다.

[코드 fluency/circle.kts]

```
val circle = Circle(100, 100, 25)
val point1 = Point(110, 110)
val point2 = Point(10, 100)
println(circle.contains(point1)) //true
println(circle.contains(point2)) //false
```

Circle에는 contains() 메소드가 없지만 Circle클래스의 인스턴스에서 해당 메소드를 호출할 수 있다. 코틀린의 확장 함수는 패키지의 **static** 메소드로 만들어진다. 그리고 컨텍스트 객체(이번 예제에서는 Circle)를 함수의 첫 번째 파라미터로 전달하고, 이어서 실제 파라미터를 전달한다. 컴파일러는 메소드에 대한 호출을 확인해 확장 함수를 호출해 컨텍스트 객체 **circle**을 첫 번째 아규먼트로 메소드에 전달한다. 짧게 말하면 확장 함수를 사용할 때 메소드 호출로 보이는 과정은 사실은 **static** 메소드를 호출하는 과정과 동일하다.

확장 함수는 한계를 가지고 있다. 확장 함수와 인스턴스 메소드가 같은 이름을 가지고 있어서 충돌을 일으키면, 항상 인스턴스 메소드가 실행된다. 그리고 인스턴스의 캡슐화된 부분(private 메소드 혹은 속성)에 접근할 수 있는 인스턴스 메소드와는 다르게 확장 함수는 정의된 패키지 안에서 객체에 보이는 부분(public 메소드 혹은 속성)에만 접근 가능하다.

확장 함수를 이용한 연산자 인젝팅

확장 함수는 연산자 역시 될 수 있다. "12-1. 연산자 오버로딩"에서 언급된 연산자 리스트에서 우리는 in이 연산자이고, contains() 메소드와 맵핑된다는것을 보았다. 원(circle)은 점(point)를 가지고 있을 수 있다. 하지만 우리는 점이 원 안에 있는지 여부를 묻고 있다. 이 말은 in 연산자가 aPoint in aCircle같이 호출될 때 aCircle.contains(aPoint)로 해석될 수 있다는 뜻이다. 하지만 이렇게 하기 위해서는 Circle클래스의 contains() 메소드에

operator 어노테이션을 붙여야 한다.

```
operator fun Circle.contains(point: Point) =
  (point.x - cx) * (point.x - cx) + (point.y - cy) * (point.y - cy) <
    radius * radius
```

단순히 확장 함수 앞에 operator 키워드를 더해줄 뿐이다. 끝이다.

이제 우리는 contains() 메소드를 이전처럼 사용할 수도 있고, in연산자를 이용해서 사용할 수도 있다.

```
println(circle.contains(point1)) //true
println(point1 in circle) //true
println(point2 in circle) //false
```

확장 속성을 이용한 속성 인젝팅

확장 함수에서 빠르게 방향을 바꿔보면, 확장 속성 역시 추가할 수 있다. 확장 속성은 클래스 내부에 존재하는 것이 아니기 때문에, 백킹 필드를 가질 수 없다. 즉, 확장 속성은 field에 접근할 수 없다는 이야기이다. 확장 속성은 클래스의 다른 속성이나 메소드를 이용해서 작업을 완료할 수 있다. Circle 클래스에 area 속성을 추가해보자.

```
val Circle.area: Double
  get() = kotlin.math.PI * radius * radius
```

객체의 사용자 관점에서, 우리는 확장 속성을 실제 속성처럼 사용할 수 있다.

```
val circle = Circle(100, 100, 25)
println("Area is ${circle.area}") //1963.49...
```

var로 정의된 확장 속성에는 setter도 사용할 수 있다. setter는 클래스의 다른 메소드에 의존하게 된다. 확장 속성의 getter와 마찬가지로 setter는 백킹 필드를 사용할 수 없다.

서드파티 클래스 인젝팅

우리는 확장 함수를 서드파티 클래스에 추가할 수도 있고, 이미 존재하는 메소드로 확장 함수를 라우팅할 수도 있다. 아래는 java.lang.String 클래스에 확장 함수를 추가한 예제이다.

[코드 fluency/stringext.kts]

```
fun String.isPalindrome(): Boolean {
  return reversed() == this
}
```

isPalindrome() 메소드는 코틀린의 확장 함수인 reversed()를 이용해서 현재 주어진 문자열이 palindrome인지 결정한다. 코드블록을 정의하는 대신, 이미 존재하는 메소드를 호출하는 단일표현식(single line expression)을 사용할 수도 있다.

[코드 fluency/stringext.kts]

```
fun String.shout() = toUpperCase()
```

아래의 예제는 위의 2개의 메소드를 사용하는 예제이다.

[코드 fluency/stringext.kts]

```
val str = "dad"
println(str.isPalindrome()) //true
println(str.shout()) //DAD
```

첫 println은 String의 확장 함수인 isPalindrome()이 동작하는 것을 보여준다. 두 번째 println의 shout() 메소드는 toUpperCase() 메소드만 사용해서 필자가 아이들에게 농담을 할때마다 돌아오는 반응을 만든다.

확장 함수라는 주제를 마무리하기 전에, 오랫동안 미뤄왔던 숙원사업을 끝내보자. 4–1의 "정
방향 반복"에서 "hell"부터 "help"까지의 String 범위를 반복하려고 했지만 실패했다. 아래는
우리가 작성했던 코드에 발생했던 에러다.

```
for (word in "hell".."help") { print("$word, ") } //ERROR
//for-loop range must have an 'iterator()' method
```

확장 함수를 사용하면 위 에러를 고칠 수 있다.

에러 메시지를 보면 컴파일러가 ClosedRange<String>클래스에서 iterator() 메소드를 찾을 수 없다고 나온다. iterator() 메소드를 클래스로 인젝팅하는데 도움이 될 몇 가지 사항들을 보자.

▶ 반복자를 만들 때는 어노니머스(익명) 객체로 만들 수 있다. 이와 관련해서는 7–1의 "객체 표현식으로 사용하는 익명 객체"에서 다뤘다.

▶ start 속성을 이용해서 range의 첫 번째 요소에 접근할 수 있고, ClosedRange⟨T⟩ 클래스의 endInclusive를 이용해서 마지막 요소에 접근할 수 있다.

▶ "12–1. 연산자 오버로딩"에서 확인한 것처럼, 코틀린은 >= 연산자를 사용하면 compareTo() 메소드를 실행한다.

▶ 뮤터블 String을 사용하기 위해서 JDK의 StringBuilder 클래스를 사용할 수 있다.

▶ kotlin.Char의 + 연산자는 다음 문자를 가져오기 위해 사용된다. 우리는 + 연산자를 StringBuilder의 마지막 캐릭터를 증가시키기 위해서 사용한다.

이 아이디어들을 적용해서 iterator()라는 확장 함수를 만들어보자.

[코드 fluency/forstringrange.kts]

```
operator fun ClosedRange<String>.iterator() =
  object: Iterator<String> {
    private val next = StringBuilder(start)
    private val last = endInclusive
    override fun hasNext() =
      last >= next.toString() && last.length >= next.length
    override fun next(): String {
      val result = next.toString()
      val lastCharacter = next.last()
      if (lastCharacter < Char.MAX_VALUE) {
        next.setCharAt(next.length - 1, lastCharacter + 1)
      } else {
      next.append(Char.MIN_VALUE)
      }
      return result
    }
  }
```

우선 iterator() 메소드에 operator 어노테이션이 있어야 한다. 확장 함수에서 우리는 Iterator<String>을 구현했다. 구현 안에서 range의 start 값을 next 속성에 저장했고, endInclusive 값을 last 속성에 저장했다. hasNext() 메소드는 반복에서 마지막 요소를 지나가기 전이나 마지막 요소의 길이가 반복에서 발생한 문자열의 길이보다 짧지 않을 경우 true를 리턴한다. 마지막으로 next() 메소드는 현재 next가 가지고 있는 String값을 리턴하고 next의 마지막 문자를 증가시킨다. 마지막 문자가 Char.MAX_VALUE일 경우 생성된 문자열에 새로운 문자를 추가한다. 이 next() 함수의 구현은 Groovy 라이브러리의 유사한 구현에서 영감을 얻었다.

이제 반복문을 다시 호출해보고 인젝팅한 메소드의 효과를 확인해보자.

```
for (word in "hell".."help") { print("$word, ") }
```

이번엔 에러가 발생하지 않는다.

```
hell, helm, heln, helo, help,
```

코틀린이 제공하는 다른 기능인 코루틴의 yield를 이용하면 반복자를 더 간단히 구현할 수도 있다. "서스펜션 포인트(중단점)와 인터리빙 호출"에서 위 기능에 대해 알아본다.

Static 메소드 인젝팅

클래스의 컴패니언 객체를 확장해서 static 메소드를 인젝팅할 수 있다. 즉 메소드를 클래스가 아니라 컴패니언에 인젝팅한다는 의미이다. 그 결과 클래스가 컴패니언 객체를 가지고 있다면 static 메소드를 인젝팅할 수 있다.

예를 들면, 코틀린은 String에 확장되고 추가된 컴패니언이 있다. 그렇기 때문에 String에는 static메소드를 추가할 수 있다.

```
fun String.Companion.toURL(link: String) = java.net.URL(link)
```

일단 확장 함수를 추가하면, 파라미터로 받은 String을 URL인스턴스로 변경하기 위해 String 클래스에서 toURL() 함수를 호출할 수 있다.

```
val url: java.net.URL = String.toURL("https://pragprog.com")
```

String 클래스에 static 메소드나 클래스 레벨 메소드를 추가하는 것은 적은 노력으로 가능하다. 하지만 코틀린의 모든 서드파티 클래스에 static 메소드를 추가할 수 없다. 예를 들자면 JDK 클래스인 java.net.URL 클래스에는 코틀린이 이 URL 클래스를 위해서 컴패니언 클래스를 추가하지 않았기 때문에 클래스 레벨 메소드를 추가할 수 없다.

클래스 내부에서 인젝팅

지금까지 모든 확장 함수는 탑레벨에서 인젝팅했다. 즉, 확장 함수를 모두 클래스 외부에서 추가했다는 의미이다. 이런 확장 함수들은 탑레벨에 확장 함수가 있는 패키지를 임포트한 모든 코드에서 볼 수 있다. 확장 함수는 클래스 내부에서도 인젝트할 수 있다.

클래스를 설계할 때, 가끔씩 서드파티 클래스에 편의를 위한 메소드가 있다면 나의 클래스를 구현하기 더 편할 것 같다는 생각을 할 때가 있다. 예를 들어서 insurancePolicy 클래스를 구현할 때, 정책 만기일까지 남을 날짜를 알려주는 메소드, 주어진 날짜에 정책이 유효한지 알려주는 메소드 등 Date와 관련된 메소드가 있다면 유용할 거 같다는 생각을 하게 된다. 서드파티 클래스에 확장함수를 만들기 원한다면 본인이 만든 클래스 내부에서 함수를 확장할 수 있다.

확장 함수를 클래스 안에서 만든다면 해당 확장 함수는 해당 클래스와 해당 클래스의 이너 클래스에서만 볼 수 있다. 또한 확장 함수 안에는 2개의 리시버가 있다. 즉 어떤 의미에서는 2개의 this 컨텍스트 객체가 있다는 의미이다. 이 개념을 잡기 위해서 예제를 만들어보자.

우리가 앞서 만든 Point 데이터 클래스는 2개의 속성 x와 y가 있다. Point 클래스를 변경해보자. 이번엔 값을 Point 안에 직접 가지고 있지 않고, Pair에 저장한다. 이제 우리의 새로운 Point클래스안에 Pair클래스에 편리를 위한 메소드를 만들 이유가 생겼다.

Point 클래스의 주 생성자는 2개의 파라미터 x와 y를 받는다. 우리는 x와 y를 속성 대신 파라미터로 만든 다음에 두 파라미터를 Pair<Int, Int>에 저장한다. Point 클래스에는 2개의 private 속성을 만들어서 지금은 Pair에 저장되어있는 x와 y의 부호를 리턴할 수 있도록 한다. 우리는 이 속성을 firstsign과 secondsign이라고 부른다. 그리고 toString() 메소드를 오버라이드한다. 그리고 toString() 메소드를 구현할 때 Point클래스에서 만든 Pair의 확장 함수를 호출한다. 마지막으로 Point 클래스의 toString() 메소드에서 호출하게 될 point2String()이라는 확장 함수를 구현한다. 이제 확장 함수에 대해 이야기 하기 전에 먼저 Point 클래스의 코드를 확인 해보도록 하자.

```kotlin
class Point(x: Int, y: Int) {
  private val pair = Pair(x, y)
  private val firstsign = if (pair.first < 0) "" else "+"
  private val secondsign = if (pair.second < 0) "" else "+"
  override fun toString() = pair.point2String()
  fun Pair<Int, Int>.point2String() =
    "(${firstsign}${first}, ${this@Point.secondsign}${this.second})"
  }
println(Point(1, -3)) //(+1, -3)
println(Point(-3, 4)) //(-3, +4)
```

Point 클래스에서 Pair<Int, Int>로 확장 함수를 인젝트했다. 그렇기 때문에 클래스 외부에서 Pair<Int, Int>의 확장 함수를 사용하려고 하면 컴파일 에러가 난다. 확장 함수만 좀더 자세히 보도록 하자.

```kotlin
fun Pair<Int, Int>.point2String() =
  "(${firstsign}${first}, ${this@Point.secondsign}${this.second})"
```

확잠 함수가 클래스 내부에 생성되었기 때문에 확장 함수에는 this 와 this@Point 두개의 리시버를 가지고 있다. 이 두 리시버는 코틀린에서는 별개의 이름을 가지고 있다. 하나는 익스텐션 리시버(extension receiver)이고 다른 하나는 디스패치 리시버(dispatch receiver)이다. 익스텐션 리시버는 확장 함수가 실행되는 객체이다. 즉 확장 함수를 리시브하는 객체라는 의미이다. 디스패치 리시버는 우리가 확장 함수를 만들어 추가한 클래스의 인스턴스이다. 즉, 메소드 인젝션이 된 클래스이다.

다음 그림은 확장 함수의 두 리시버를 명확하게 보여준다.

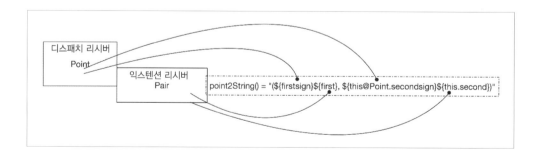

확장함수에서 언급한 속성 또는 메소드가 익스텐션 리시버에 있는 경우엔 익스텐션 리시버의 속성이나 메소드를 사용하게 된다. 익스텐션 리시버에 언급된 프로퍼티 또는 메소드가 없다면 디스패치 리시버를 확인하고, 디스패치 리시버에 언급한 프로퍼티 또는 메소드가 있다면 디스패치 리시버에 바인딩 된다. 프로퍼티와 메소드 바인딩을 할때 익스텐션 리시버가 우선순위를 가진다.

메소드 안에서 `first`는 익스텐션 리시버인 `Pair<Int, Int>`의 속성에 바인딩된다. 이와 유사하게, `this.second`는 위와 같은 인스턴스의 `second` 속성에 바인딩 된다. 익스텐션 리시버인 `Pair<Int, Int>`는 `firstsign`이라는 속성이 없고, 디스패치 리시버인 `Point`에 `firstsign`이 있기 때문에 `firstsign`은 디스패치 리시버에 바인딩된다. 익스텐션 리시버와 디스패치 리시버에 충돌이 있고, 익스텐션 리시버를 바이패스한 후 디스패치 리시버에 참조를 걸고 싶다면 `this@Outer` 문법을 사용하면 된다. 이 문법에 대해서는 "8-2. 중첩 클래스와 이너 클래스"에서 확인했었다. 이너 클래스에서 아우터 클래스를 참조할 때 사용하는 문법과 동일한 문법이다. `this@Point.secondsign`에 대한 참조가 디스패치 리시버에 명시적인 접근을 보여주고 있다.

클래스 내부 혹은 클래스의 메소드에 정의된 확장 함수는 특정 클래스 또는 특정 함수에서만 확장 함수를 사용하도록 스코프를 좁히는데 유용하다.

지금까지 우리는 클래스에 메소드를 추가하는 방법을 배웠다. 이제부터는 메소드를 함수에 추가하는 방법을 보게 된다. 이 기능은 흥미로운 기능인 확장 함수에 더 큰 호기심을 자아내게 한다.

12-3 함수 확장

코틀린에서 함수는 객체이다. 그리고 우리는 클래스에 메소드를 인젝트한 것처럼 함수에도 메소드를 인젝트할 수 있다. Java8에서 함수인터페이스 `Function<T, R>`은 두 개의 함수를 조합하기 위해서 andThen() 메소드를 가지고 있다. 그리고 우리는 이 기능을 이용해서 연산을 합치는데 사용한다. 코틀린의 `Function`은 andThen() 메소드를 가지고 있지 않다. 하지만 우리는 코틀린의 함수에 andThen() 메소드를 인젝트할 수 있다.

[코드 fluency/extendfunctions.kts]

```
fun <T, R, U> ((T) -> R).andThen(next: (R) -> U): (T) -> U =
{ input: T -> next(this(input)) }
```

확장 함수의 시그니처를 보면 T타입 파라미터를 받고, R타입을 리턴하는 함수에 andThen() 이 추가 됐다는 것을 알 수 있다. andThen()으로 전달될 파라미터는 타입 R(andThen() 함수가 호출되는 함수의 리턴타입)을 파라미터로 받는 함수여야 한다. 그리고 andThen()에 전달될 함수 는 U 타입을 리턴한다. andThen()에 의해서 생성된 함수의 결과는 T타입의 파라미터를 받고, U타입의 리턴을 하게 된다. andThen()의 바디에서 우리는 람다 표현식을 리턴한다. 이 람다 는 자신의 파라미터를 andThen()이 호출된 함수로 전달하고 그 결과를 next 함수로 전달한 다. 즉, 파라미터는 andThen()에 전달하고 andThen()이 함수의 결과를 next의 input으로 전달을 한다.

위의 함수를 연습해보기 위해서 두 개의 단독함수를 만들어보자.

[코드 fluency/extentfunctions.kts]

```
fun increment(number: Int): Double = number + 1.toDouble()
fun double(number: Double) = number * 2
```

이제 우리는 increment()의 결과를 double() 함수와 함께 사용하기 위해서 andThen()을 호출할 수 있다.

[코드 fluency/extendfunctions.kts]

```
val incrementAndDouble = ::increment.andThen(::double)
println(incrementAndDouble(5)) //12.0
```

::구문을 이용한 increment()의 참조에 andThen() 메소드를 호출했고, double() 메소드에 참조를 넘겼다. 이런 동작의 결과는 increment()와 double()을 합친 함수가 된다.

이런 기법에 대해서는 14-3의 "Groovy 방식의 메모이제이션"에서 memoize() 메소드를 함 수에 인젝트하는 방법으로 적용해볼 예정이다.

12-4 infix를 이용한 중위표기법

점과 괄호는 우리가 작성하는 코드에서 흔하게 나타난다. 하지만 많은 경우 점과 괄호를 제거 하면 코드의 노이즈를 적게 만들고, 이해하기 쉬운 코드를 만들 수 있다. 예를 들어서 다음 코 드는 Java에서 친숙한 코드이다.

```
//Java
if(obj instanceof String) {
```

Java에서 앞 코드가 아닌 'if(obj.instanceOf(String)) {'이라고 작성해야 한다고 상상해
보자. 얼마나 혼잡한가? 저런 복잡한 문법 대신 우리는 아주 좋은 문법 'if(obj instanceof
String){'을 사용한다. 훨씬 읽기 쉽다. 이렇게 연산자가 중간에 있거나 피연산자 사이에 있
는 것을 중위표기법(infix notation)이라고 부른다. 이런 문법은 아주 좋다. 하지만 Java에서는 이
런 표현 방법이 이미 정의된 연산자에서만 제한적으로 사용할 수 있다. 코틀린에서는 코드에
중위표기법을 사용할 수 있다. 즉, 점과 괄호에서 벗어날 수 있다는 의미이다. 그래서 코드의
표현력이 강해지고, 노이즈가 줄어들고, 읽기 쉬워진다.

Circle과 Point를 이용했던 앞선 예제에서 아래와 같은 코드를 보았다.

```
println(circle.contains(point1)) //true
println(point1 in circle) //true
```

contains()를 호출하기 위해서 in을 사용하지 않고 점과 괄호를 사용했다. 이유는 명확하
다. contains()는 메소드이고 in은 +와 마찬가지로 연산자이기 때문이다. 코틀린에서 연산
자는 항상 자동으로 중위표기법을 사용한다. 하지만 메소드는 기본으로 중위표기를 사용하지
않는다. 이런 차이점에는 합리적인 이유가 있다. 하지만 우리가 꼭 따라야만 하는 것은 아니
다. 코틀린에서는 약간의 변경만 해주면 contains를 in처럼 사용하는 것이 가능하다.

메소드에 infix 어노테이션을 사용하면 코틀린은 점과 괄호를 제거하는 것을 허용해준다.
infix는 operator와 함께 사용할 수 있다. 하지만 infix에 operator가 꼭 필요한 것은 아니
다. infix와 operator는 서로 독립적이다.

중위표기법을 사용하려면 아래의 코드를 변경해야 한다.

```
operator fun Circle.contains(point: Point) =
(point.x - cx) * (point.x - cx) + (point.y - cy) * (point.y - cy) <
radius * radius
```

변경해보도록 하자.

```
operator infix fun Circle.contains(point: Point) =
(point.x - cx) * (point.x - cx) + (point.y - cy) * (point.y - cy) <
radius * radius
```

이제 우리는 이렇게 사용할 수 있다.

```
println(circle.contains(point1)) //true
```

이렇게도 사용할 수 있다.

```
println(circle contains point1) //true
```

"점과 괄호가 없는게 뭐가 대단하냐?" 라는 의문을 품을지도 모르겠다. 점과 괄호가 없어지면 코드의 표현력이 강해지고, 노이즈가 적어진다. 이런 특징은 DSL를 만들 때 매우 도움이 된다. "Ch13. 내부 DSL 만들기"에서 보도록 하자.

코틀린은 `infix`를 이용해서 함수에 유연성을 제공한다. 하지만 한계 역시 존재한다. `infix` 메소드는 정확히 하나의 파라미터만 받아야 한다. `vararg`도 사용할 수 없고, 기본 파라미터도 사용 불가능하다.

12-5 Any 객체를 이용한 자연스러운 코드

중위표기법은 노이즈를 줄여준다. 그리고 코틀린은 어떤 객체를 사용하건 코드를 덜 장황하게 만들고, 더 표현력 있게 만든다. 코틀린은 몇 가지 편리한 함수를 추가해서 이런 기능을 가능하게 만들었다. 편리한 함수를 배운다면 매일매일 코딩이 즐거운 경험이 되고, 코드 역시 풍부해질 것이다.

코틀린으로 코딩을 한다는 것은 함수와 메소드를 실행하는 것과 람다 표현식을 전달하는 것을 포함한다. 코틀린은 일상적인 작업에서 제공해서 노이즈를 최소화하는 방법을 지원해준다.

코틀린은 코드를 풍부하게 해주는 4가지의 특별한 메소드를 가지고 있다. `also()`, `apply()`, `let()`, `run()`이다. 각각의 메소드는 람다 표현식을 파라미터로 받고, 전달받은 람다를 실행

하고 객체를 리턴해준다. 컨텍스트 객체에서 이 메소드들 중 하나를 실행하는 방법은 아래와
같다.

```
result = context.oneOfTheseFourMethods { optionalParameter ->
  ...body...
  ...what's this (receiver) here?...
  optionalResult
}
```

optionalParameter와 this(메소드를 호출의 리시버)는 호출한 메소드에 따라서 다르게 할당된
다. 호출에서 받게 되는 optionalResult 역시 다르다. 이 함수들에 대해서 약간만 배우면 이
함수들이 어떻게 코드를 간결하고 표현력있게 만들어주는지 알게 된다. 계속 지켜보자.

4가지 메소드의 동작

4개의 메소드를 연습해보자. 람다에 전달될 전달인자, 각 람다표현식의 this, 람다가 리턴해
주는 것, 이 메소드를 호출한 쪽에서 리턴 받는 것을 알아보자.

[코드 fluency/anymethods.kts]

```
val format = "%-10s%-10s%-10s%-10s"
val str = "context"
val result = "RESULT"
fun toString() = "lexical"
println(String.format("%-10s%-10s%-10s%-10s%-10s",
    "Method", "Argument", "Receiver", "Return", "Result"))
println("==============================================")
val result1 = str.let { arg ->
  print(String.format(format, "let", arg, this, result))
  result
}
println(String.format("%-10s", result1))
val result2 = str.also { arg ->
  print(String.format(format, "also", arg, this, result))
  result
}
println(String.format("%-10s", result2))
val result3 = str.run {
  print(String.format(format, "run", "N/A", this, result))
```

```
    result
  }
  println(String.format("%-10s", result3))
  val result4 = str.apply {
    print(String.format(format, "apply", "N/A", this, result))
    result
  }
  println(String.format("%-10s", result4))
```

각각의 람다는 result 익스프레션으로 마무리된다. 하지만 그 중 몇 개는 무시될 것이다. 한 번 보도록 하자. 처음 두 개의 람다는 arg라는 파라미터를 받는다 그리고 뒤의 2개는 파라미터를 받지 않는다. 메소드들의 동작을 배우기 위해서 출력을 살펴보자.

```
Method          Argument        Receiver        Return          Result
=================================================================
let             context         lexical         RESULT          RESULT
also            context         lexical         RESULT          context
run             N/A             context         RESULT          RESULT
apply           N/A             context         RESULT          context
```

let() 메소드는 컨텍스트 객체(let()을 호출한 객체)를 아규먼트로 람다에게 전달했다. 람다의 this(혹은 리시버)의 스코프는 렉시컬 스코프이고, this는 람다가 정의된 스코프에 바인딩된다. 렉시컬 스코프에 대해서는 "10-4. 클로저와 렉시컬 스코핑"에서 다뤘다. 람다가 리턴한 결과가 let()의 호출 결과로 리턴된다.

also() 메소드 역시 컨텍스트 객체를 람다의 아규먼트로 전달한다. 그리고 리시버 역시 렉시컬 스코프로 인해서 람다가 정의된 곳의 this가 사용된다. 하지만 let()과는 다르게 also() 메소드는 람다의 결과를 무시하고 컨텍스트 객체를 result로 리턴한다. also()가 전달받은 람다의 리턴타입은 Unit이다. 그래서 result의 리턴이 무시되는 것이다.

run() 메소드는 람다에 아규먼트를 전달하지 않는다. 하지만 컨텍스트 객체를 람다의 this(리시버)에 바인딩한다. 람다가 리턴한 것이 run()의 결과로 리턴된다.

apply() 메소드 역시 람다에 아무런 아규먼트도 안넘긴다. 람다의 this(리시버)에 컨텍스트 객체를 바인딩한다. 하지만 run()과는 다르게, apply() 메소드는 람다의 결과를 무시한다(람다가 Unit 타입을 리턴한다). 그리고 컨텍스트 객체를 호출자에게 리턴한다.

4개의 메소드의 동작을 요약해보자.

- ▶ 4개의 메소드 모두 전달받은 람다를 실행시킨다.
- ▶ let()과 run()은 람다를 실행시키고 람다의 결과를 호출한 곳으로 리턴한다.
- ▶ also()와 apply()는 람다의 결과를 무시하고 컨텍스트 객체를 호출한 곳으로 리턴한다.
- ▶ run()과 apply()는 run()과 apply()를 호출한 컨텍스트 객체의 실행 컨텍스트를 this로 사용하여 실행시킨다.

받아들이자. 이 요약을 외우려고 노력할 필요는 없다. 연습을 몇 번 하면 자연스럽게 알게 된다. 이걸 이해하기 위한 포인트는 각 메소드는 리시버(this)가 다르고, 메소드로부터 리턴되는 것들이 다르다는 것이다.

장황하고 지저분한 코드로부터

이제 우리는 4개의 메소드를 이용해서 코드를 풍부하게 만들어볼 예정이다. 일단 Mailer 클래스를 정의하는 걸로 시작해보자.

```
class Mailer {
  val details = StringBuilder()
  fun from(addr: String) = details.append("from $addr...\n")
  fun to(addr: String) = details.append("to $addr...\n")
  fun subject(line: String) = details.append("subject $line...\n")
  fun body(message: String) = details.append("body $message...\n")
  fun send() = "...sending...\n$details"
}
```

클래스의 메소드들이 상호작용하는 코드를 자연스럽게 만드는데 집중한다. 클래스는 요청을 StringBuilder에 넣는 기능 이외에는 쓸모있는 기능이 아무것도 없다.

아래는 Mailer 클래스를 사용하는 다소 장황한 예제이다.

```
val mailer = Mailer()
mailer.from("builder@agiledeveloper.com")
mailer.to("venkats@agiledeveloper.com")
mailer.subject("Your code sucks")
mailer.body("...details...")
val result = mailer.send()
println(result)
```

코드의 퀄리티를 따지기 전에, 동작을 하는지 먼저 확인해보자.

```
...sending...
from builder@agiledeveloper.com...
to venkats@agiledeveloper.com...
subject Your code sucks...
body ...details......
```

코드는 동작한다. 하지만 Mailer의 메소드를 호출하는 것이 너무 지저분하고, 반복적이고 즐겁지가 않다. 여기에 바로 4가지의 편리한 메소드가 들어올 자리이다.

apply를 이용한 반복 참조 제거

앞서 "4가지 메소드의 동작"에서 작성한 예제의 출력 결과 표를 다시 한번 참조 해보자. apply() 메소드는 람다를 apply()를 호출한 객체의 컨텍스트에서 실행하고, 컨텍스트 오브젝트를 호출한 객체로 다시 리턴해준다. apply() 메소드는 메소드 체인으로 사용할 수 있다. obj.apply{...}.apply{...}... 이런 식으로.

이전 코드를 Mailer에 apply()를 사용해서 다시 작성해보자.

```
val mailer =
  Mailer()
    .apply { from("builder@agiledeveloper.com") }
    .apply { to("venkats@agiledeveloper.com") }
    .apply { subject("Your code sucks") }
    .apply { body("details") }
val result = mailer.send()
println(result)
```

메소드를 호출한 Mailer 인스턴스에 리턴을 해주는 Mailer와 클래스의 메소드는 하나도 없다. 이 말의 뜻은 우리는 Mailer의 메소드에 다중 호출을 만들 수가 없다는 뜻이다. apply() 메소드가 이런 이슈를 잘 해결해준다. 각각의 apply() 호출에서 Mailer의 인스턴스에서 호출을 하고, 같은 인스턴스를 리턴받게 된다. 이런 동작이 우리가 체인을 사용할 수 있도록 해준다. 즉, 하나의 Mailer 인스턴스에서 인스턴스를 참조하고 있는 이름(변수이름)의 반복적인 사용 없이 연속적으로 메소드 호출을 사용할 수 있다는 의미이다. 참조명(변수명)의 반복이 적어졌다는 점은 좋은 점이다. 하지만 이제 코드가 apply{... 호출로 인해서 지저분해졌다.

apply() 메소드는 apply()를 마지막으로 호출한 객체의 컨텍스트에서 람다를 실행시킨다. 그래서 우리는 apply()에 전달하는 람다에서 Mailer에 여러 번의 메소드 호출을 사용할 수 있다.

```
val mailer = Mailer().apply {
  from("builder@agiledeveloper.com")
  to("venkats@agiledeveloper.com")
  subject("Your code sucks")
  body("details")
}
val result = mailer.send()
println(result)
```

Mailer 클래스에서 변경하지 않고, Mailer의 유저는 인스턴스의 참조명과 점의 반복적 사용 없이도 여러 번의 메소드 호출을 할 수 있다. 그렇게 하면 코드의 노이즈를 확실히 줄여준다. 또한 builder-pattern 같은 종류의 표현식은 어떤 클래스에서도 사용할 수 있다. setter를 체이닝으로 사용되도록 디자인되지 않은 클래스에서도 사용 가능하다.

run을 이용한 결과 얻기

이전 예제에서, 우리는 Mailer의 메소드를 여러 번 콜하도록 만들었다. 하지만 우리가 최종적으로 원했던 것은 send() 메소드를 호출 하는 것이었다. 우리가 원했던 게 메소드가 수행된 이후에도 Mailer의 참조가 유지되고, 해당 인스턴스로 다른 일을 더 할 수 있도록 했던 거라면 apply() 메소드가 좋은 선택이었을 것이다. 하지만 메소드의 연속적인 호출 이후에 인스턴스를 더 이상 쓸 일이 없다면 run()을 사용할 수 있다. apply()와는 다르게 run() 메소드는 람다의 결과를 리턴해준다. 하지만 apply()와 같은 점은 타깃 객체의 컨텍스트에서 람다를 실행시킨다는 점이다.

apply()대신 run()을 이용하도록 코드를 변경해보자.

```
val result = Mailer().run {
  from("builder@agiledeveloper.com")
  to("venkats@agiledeveloper.com")
  subject("Your code sucks")
  body("details")
  send()
}
println(result)
```

각 메소드 호출은 Mailer 인스턴스의 람다에서 실행되었다. Mailer 인스턴스는 run() 메소드의 타깃으로 사용되었다. send() 메소드의 결과(String)는 run() 메소드에 의해서 호출자에게 리턴된다. run()에서 사용된 Mailer 인스턴스는 더 이상 사용이 불가능하다.

연속적으로 메소드 호출을 하고 마지막에 타깃 객체를 유지하고 싶다면 apply()를 사용하라. 마지막에 타깃 객체가 아닌 람다 표현식의 결과를 유지하고 싶다면 run()을 사용하라. apply()또는 run()을 사용할땐 모두 람다를 타깃 객체의 컨텍스트에서 사용하고 싶은 경우에만 사용해야 한다.

let을 이용해 객체를 아규먼트로 넘기기

함수에서 인스턴스를 받았지만 해당 인스턴스를 다른 메소드의 아규먼트로 전달하고 싶다고 가정해보자. 이런 연산의 순서는 일반적으로 코드의 자연스러운 흐름을 깨버린다. let() 메소드가 이런 경우에 자연스러움을 유지하도록 도와준다.

이런 관점을 설명하기 위해서 다음 예제를 보자. 여기에 두 개의 함수가 있다. 하나는 Mailer 객체를 리턴하는 함수이고, 하나는 Mailer 객체를 파라미터로 받는 함수이다.

```
fun createMailer() = Mailer()
fun prepareAndSend(mailer: Mailer) = mailer.run {
  from("builder@agiledeveloper.com")
  to("venkats@agiledeveloper.com")
  subject("Your code suks")
  body("details")
  send()
}
```

createMailer()와 prepareAndSend()의 내부는 여기서 중요하지 않다. 두 함수를 사용하는 코드에 집중하자.

```
val mailer = createMailer()
val result = prepareAndSend(mailer)
println(result)
```

먼저 createMailer()의 결과를 변수에 저장한다. 그리고 그 변수를 prepareAndSend()에 전달하여 그 결과를 result라는 변수에 저장해서 마지막으로 출력할 때 사용한다. 지루하다.

플로우는 어디에 갔는가? 이렇게 항의할 것이다.

println()은 무시하도록 하자. 두 함수 호출을 이렇게 변경할 수 있다.

```
val result = prepareAndSend(createMailer())
```

위 코드는 작동한다. 하지만 코드에 자연스러움이 없다. 여러 개의 괄호 때문에 매우 무겁게 느껴진다. 우리가 평소에 작성하는 코드와 차이가 없어 보인다. 우리가 원하는 것은 연산 하나의 결과를 가지고 온 후 다음 스텝을 수행하게 하는 것이다. 메소드 호출을 한 후 다음 메소드로 연결이 편해야 한다는 의미이다. let() 메소드가 이걸 가능하게 해준다.

```
val result = createMailer().let { mailer ->
  prepareAndSend(mailer)
}
```

createMailer()을 결과에서 let()을 호출하고 let() 함수에 람다 표현식을 전달한다. 람다에서 Mailer 인스턴스는 let()의 타깃 인스턴스인 createMailer()의 결과물이다. 그리고 Mailer 인스턴스는 파라미터로 사용 가능하다. 그리고 우리는 Mailer 인스턴스를 prepareAndSend() 함수에 전달했다. "흠... 진짜로 이게 향상된 코드인가?" 좋은 질문이다. 사실 이 코드는 맛있는 음식을 할 준비를 하고 있는 중인 것과 같다. 아직 요리는 시작하지 않았다.

우리는 이제 아주 작은 변화를 줄 것이다. 바로 파라미터 이름을 제거하는 것이다.

```
val result = createMailer().let {
  prepareAndSend(it)
}
```

조금 나아진 거 같다. 그런데... 람다는 별로 좋아진 것 같지 않다. 람다는 파라미터를 전달받고, 그 파라미터를 prepareAndSend() 메소드로 다시 전달한다. 여기에 람다를 사용하는 대신에 메소드 참조를 사용할 수 있다. 메소드 참조에 대해선 10-2의 "함수 참조 사용"에서 다뤘었다.

```
val result = createMailer().let(::prepareAndSend)
```

이제 많이 좋아진 것 같다. createMailer()의 결과는 let()으로 전달되고, let()은 전달받은 파라미터를 다시 prepareAndSend() 메소드에 전달한다. 그리고 함수가 뭘 리턴하던 상관없이, let()은 함수가 리턴한 것을 호출자에게 다시 리턴한다.

let()에 아규먼트로 전달한 람다의 결과를 사용하기 원한다면 let()이 좋은 선택이다. 하지만 let()을 호출한 타깃 객체에서 뭔가 작업을 계속 하길 원한다면 also()를 사용해야 한다.

also를 사용한 void 함수 체이닝

also() 메소드는 체이닝을 사용할 수 없는 void 함수를 체이닝 하려고 할 때 유용하다.

void 함수(코틀린에선 Unit을 리턴하는 함수)를 많이 가지고 있다고 가정해보자.

```
fun prepareMailer(mailer: Mailer):Unit {
  mailer.run {
    from("builder@agiledeveloper.com")
    to("venkats@agiledeveloper.com")
    subject("Your code suks")
    body("details")
  }
}
fun sendMail(mailer: Mailer): Unit {
  mailer.send()
  println("Mail sent")
}
```

앞선 예제에서 봤던 createMailer() 함수를 이용해서 Mailer 인스턴스를 만들고 리턴이 없는 함수들에게 Mailer 인스턴스를 전달한다. 이런 방식으로는 좋은 흐름을 가질 수 없다.

```
val mailer = createMailer()
prepareMailer(mailer)
sendMail(mailer)
```

also()를 이용하면 함수 호출을 할 때 체이닝을 사용할 수 있다. 왜냐면 also()가 타깃 객체를 람다에 파라미터로 전달하고, 람다의 리턴을 무시한 후 타깃을 다시 호출한 곳으로 리턴하기 때문이다. 아래는 void 함수를 자연스럽게 호출하는 코드이다.

```
createMailer()
.also(::prepareMailer)
.also(::sendMail)
```

지금까지 알아본 4개의 함수를 사용함으로써 우리는 매일 작성하게 될 코드를 조금 더 자연스럽게 만들 수 있다. 보기에 좋을 뿐만 아니라 코드를 읽는 스트레스를 줄여주기도 한다.

이런 자연스러운 코드를 작성하기 위해서 노력을 기울여서 연습하도록 하자.

12-6 암시적 리시버

let()이나 also() 메소드와는 다르게 run()이나 apply() 메소드는 타깃 컨텍스트에서 람다를 실행시킨다. 코틀린의 멋진 점은 언어나 라이브러리를 구현체들이 각 구현체들 안에서만 실행되는 것이 아니고 언어를 사용하는 모두에게 접근 권한을 주었다는 점이다. 개발자가 let()이나 also()와 같은 메소드를 본인의 코드에 사용하기 위해서 let()이나 also()에 대해 배우고, 실행하려는 의지가 있다면 더 이상 기다리지 않아도 된다. 이 방법은 자연스럽고 표현력이 강한 DSL을 위한 문법 중 가장 중요한 테크닉이다. 그래서 더 흥미진진하다.

리시버 전달

JavaScript에서 함수는 0개 이상의 파라미터를 받는다. 하지만 call() 메소드나 apply() 함수를 사용하면 컨텍스트 객체(리시버)를 전달할 수도 있다. 리시버를 람다 표현식과 묶는 코틀린의 기능은 JavaScript의 기능에서 많은 영향을 받았다.

리시버를 다루기 전에 일반적인 람다 표현식을 한번 보자.

[코드 fluency/lambda.kts]

```
var length = 100
val printIt: (Int) -> Unit = { n: Int ->
  println("n is $n, length is $length")
}
printIt(6)
```

이 코드에서 printIt은 람다를 참조한다. 람다는 Int를 파라미터로 받고, 아무것도 리턴하지 않는다. 람다에서 우리는 length라는 이름의 속성을 프린트하고, 파라미터의 이름은 n이다. n은 명확하다. 그런데 length는 어디서 나왔을까? 람다 내부의 스코프에 length는 없다. 그래서 컴파일러는 렉시컬 스코프의 변수에서 length를 찾는다. 즉, 람다 외부에서 왔다는 이야기이다. 출력을 통해서 확인해보자.

```
n is 6, length is 100
```

코틀린은 람다에 리시버를 세팅하는 좋은 방법을 제공한다. 이렇게 하려면 우리는 람다의 시그니처를 약간만 변경하면 된다. 다음 예제를 실행해보자.

[코드 fluency/lambdareceiver.kts]

```
var length = 100
val printIt: String.(Int) -> Unit = { n: Int ->
  println("n is $n, length is $length")
}
```

여전히 스크립트의 스코프에서 length 속성을 가지고 있다. 람다의 시그니처 정의에서 바뀐 것은 오직 (Int) -> Unit 대신 String.(Int) -> Unit 을 사용했다는 것 뿐이다. String.(Int) 문법은 람다가 String의 인스턴스의 컨텍스트에서 실행된다는 의미를 가지고 있다. 만일 (Int, Double)처럼 하나이상의 파라미터를 받는 람다를 사용한다면 (Int, Double) 람다는 Type.(Int, Double) 이런 식으로 호출하면서 리시버를 가져올 수 있고 이 경우 Type이 리시버가 된다. 변수의 스코프를 해결할 때 컴파일러는 리시버의 스코프를 먼저 확인한다. 만약에 리시버 자체가 없거나 변수를 리시버에서 찾을 수 없으면 컴파일러는 렉시컬스코프를 찾게 된다.

리시버를 사용하는 람다를 호출할 때 우리는 추가적인 아규먼트를 전달해줘야 한다. 즉, 내부에서 this에 바운딩 될 컨텍스트 또는 리시버가 필요하다. 아래는 컨텍스트 또는 리시버를 람다 내부에서 this에 바운딩하는 방법 중 하나이다. 이 방법이 가장 우아한 방법은 아니다.

[코드 fluency/lambdareceiver.kts]

```
printIt("Hello", 6)
```

리시버가 첫 번째 아규먼트로 전달되었고, 실제 람다의 파라미터는 그 뒤에 따라온다. 위 방법은 동작한다. 하기만 코틀린에서 선호되는 문법은 아니다. 이 방법은 마치 JavaScript에서 context.func(value) 대신 func.call(context, value)를 사용하는 방법과 유사하다. 우리는 람다를 리시버의 멤버 함수(혹은 메소드) 처럼 사용할 수 있다.

```
"Hello".printIt(6)
```

멋진 방법이다.

람다는 리시버의 확장 함수처럼 동작한다. 사실, 이 말이 작동 방식을 가장 완벽하게 표현한다. 코틀린은 람다를 리시버의 확장 함수처럼 취급한다.

우리가 리시버를 파라미터로 전달하거나(이러면 지루해질 위험이 있다) 리시버를 호출의 타깃으로 사용하든 말든 간에, 람다의 this는 렉시컬 this가 아닌 전달된 리시버를 참조하게 된다. 그 결과 length 속성은 람다 위에 정의된 length가 아니고 타깃 리시버인 "Hello"의 length 속성이 된다. 변경된 리시버를 사용하도록 바꾼 버전의 람다를 실행해서 검증해보도록 하자.

```
n is 6, length is 5
```

출력을 보면 렉시컬 스코프의 값이 아니고 리시버인 String의 length를 보여준다. String 뿐만이 아니라 모든 타입의 객체가 리시버가 될 수 있다. 이 기능에 대해서는 다음 챕터에서 DSL를 만들때 자세히 알아보자.

리시버를 이용한 멀티플 스코프

람다 표현식은 다른 람다 표현식에 중첩될 수 있다. 이때 내부의 람다 표현식은 멀티플 리시버를 가진 것처럼 보일 수 있다. 바로 다이렉트 리시버와 부모의 리시버이다. 부모 람다가 다른 람다에 중첩된 람다라면 가장 안쪽의 람다 표현식은 3개 이상의 리시버를 가지는 것처럼 보일 수도 있다. 사실, 람다 하나는 하나의 리시버만 가진다. 하지만 중첩 레벨에 따라서 변수에 바인딩하기 위한 멀티플 스코프를 가질 수도 있다. 람다의 멀티플 리시버를 이해하기 위한 이런 개념은 12-2의 "클래스 내부에서 인젝팅"에서 다뤘던 클래스 안에서 확장 함수를 사용했을때 리시버를 사용한 것과 유사하다. 그리고 "8-2. 중첩 클래스와 이너 클래스"에서 봤던 이너 클래스의 리시버와도 유사하다. 두 케이스 모두 외부 리시버를 this@OuterClassName 문법을 사용해서 참조했다. 람다 표현식에서도 마찬가지다. 람다를 감싸고 있는게 클래스가 아니라 함수이기 때문에 this@OuterFunctionName 문법을 이용해서 외부 스코프를 참조한다. 예제를 통해서 실험해보자.

이제부터 두 개의 top()과 nested()두개의 함수를 정의할 것이다. 두 함수는 리시버를 포함한 람다 표현식을 파라미터로 받는다. 각각의 함수는 전달받은 타깃 컨텍스트 또는 리시버 객체에서 람다 표현식을 실행한다. 이제 중첩된 함수를 호출해서 리시버를 확인해보자.

[코드 fluency/multiplereceivers.kts]

```
fun top(func: String.() -> Unit) = "hello".func()
fun nested(func: Int.() -> Unit) = (-2).func()
top {
  println("In outer lambda $this and $length")
  nested {
    println("in inner lambda $this and ${toDouble()}")
    println("from inner through receiver of outer: ${length}")
    println("from inner to outer receiver ${this@top}")
  }
}
```

---

top() 함수는 임의의 String인 "hello"를 리시버로 사용하는 람다 표현식을 실행시킨다. nested() 함수는 같은 동작을 한다. nested() 함수에 파라미터로 들어온 Int인 -2를 리시버로 사용한다. top() 함수의 호출에서 우리는 리시버(this)와 리시버의 속성인 length를 프린트하는 람다 표현식을 전달했다. 리시버는 String "hello"이고, length는 5다. 그리고 top()에 전달한 람다 표현식 내부에서 우리는 nested() 함수에 람다 표현식을 전달하면서 호출한다.

이 중첩된 람다 표현식에서 우리는 this를 이용해서 람다의 리시버와 toDouble() 함수의 결과를 출력한다. nested() 함수에서 Int -2를 리시버로 사용했기 때문에 this는 Int가 되고, toDouble()은 Int에서 실행된다. 그 다음 줄에서 length 속성을 읽을 때 Int에는 length 속성이 없기 때문에 부모의 리시버로 조용히 라우팅된다. 즉, 중첩된 람다 표현식이란 의미이다. 이너(inner, 내부) 리시버와 부모 리시버 사이에서 속성 충돌 이벤트가 생기거나 명시적으로 부모 리시버를 참조하기 위해 마지막 라인에 나온 this@top처럼 @ 문법을 사용한다.

예제를 직접 살펴보고 코드를 이해한 다음에 결과코드와 비교해보도록 하자.

```
In outer lambda hello and 5
in inner lambda -2 and -2.0
from inner through receiver of outer: 5
from inner to outer receiver hello
```

이너 혹은 가장 가까운 리시버와 아우터(외부) 혹은 부모 리시버 모두에 접근할 수 있는 기능은 강력하다. 그리고 이너 클래스, 메소드 확장, 리시버를 이용하는 람다와 함께 사용할 때 조화로운 기능이다.

정리

언어의 유창성, 표현력은 언어 자체를 깨뜨릴 수도 있고, 만들 수도 있다. 자연스러운 코드를 만들기 위해서 제공하는 유연성은 개발자들이 코틀린을 사랑하는 이유 중 하나가 되었다. 유용성에 대한 논쟁은 있지만 연산자 오버로딩을 조심스럽게 사용하면 직접 만든 클래스에 적절한 부분에서 편리하게 연산자를 사용할 수 있다. 함수 확장, 프로퍼티 확장, 연산자 확장 기능을 사용하면 우리는 서드파티 클래스에 우리만의 편리한 멤버를 추가해서 코드에 직관성을 추가할 수 있다. 이런 확장기능은 상속이 불가능한 클래스에도 사용 가능하다. 중위표기법은 괄호와 점으로 인한 노이즈를 제거해준다. 람다의 암시적 리시버를 비롯한 이런 기능들은 코틀린으로 DSL을 만드는데 큰 영향을 미친다.

다음 챕터에서 내부 DSL을 생성하는 방법을 배우고 나면 지금 배운 코틀린의 기능들이 실제 사용되는 모습을 볼 수 있고, 얼마나 유용하고 좋은 기능인지 알 수 있을 것이다.

13

내부 DSL 만들기

인간은 커뮤니케이션을 할 때 똑같은 방법만 사용하지 않는다. 격식을 차릴 때도 있고 비속어를 쓸 때도 있고 고개를 끄덕이거나 툴툴거리기만 할 때도 있다. 우리는 방금 말한 의사소통 방법 외에도 다른 방법들 사이에서 우리가 의사소통을 하는 상황과 대상에 맞게 의사소통 방법을 변경한다. 어플리케이션을 프로그래밍 하는 것도 이와 비슷하다. 우리는 시스템과 의사소통을 하고 코드를 함께 유지보수하는 프로그래머들과도 커뮤니케이션한다.

범용 프로그래밍 언어가 가진 엄격하고 완전한 능력이 필요할 때도 있다. 반면에 무언가에 특화되고, 규모가 작고 효율적인 도메인 특화언어(domain-specific languages), 줄여서 DSL이 필요한 경우도 있다. DSL에 대한 정보를 자세히 알고 싶다면 〈DSL: 고객과 함께 하는 도메인 특화 언어〉(인사이트, 2012)라는 책을 추천한다. 어플리케이션 전체를 프로그래밍하는데 DSL만 사용할 수는 없지만 많은 소프트웨어 시스템의 특정 부분들에서 DSL이 사용되고 있다.

우리 역시도 DSL을 몇 개씩 사용하고 있다. 가끔은 그게 DSL이라 인식하거나 생각하지 못하고 사용할 때도 있다. 예를 들자면 CSS, 정규표현식, XML 설정 파일, Gradle 또는 Rake 빌드파일, React JSX 등 모두 다 DSL이라 부를 수 있다. 설계가 잘된 DSL은 프로그래머의 생산성을 높여주고, 어플리케이션의 구현 시간을 줄여준다. DSL은 에러를 줄이는데 도움을 주는 동시에 프로그래머에게 엄청난 유연성을 준다.

이번 챕터는 DSL을 사용하는 방법이 아니라 DSL을 설계하는 방법을 살펴본다. 그래서 라이브러리를 사용하는 유저들이 우리가 만든 DSL의 장점을 즐길 수 있도록 만든다. DSL은 사용하기 쉽다. 하지만 설계하고 구현하는 일은 다른 문제다. 기반이 되는 언어가 좋다면 그런 고통은 줄어든다.

우리가 설계할 작은 언어가 유연하더라도 숨쉬는 것처럼 자연스럽고 편하게 사용할 수 있도록 범위를 넓혀야 한다. "사랑과 전쟁 앞에선 모든 수단이 정당하다." DSL을 만들 때도 마찬가지다. 문법을 만들기 위해서는 반드시 실험을 하고, 임기응변을 하며, 다양한 스타일도 적용할 수 있어야 한다. 여기서 배울 내용이 바로 이것이다.

우리는 DSL의 타입과 필수적인 특징에 대해 짧게 논의하는 것부터 시작하려고 한다. 그리고 코틀린이 DSL을 디자인하기 좋은 언어로 만들어주는 기능들을 살펴보겠다. 몇 개의 작은 DSL을 살펴보고 DSL을 디자인하고 구현하는 방법을 배운다. 여기서 배울 기술들은 실제로 DSL을 직접 만들고, 유지보수 할 때 도움이 될 것이다. 그리고 코틀린을 통해 API를 디자인할 때도 도움이 될 것이다.

13-1 DSL의 타입과 특징

먼저 DSL의 타입에 대해 알아보고 그 다음에 DSL의 주요 특징을 알아보겠다. DSL의 타입과 특징을 알고 있는 것이 DSL의 타입과 DSL을 만들 언어를 선택할 때 도움을 줄 이다.

외부 DSL vs 내부 DSL

시작하기 전에 우선 만들 DSL이 외부 DSL인지 내부 DSL인지부터 선택을 해야 한다.

외부 DSL을 선택한다면 엄청난 자유도를 즐길 수 있지만 DSL을 파싱하고 처리할 파서를 만들어야만 한다. 파서를 만드려면 많은 노력이 필요하다. 그리고 유연성과 제약사항 사이에서 균형을 맞춰야만 한다.

호스트 언어에 국한된 내부 또는 임베디드 DSL을 설계한다면, 언어의 컴파일러와 툴들이 파서의 역할을 해 줄 것이다. 그리고 좋은 점은 파싱을 하는데 노력을 기울일 필요가 전혀 없다는 것이다. 하지만 자연스러움과 표현력을 확보하고 특정 기능을 호스트 언어에서 구현하기 위해서 매우 창의력을 발휘해야 하고 트릭들을 적용해야 한다.

외부 DSL의 예로는 CSS, ANT 빌드파일, Make 빌드파일 등이 있다. 내부 DSL의 좋은 예로는 Rake 빌드파일과 Gradle 빌드파일이 있다.

이번 챕터에서 코틀린을 호스트 언어로 사용하는 내부 DSL에 초점을 맞출 것이다.

컨텍스트 주도와 유창성

DSL은 컨텍스트 주도적(context driven)이고 유창성(fluent, 자연스럽고, 표현할 수 있는 게 많고, 기능이 풍부하다)이 높다. 컨텍스트는 커뮤니케이션을 간결하고 명확하게 만들어주며 표현력을 강화해준다. 친구들이 가장 좋아하는 노래가 나왔을 때 웃으면서 눈을 마주치는 것과 같다. 말없이도 감정을 알 수 있다. 왜냐하면 공통된 컨텍스트를 공유하고 있기 때문이다. 유창성 역시 노이즈를 줄여주는 동시에 아이디어를 표현하기 쉽게 만들어준다.

또, 컨텍스트는 에러의 가능성을 줄여줄 수 있다. 같은 것이라도 컨텍스트에 따라서 다른 의미가 될 수 있다. 암시적 컨텍스트에서 합리적인 범위 안에서 단어의 의미가 나타난다.

코틀린의 유창성은 간결하고 표현력이 강한 문법을 선호한다. 컨텍스트는 코틀린의 파라미터와 리시버에 의해 관리된다. 그리고 코틀린은 에러를 최소화하기 위해서 컨텍스트를 좁힐 수 있는 기능을 가지고 있다. 이제부터 보도록 하자.

13-2 내부 DSL을 위한 코틀린

코틀린은 내부 DSL을 만들기 위한 훌륭한 언어이다. 내부 DSL의 호스트로 쓰려는 언어에 정적 타입은 일반적으로 큰 한계가 된다. 놀랍게도 정적 타입언어에서는 볼 수 없는 코틀린의 특별한 기능들이 내부 DSL을 만들 때 생기는 한계를 뛰어넘게 했고, 즐겁게 내부 DSL을 만들 수 있도록 만들었다. DSL을 디자인할 때 도움이 되어줄 코틀린의 기능을 빠르게 살펴보자.

생략 가능한 세미콜론

코틀린은 세미콜론을 강요하지 않는다(2-1의 "세미콜론은 생략해도 된다"를 참조하자). 이런 기능은 자연스러움과 표현력 면에서 장점으로 작용한다. 세미콜론은 흐름을 방해하고 많은 상황에서 노이즈로 작용한다. 세미콜론을 사용하지 않는 것은 표현력이 강한 DSL 문법을 만드는데 특히 중요하다.

아래 두 개의 표현식을 비교해보자.

```
starts.at(14.30)
ends.by(15.20)
```

위의 코드가 아래의 코드보다 노이즈가 적다.

```
starts.at(14.30);
ends.by(15.20);
```

세미콜론은 거짓된 안정감만 줄 뿐이다. 세미콜론을 사용하지 않는 게 DSL을 만드는 첫 번째 단계다. 이게 진짜 중요할까? 싶은 생각을 할지도 모르겠다. 이제 겨우 첫걸음이다. 하지만 이후에 이 특징을 다른 기능들과 믹스하면서 큰 차이가 발생한다. 지금은 멀리까지 내다볼 필요가 없다. 이제부터 볼 코틀린의 특징이 이 의견을 설명해 줄 것이다.

infix를 이용한 점과 괄호제거

코틀린은 infix 키워드를 이용한 중위표기법을 지원한다("infix를 이용한 중위표기법"). 그리고 이 기능은 DSL을 위한 또 다른 좋은 특징이다. 아래의 코드를 보도록 하자.

```
starts.at(14.30)
ends.by(15.20)
```

infix를 사용하면 아래처럼 작성할 수 있다.

```
starts at 14.30
ends by 15.20
```

세미콜론을 제거하고, 점과 괄호를 덜 사용하니 코드가 영어처럼 보인다. 이런 코드를 디자인하는 방법은 이번 챕터 뒷부분에서 다룰 것이다.

확장함수를 이용한 도메인 특화

코틀린은 정적 타입 언어지만, 컴파일타임 함수 인젝션이 가능하다("12-2. 확장 함수와 속성을 이용한 인젝팅"에서 다뤘다). 그 결과 우리의 라이브러리를 사용하는 유저들이 다음과 같은 코드를 작성할 수 있게 만들 수 있는 디자인을 할 수 있다. 함수를 인젝팅해서 Int에 days()같은 함수를 추가할 수 있다. 비록 Int는 days()라는 함수를 가지고 있지 않지만, 함수를 Int 클래스에 인젝팅하면 우리는 이런 코드를 쓸 수 있다.

```
2.days(ago)
```

게다가, 확장함수에는 infix 키워드를 사용할 수 있다. 그래서 위의 코드를 아래의 코드처럼 작성할 수 있다.

```
2 days ago
```

코틀린에서 작은 노력으로 놀라울 정도로 자연스러운 코드와 표현력을 얻을 수 있다. 다음 내용을 진행하기 전에 1분 정도 눈물을 흘리며 감동해보자.

람다를 전달할 때 괄호는 필요없다

함수의 마지막 파라미터 타입이 람다 표현식이라면 람다를 괄호 밖에 위치시킬 수 있다(10-2의 "람다를 마지막 파라미터로 사용하기" 참조). 거기에 보너스로 함수가 람다 하나만을 아규먼트로 받는다면 호출할 때 괄호가 필요없다. 함수가 클래스에 연관되어있다면 infix키워드에 의해서 점과 괄호도 생략할 수 있다.

```
"Release Planning".meeting({
  starts.at(14.30);
  ends.by(15.20);
})
```

그래서 위와 같은 코드는 아래처럼 보기 좋게 바뀔 수 있다.

```
"Release Planning" meeting {
  starts at 14.30
  ends by 15.20
}
```

이런 코틀린의 다양한 기능이 우리 어깨의 무거운 짐을 덜어준다.

DSL 생성을 도와주는 암시적 리시버

코틀린으로 DSL을 설계할 때 가장 중요한 기능 중 하나는 람다 표현식에 암시적 리시버를 전달하는 것이다("12-6. 암시적 리시버" 참조). 이 기능이 DSL을 만들 때 코틀린이 다른 정적 타입 언어보다 유창하게 DSL을 만들 수 있게 한다. 리시버는 코드의 DSL 레이어 간에 컨텍스트 객체를 넘길 수 있는 좋은 방법이다. 아래는 사무용품을 주문하는 작은 DSL이다.

```
placeOrder {
  an item "Pencil"
  an item "Eraser"
  complete {
    this with creditcard number "1234-5678-1234-5678"
  }
}
```

위 코드에는 주문 컨텍스트와 결제 컨텍스트가 있다. 결제 트랜잭션을 실행하기 위해서는 두 컨텍스트가 모두 필요하다. 암시적 리시버를 사용하면 두 컨텍스트가 필요하다는 점이 문제가 되지 않는다.

각 람다 표현식을 실행할 때, 컨텍스트(컨버세이션 스레드)를 옮겨주는 암시적 리시버가 있다. 암시적 리시버가 파라미터를 전달하거나 전역상태를 사용할 필요 없이 코드의 레이어 간에 프로세스를 진행 하기 위해 상태를 전달하는 것을 쉽게 만들어준다. 신선한 공기를 쐬는 기분이다.

DSL을 돕기 위한 추가 특징

우리는 내부 DSL을 설계하는데 영향을 주는 코틀린의 주요 특징에 대해 알아보았다. DSL을 설계할 때, 때로는 사소한 기능이 유용할 때도 있다.

Any 클래스의 메소드들이 DSL의 자연스러움과 표현력, 기능성을 올려준다. also(), apply(), let(), run() (12-5의 "4가지 메소드의 동작"에서 다룬 내용이다) 메소드가 람다를 실행시켜주고 암시적 리시버를 세팅해준다. DSL을 구현할 때 위 메소드들이 코드를 줄여준다.

코틀린은 현재 객체를 참조하기 위해서 this를 이용한다. 그리고 람다 표현식의 단일 파라미터를 참조하기 위해 it을 사용한다. 가끔씩 문법을 표현력 있게 만드는데 고생을 하고 있다면, this와 it 키워드를 취향에 맞게 사용할 수 있다.

그리고 특정 상황에서는 어쩔 수 없이 연산자 오버로딩을 사용하게 될 것이다. 하지만 매우 직관적일 때만 사용해야 하며 DSL의 표현력이 강해지는 경우에만 사용해야 한다. 직관적이지 않을 때는 사용하지 않는 것이 좋다. "12-1. 연산자 오버로딩"에서 설명한 주의사항을 보도록 하라.

13-3 유창성 확립 시 마주하는 난관

코드에 유창성을 확립하기 위해선 노력이 필요하다. 확장함수가 유용할 때도 있다. 코드 양을 줄이기 위해 infix 메소드로 점과 괄호를 없앨 수도 있다. 암시적 리시버가 도움이 될지도 모른다. 기술은 많기에 여러 기술 중 하나를 택해야 할 수 있고, 때로는 기술끼리 충돌을 일으킬 때도 있을 것이다. 이런 상황의 예제를 한번 보자.

점과 괄호를 제거하려 infix를 사용하려니 객체의 참조가 필요하다. 예를 들면 `person run "fast"` 같이 자연스러운 코드를 만들기 위해서는 infix를 사용하기 위한 person 객체의 참조가 필요하다. 그러나 이 가상 클래스인 Person 클래스의 인스턴스에 암시적 참조를 사용해서 객체의 참조를 제거하고 `run("fast")`라고 코드를 작성할 수 있다. 잠깐, 괄호와 점을 제거하거나 객체 참조를 없애버릴 수 있다고 생각할지도 모른다. 하지만 둘 다 해내기는 불가능하다. 한 가지 해결방법은 person 대신 this를 사용하는 것이다. 왜냐하면 암시적 참조는 `this`를 이용해서 명시적 참조가 될 수 있기 때문이다. 하지만 `this run "fast"`라고 코드를 작성하기엔 자연스러워 보이지 않는다. 왜일까?

이런 충돌을 만나게 되면 낙담하기 쉽다. 하지만 한걸음 뒤로 물러나 기본으로 돌아가보면, 이런 문제를 해결하는 솔루션에 도달하는 생각을 할 수 있다. 점과 괄호, this를 제거하고 자연스러운 문법을 만들 수 있는 솔루션을 생각해보자.

확장함수 사용

이벤트와 날짜를 추적하는 어플리케이션을 만들고 있다고 가정해보자. 아마도 우리는 이벤트가 일어난지 2일이 지났다는 말과 다른 이벤트가 3일 후 일어난다는 사실을 언급하길 원할 것이다. 확장함수를 사용해서 우리는 말하는 대로 코드를 작성할 수 있다. 이게 바로 코틀린이다.

이제 우리는 도메인 특화(domain-specific) 메소드 호출을 자연스럽게 하기 위해서 Int 클래스에 days()라는 확장 메소드를 만들 것이다.

[코드 dsl/DateUtil.kt]

```
package datedsl
import java.util.Calendar
import datedsl.DateUtil.Tense.*
infix fun Int.days(timing: DateUtil.Tense) = DateUtil(this, timing)
```

새로 인젝트 된 days() 메소드는 아직 작성되지 않은 DateUtil.Tense enum 값을 받아 DateUtil 클래스의 인스턴스를 리턴한다. import문은 enum값을 스코프로 가지고와 후에 사용할 when 아규먼트 매칭과 쉽게 사용할 수 있도록 해준다.

DateUtil 클래스는 days()에 입력된 일 수를 int 인스턴스로 받고 전인지 후인지 알려주는 enum을 입력받아 가상의 이벤트의 개최일을 리턴하기 위한 처리를 거친다. 정리한 DateUtil 클래스는 다음과 같다.

[코드 dsl/DateUtil.kt]

```
class DateUtil(val number: Int, val tense: Tense) {
  enum class Tense {
    ago, from_now
  }
  override fun toString(): String {
    val today = Calendar.getInstance()
    when (tense) {
      ago -> today.add(Calendar.DAY_OF_MONTH, -number)
      from_now -> today.add(Calendar.DAY_OF_MONTH, number)
    }
    return today.getTime().toString()
  }
}
```

DateUtil 클래스는 enum Tense를 담고 있고 생성자 파라미터를 이뮤터블 속성으로 저장하는 클래스다. toString() 메소드는 tense 변수에 따라 다른 처리를 하여 그에 맞는 시간 인스턴스를 리턴한다.

Int에 추가된 도메인 특화 메소드를 사용하기 위해서 이 코드를 연습하는 것은 쉬운 일이다.

```
import datedsl.*
import datedsl.DateUtil.Tense.*
println(2 days ago)
println(3 days from_now)
```

스크립트를 실행시키기 위해서 **DateUtil** 클래스부터 컴파일해야 한다.

```
$ kotlinc-jvm DateUtil.kt -d datedsl.jar
$ kotlinc-jvm -classpath datedsl.jar -script usedatedsl.kts
```

코드를 실행한 순간에 따라서, 아래와 유사한 출력을 볼 수 있을 것이다.

```
Sun Aug 11 05:11:38 MDT 2019
Fri Aug 16 05:11:38 MDT 2019
```

리시버와 infix 사용

이전 예제에서 확장함수가 재주를 부렸다. 하지만 대부분 저렇게 쉬운 상황이 나오진 않는다. 더 많은 것을 요구할 DSL을 살펴보자.

우리의 일상은 회의로 가득 차있고 빠져나갈 방법은 없다. 대신 다음 회의 스케줄을 좀 더 쉽게 잡을 수 있을 것 같다. 자연스런 문법을 설계해 다음 회의를 쉽게 잡을 수 있도록 만들어 보자.

[코드 dsl/meetingdsl.kts]

```
"Release Planning" meeting {
  start at 14.30
  end by 15.20
}
```

찬찬히 살펴보자. 람다에 뭐가 들어있는지는 일단 무시하자. 지금은 "**Release Planning**" **meeting {}** 부분에만 집중하도록 하자. 이 코드를 동작하게 하려면 뭘 해야 할까? 해야 할 일이 두 가지 있다.

첫째, meeting() 메소드를 String 클래스에 확장 함수로 인젝트한다. 둘째, meeting() 을 infix 메소드로 만들어서 점을 제거한다. 파라미터가 람다 하나뿐이면 괄호는 문제가 안 된다.

먼저 작은 부분부터 시작해보자.

```
infix fun String.meeting(block: () -> Unit) {
  println("step 1 accomplished")
}
"Release Planning" meeting {}
```

DSL이 실행될 때 meeting() 확장함수가 호출된다. meeting()은 우리가 작성한 메시지를 출력한다. 코틀린은 우리가 block 변수를 사용하지 않는다고 경고를 줄 것이다. 여기까진 좋다.

람다 내부에서, 상태(meeting 시간에 대한 세부사항)를 업데이트 해야 한다. 상태 업데이트를 위해서 Meeting 클래스를 사용할 예정이다. Meeting 클래스는 회의의 세부사항인 상태를 가지고 있는 클래스이다. 람다가 Meeting 인스턴스의 상태를 생성할 예정이기 때문에 인스턴스의 컨텍스트에서 실행하는 게 좋을 듯 하다. 그러기 위해서 우리는 람다의 시그니처를 바꿔야 한다. 이제 다음 작은 한걸음을 나가보자.

```
class Meeting
infix fun String.meeting(block: Meeting.() -> Unit) {
  val meeting = Meeting()
  meeting.block()
  println(meeting)
}
"Release Planning" meeting {
  println("With in lambda: $this")
}
```

이제 Meeting 클래스가 생겼다. 아직 크진 않다. String.meeting() 메소드의 block 파라미터는 이제 Meeting 타입의 리시버를 받게 되었다. String.meeting() 메소드 안에서 우리는 Meeting 인스턴스를 만들었고, 이 인스턴스의 컨텍스트에서 람다를 실행한다. 그리고 인스턴스를 출력한다.

```
With in lambda: Meetingdsl2$Meeting@1a2e563e
Meetingdsl2$Meeting@1a2e563e
```

출력을 보면 String.meeting()에서 생성된 인스턴스가 람다 표현식 내부의 리시버인 this 와 같다는 사실을 알 수 있다.

다음 스텝은 Meeting 클래스에 at과 by 메소드를 만들고 람다 안에서 둘 다 실행시켜 보는 것이다. 이렇게 함으로써 Meeting 클래스가 구색을 갖추게 된다. 그리고 Meeting 클래스에 회의 제목을 저장할 생성자 파라미터도 추가하도록 하자.

```kotlin
class Meeting(val title: String) {
  var startTime: String = ""
  var endTime: String = ""
  private fun convertToString(time: Double) = String.format("%.02f", time)
  fun at(time: Double) { startTime = convertToString(time) }
  fun by(time: Double) { endTime = convertToString(time) }
  override fun toString() = "$title Meeting starts $startTime ends $endTime"
}
infix fun String.meeting(block: Meeting.() -> Unit) {
  val meeting = Meeting(this)
  meeting.block()
  println(meeting)
}
"Release Planning" meeting {
  at(14.30)
  by(15.20)
}
```

at() 메소드가 주어진 Double값을 String으로 컨버팅한 이후에 startTime 속성에 저장한다. 이와 유사하게, by() 메소드는 endTime을 저장한다. toString() 메소드는 Meeting 객체의 상태를 보고한다. String.meeting() 메소드는 Meeting 클래스의 생성자를 사용한다.

출력을 보면 기대했던 결과가 보인다. at()과 by() 메소드가 Meeting 인스턴스의 컨텍스트에서 실행된다.

```
Release Planning Meeting starts 14.30 ends 15.20
```

좋은 뉴스와 나쁜 뉴스가 있다. 좋은 뉴스는 동작을 한다는 것이다. 나쁜 뉴스는 DSL이 원래 의도에서 너무 벗어나 버렸다는 것이다. at과 by가 의미하는 것이 무엇인지를 전혀 알 수 없다. 그리고 괄호는 왜 있는 걸까? 이제 괄호를 제거해보자. 이미 알고 있겠지만, 괄호를 제거하기 위해서는 infix를 사용해야 한다.

```
infix fun at(time: Double) { startTime = convertToString(time) }
infix fun by(time: Double) { endTime = convertToString(time) }
```

Meeting 클래스의 유일한 변화는 infix 키워드를 두 번 사용한 것이다. 하나는 at() 다른 하나는 by() 에 사용했다. DSL에서 괄호를 제거할 수 있는가? 아직 아니다. infix가 훌륭해도, 한계는 있다. infix를 사용하려면 메소드가 호출될 인스턴스가 필요하다. 인스턴스 이름과 공백, 메소드 이름, 또 다른 공백, 아규먼트가 필요하다. 불행히도 at 14.30이라고 작성만 해서는 동작할 거라 생각할 수 없다. at 앞에 인스턴스의 참조가 필요하다. 타협하기로 하자. 우리는 객체 참조를 위해서 잠시 this를 사용할 것이다.

```
"Release Planning" meeting {
  this at 14.30
  this by 15.20
}
```

이제 거의 다 왔다. 이제 우리가 할 일은 윗줄의 this를 start로 변경하고, 아랫줄의 this를 end로 변경하는 일뿐이다. 윗줄을 변경하기 위해서 우리는 this를 start 변수에 바인딩 하도록 정의해야 한다.

람다가 암시적 리시버를 사용한다. 그래서 우리는 at(14.30)이 사실은 this.at(14.30)이라는 사실을 알고 있다. start at 14.30 이라고 코드를 작성하면 코틀린은 이 코드를 start.at(14.30)으로 인식하고 this.start.at(14.30)으로 취급하여 컴파일하고 우리가 원하는 결과를 주게 될까? 바로 실행해서 확인해보자.

[코드 dsl/meetingdsl.kts]

```
class Meeting(val title: String) {
  var startTime: String = ""
  var endTime: String = ""
  val start = this
  val end = this
```

```
    private fun convertToString(time: Double) = String.format("%.02f", time)
    infix fun at(time: Double) { startTime = convertToString(time) }
    infix fun by(time: Double) { endTime = convertToString(time) }
    override fun toString() = "$title Meeting starts $startTime ends $endTime"
}
infix fun String.meeting(block: Meeting.() -> Unit) {
    val meeting = Meeting(this)
    meeting.block()
    println(meeting)
}
"Release Planning" meeting {
    start at 14.30
    end by 15.20
}
```

DSL을 동작하게 하는 코드가 완성되었다. 우리가 준 변화라고는 마지막 두 가지다. 먼저, start와 end 두 개의 속성을 Meeting 클래스에 추가했다. 그 다음으로 DSL 내부의 마지막 두 줄의 this를 각각 start와 end로 변경했다.

자연스러운 문법이 만들어졌다. 하지만 이런 구현에는 주의사항이 있다. 이렇게 구현하면 우리가 만든 DSL을 사용하는 유저가 start at 대신 start by로 호출하거나 end by 대신 end at을 호출하는 것을 막을 수 없다. 그리고 start나 end를 타이핑하면 IDE의 자동완성 기능이 at과 by를 모두 보여줄 것이다. 이런 점이 유저를 잘못된 길로 이끌 수 있다. 이렇게 된 이유는 start와 end 모두 같은 인스턴스를 리턴하는 속성이고 at과 by 메소드는 Meeting 클래스의 메소드이기 때문이다. at과 by 메소드를 분리된 클래스로 옮겨서 이런 잠재적인 에러를 예방할 수 있다.

[코드 dsl/meetingdslevolved.kts]

```
open class MeetingTime(var time: String = "") {
    protected fun convertToString(time: Double) = String.format("%.02f", time)
}
class StartTime : MeetingTime() {
    infix fun at(theTime: Double) { time = convertToString(theTime) }
}
class EndTime : MeetingTime() {
    infix fun by(theTime: Double) { time = convertToString(theTime) }
}
```

```
class Meeting(val title: String) {
  val start = StartTime()
  val end = EndTime()
  override fun toString() =
    "$title Meeting starts ${start.time} ends ${end.time}"
}
infix fun String.meeting(block: Meeting.() -> Unit) {
  val meeting = Meeting(this)
  meeting.block()
  println(meeting)
}
"Release Planning" meeting {
  start at 14.30
  end by 15.20
}
```

MeetingTime은 베이스 클래스로서 동작하고 String 타입의 time 속성을 가지고 있다. 그리고 자식 클래스가 사용하게 될 convertToString() 함수를 가지고 있다. StartTime 클래스는 MeetingTime을 확장한 클래스이고 at() 메소드를 가지고 있다. EndTime 클래스는 by() 메소드를 가지고 있다는 점만 제외하면 StartTime 클래스와 유사하다. 이제 시작 시간과 끝 시간이 각각 StartTime과 EndTime에 저장되어 있기 때문에 Meeting 클래스에 두 필드가 필요하지 않아졌다. Meeting의 start 속성은 이제 this 대신 StartTime의 인스턴스를 리턴한다. 그리고 end 속성은 Endtime의 인스턴스를 리턴한다.

자연스러운 문법을 동작하게 하기 위해서 약간의 노력과 트릭이 필요했다. 이제 좀 더 강렬한 것을 보도록 하자. 이번엔 코틀린이 내부 DSL에 제공하는 타입 안정성에 대해 배울 것이다.

13-4 타입 세이프 빌더

정적 타입 언어를 사용할 때 생기는 주요한 이득은 코드가 타당한지 컴파일 시점에 검증이 가능하다는 것이다. 컴파일러는 언제든 확실하게 우리가 언어가 제공하는 문법에서 벗어났다는 사실을 알려준다. 이런 점은 런타임시 발생하게 될 다양한 에러를 방지해줘서 우리의 시간을 아껴준다. DSL로 작업을 한다는 것은 허용되는 문법을 고안하고 있는 것이다. DSL을 사용할 때 컴파일러는 특정 속성에 접근을 하거나 메소드를 호출하는 것이 적절한 것 인지 확인할 충분한 세부정보가 없다. 이럴 때 타입 세이프 빌더(type-safe builder)가 필요하다. 특별한 어노테이션을 사용하면 컴파일러에게 속성이나 메소드의 스코프를 주시하도록 지시할 수 있다. 코틀린의 빌트인 예제를 살펴보고 우리만의 커스텀 빌더를 만들어보자.

HTML 빌더

필자의 아내는 필자가 매우 경쾌하게 타이핑한다고 말한다. 백스페이스를 칠 때 말이다. 여러분도 나와 비슷한 타이핑 스킬을 가졌다면, 에러를 빨리 찾아내는데 감사해 할 것이다. 빠르게 실패하는 건 미덕이다. 그리고 컴파일 시점에 발생하는 오류들은 런타임 시점에서 디버깅할 일을 아껴준다. 우리는 Java나 코틀린 같은 언어로 코드를 작성할 때 컴파일러의 지원을 즐긴다. 그런데 HTML을 만들 땐 어떤가?

코틀린의 빌트인 타입 세이프 HTML 빌더(built-in type-safe HTML builder)를 보면 DSL이 타입 안정성을 어떻게 제공하는지 배울 수 있다. 특히 HTML이 처리될 때 타입 안정성이 제공되는 방법도 확인할 수 있다. 온라인 try-Kotlin 사이트의 HTML 빌더로 놀아보자(https://try.kotlinlang.org).

아마 이런 HTML 컨텐츠가 생성될 것이다.

```
<html>
  <h1>Methods' Behavior<h1>
  <p>This is a sample</p>
</html>
```

HTML 컨텐츠를 읽을 때 매우 조심스럽게 보지 않는다면 에러가 있다는 사실을 눈치채지 못했을 것이다. 더 복잡한 HTML 컨텐츠에서는 실수를 찾는 것이 매우 어렵다. 브라우저에 컨텐츠를 제대로 표시하지 못하게 하는 멍청한 실수를 찾기 위해서 다른 사람에게 디버깅을 부탁하는 것은 조직에 비용을 발생시키고, 부끄러우며, 시간을 소모하고, 인성을 더럽힌다.

HTML 빌더는 두 가지 방법으로 도움을 준다. 첫째, HTML 빌더가 평문이 아닌 HTML 컨텐츠를 생성하는 코드를 작성하도록 도와준다. 둘째, 문법이 적절한지 HTML 코드 생성 전에 검증할 수 있다.

Kotlin HTML Builder 예제 사이트(https://try.kotlinlang.org/#/Examples/Longer%20examples/HTML%20Builder/HTML%20Builder.kt)를 방문해서 main() 메소드 전체를 아래의 코드로 바꿔보자.

```kotlin
fun main() {
  val result =
    html {
      h1 { +"Methods' Behavior" }
      p { "This is a sample" }
    }
  println(result)
}
```

우측 상단의 Run 버튼을 클릭하자. 사이트가 2개의 에러를 알려준다. h1과 p가 "unresolved references"라는 에러가 나온다. 오류가 나온 이유는 h1과 p를 잘못된 레벨에 놨기 때문이다. 두 태그가 body 태그 밖에 위치하고 있다. 아래의 코드로 수정해보자.

```kotlin
fun main() {
  val result =
    html {
      body {
        h1 { +"Methods' Behavior" }
        p { "This is a sample" }
      }
    }
  println(result)
}
```

main() 메소드 전체를 제대로 변경하고 Run 버튼을 클릭하자. 이번엔 코드가 성공적으로 실행되고 HTML 출력을 만들어냈다.

바로 여기서 타입 안정성이 동작하는 것을 보았다. 어떻게 생성된 건지 보고 사이트 예제코드를 공부한 후 다음 단계로 나아가도록 해라. 그리고 Kotlinx.html도 확인해보자(https://github.com/Kotlin/kotlinx.html). 엄청난 유연성과 에러 핸들링을 제공해주는 또 다른 HTML 빌더다.

XML 빌더

HTML 빌더를 따라 이제 우리만의 XML빌더를 만들어보자.

일단 우리가 만드려는 XML의 데이터를 확인해보자.

```
val langsAndAuthors =
  mapOf("JavaScript" to "Eich", "Java" to "Gosling", "Ruby" to "Matz")
```

Map은 몇 개의 언어 이름과 개발자 이름을 포함하고 있다. 이 데이터에서 우리는 언어의 이름을 정적 속성으로 하고 저자의 이름을 텍스트 컨텐츠로 하는 XML을 만들 것이다. 재밌는 것을 시작하자.

HTML과 마찬가지로 XML은 요소들이 계층 구조를 이룬다. XML은 root부터 시작한다. 각 층엔 0개 이상의 정적 속성과 많은 자식 요소(element)가 포함되어 있다. 요소의 텍스트 컨텐츠를 표현하기 위해서 text를 사용해야 한다. 이런 사항들을 가지고 우리는 DSL의 샘플을 만들 수 있다.

[코드 dsl/xmlbuilder.kts]

```
val xmlString = xml {
  root("languages") {
    langsAndAuthors.forEach { name, author ->
      element("language", "name" to name) {
        element("author") { text(author) }
      }
    }
  }
}
println(xmlString)
```

이제 우리는 이 코드와 우리의 DSL을 사용할 코드를 실행시킬 클래스와 메소드를 빌드해야 한다. DSL의 첫 번째 줄은 xml {...}이다. 구현하기 쉬워 보인다. xml은 람다를 파라미터로 받는 함수로 설계할 수 있다. 그 함수에서 우리는 XML문서의 빌드를 대신할 XMLBuilder()의 객체를 리턴할 수 있다. 다시 말하면 xml()은 부트스트랩 함수로 작동하게 될 것이다. 아래는 짧고 간결한 xml() 함수이다.

[코드 dsl/xmlbuilder.kts]

```
fun xml(block: XMLBuilder.() -> Node): Node = XMLBuilder().run(block)
```

함수는 아직 구현되지 않은 XMLBuilder 클래스를 생성한다. xml() 함수로 전달된 파라미터는 XMLBuilder 타입의 리시버를 가지는 block(람다)이다. xml() 함수 내부에서 우리는 방금 우리가 만든 XMLBuilder의 인스턴스를 리시버로 하는 블록을 실행시킨다. 즉, 블록 안에서 xml() 함수로 전달된 어떤 메소드나 함수의 호출도 이 리시버의 컨텍스트에서 실행된다는 의미이다. 함수가 주어진 코드 블록을 리시버의 컨텍스트에서 실행시키고 블록의 결과를 리턴하기 위해 run()을 사용한다. 이런 동작은 "12-5. Any 객체를 이용한 자연스러운 코드"에서 다뤘었다. 람다 파라미터가 리턴타입을 Node 클래스로 지정했기 때문에 xml() 함수는 Node의 인스턴스를 리턴한다. 곧 XMLBuilder 클래스와 Node 클래스 모두를 만들 것이다.

xml() 함수에 람다를 전달한 첫 줄의 코드는 root() 함수를 호출했다. 람다는 xml() 함수가 생성한 XMLBuilder의 인스턴스의 컨텍스트에서 실행되기 때문에 XMLBuilder는 이 메소드를 가지고 있어야만 한다. root() 메소드가 리턴하는 모든 값은 xml() 함수에서 리턴된다. 지금까지 알아낸 세부사항들을 고려해보면, root()는 Node의 인스턴스를 리턴할 것이다. 이제 XMLBuilder와 root() 메소드를 정의해보자.

[코드 dsl/xmlbuilder.kts]

```
class XMLBuilder {
  fun root(rootElementName: String, block: Node.() -> Unit): Node =
    Node(rootElementName).apply(block)
}
```

---

root() 메소드는 root 요소의 이름(예제에서는 languages)을 받기 위한 String 타입의 rootElementName과 리시버로 사용될 Node 인스턴스의 컨텍스트에서 실행되는 block 두 개의 파라미터를 받는다. 람다는 Unit으로 선언되었기 때문에 아무것도 리턴하지 않는다. root() 메소드는 Node의 인스턴스를 생성한다. 그리고 rootElementName을 아규먼트로 생성자에 전달한다. 그리고 주어진 block(람다)을 방금 생성된 Node 인스턴스의 컨텍스트에서 실행시킨다. 여기서 우리가 run()대신 apply()를 쓴 이유는 람다가 Node 인스턴스의 컨텍스트에서 실행되길 원하고, 그 Node 인스턴스를 리턴하기 위해서이다.

root()에 전달된 블록에서 우리는 languages와 authors의 맵(langsAndAuthors)을 반복한다. 그리고 각 이름과 저자를 중첩 요소(element)로 만든다. Node의 인스턴스인 이 요소는 root() 함수에서 생성된 Node에 존재한다. 즉, 블록의 리시버란 의미이다. 이런 동작을 완성시키기 위해서 Node에 element() 메소드를 만들어야 한다. 이 메소드는 자식 Node를 만들어서 현재 Node에 자식으로 추가한다. 각 Node인스턴스는 정적 속성 콜렉션, 자식노드 콜렉션, 텍스트

값을 유지 해야 한다.

짧게 말하면, Node는 방금 말한 3개의 속성과 두개의 메소드 element(), text()를 가지고 있어야 한다. 아, 우리는 적절한 들여쓰기를 포함해서 Node를 나타내는 String을 생성하는 메소드도 필요하다.

[코드 dsl/xmlbuilder.kx]

```kotlin
class Node(val name: String) {
  var attributes: Map<String, String> = mutableMapOf()
  var children: List<Node> = listOf()
  var textValue: String = ""
  fun text(value: String) { textValue = value }
  fun element(childName: String,
    vararg attributeValues: Pair<String, String>,
    block: Node.() -> Unit):Node {
      val child = Node(childName)
      attributeValues.forEach { child.attributes += it }
      children += child
      return child.apply(block)
  }
  fun toString(indentation: Int):String {
    val attributesValues = if (attributes.isEmpty()) "" else
      attributes.map { "${it.key}='${it.value}'" }.joinToString(" ", " ")
    val DEPTH = 2
    val indent = " ".repeat(indentation)
    return if (!textValue.isEmpty())
      "$indent<$name$attributesValues>$textValue</$name>"
    else
      """$indent<$name$attributesValues>
        ¦${children.joinToString("\n") { it.toString(indentation + DEPTH) }}
        ¦$indent</$name>""".trimMargin()
  }
  override fun toString() = toString(0)
}
```

XMLBuilder의 인스턴스를 먼저 생성하고 그 후에 Node인스턴스를 생성하기 위해서 각 라인이 어떻게 호출되는지 확인해보자.

코드를 실행시켜서 출력을 확인해보자. 우리가 만들 XML 빌딩 DSL 코드의 결과는 xml() 함수와 Node 클래스에 의해서 만들어진다.

```
<languages>
  <language name='JavaScript'>
    <author>Eich</author>
  </language>
  <language name='Java'>
    <author>Gosling</author>
  </language>
  <language name='Ruby'>
    <author>Matz</author>
  </language>
</languages>
```

이 설계에 들어간 코틀린의 가장 뛰어난 기능은 `xml()` 함수와 `element()` 메소드에서 사용된 리시버와 함께 사용되는 람다이다. 리시버와 함께 사용된 람다 덕분에 Node 인스턴스의 컨텍스트에서 람다를 실행될 수 있게 되었다. 즉, DSL에서 `this` 없이 Node의 메소드를 호출할 수 있게 된 것이다.

14-5 스코프 제어를 통한 접근 제한

지금까지 코틀린의 내부 DSL을 만드는 방법을 보았다. 외부 DSL와는 다르게, 내부 DSL은 호스트 언어에 탑승하는 이득이 있다. 그리고 파서(parser)를 구현할 필요가 없다. 이런 장점은 DSL 설계자들 에게 많은 수고를 덜게 해준다. 하지만 호스트 언어에서 할 수 있는 것(스코프의 속성 접근이나 임의의 함수와 메소드 호출)은 DSL코드에서도 할 수 있다. 이런 자유가 너무 과할 때도 있다. 코틀린은 접근을 제한하기 위해서 스코프 컨트롤 어노테이션을 사용한다.

코틀린이 제공하는 기능들이 있음에도 불구하고, 컴파일러에게 탑레벨 함수나 렉시컬 스코프에 접근권한을 거부하라고 명령할 방법이 없다. 하지만 **@DSLMarker**라는 특별한 어노테이션을 사용하면 컴파일러에게 중첩된 람다의 부모 리시버의 멤버에 암시적 접근을 거부하라는 요청을 할 수 있다. 우리는 12-6의 "리시버를 이용한 멀티플 스코프"에서 어떻게 중첩 람다가 두 개의 리시버(하나는 실행중인 람다의 컨텍스트 객체의 this, 다른 하나는 부모 람다의 리시버)를 가지는지 알아봤었다. DSL을 만들 때 우리는 람다가 현재 실행중인 암시적 리시버에만 접근 가능하도록 제한하고 부모 리시버의 멤버에 접근하는 것을 제한해야 할 수 있다. 예제를 이용해서 이런 제약이 유용한 상황이 언제인지 알아보자.

우리가 이전엔 만든 언어와 개발자를 출력하는 XML 생성 코드를 변경해보자. 이전에 우리는 element()에서 자식 요소를 만들기 위해서 element()를 중첩 호출했었다. 하지만 아래처럼 element()에 전달된 람다에서 root() 함수 호출을 추가하면 어떻게 될까?

```
val xmlString = xml { root("languages") {
    langsAndAuthors.forEach { name, author -> element("language", "name" to name) {
        element("author") { text(author) }
        root("oops") {} //이런 호출은 말이 안되지만 에러가 발생하지 않는다. }
      }
    }
}
```

코틀린 컴파일러는 이 부분에서 어떤 에러도 주지 않는다. 왜냐하면 두 번째 root() 호출이 합법적이기 때문이다. 두 번째 element() 호출이 암시적 리시버 this로 Node 인스턴스에서 호출되는 것처럼 root를 호출하는 것은 부모 리시버에서 발생한다. 즉, 두번째 root() 호출은 첫번째 root() 호출을 한 인스턴스와 같은 인스턴스로 라우팅된다.

물론 이건 말이 안된다. 코틀린에게 호출을 거부하라고 요청할 것이다. 그렇게 하기 위해서 우리는 DSL 빌딩에 참여하는 클래스와 베이스 클래스 모두에 커스텀 DSL마커 어노테이션을 추가해야 한다. 이런 커스텀 어노테이션은 @DslMarker 어노테이션으로 생성한다.

element()에 전달된 람다의 두 번째 root() 호출을 거부하기 위해서 코드를 수정해보자.

첫 번째, DSL 마커 어노테이션을 생성한다.

```
@DslMarker
annotation class XMLMarker
```

어노테이션 클래스인 XMLMarker는 @DslMarker로 어노테이션 되어있기 때문에 DSL 마커 어노테이션으로 취급된다. DSL마커 어노테이션이 적용된 모든 클래스(이 예제에서는 XMLMarker 클래스)는 코틀린 컴파일러에게 객체 참조가 없는 호출(someobj. 같은 접두사가 없는 호출)을 제한하라는 신호를 보내서 실행중인 리시버에서만 객체 참조 없는 호출을 사용할 수 있도록 제한하고, 부모 리시버는 사용 불가능하게 만든다. 다시 말하자면 DSL 마커 어노테이션이 없으면 foo()같은 호출을 했을 때 현재 리시버에서 처리가 불가능하면 부모리시버로 갈 수 있다. 하지만 프로세스되는 클래스에 마커 어노테이션이 있으면 foo()를 호출했을 때 현재 리시버에서 처리가 불가능할 경우 컴파일이 실패한다. 따라서 DSL이 의도한 문법을 잘 지키는지에 대한 컴파일러의 피드백을 빠르게 받을 수 있다.

이제 XMLBuilder와 Node 클래스에 주석을 추가해서 DSL 마커 어노테이션인 XMLMarker를 사용해보자.

```kotlin
@XMLMarker
class XMLBuilder {
  fun root(rootElementName: String, block: Node.() -> Unit): Node =
    Node(rootElementName).apply(block)
}
@XMLMarker
class Node(val name: String) {
  var attributes: Map<String, String> = mutableMapOf()
  //...
```

XMLMarker 어노테이션을 만들고 XMLBuilder 클래스와 Node같은 클래스에 어노테이트 하면 다음 코드는 컴파일에 실패할 것이다.

```kotlin
val xmlString = xml {
  root("languages") {
    langsAndAuthors.forEach { name, author ->
      element("language", "name" to name) {
        element("author") { text(author) }
        root("oops") {} //ERROR: can't call root from here
      }
    }
  }
}
println(xmlString)
```

자동으로 부모 리시버로 라우팅되는 현상이 제거된 것이 보일 것이다. 원한다면 아직도 부모 리시버의 멤버를 명시적으로 호출할 수 있다. 예를 들면 이런 문법을 사용하면 된다.

```kotlin
this@xml.root("oops") {}
```

DSL을 설계할 때는 반드시 DSL마커 어노테이션을 사용한다. 어노테이션은 탑레벨 메소드 호출을 거부하거나 렉시컬 스코프의 변수와 멤버에 접근을 거부하는데 도움이 되지 않지만 자동으로 부모 리시버의 메소드를 호출하는 것을 거부하는 데는 도움이 된다. 이런 기능은 작은 DSL에서 스코프를 컨트롤할 때 도움이 된다.

정리

코틀린의 자연스러움, 표현력, 많은 기능과 힘은 코틀린을 내부 DSL을 만들기 좋은 언어로 만들었다. 그리고 람다를 실행할 때 컨텍스트 객체에 할당할 수 있는 능력은 다른 정적 타입 언어와 비교했을 때 코틀린이 DSL을 만들기 위한 호스트 언어로써의 특징을 뚜렷이 구분시켜준다. 자연스럽고 많은 기능을 포함하는 DSL을 설계하는 것은 도전이 될 수 있다. 하지만 자연스러움과 많은 기능을 가져오기 위한 다양한 기술을 이해하고 인내심을 발휘하면 원하는 만큼 자연스럽고 기능이 많은 설계를 하는 방법을 찾을 수 있을 것이다.

코틀린은 정적 타입 언어이기 때문에 DSL을 사용할 때도 타입 안정성을 제공한다. 이런 특징은 '빠르게 실패' 할 수 있는 장점이 된다. 그리고 DSL 마커 어노테이션을 사용하면 자동으로 부모리시버로 라우팅 되지 않고 현재 객체의 리시버로만 호출을 제한할 수 있기 때문에 에러 체크 기능을 향상시킬 수 있다. 이번 챕터에서 배운 기능을 이용해서 자신만의 DSL을 설계하고, 유저에게 자연스럽고 많은 기능을 제공하는 API도 설계할 수 있다.

다음 챕터에서 우리는 또 다른 코틀린의 강렬한 힘을 보게 될 것이다. 바로 꼬리재귀(tail recursions) 최적화다.

Chapter

14

재귀 프로그래밍과 메모이제이션 프로그래밍

재귀(recursion)가 가장 쿨한 프로그래밍 기법이라는 사실에 의심할 여지가 없다. 하위 문제의 솔루션을 사용해서 문제에 대한 솔루션을 공식화할 수 있다면 재귀로 구현할 수 있다. 재귀는 매력적이고 약간 수수께끼 같기도 하고 아주 표현력이 강하다.

재귀는 매우 강력하다. 하지만 불행히도 큰 문제를 해결할 때는 런타임 스택 오버플로에 빠져서 효율성이 떨어질 수 있다. 꼬리호출 최적화(tail call optimization)이라고 불리는 테크닉을 이용하면 이 문제를 해결할 수 있다.

재귀는 프로그래밍에서 중요한 역할을 한다. 거기에 데이터를 저장(memoize)하는 알고리즘을 사용하면 성능은 향상된다. 코틀린은 빌트인 메모이제이션(memoization)을 지원해주지는 않지만 지금까지 배운 기술들을 사용하면 표현력이 강한 메모이제이션 기능을 쉽게 만들 수 있다.

재귀가 가지는 힘과 한계에 대해 알아보고 꼬리호출 최적화가 이슈들을 어떻게 다루는지에 대해서도 알아본다. 그리고 재귀의 우아함을 유지하면서 성능 향상을 위해서 함수 호출의 결과를 저장하는 기법도 살펴본다.

14-1 재귀의 강점과 위험성

재귀를 사용하면 우리는 분할정복기법(divide and conquer, 문제를 해결할 때 문제를 작게 쪼개서 각 부분의 솔루션을 구현한 후 각 결과를 합쳐서 해결하는 기법)을 사용할 수 있다. 아래의 예제는 퀵 정렬 알고리즘을 구현하는 코틀린 코드다.

[코드 recursion/quicksort.kts]

```kotlin
fun sort(numbers: List<Int>): List<Int> =
  if (numbers.isEmpty())
    numbers
  else {
    val pivot = numbers.first()
    val tail = numbers.drop(1)
    val lessOrEqual = tail.filter { e -> e <= pivot }
    val larger = tail.filter { e -> e > pivot }
    sort(lessOrEqual) + pivot + sort(larger)
  }
println(sort(listOf(12, 5, 15, 12, 8, 19))) //[5, 8, 12, 12, 15, 19]
```

sort() 함수는 주어진 입력을 두 파트로 분리하고 두 파트를 각각 정렬한다. 그리고 마지막으로 두 솔루션을 합쳐서 전체 솔루션을 만든다. 코틀린에서는 일반적인 재귀를 쉽게 지원한다. 하지만 일반적인 재귀함수에는 리턴 타입이 필요하다. 일반적인 재귀함수를 사용할 때는 타입 추론을 사용할 수 없다.

재귀 솔루션을 만들려면 노력이 필요하지만, 재귀는 매우 표현력이 좋다. 프로그래머들은(특히 초보 프로그래머들) 일반적으로 재귀의 컨셉을 어려워한다. 하지만 일단 한번 이해하면 그 광대한 능력을 즐기게 된다. 아주 간단한 재귀 코드를 보도록 하자.

[코드 recursion/recursive.kts]

```kotlin
import java.math.BigInteger
fun factorialRec(n: Int): BigInteger =
  if (n <= 0) 1.toBigInteger() else n.toBigInteger() * factorialRec(n - 1)
println(factorialRec(5)) //120
```

factorialRec() 함수는 0보다 작은 값을 받으면 1을 리턴하고, 0보다 큰 값을 받으면 주어진 입력을 스스로를 재귀적으로 호출한 결과를 곱해서 리턴한다.

팩토리얼은 아래처럼 반복문을 이용해서 구현할 수도 있다.

```
fun factorialIterative(n: Int) =
    (1..n).fold(BigInteger("1")) { product, e -> product * e.toBigInteger() }
```

fold() 함수는 아규먼트로 람다와 함께 초기값을 받는다는 점만 제외하면 "내부 반복"에서 다룬 reduce() 함수와 비슷한 함수이다. 이터레이션을 사용할 수도 있지만, 개발 긱들이 인식하고 받아들이기에는 재귀 솔루션이 더 좋을 것이다. 그러니 재귀 솔루션을 더 탐구해보자.

복잡한 문제를 해결할 때 가능하다면 반복 솔루션 보다는 재귀 솔루션을 사용하는 것이 더 우아하고 이해하기 쉽다. 슬프게도, 재귀는 반복 솔루션이 겪지 않는 문제를 일으킨다. 재귀는 스택을 증가시키고, 스택이 위험할 정도로 큰 레벨에 도달하면 프로그램이 뻗어버린다.

예를 들어보자. 아래는 큰 값을 처리하기 위해서 반복을 사용한 솔루션이다.

```
println(factorialIterative(50000))
```

코드 실행에 아무런 문제도 없다. 이제 재귀를 이용한 솔루션을 사용해보자.

```
println(factorialRec(50000))
```

재귀를 이용한 솔루션이 우아하긴 하지만, 문제 풀이에는 적절하지 않다. 입력 사이즈가 크다면 런타임 중에 코드가 멈추게 될 것이다.

```
java.lang.StackOverflowError
    at java.base/java.math.BigInteger.valueOf(BigInteger.java:1182)
    at Largerecursive.factorialRec(largerecursive.kts:4)
```

어휴, 긱들의 문화란 침투하기 쉽지가 않다. 우리의 능력을 한 단계 높여야 한다. 이제 꼬리호출 최적화(Tail Call Optimization)로 실력을 높여보자.

14-2 꼬리호출 최적화

우리가 작성한 코드는 프로시저가 되고 생성된 바이트 코드는 결국 실행이 된다는 사실을 생각해보자. factorialIterative() 함수는 반복을 사용하는 프로시저이다. 그리고 반복을 사용하는 프로세스로 컴파일되고 실행될 것이다. 별로 놀라울 것이 없다. 이와 유사하게 factorialRec()는 재귀 프로시저고 재귀 프로세스로 컴파일되고 실행될 것이다. 역시 예상한대로다. 하지만 〈컴퓨터 프로그램의 구조와 해석〉(인사이트, 2016)에 따르면 실제로는 재귀 프로시저는 반복 프로세스로 컴파일 될 수 있다. 이런 접근이 양측의 장점을 모두 제공한다. 코드를 재귀로 작성하고, 런타임시에는 반복으로 행동한다. 그 결과 stack overflow 오류가 없게 되었다.

재귀를 컴파일하면 반복이 된다는 것은 매우 흥미롭다. 그게 바로 tailrec 어노테이션이 코틀린 컴파일러에게 지시할 내용이다. factorialRec() 함수를 다시 작성해보자.

첫 단계로, 우리는 함수에 tailrec 키워드를 붙일 것이다.

```
tailrec fun factorialRec(n: Int): BigInteger =
  if (n <= 0) 1.toBigInteger() else n.toBigInteger() * factorialRec(n - 1)
```

좋은 시도였다. 하지만 동작은 하지 않는다. 아직 몇 단계를 더 거쳐야 한다.

```
120
recursivetail.kts:4:1: warning: a function is marked as tail-recursive
  but no tail calls are found
tailrec fun factorialRec(n: Int): BigInteger =
^
recursivetail.kts:5:56: warning: recursive call is not a tail call
  if (n <= 0) 1.toBigInteger() else n.toBigInteger() * factorialRec(n - 1)
```

코틀린은 너무 정중해 여기서 경고를 준다. "2-2. 현명한 경고"에서 다룬 것처럼 경고를 에러처럼 취급해야 한다는 사실을 기억하자. 함수에 큰 입력을 가지고 실행하려고 한다면 이번 버전도 이전의 factorialRec()과 동일하게 런타임 에러가 발생할 것이다. 코틀린의 재귀를 반복으로 최적화하는 것은 호출이 마지막 위치일 경우에만 가능하다. 좀 더 알아보자.

n.toBigInteger() * factorialRec(n-1) 코드를 보자. 우리는 아마 factorialRec()이 마지막에 실행된다고 생각하고 싶을 것이다. 하지만 함수가 리턴하기 전 수행하는 연산은 곱셈

연산이다. 이 연산은 factorialRec이 완료될 때까지 기다린다. 그래서 각 재귀 호출들의 스택 사이즈가 커지는 것이다. tail call(꼬리호출)이란 재귀 호출이 진짜로 함수의 마지막 연산인 호출을 의미한다. factorialRec() 함수를 다시 작성해보자 그리고 이름을 factorial()이라고 만들자.

[코드 recursion/factorial.kts]

```
import java.math.BigInteger
tailrec fun factorial(n: Int,
  result: BigInteger = 1.toBigInteger()): BigInteger =
    if (n <= 0) result else factorial(n - 1, result * n.toBigInteger())
println(factorial(5)) //120
```

코드를 실행시켜보면 예상했던 결과가 나온다. 아무런 경고도 안 나온다. 이런 점을 보면 코틀린 컴파일러가 뒤에서 조용히 최적화를 해서 반복을 이용하도록 함수를 변경했다는 사실을 알 수 있다. 큰 입력값을 가지고 함수를 사용해보자.

```
println(factorial(50000)) //No worries
```

코드는 잘 실행된 후 예상대로 매우 큰 숫자를 출력했다.

이 실행이 최적화의 증거이다. 하지만 호기심이 많은 프로그래머로써 당신은 경험으로 얻은 결과에 기반하지 않고 명시적으로 효과를 확인하고 싶을 수 있다. 적절하다. 최적화가 동작되는 것을 보기 위해서 Factorial 클래스를 만들고 재귀 버전과 꼬리재귀(tail recursive) 버전의 factorial을 Factorial 클래스에 작성하자.

[코드 recursion/Factorial.kt]

```
recursion/Factorial.kt
import java.math.BigInteger
object Factorial {
  fun factorialRec(n: Int): BigInteger =
    if (n <= 0) 1.toBigInteger() else n.toBigInteger() * factorialRec(n - 1)
  tailrec fun factorial(n: Int,
    result: BigInteger = 1.toBigInteger()): BigInteger =
    if (n <= 0) result else factorial(n - 1, result * n.toBigInteger())
}
```

이제 아래의 명령어를 이용해서 코드를 컴파일하고, 바이트코드를 생성해보자.

```
$ kotlinc-jvm Factorial.kt
$ javap -c -p Factorial.class
```

아래는 생성된 바이트코드의 발췌본이다.

```
Compiled from "Factorial.kt"
public final class Factorial {
  public final java.math.BigInteger factorialRec(int);
  Code:
    ...
    38: invokevirtual #23
      // Method factorialRec:(I)Ljava/math/BigInteger;
    ...
    44: invokevirtual #27
      // Method java/math/BigInteger.multiply:(...)
    47: dup
    48: ldc #29 // String this.multiply(other)
    ...
  public final java.math.BigInteger factorial(int, java.math.BigInteger);
  Code:
    ...
    7: ifgt 14
    10: aload_2
    11: goto 76
    ...
    56: invokevirtual #27
      // Method java/math/BigInteger.multiply:(...)
    ...
    73: goto 0
    76: areturn
```

factorialRec()의 바이트코드에서 factorialRec()를 재귀적으로 호출하기 위해서 invokevirtual 명령어가 사용되었다. 그리고 그 후 BigInteger에 multiply() 메소드가 호출되었다. 이는 재귀 프로시저가 재귀 프로세스로 컴파일 되었다는 것을 보여준다.

반면에 factorial()의 바이트코드는 invokevirtual 재귀 호출이 전혀 없다. 대신 ifgt를 호출하고, goto로 함수의 다른 부분으로 점프를 한다. 이는 재귀 프로시저가 반복을 이용하는 프로세스로 컴파일 되었다는 증거다. 잘했어, 코틀린.

tailrec 최적화는 재귀가 꼬리호출일 때만 동작한다. tailrec를 사용하기 위해서 우리는 factorialRec()를 재귀 호출이 마지막에 나오는 factorial()로 재작성했다. 그래서 재귀가 마지막에 나오게 되었고, 꼬리재귀로 평가 되었다. 재귀가 복잡하다면 tailrec를 사용하는 게 쉽지 않을 것이고 심지어 불가능할 수도 있다.

꼬리호출 최적화는 재귀를 반복으로 변환해서 스택 레벨의 숫자를 제어한다. 이런 방법은 효율성 측면에서 영향이 있다. 하지만, 함수를 반복적으로 호출하지 않고, 저장된 값을 리턴하면 실행을 더 빠르게 할 수 있다. 이게 다음으로 탐구해볼 솔루션이다.

14-3 메모이제이션

필자와 함께 작은 수학 문제를 풀어보자. 종이와 펜을 준비하자. 321 + 174 은 얼마일까? 계산기가 없으면 자연스럽게 대답을 할 수가 없다. 그리고 아마 당신은 답을 말하기 위해서 시간이 필요할지도 모르겠다. 지극히 정상이다.

답을 찾았는가? 오류 없이 495를 적었는가? 잘했다.

이제 하나 더 물어보자. 321+174 은 얼마일까? 아마 바로 대답했을 것 같다. 어떻게 그렇게 빨리 대답을 할 수 있었을까?

이전 계산의 결과를 봤기 때문이다. 똑똑한 방법이다. 방금 전에 계산한 식을 불필요하게 다시 계산할 필요가 없다. 이게 바로 메모이제이션(memoization)이다. 우리의 프로그램이 이미 동일한 입력으로 실행한 함수를 다시 계산하게 만들고 싶지 않다. 입력이 같다면 몇 번을 호출하던 같은 결과가 나온다. 저장된 값을 사용함으로써 우리는 다시 계산하는 것을 피할 수 있고 실행을 빠르게 만들 수 있다. 주의사항 하나, 메모이제이션은 부작용 없는 순수함수에서만 사용되어야 한다.

알고리즘 기법인 다이나믹 프로그래밍에서 하위 문제를 해결하는 솔루션을 재귀적으로 사용해서 전체 문제를 해결한다. 하지만 일반적인 재귀와 다르게 다이나믹 프로그래밍은 재귀를 사용할 때 하위 문제의 결과를 저장해 다시 사용한다. 이 기법은 문제의 계산 복잡도를 지수형 복잡성에서 선형 복잡성으로 가지고 오기 때문에 코드를 이해하기 쉽게 유지하면서도 결과의 퍼포먼스를 크게 향상시킨다.

코틀린은 메모이제이션을 직접 지원해주지 않는다. 하지만 우리가 지금까지 배운 도구들을 이용해서 직접 만들 수 있다. 우리는 메모이제이션을 2가지 방법으로 구현할 예정이다. 하나는 Groovy 언어의 라이브러리가 제공해주는 솔루션과 유사하게 만들고 다른 하나는 코틀린 델리게이션을 이용한다.

반복 연산

이번 챕터에서 메모이제이션을 설명하기 위해서 두 가지 문제를 생각해 볼 예정이다. 하나는 단순한 것이고 다른 하나는 좀 복잡한 것이다.

첫 번째 문제는 '피보나치 수열'이다. 피보나치 수열은 프로그래밍 예제에서 매우 많이 사용된다. 그 이유 중 하나는 이 문제가 매우 단순하고, 이해하기 좋고, 문제의 복잡성으로 끌려들어가지 않고 문제의 솔루션에만 집중할 수 있기 때문이다. 이번에 예제로 사용한 이유도 동일하다. 일단 이 단순한 예제를 통해서 메모이제이션을 사용하는 법을 배운 후 막대 자르기 문제에 적용해볼 예정이다. 막대 자르기 문제는 뒤에서 다룰 것이다.

코틀린으로 피보나치 수를 찾는 단순한 재귀함수를 구현해보자.

[코드 recursion/fib.kts]

```
import kotlin.system.measureTimeMillis
fun fib(n: Int) : Long = when (n) {
  0, 1 -> 1L
  else -> fib(n - 1) + fib(n - 2)
}
println(measureTimeMillis { fib(40) }) //About 3 millisconds
println(measureTimeMillis { fib(45) }) //More than 4 seconds
```

fib() 함수는 주어진 값이 2보다 작을 경우 1을 리턴하고, 나머지 경우에는 2개의 재귀함수 호출의 결과를 연산해서 결과를 리턴한다.

fib(4)를 호출하면 fib(3)과 fib(2)가 실행된다. fib(3)이 실행될 때 다시 fib(2)를 호출하게 된다. n이 작을 경우 실행이 빠르다. n이 증가함에 따라 실행(연산) 시간이 기하급수적으로 증가한다. 예를 들어보자. 필자의 컴퓨터에서 n이 40인 경우 연산에 3밀리초가 걸렸지만 n이 45가 되자 4초 이상 걸렸다. n이 100일 경우는 실행해 볼 엄두조차 낼 수 없었다.

이전에 호출이 리턴한 결과를 기억해두도록 하면 연산시간을 현저하게 줄일 수 있다. 후속 호출에서 값이 이미 존재한다면 재귀 호출을 하지 않고 존재하는 값을 리턴한다.

Groovy방식의 메모이제이션

우리에겐 연산 결과를 저장할 수 있는 방법이 몇 가지 있다. 클래스를 만들고 필드나 프로퍼티에 데이터를 캐시(cache)해 클래스의 함수가 그 캐시를 사용하도록 만들 수 있다. 합리적인 접근법이다. 그러나 이 방법을 사용하려면 클래스를 만들어야 하므로 이미 클래스를 만들고 있는 경우라면 선택해도 좋다. 하지만 우리는 지금 단독 함수를 다루고 있다. 클래스를 만들어서는 안 된다.

메모이제이션을 다루기 위한 다이나믹한 동작이 필요하다. 함수가 호출됐을 때 캐시를 체크해 데이터가 존재하는지 확인하고 데이터가 없을 경우 함수를 호출해야 한다. 이런 것은 단독 함수로는 구현할 수 없다. 왜냐하면 함수의 호출이 함수에 바인드되어야 하고 다이나믹한 호출을 통해서 우리가 논의했던 조건 로직을 구현하기는 매우 어렵다. 이럴 땐 람다 표현식을 이용해 이런 한계를 해결할 수 있다. 곧, 어떻게 호출을 캐시 체크를 포함하는 람다로 교체하는지 확인해본다.

Groovy 언어에서 메모이제이션은 라이브러리 내부에 구현되어있다. 우리는 아무 람다 표현식에서나 memoize() 함수를 호출할 수 있고, memoize() 함수는 저장된 람다를 리턴한다. 코틀린에서 이와 유사한 접근을 해볼 것이다.

"Ch12. 코틀린을 능숙하게 다루기"에서 우리는 클래스와 함수에 메소드를 인젝트 하는 방법을 배웠다. 람다에 memoize() 메소드를 만드는데 바로 그 기술이 사용될 것이다.

[코드 recursion/fibmemoize.kts]

```
fun <T, R> ((T) -> R).memoize(): ((T) -> R) {
  val original = this
  val cache = mutableMapOf<T, R>()
  return { n: T -> cache.getOrPut(n) { original(n) } }
}
```

첫 번째 라인에서 우리는 memoize() 메소드를 제네릭 람다 표현식에 인젝트했다. 제네릭 람다 표현식은 T타입의 파라미터를 받고, R타입의 리턴을 한다. memoize() 함수의 리턴타입은 memoize()가 인젝트된 메소드의 타입과 같은 타입의 람다 표현식이다. 다시 말하자면 함수에서 memoize()를 호출한 결과는 함수와 동일한 시그니처를 가진 함수다.

memoize() 함수에서 우리는 this를 로컬변수 original에 할당해서 오리지날 함수의 레퍼런스를 저장할 수 있다. 그리고 비어있는 cache를 초기화한다. 마지막으로 우리는 T타입의 파라미터를 받고, R타입의 결과를 리턴하는 람다를 리턴한다. 리턴된 함수는 결과가 존재하는지 보기 위해 캐시를 확인한다. 캐시에 결과가 없다면 연산을 해서 결과를 만들고 리턴하기 전에 저장한다. 이미 결과가 존재한다면 연산을 건너뛰고 저장된 값을 리턴한다.

memoize() 함수를 사용해서 피보나치수의 연산을 메모이즈 해보자.

[코드 recursion/fibmemoize.kts]

```
lateinit var fib: (Int) -> Long
fib = { n: Int ->
  when (n) {
    0, 1 -> 1L
    else -> fib(n - 1) + fib(n - 2)
  }
}.memoize()
```

우리가 작성한 함수는 일반적인 함수가 아니라 람다 표현식을 함수로 사용한 함수이다. 우리가 fib()를 람다 표현식 안에서 호출하고 있기 때문에 우리는 fib라는 변수를 우리가 만든 람다 표현식 안에서 정의할 수 없다. lateinit을 사용해서 코틀린에게 우리가 fib 변수를 초기화하는 것을 잊은 게 아니고 잠시 후에 할 것이라고 알려준다. lateinit이 없다면 코틀린 컴파일러는 할당되지 않은 변수 때문에 에러를 발생할 것이다. fib() 함수는 전달된 수가 2보다 작으면 1을 리턴하고, 그렇지 않은 경우 2개의 재귀 호출을 이용해서 결과를 연산한다.

memoize() 함수는 주어진 람다 표현식을 받고 그 람다를 memoize() 함수 안에 있는 변수 original에 저장한다. 그리고 새로운 람다 표현식을 리턴한다. 이게 바로 fib변수에 현재 저장된 것이다. memoize된 버전 연습을 위해서 코드를 실행시켜보자.

[코드 recursion/fibmemoize.kts]

```
println(measureTimeMillis { fib(40) })
println(measureTimeMillis { fib(45) })
println(measureTimeMillis { fib(500) })
```

용기를 내보자. 함수호출에 큰 값인 500을 사용해보자. 결과가 어떤지 보기 위해서 실행해보자.

```
0
0
1
```

이 시간들은 밀리초 단위이다. 메모이제이션을 하지 않은 버전에서 4초 이상 걸리던 연산이 순식간에 끝나버렸다. 입력이 500인 실행은 1밀리 초밖에 안 걸렸다.

여기 작성한 `memoize()` 함수는 파라미터 하나만 사용하는 모든 함수에서 사용 가능하다. 이 솔루션에는 장/단점이 있다. 장점은 우리가 람다 표현식에서 `memoize()`를 호출해서 람다 표현식을 메모이제이션을 사용하도록 만든다는 것이다. 코드도 훨씬 간결하다. 하지만 우리는 먼저 `fib`를 정의해야 하고 `fib`에 람다 표현식을 할당해야 한다. 만약 우리가 람다를 정의한 표현식 내부에 변수를 정의했다면 컴파일 에러가 나왔을 것이다. `fib`를 사용하는 순간 함수가 정의되어 있지 않다면 코틀린은 불평을 한다.

이 솔루션은 동작한다. 그리고 계속 사용할만한 합리적인 솔루션이다. 하지만, 코틀린은 델리게이트도 가지고 있다. 델리게이션을 사용하면 솔루션이 어떻게 바뀔지 궁금하다면 다음 장에 나온 솔루션을 보자.

델리게이트를 이용한 메모이제이션

이전 섹션에서 `fib = {...}.memoize()` 코드는 변수 `fib`를 메모이즈된 람다 표현식으로 변경했다. 하지만 "변수와 프로퍼티 델리게이션"에서 본 것처럼 코틀린에는 프로퍼티와 지역변수의 접근을 인터셉트할 수 있는 기능이 있다. 우리는 델리게이트를 이용해서 프로퍼티와 지역변수에 접근할 수 있다. `fib`에 `var` 대신 `val`을 사용할 예정이다. 우리는 `fib`에 할당을 단 한번만 할 것이다. 그렇기 때문에 델리게이트에 `setValue()`는 필요없고 `getValue()` 메소드만 있으면 된다. 이제 델리게이트를 만들어보자.

```
import kotlin.reflect.*
class Memoize<T, R>(val func: (T) -> R) {
  val cache = mutableMapOf<T, R>()
  operator fun getValue(thisRef: Any?, property: KProperty<*>) = { n: T ->
    cache.getOrPut(n) { func(n) } }
}
```

델리게이트는 내부적으로 캐시를 가지고 있고, 오리지날 함수는 `func` 프로퍼티를 가지고 있다. 그리고 `getValue()` 함수가 값이 캐시에 없을 경우 오리지날 함수를 실행시키는 람다 표현식을 리턴한다.

이번 솔루션과 이전 솔루션은 유사한 컨셉을 사용한다. 하지만 이번 솔루션엔 이전 솔루션에 비해서 fib 함수가 아주 다르게 적용되었다. fib 함수를 만들 때 델리게이션을 적용해보자.

[코드 recursion/fibdelegate.kts]

```
val fib: (Int) -> Long by Memoize {n: Int ->
  when (n) {
    0, 1 -> 1L
    else -> fib(n - 1) + fib(n - 2)
  }
}
```

메모이제이션 어플리케이션은 델리게이트를 사용할 때 훨씬 깔끔하다. 비록 우리가 아직도 fib를 초기화하는 과정에 있지만, 코틀린 컴파일러는 람다 안에서 fib에 접근하는 것에 대해 불평하지 않는다. 그 이유는 내부적으로 우리가 fib 변수에 직접 접근하는게 아니고 위임(델리게이트)을 통해서 접근하기 때문이다.

이전 버전만큼 성능이 좋은지 확인하기 위해서 이번 버전의 fib()를 실행해보자.

[코드 recursion/fibdelegate.kts]

```
recursion/fibdelegate.kts
println(measureTimeMillis { fib(40) })
println(measureTimeMillis { fib(45) })
println(measureTimeMillis { fib(500) })
```

아래는 각 fib() 호출에 걸린 시간이다. 단위는 밀리초다.

```
0
0
1
```

지금까지 메모이제이션을 생성하는 두 가지 방법을 보았다. 그리고 둘 다 비슷한 방식으로 구현했다. 하지만 함수 호출 솔루션에 비해서 델리게이션 솔루션이 더 우아하고 적은 노력으로 메모이제이션을 적용할 수 있었다. 이제 델리게이션 솔루션을 이용해서 다른 문제를 메모이제이션으로 해결해보도록 하자.

다이나믹 프로그래밍에 메모이제이션 적용하기

다이나믹 프로그래밍은 메모이제이션을 이용해서 재귀호출을 매우 효율적으로 만드는 알고리즘 기법이다. 캐싱하고 함수호출의 결과를 다시 사용하는 방법으로 다이나믹 프로그래밍은 반복적인 재귀함수 호출을 제거한다. 그래서 기하급수적$(O(2^n))$인 복잡도의 연산시간을 선형시간$(O(n))$의 시간 복잡도로 낮출 수 있다. 메모이제이션에 감사를 표한다.

이전 섹션에서 우리는 피보나치 수를 계산하기 위해서 메모이제이션을 사용했고 어떻게 메모이제이션 기법이 연산시간을 훌륭하게 줄여주는지 보았다. 이제 `Memoize` 델리게이트를 적용해서 다이나믹 프로그래밍의 유명한 문제인 막대 자르기 문제를 해결해보자.

주어진 위치에 숫자가 하나만 있는 피보나치 수와는 다르게 최적화 문제라고 불리는 문제들은 여러 솔루션이 나올 수 있다. 사용자는 여러 솔루션 중에서 하나를 선택할 수 있다. 하지만 우리는 여러 솔루션을 탐구해봐야 적절한 솔루션을 선택할 수 있다. 다이나믹 프로그래밍은 최적화(optimization) 문제를 위해서 가능한 솔루션들을 재귀적으로 탐색하는데 사용된다. 이제 이전 섹션에서 사용한 우리의 솔루션이 최적화문제인 막대 자르기 문제에 어떻게 적용되는지 알아보자.

막대기는 길이마다 가격이 다르다. 이 문제의 목표는 막대기를 주어진 길이로 잘라서 판매자가 최대의 수익을 낼 수 있는 길이의 막대기로 만드는 방법을 찾는 것이다. 예를 들어 길이가 1,2,...,7일때 가격이 2, 4, 5, 7, 10, 17, 17 달러이다. 길이 단위가 인치인지 센치인지는 각자 좋은 걸로 정해서 사용하면 된다. 길이가 4인 막대기를 판매해서 가장 많은 수익을 올릴 수 있는 방법을 찾아라. 판매자가 현재 있는 막대기를 그냥 판매한다면 7달러를 벌 수 있다. 하지만 길이가 4인 막대기를 길이가 1인 막대 네 개로 자르면 수익이 8달러가 된다. 이와 유사하게, 판매자가 길이가 4인 막대를 2로 자르면 동일하게 8달러를 벌 수 있다. 그런데 길이가 1인 막대와 3인 막대로 잘라도 수익은 7이다. 그러므로 길이가 4인 막대를 판매하여 최대의 수익을 내는 방법에는 3개의 솔루션이 있다. 하지만 더 나아가서 길이가 3인 막대를 잘라서 최대의 수익을 낼 수 있는지를 조사하려고 한다면, 같은 방식으로 탐색을 다시 해야 한다. 이 문제는 재귀적 솔루션을 사용하기에 좋은 문제이다. 아래의 의사(pseudo)코드에 잘 나와있다.

```
maxPrice(length) =
  max {
    maxPrice(1) + maxPrice(length - 1),
    maxPrice(2) + maxPrice(length - 2),
    ...,
```

```
        maxPrice(length - 1) + maxPrice(1),
        price[length]
    }
```

이는 최고 중의 최고의 연산이다. 즉, 전체 길이를 잘라서 만들 수 있는 막대기의 모든 경우의
수를 조사하여 최고의 수익을 찾는다.

이 솔루션은 메모이제이션의 장점을 이용할 수 있다. 예를 들어 maxPrice(3)의 연산은
maxPrice(2)의 연산과 maxPrice(1)의 연산을 포함하고 있다. 그리고 maxPrice(2)는 또
maxPrice(1)의 연산을 포함한다. 메모이제이션이 이런 쓸모없는 연산을 줄여줄 수 있다. 이
제 의사코드를 코틀린 코드로 변경해보자. 아래 코드에 사용된 메모이즈 델리게이션은 우리
가 이전 섹션에서 생성한 코드이다.

[코드 recursion/cutrod.kts]

```
val prices = mapOf(1 to 2, 2 to 4, 3 to 6, 4 to 7, 5 to 10, 6 to 17, 7 to 17)
val maxPrice: (Int) -> Int by Memoize { length: Int ->
  val priceAtLength = prices.getOrDefault(length, 0)
  (1 until length).fold(priceAtLength) { max, cutLength ->
    val cutPrice = maxPrice(cutLength) + maxPrice(length - cutLength)
    Math.max(cutPrice, max)
  }
}
for (i in 1..7) {
  println("For length $i max price is ${maxPrice(i)}")
}
```

---

prices 변수는 길이와 가격을 가지고 있는 이뮤터블 맵이다. 가격을 List가 아닌 Map에 가지
고 있을 때의 장점은 모든 길이에 대해 가격이 필요하지 않다는 것이다. 우리가 가격을 확인
할 수 있는 주어진 길이들이 맵의 키가 된다. 리스트를 사용한다면 인덱스가 길이가 되고 값
이 가격이 되었을 것이다. 이런 부분이 유연성을 늘려준다. maxPrice 변수는 Int로 길이를
받고 해당 길이의 최고 가격을 Int로 리턴해주는 람다를 참조한다. maxPrice변수의 호출을
인터셉트하는 델리게이트는 IntRange의 fold() 메소드를 이용해서 최대값을 계산한다. 1부
터 length-1사이의 범위에 있는 모든 cutLength에서 우리는 이전에 계산된 최고값과 막대
기를 두조각으로 잘라서 cutLength와 length − cutLength 로 만들었을 때의 가격 중 높은
것을 선택한다. fold()의 반복은 주어진 길이를 안자른 가격에서부터 시작한다.

길이가 1 ~ 7일때 maxPrice() 함수를 이용해서 각 길이의 최고 가격을 찾는다. 아래는 코드의 결과이다.

```
For length 1 max price is 2
For length 2 max price is 4
For length 3 max price is 6
For length 4 max price is 8
For length 5 max price is 10
For length 6 max price is 17
For length 7 max price is 19
```

출력은 최고 가격을 보여준다. 모든 가격은 막대를 자르지 않고 팔았을 때 보다 같거나 높은 가격이다.

지금까지 알고리즘이 문제를 재귀적 호출을 통해 나누어서 해결하는 방법을 알아보았다. 하지만 재귀 호출은 같은 입력에 대해 반복적인 함수 호출을 한다. 메모이제이션을 이용해서 우리는 이런 반복적인 재귀 호출을 피할 수 있었고, 그로 인해 코드의 연산 복잡도를 크게 낮출 수 있었다.

정리

슬프게도 크기가 큰 문제에서는 재귀를 사용할 수 없다. 스택 오버플로 에러가 발생할 가능성이 있기 때문이다. 코틀린은 tailrec을 제공해서 재귀호출을 사용하는 코드에 꼬리재귀 최적화를 제공해준다. 코틀린이 내부적으로 재귀를 반복으로 바꿔주어 개발자는 스택 오버플로를 걱정할 필요 없이 재귀의 힘을 휘두를 수 있다. 그리고 코틀린이 메모이제이션 함수를 직접 제공해주진 않지만 우아하게 연산결과를 메모이즈하거나 캐싱하는 기능을 만들 수 있다. 이런 접근방법을 사용해 다이나믹 프로그래밍이라고 불리는 알고리즘 기법으로 프로그램의 연산시간을 크게 줄일 수 있다. 함수 레벨에서 메모이제이션을 구현하는 방법과 델리게이트 기반으로 메모이제이션을 구현하는 방법도 확인했다.

이번 챕터에서 우리는 재귀와 메모이제이션의 우아함을 봤다. 다음 파트에서는 퍼포먼스에 좋은 영향을 주고 프로그래밍을 편하게 해주는 매력적인 기술을 살펴볼 것이다. 코틀린의 혁신이라 할 수 있는 코루틴이다.

PART 05

비동기 어플리케이션
만들기

코틀린에 새로 추가된 코루틴은 정말 좋은 기능이다. 코루틴은 컨티뉴에이션(continuations)이란 강력한 컨셉을 기반으로 만들어졌다. 코루틴을 이용하면 연속성(concurrent) 프로그래밍과 비동기(asynchronous) 프로그래밍을 할 수 있다. 이번 파트에서는 서스펜션 포인트(suspension points, 중단점)에 대해 배우고 스레드와 코드 실행의 시퀀스를 변경하는 방법을 배운다. 학습이 완료되면 학습한 테크닉을 즉시 적용해서 고성능 비동기 어플리케이션을 만들 수 있다.

15

코루틴 탐험하기

"오늘 날씨가 어떻지?" 같은 질문을 하고 대답이 나올 때까지 기다리는 사람은 없다. 보통 스마트 기기에 질문을 던지고 하던 일을 계속한다. 그리고 질문에 대한 답이 오면 답을 확인한 뒤 다시 하던 일로 돌아간다. 우리가 작성할 코드도 마찬가지다. 즉, 논블로킹(non-blocking)이 된다. 특히 실행하는데 시간이 걸리는 작업일 경우 논블로킹이어야 한다. 이럴 때 코루틴을 사용한다.

코루틴은 코틀린의 새로운 기능이다. 코루틴은 스탠다드 라이브러리 버전 1.3에서 추가됐다. 그리고 코루틴은 동시성 논블로킹 코드를 만드는 좋은 방법을 제공해준다. 코루틴은 일시중단 가능한 함수와 함께 사용된다. 그리고 코루틴의 실행은 중단될 수도 있고, 재개될 수도 있다. 이런 기능들은 컨티뉴에이션을 이용해서 코틀린에 만들어져 있다. 컨티뉴에이션은 추후 함수 호출을 이어가기(continue) 위해 함수의 내부 상태를 보호하는 데이터 구조다.

이번 챕터에서 우리는 코루틴의 기본에 대해서 알아본다. 우리는 코루틴을 순차적으로 또는 동시성(concurrent)으로 실행하는 방법을 알아보고 스레드와 코루틴의 관계를 이해하고 스레드 실행의 제어와 코루틴을 디버깅 하는 법을 알아본다.

이런 개념들을 익힌 뒤, 코루틴에서 컨티뉴에이션이 내부적으로 어떻게 동작하는지 확인할 것이다. 그리고 여기서 배운 지식을 이용해서 무한한 데이터의 콜렉션을 만드는 무한 시퀀스와 이터레이터를 만들 것이다. 이번 챕터에서 배우는 개념들은 다음 챕터에서 다룰 비동기 프로그래밍을 위한 기본이 될 것이다.

15-1 코루틴과 동시 실행

어떤 작업은 순서대로 실행되어야 한다. 어떤 것들은 병렬로 수행될 수도 있다. 그리고 동시에 완료돼야 하는 것들도 있을 수 있다. 대부분의 사람은 바지를 입기 전에 속옷부터 입는다. 슈퍼맨과 원더우먼은 반대로 할지도 모른다. 어쨌건, 이 두 작업은 순차적이다.

순차적 실행은 명확하다. 다음 작업을 하기 전에 이전 작업이 완료되어야 한다. 하지만 개발자들 사이에서 병렬 실행과 동시 실행은 약간 혼란스러운 점이 존재한다. 병렬 실행과 동시 실행의 차이점을 이해하는 것은 중요하다. 왜냐하면 멀티 코어 프로세서의 멀티 스레드는 일반적으로 병렬로 실행되고 코루틴은 일반적으로 병렬실행 보다는 동시실행에 더 많이 사용되기 때문이다.

병렬 vs. 동시성

예제를 통해서 병렬과 동시성의 차이를 알아보자. 오랜 기간 친구인 사라와 프리야가 저녁을 먹기 위해 만났다. 사라는 프리야에게 최근 다녀온 해외여행 이야기를 해주고 있다. 아래의 표에서 프리야는 음식을 먹으며 사라의 이야기를 듣고 있다. 하지만 프리야는 음식이 입에 있을 땐 말을 할 수 없다.

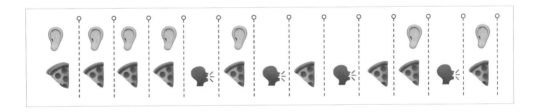

그림을 보면 우리는 프리야가 먹는 행위와 듣는 행위를 병렬로 진행하는 것을 확인할 수 있다. 하지만 프리야가 말할 때는 먹는 것을 잠시 멈추고 이야기한다. 프리야도 할 이야기는 많다. 하지만 피자가 식는 것을 원하지 않는다. 그래서 먹는 사이에 말을 한다. 이런 걸 동시성이라 한다. 일반적으로 먹는 행위와 듣는 행위는 병렬 처리된다. 하지만 먹는 행위와 말하는 행위는 동시성 처리된다고 볼 수 있다.

함수의 협력, 코루틴

범용프로그래밍에서 코루틴보다 서브루틴이 일반적이다. 서브루틴이란 실행이 완료된 이후에 호출자에게 반환되는 함수를 말한다. 동일한 서브루틴에 대한 다른 호출은 처음 호출한 것과 동일하다. 서브루틴은 호출 사이에서 아무런 상태도 관리하지 않는다. 코루틴 역시 함수다. 하지만 서브루틴과는 다르게 동작한다. 엔트리가 하나인 서브루틴과는 다르게 코루틴은 여러 엔트리를 가지고 있다. 게다가 코루틴은 호출 사이에 상태를 기억할 수 있다. 그리고 코루틴을 호출하면 이전 호출에서 중단된 코루틴의 중간으로 들어갈 수 있다. 이런 이유로 우리는 함수끼리 협력하는 구현을 할 수 있다. 즉, 함수들이 연결되어서 일을 한다. 두 개의 함수가 함수끼리 실행 플로우를 스위칭(변경)하면서 동시에 실행되는 것이다. 이런 동작이 다음 그림에 나와 있다.

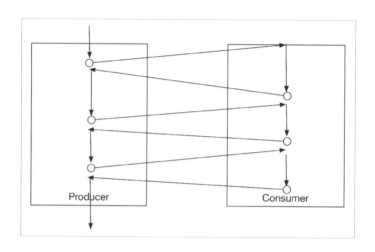

첫째로, Producer 코루틴이 Consumer 코루틴을 호출한다. Consumer 코드의 부분실행이 끝나면 Consumer는 현재 상태를 저장한다. 그리고 호출자에게 리턴 또는 일드(yield)를 한다. Producer는 몇 단계를 더 수행하고 다시 Consumer에게 콜백한다. 하지만 이번엔 처음부터 시작하도록 호출하는 게 아니고 이전 실행이 멈춘 부분부터 이전 호출의 상태를 복구하며 다시 시작하는 호출을 한다. 이런 방식은 마법처럼 보인다. 코루틴을 협력함수로 실행하는 이 기능의 장점 중 하나인 코루틴을 동시성 실행으로 실행시키는 기능을 들여다보도록 하자.

15-2 코루틴을 이용한 동시 실행

코틀린에서 코루틴은 일급 객체(first-class citizens)이다. 코루틴은 언어에 만들어져 있지만 코루틴과 사용하기 위한 편의함수들은 라이브러리에 포함되어있다. 코루틴은 서브루틴에서는 불가능한 기능을 제공해준다. 예를 들자면 코루틴은 무한 시퀀스, 이벤트 루프, 협력함수에서 사용된다. 코루틴의 장점을 배우기 위해서 우리는 순차적으로 실행되는 예제로 시작해서 코드를 코루틴을 사용한 동시 실행 코드로 변경할 것이다.

코드를 실행할 때, 우리는 코드가 순차적으로 실행되어야 하는지 아니면 동시에 실행되어야 하는지 그리고 현재 실행중인 컨텍스트 내에서 실행할지 아니면 분리된 코루틴에서 실행할지 결정할 수 있다. 이제 이런 옵션을 어떻게 구성하는지 알아보자.

순차적 실행으로 시작하기

함수 호출을 순차적으로 하는 코드로 시작해본다. 이 코드는 코루틴을 소개하는 빌딩블록 역할을 하게 된다.

[코드 coroutines/sequential.kts]

```
fun task1() {
  println("start task1 in Thread ${Thread.currentThread()}")
  println("end task1 in Thread ${Thread.currentThread()}")
}
fun task2() {
  println("start task2 in Thread ${Thread.currentThread()}")
  println("end task2 in Thread ${Thread.currentThread()}")
}
println("start")
run {
  task1()
  task2()
  println("called task1 and task2 from ${Thread.currentThread()}")
}
println("done")
```

task1()와 task2() 두 개의 함수는 각각 함수 실행이 시작될 때와 끝날 때의 스레드 정보를 출력한다. run() 함수는 Any 클래스의 확장함수이다. 우리는 run을 실행하고 람다를 아규먼트로 전달한다. 람다에서 우리는 함수 2개를 호출하고 실행할 함수에서 메시지를 출력한다.

다음은 코드의 출력결과다.

```
start
start task1 in Thread Thread[main,5,main]
end task1 in Thread Thread[main,5,main]
start task2 in Thread Thread[main,5,main]
end task2 in Thread Thread[main,5,main]
```

```
called task1 and task2 from Thread[main,5,main]
done
```

함수 호출은 순차적으로 일어났다. 우리의 예상과 같이 일반적인 프로그램이 하는 대로 task1()이 완료되고 task2()가 실행되고 완료되었다. 마지막으로 run()을 실행하면서 전달한 람다의 마지막 줄이 실행되었다. 새로운 건 하나도 없다. 하지만 코루틴을 가지고 놀 좋은 스타팅 포인트가 되었다.

코루틴 만들기

이전 예제에서 메인스레드는 run()에 전달된 람다와 함께 코드를 순차적으로 실행시켰다. 우리는 람다가 실행하는 코드가 코루틴을 사용해서 동시에 실행되도록 프로그램을 변경할 예정이다.

코드를 보기 전에 필수적인 코루틴 익스텐션 라이브러리를 다운받도록 하자(https://mvnrepository.com/artifact/org.jetbrains.kotlinx/kotlinx-coroutines-core/1.2.2). 'kotlinx-coroutines-core-1.1.2.jar' 파일이다. 그리고 본인 시스템에 쉽게 접근할 수 있는 곳에 파일을 위치 시키도록 하자. 라이브러리는 Maven패키지로 사용 가능하고 수동으로 다운받는 대신 Maven이나 Gradle을 이용해서 다운받을 수도 있다. 필자의 컴퓨터에서 라이브러리는 /opt/kotlin 디렉토리에 위치해있다.

이제 이전 코드를 람다에서 동시에 실행하는 코드로 변경해보자.

[코드 coroutines/coroutine.kts]

```
import kotlinx.coroutines.*
fun task1() {
  println("start task1 in Thread ${Thread.currentThread()}")
  println("end task1 in Thread ${Thread.currentThread()}")
}
fun task2() {
  println("start task2 in Thread ${Thread.currentThread()}")
  println("end task2 in Thread ${Thread.currentThread()}")
}
println("start")
runBlocking {
  task1()
  task2()
```

```
    println("called task1 and task2 from ${Thread.currentThread()}")
  }
  println("done")
```

이번 코드와 이전의 순차적 버전 사이에서 두 개의 차이점만을 발견할 것이다. 첫 번째는 kotlinx.coroutines.* 패키지의 임포트이다. 두 번째는 run()을 runBlocking()으로 변경했다. runBlocking은 코루틴을 위한 편의함수와 클래스들을 포함한 라이브러리인 kotlinx.coroutines 패키지에 있는 함수이다. runBlocking() 함수는 람다를 아규먼트로 받고 코루틴에서 실행한다.

임포트된 패키지는 익스텐션 라이브러리에서 온 것이다. 코루틴은 언어의 스탠다드 라이브러리에 포함되어 있지만 임포트된 패키지를 사용하려면 추가 라이브러리를 다운로드 받아야만 한다. 추가 라이브러리에는 코루틴을 쉽게 만들고, 사용할 수 있게 해주는 함수가 포함되어 있다.

코드를 실행시키기 위해서 코루틴 확장 jar 파일의 위치를 kotlinc-jvm 명령어에 지정해놔야 한다.

```
$ kotlinc-jvm -classpath /opt/kotlin/kotlinx-coroutines-core-1.2.2.jar \
-script coroutine.kts
```

/opt/kotlin/은 각자 jar 파일을 놔둔 위치로 변경해야 한다. 윈도우라면 /대신 \를 사용해야 한다.

위 코드의 출력을 보자.

```
start
start task1 in Thread Thread[main,5,main]
end task1 in Thread Thread[main,5,main]
start task2 in Thread Thread[main,5,main]
end task2 in Thread Thread[main,5,main]
called task1 and task2 from Thread[main,5,main]
done
```

잘못 읽은 게 아니다. 시퀀스를 이용한 버전의 출력과 코루틴을 이용한 버전의 출력이 동일하다. 그렇다면 코루틴을 이용하는 의미는 없지 않은가 하는 생각이 들 것이다. 코루틴은 코드를 동시에 실행시킨다. 따라서 람다 안의 코드는 runBlocking() 호출 이전의 코드와 해당 함수 호출 이후의 코드 사이에서 인터리브된(interleaved) 메인 스레드에서 실행되었다.

과연 그럴까?

예제를 봤다면 나올 만한 합리적인 반응이다. 순차적 실행과는 다른 동작을 기대했을 것이다. 다음 번에 그런 결과를 보여주겠다.

태스크 실행

이제 두 개의 다른 코루틴으로 실행하고 우리가 실행시킨 태스크의 메시지를 표시하기 위해서 task1()과 task2(), 두 함수를 런치(launch)하자. 순차적 버전과 어떤 차이점이 있는지도 확인해보자. 이전 코드로부터 시작해서 변경하는 것은 runBlocking()에 전달한 람다에서 task1()과 task2() 함수 호출뿐이다.

```
runBlocking {
  launch { task1() }
  launch { task2() }
  println("called task1 and task2 from ${Thread.currentThread()}")
}
println("done")
```

launch() 함수는 주어진 람다를 실행시키기 위해서 새로운 코루틴을 시작시킨다. 실행되는 코드가 코루틴의 완료를 위해서 블록되지 않는다는 점을 제외하면 runBlocking() 함수가 하는 일과 비슷하다. 그리고 runBlocking() 함수와는 다르게 launch() 함수는 job을 리턴한다. job은 완료를 위해 기다리는데 사용되거나 작업을 취소하는데 사용한다. 이번 버전 코드의 출력을 확인해보자.

```
start
called task1 and task2 from Thread[main,5,main]
start task1 in Thread Thread[main,5,main]
end task1 in Thread Thread[main,5,main]
start task2 in Thread Thread[main,5,main]
end task2 in Thread Thread[main,5,main]
done
```

아주 조금이긴 하지만 순차적 버전과 달라졌다. 두 태스크가 호출되었다는 메시지가 start메시지 바로 뒤에 나왔다. 그리고 task1()이 완료되고, task2()가 완료됐다 그리고 done 메시지가 마지막에 나왔다.

모든 코드는 main 스레드에서 실행되었다. 하지만 우리는 람다의 마지막 라인이 task1()이나 task2()전에 실행되었는지 확인할 수 있다. 이전 버전에 비하면 최소한 동시 실행의 기미가 보인다.

서스펜션 포인트(중단점)과 인터리빙 호출

더 많은 예시가 필요하다. 이전 예제는 약간의 동시 실행만 보여줬다. 하지만 지금부터 만들 예제는 동시 실행과 관련된 모든 의문을 사라지게 할 것이다.

코틀린의 코루틴 라이브러리는 서스펜션 포인트(중단점)을 포함하고 있다. 서스펜션 포인트란 현재 실행중인 작업을 중지(suspend)시키고 다른 작업을 실행시키는 함수를 말한다. 이 함수를 실행시키는 것은 연설 중에 동료들에게 모두 몇 마디씩 하라고 마이크를 주는 것과 같다. 이런 행동을 위해서 kotlinx.coroutines 라이브러리는 2개의 함수를 제공한다. 바로 delay()와 yield()이다.

delay() 함수는 현재 실행중인 작업을 지정된 밀리초만큼 멈추게 하는 함수이다. yield() 메소드는 명시적인 지연을 만들지 않는다. 두 메소드 모두 대기중인 다른 작업을 실행할 기회를 준다.

yield() 함수는 Unix-like 시스템의 nice 커맨드와 유사하다. nice 커맨드를 이용해서 시스템 프로세스의 우선순위를 낮출 수 있다. 코틀린에서 yield()를 사용하면 작업(task)이 편해질 수 있다. yield()를 사용하면 현재 작업이 더 중요한 작업들의 실행을 기다린다.

task1()과 task2()에 yield()를 적용해보자. 코틀린은 suspend 키워드로 어노테이트된 함수에서만 서스펜션 포인트를 사용할 권한을 준다. 그러나 suspend로 만들어진 함수가 자동으로 함수를 코루틴에서 실행되거나 동시 실행으로 실행되게 만들지는 않는다.

이전 코드를 yield()를 사용하도록 변경해보자. 두 함수에만 변화가 생긴다.

[코드 coroutine/interleave.kts]

```
import kotlinx.coroutines.*
suspend fun task1() {
  println("start task1 in Thread ${Thread.currentThread()}")
  yield()
```

```
    println("end task1 in Thread ${Thread.currentThread()}")
  }
  suspend fun task2() {
    println("start task2 in Thread ${Thread.currentThread()}")
    yield()
    println("end task2 in Thread ${Thread.currentThread()}")
  }
  println("start")
  runBlocking {
    launch { task1() }
    launch { task2() }
    println("called task1 and task2 from ${Thread.currentThread()}")
  }
  println("done")
```

두 함수 모두에 suspend 키워드를 달았다. 그리고 각 함수 안에서 첫 번째 println() 함수
바로 뒤에 yield()를 추가했다. 이제 각 함수는 다른 작업이 있을 경우 그 작업을 실행하도
록 흐름을 맡기게 된다. runBlocking() 함수에 전달된 람다에서 이전에 했던 것처럼 2개의
작업을 두 개의 분리된 코루틴으로 launch시켰다. 변경 이후의 출력을 살펴보자.

```
start
called task1 and task2 from Thread[main,5,main]
start task1 in Thread Thread[main,5,main]
start task2 in Thread Thread[main,5,main]
end task1 in Thread Thread[main,5,main]
end task2 in Thread Thread[main,5,main]
done
```

훨씬 낫다. 이전 버전과 지금 버전의 차이점이 선명하다. task1()이 첫 번째 라인을 실행하
고 실행 흐름을 넘겨준(yield)것을 볼 수 있다. 그 후 task2() 함수가 들어와서 첫 번째 라인을
main 스레드에서 실행시키고 다시 넘겨(yield)주었다. 그래서 task1() 함수가 실행을 다시 진
행할 수 있게 되었다. 이건 마치 회사의 모든 사람이 서로에게 친절하고, 공손하고, 사려 깊게
일하는 것과 같다. OK, 지금까지 좋은 꿈을 꿨다. 다시 코딩으로 돌아가보자.

이전 예제는 어떻게 싱글스레드인 main이 모든 코드를 실행시키면서 함수 실행은 순차적으로
하지 않았는지를 보여줬다. 우리는 실행의 인터리빙을 명확하게 볼 수 있었고, 이는 동시 실
행의 아주 좋은 예제로 작용하였다.

예제는 코루틴의 행동을 설명하였다. 그런데 예제는 우리에게 질문을 남겼다. 이건 언제 쓰지? 작업들이 사용하는 공유자원의 경쟁 때문에 병렬로 실행시킬 수 없는 여러 개의 작업이 있다고 가정해보자. 작업을 순차적으로 하나씩 시키는 것은 몇몇 작업을 제외하고 다른 작업들은 전부다 자원을 사용 못하게 만든다. 순차적 실행은 작업이 아주 길거나 끝나지 않는 작업인 경우엔 특히 더 적합하지 않다. 이런 경우엔 코루틴을 사용하면 여러개의 작업들이 상호 협력적으로 실행시킬 수 있기 때문에 모든 작업을 안정적으로 진행할 수 있다. 코루틴은 데이터의 끝없는 흐름을 만들기 위해서도 사용한다. 이 내용은 "15-7. 무한 시퀀스 만들기"에서 다루게 된다.

15-3 코루틴의 컨텍스트와 스레드

launch() 함수와 runBlocking() 함수를 호출하면 호출자의 코루틴 스코프와 같은 스레드에서 코루틴을 실행하게 된다. 이게 이 함수들의 기본 동작이다. 왜냐하면 함수들이 함수의 스코프에서 코루틴 컨텍스트를 옮기기 때문이다. 하지만 코루틴의 실행의 컨텍스트와 스레드를 원하는 곳으로 변경할 수 있다.

컨텍스트 명시적 세팅

우리는 CoroutineContext를 launch()와 runBlocking() 함수에 전달해서 이 함수들이 실행시킬 코루틴의 컨텍스트를 설정할 수 있다.

CoroutineContext 타입의 아규먼트인 Dispatchers.Default의 값이 코루틴에게 DefaultDispatcher 풀(pool)의 스레드 안에서 실행을 시작하라고 지시한다. 풀 안의 스레드 숫자는 2개이거나 시스템의 코어 숫자 중 높은 것을 사용한다. 이 풀은 계산할 일이 많은 작업들을 위한 풀이다.

Dispatchers.IO의 값은 IO작업을 실행을 위한 풀 안의 코루틴을 실행시키는데 사용될 수 있다. 이 풀은 스레드가 IO에 블록될 경우와 작업이 더 생성된 경우 사이즈가 커질 수 있다.

Dispatchers.Main은 안드로이드 기기와 Swing UI에서 사용된다. 사용되는 예로는 main 스레드에서만 사용되는 UI 업데이트 기능을 실행하는 것이 있다.

launch()용 컨텍스트를 설정하는 방법을 알아보기 위해서 이전 예제를 가져와서 launch() 호출을 한 개 바꿔보자.

```
runBlocking {
  launch(Dispatchers.Default) { task1() }
  launch { task2() }
  println("called task1 and task2 from ${Thread.currentThread()}")
}
```

변경 이후에 task1()의 코드는 다른 스레드에서 실행된다. task1()을 제외한 모든 코드는 여전히 main 스레드에서 실행된다. 이 사실을 출력을 통해서 검증할 수 있다. 보게 되는 출력은 조금씩 다르다. 왜냐하면 병렬 실행이 되는 멀티플 스레드의 순서는 정해져 있는 게 아니기 때문이다.

```
start
start task1 in Thread Thread[DefaultDispatcher-worker-1,5,main]
end task1 in Thread Thread[DefaultDispatcher-worker-2,5,main]
called task1 and task2 from Thread[main,5,main]
start task2 in Thread Thread[main,5,main]
end task2 in Thread Thread[main,5,main]
done
```

이 케이스에서 runBlocking()에 전달되는 람다 내부의 코드와 task2() 내부의 코드는 동시 실행이 된다. 하지만 task1() 내부의 코드는 병렬로 실행된다. 코루틴은 병렬 실행을 할 수도 있고, 동시 실행을 할 수도 있다. 이런 실행방식은 컨텍스트를 따라 달라진다.

커스텀 풀에서 실행시키기

이제 컨텍스트를 명시적으로 설정하는 법을 알고 있다. 하지만 이전 예제에서 사용한 컨텍스트는 DefaultDispatcher에서 제공해 주는 것이었다. 만일 코루틴을 싱글 스레드 풀에서 실행시키고 싶다면 이 역시 가능하다. 풀 안에 싱글 스레드가 있기 때문에 이 컨텍스트를 사용하는 코루틴은 병렬 실행이 아닌 동시 실행으로 진행될 것이다. 이 옵션은 작업을 코루틴으로 실행시킬 때 작업들 간에 자원 경쟁에 대해서 고려할 때 사용하면 좋다.

싱글 스레드 풀 컨텍스트를 설정하기 위해서 우리는 먼저 싱글 스레드 실행자(실행자)를 만들어야 한다. 싱글 스레드 실행자를 만들기 위해서 java.util.concurrent 패키지의 JDK Executors 컨커런시(concurrency, 동시 실행) API를 사용할 수 있다. 일단 JDK 라이브러리를 이용해서 실행자를 만들면 우리는 코틀린의 asCoroutineDispatcher() 확장함수를 이용해서 실행자로부터 CoroutineContext를 가지고 올 수 있다.

첫째로 필수 패키지를 임포트한다.

```
import kotlinx.coroutines.*
import java.util.concurrent.Executors
  //...task1, task2 함수 정의는 이전과 같다 ...
```

싱글스레드 실행자에서 디스패처를 만들고 launch()에 직접 전달하고 싶다는 생각이 들지도 모르겠다. 하지만 주의사항이 있다. 실행자를 닫지(close) 않으면, 프로그램이 영원히 멈추지 않는다. 왜냐하면 실행자의 풀에는 main 스레드 외에도 액티브 스레드(active thread)가 있고, 액티브 스레드가 JVM을 계속 살려두게 된다. 우리는 모든 코루틴이 끝나고 실행자를 닫는지 계속해서 지켜봐야 한다. 하지만 그런 코드는 작성하기 힘들고 에러를 만드는 경향이 있다. 다행히도 우리를 위해서 이런 과정들을 관리해주는 친절한 use() 함수가 있다. use() 함수는 Java의 try-with-resources 기능과 유사하다. 컨텍스트를 사용하는 코드는 use() 함수에 전달되는 람다로 들어갈 수 있다.

```
Executors.newSingleThreadExecutor().asCoroutineDispatcher().use { context ->
  println("start")
  runBlocking {
    launch(context) { task1() }
    launch { task2() }
    println("called task1 and task2 from ${Thread.currentThread()}")
  }
  println("done")
}
```

우선, JDK의 Executors.newSingleThreadExecutor() 메소드를 이용해서 실행자를 만들었다. 그리고 kotlinx.coroutines 라이브러리에 의해 추가된 asCoroutineDispatcher() 확장함수를 이용해서 CoroutineContext를 가지고 왔다. 그리고 use() 메소드를 호출하고 메소드에 람다를 전달했다. 람다 내부에서 우리는 context 변수를 사용해서 컨텍스트의 참조를 획득했고 참조를 launch()의 첫 호출에 전달했다. 이 launch() 호출(task1의 실행)에 의해서 시작되는 코루틴은 우리가 만든 실행자에 의해서 관리되는 싱글 스레드 풀에서 실행된다. 람다 표현식이 끝날 때, use() 함수가 실행자를 닫는다. 즉, 코루틴이 완료되었다는 뜻이다.

출력을 살펴보고 task1()이 DefaultDispatcher 풀이 아닌 우리가 생성한 풀에서 실행되었는지 확인해보자.

```
start
start task1 in Thread Thread[pool-1-thread-1,5,main]
end task1 in Thread Thread[pool-1-thread-1,5,main]
called task1 and task2 from Thread[main,5,main]
start task2 in Thread Thread[main,5,main]
end task2 in Thread Thread[main,5,main]
done
```

싱글 스레드 풀 대신에 멀티플 스레드를 가지는 풀을 사용하고 싶다면(예를 들어, 시스템의 코어 숫자만큼의 스레드를 이용하고 싶다면) 아래 라인만 변경하면 된다.

```
Executors.newSingleThreadExecutor().asCoroutineDispatcher().use { context ->
```

위 코드를 아래와 같이 변경한다.

```
Executors.newFixedThreadPool(Runtime.getRuntime().availableProcessors())
  .asCoroutineDispatcher().use { context ->
```

이제 이 컨텍스트를 이용하는 코루틴은 코드가 동작하는 시스템의 코어 숫자와 동일한 스레드 숫자를 가지는 커스텀 풀에서 실행된다.

서스펜션 포인트 이후에 스레드 스위칭하기

코루틴을 호출자의 컨텍스트에서 시작하지만 서스펜션 포인트 이후에 다른 스레드로 스위치 (switch) 하고 싶다면 어떨까? 다시 말하면 작업이 빠른 연산을 포함하고 있다면 현재 스레드에서 실행시키고 싶을 것이다. 하지만 시간이 걸리는 연산을 하는 인스턴스라면 다른 스레드로 실행을 델리게이트 하고 싶을 것이다. 우리는 이런 작업을 CoroutineStart 아규먼트와 함께 CoroutineContext 아규먼트를 사용해서 수행할 수 있다.

코루틴을 현재 컨텍스트에서 실행시키기 위해서는 launch()의 두번째 옵셔널 전달인자인

CoroutineStart 타입 옵셔널 전달인자 값을 DEFAULT로 설정해야 한다. CoroutineStart엔 DEFAULT, LAZY, ATOMIC, UNDISPATCHED 중 하나를 선택할 수 있다. LAZY를 선택할 시 명시적으로 start()가 호출되기 전까지 실행을 연기한다. ATOMIC을 고르면 중단할 수 없는 모드로 실행한다. UNDISPATCHED의 경우 처음엔 현재 컨텍스트에서 실행되지만 서스펜션 포인트 이후엔 스레드를 스위치해서 실행한다.

이전 코드의 첫 번째 launch()호출을 우리의 스레드풀에서 실행시키도록 변경하고 두 번째 아규먼트로 UNDISPATCHED 옵션을 주도록 변경해보자. launch()의 각 파라미터는 기본 값을 가지고 있다. 그래서 우리는 두 번째 아규먼트인 start를 전달하기 위해서 첫 번째 아규먼트인 context를 전달할 필요가 없다. start의 값만 전달하고 싶다면 명시적(named) 아규먼트 기능을 사용하면 된다. 설명을 위해서 첫 번째 아규먼트와 두 번째 아규먼트 모두 명시적 아규먼트로 사용하도록 하자.

[코드 coroutines/coroutinestart.kts]

```
import kotlinx.coroutines.*
import java.util.concurrent.Executors
suspend fun task1() {
  println("start task1 in Thread ${Thread.currentThread()}")
  yield()
  println("end task1 in Thread ${Thread.currentThread()}")
}
suspend fun task2() {
  println("start task2 in Thread ${Thread.currentThread()}")
  yield()
  println("end task2 in Thread ${Thread.currentThread()}")
}
Executors.newFixedThreadPool(Runtime.getRuntime().availableProcessors())
asCoroutineDispatcher().use { context ->
  println("start")
  runBlocking {
    @UseExperimental(ExperimentalCoroutinesApi::class)
    launch(context = context, start = CoroutineStart.UNDISPATCHED) { task1() }
    launch { task2() }
    println("called task1 and task2 from ${Thread.currentThread()}")
  }
  println("done")
}
```

CoroutineStart.UNDISPATCHED 옵션은 kotlinx.coroutines 라이브러리의 실험적인 기능이다. 그리고 UNDISPATCHED를 사용하기 위해선 이전 코드에 적은 것처럼 식에 @UseExperimental이라고 어노테이션을 해야 한다. 우리가 실험적인 기능을 사용하는 중이기 때문에 커맨드라인에도 -Xuse-experimental을 호출할 때 플래그를 설정해야 한다.

```
$ kotlinc-jvm -Xuse-experimental=kotlin.Experimental \
  -classpath /opt/kotlin/kotlinx-coroutines-core-1.2.2.jar \
  -script coroutinestart.kts
```

코드를 실행시키고 출력을 보도록 하자.

```
starting in Thread Thread[main @coroutine#1,5,main]
start task1 in Thread Thread[DefaultDispatcher-worker-1 @coroutine#1,5,main]
end task1 in Thread Thread[DefaultDispatcher-worker-3 @coroutine#1,5,main]
ending in Thread Thread[main @coroutine#1,5,main]
start task2 in Thread Thread[main @coroutine#2,5,main]
end task2 in Thread Thread[main @coroutine#2,5,main]
```

task1() 실행이 시작될 때 pool-1의 스레드가 아니고 main 스레드에서 시작되는 것을 볼 수 있다. 하지만 실행 중 서스펜션포인트 yield()를 만나게 되면 스레드가 launch() 함수에 명시된 컨텍스트의 스레드인 pool-1의 스레드로 스위치되어 실행된다.

코루틴 컨텍스트 변경

runBlocking()과 launch() 함수는 새로운 코루틴의 컨텍스트를 설정할 수 있는 좋은 방법을 제공해준다. 하지만 코루틴을 한 컨텍스트에서 실행하다가 중간에 컨텍스트를 바꾸고 싶다면 어떨까? 코틀린은 이를 제공해주기 위해서 withContext() 함수를 가지고 있다. 이 함수를 사용하면 코드의 한 부분을 코루틴의 다른 코드들과 완전히 다른 컨텍스트에서 실행시킬 수 있다.

설명을 위해서 예제를 만들어보자.

[코드 coroutines/withcontext.kts]

```
//... import, task1, task2는 이전 코드와 동일하다.....
runBlocking {
```

```
        println("starting in Thread ${Thread.currentThread()}")
        withContext(Dispatchers.Default) { task1() }
        launch { task2() }
        println("ending in Thread ${Thread.currentThread()}")
    }
```

아래는 이 코드의 출력이다.

```
running in Thread Thread[main @top#1,5,main]
start task1 in Thread Thread[DefaultDispatcher-worker-1 @top#1,5,main]
end task1 in Thread Thread[DefaultDispatcher-worker-3 @top#1,5,main]
start task2 in Thread Thread[DefaultDispatcher-worker-3 @task runner#2,5,main]
end task2 in Thread Thread[DefaultDispatcher-worker-3 @task runner#2,5,main]
running in Thread Thread[main @top#1,5,main]
```

출력을 보면 withContext() 전달된 람다 코드를 제외한 모든 코드가 main 스레드에서 동작하고 있고 withContext()에 전달된 람다에서 호출된 코드는 제공된 컨텍스트의 스레드에서 동작한다는 사실을 알 수 있다.

우리는 스레드가 다른 것을 확인했다. 그런데 withContext()가 진짜로 현재 실행중인 컨텍스트를 변경한걸까? 새로운 코루틴을 생성한걸까? 컨텍스트가 변경되긴 했지만 어떻게 설명할 수 있을까? 우리는 직접 확인해야 믿을 수 있다. 하나씩 뜯어보도록 하자.

15-4 코루틴 디버깅

"디버그 보다는 테스트를 해라"는 두고두고 떠올려야 하는 좋은 말이다. 그래도 때때로 코드를 디버그해야 할 때가 있다. 테스트 주도 개발(test-driven development) 방법론을 사용할 때에도 실행되는 모습을 보면서 왜 우리가 예상한대로 동작하지 않는지를 파악해야만 하는 때가 있다. 우리는 코루틴의 테스트에 대해서 "Ch18. 코틀린 유닛 테스트"에서 자세히 다룰 예정이다. 하지만 지금은 우리의 코드에서 실행 중인 코루틴을 파악하는 방법을 알아보자.

코틀린은 코루틴이 실행중인 함수의 세부사항을 보여주기 위해 커맨드라인 옵션 -Dkotlinx. coroutines.debug를 제공한다. 스레드의 세부사항을 프린트할 때 해당 스레드에서 실행중인 코루틴이 같이 표시된다. 이전 예제에 해딩 옵션을 사용해보도록 하자.

```
$ kotlinc-jvm -Dkotlinx.coroutines.debug \
  -classpath /opt/kotlin/kotlinx-coroutines-core-1.2.2.jar \
  -script withcontext.kts
```

커맨드라인 디버그옵션을 적용하고 코드를 실행시키면 지금까지 본 것보다 더 자세한 출력을 볼 수 있다.

```
starting in Thread Thread[main @coroutine#1,5,main]
start task1 in Thread Thread[DefaultDispatcher-worker-1 @coroutine#1,5,main]
end task1 in Thread Thread[DefaultDispatcher-worker-3 @coroutine#1,5,main]
ending in Thread Thread[main @coroutine#1,5,main]
start task2 in Thread Thread[main @coroutine#2,5,main]
end task2 in Thread Thread[main @coroutine#2,5,main]
```

출력을 보면 withContext() 함수는 새로운 코루틴을 실행시키지 않았다. task1()에 있는 코드는 runBlocking() 안의 코드와 같은 코루틴에서 동작하고 있다. 반면에 우리가 launch()를 실행시키면 task2()에 있는 코드는 다른 코루틴에서 동작한다.

디버깅 플래그가 활성화되어 있을 때 코틀린은 생성된 각 코루틴의 연속적인 식별자를 할당한다. 이런 동작은 같은 코루틴에서 실행중인 코드로부터 나온 로그 메시지를 빠르게 찾아보는데 유용하다. 하지만 디버그의 관점에서 보면 42 같은 숫자 식별자보다 searching for meaning of life 같은 논리적 이름이 복잡한 알고리즘을 시행중인 코루틴을 찾는데 더 좋을 것 같다.

runBlocking()과 launch()에 CoroutineName() 인스턴스를 전달하면 코루틴에 이름을 할당할 수 있다. 컨텍스트를 전달할때도 이름을 추가할 수 있다. 어떻게 이름을 할당하는지 이전 코드를 변경하면서 확인해보자.

```
//... import, task1, task2는 이전 코드와 동일하다.
  runBlocking(CoroutineName("top")) {
    println("running in Thread ${Thread.currentThread()}")
    withContext(Dispatchers.Default) { task1() }
    launch(Dispatchers.Default + CoroutineName("task runner")) { task2() }
    println("running in Thread ${Thread.currentThread()}")
  }
```

runBlocking()과 launch()의 호출만 변경했다. runBlocking()에 CoroutineName() 인스턴스를 전달했다. launch()호출을 할 때도 우리는 CoroutineContext와 이름을 추가했다.

커맨드라인 디버그 옵션을 사용해서 변경한 코드의 출력을 살펴보자.

```
start task1 in Thread Thread[DefaultDispatcher-worker-1 @top#1,5,main]
end task1 in Thread Thread[DefaultDispatcher-worker-3 @top#1,5,main]
start task2 in Thread Thread[DefaultDispatcher-worker-3 @task runner#2,5,main]
end task2 in Thread Thread[DefaultDispatcher-worker-3 @task runner#2,5,main]
running in Thread Thread[main @top#1,5,main]
```

출력을 보면 코루틴의 이름으로 단순히 "coroutine"이 아닌 "top"과 "task runner"가 출력되었다. 코틀린이 각 코루틴을 위해 만든 식별자는 여전히 출력되고 있다. 그리고 withContext()가 현재 실행중인 코루틴의 컨텍스트를 변경한 것을 확인할 수 있다.

코루틴을 비동기 실행을 위해서만 사용하는 것이 아니다. 코루틴은 연산을 실행하고 호출자에게 결과를 돌려주기 위해서도 사용한다. 지금부터 확인해보자.

15-5 async와 await

launch() 함수는 Job 객체를 리턴한다. Job 객체는 코루틴의 종료를 기다리거나 취소를 기다리기 위해서 사용된다. 하지만 launch()를 이용해서 시작된 코루틴에서는 결과를 리턴 받을 방법이 없다. 만약에 작업을 비동기로 실행하고 실행결과도 받고 싶다면 launch()대신 async()를 사용해야 한다.

async() 함수는 launch()와 동일한 파라미터를 받는다. 그래서 우리는 async()와 launch()를 사용할 때 같은 방식으로 컨텍스트와 속성을 구성할 수 있다. launch()와 async()의 차이점은 async()는 Deferred<T> 퓨처(future) 객체를 리턴 한다는 점이다. 퓨처 객체는 코루틴의 상태체크, 취소 등을 할 수 있는 await() 메소드를 가지고 있는 객체이다. await() 메소드는 스레드의 실행은 차단하지 않으면서 실행의 흐름을 차단한다. 그래서 호출자의 코드와 async()로 실행된 코루틴의 코드는 동시 실행(concurrently)이 가능하다. await() 메소드의 호출은 결국 async()로 시작된 코루틴의 결과를 리턴받는다. async()로 시작된 코루틴이 예외를 던지면 예외는 await() 함수를 통해서 호출자에게까지 전파된다.

다음 챕터에서 async()와 await()를 사용할 예정이다. 여기서는 이 함수들의 맛만 보도록 하자. 아래의 코드에서 우리는 현재 사용 가능한 코어의 숫자를 비동기적으로 가져오게 된다. Dispatchers.Default 아규먼트는 선택사항이다. 이 아규먼트를 생략할 경우 코루틴은 상속받은 스코프의 디스패처에서 실행된다. 이번 예제는 싱글스레드 스코프를 사용하고 코루틴은 호출자와 동일한 스레드에서 동작할 것이다. 하지만 멀티플 스레드 디스패처의 스코프에서 동작한다면 코루틴은 해당 디스패처의 스레드 중 하나에서 실행되게 된다.

[코드 coroutines/asyncawait.kts]

```
import kotlinx.coroutines.*
runBlocking {
  val count: Deferred<Int> = async(Dispatchers.Default) {
    println("fetching in ${Thread.currentThread()}")
    Runtime.getRuntime().availableProcessors()
  }
  println("Called the function in ${Thread.currentThread()}")
  println("Number of cores is ${count.await()}")
}
```

일단 요청이 전달(dispatched)되면 main 스레드가 async() 호출 이후에 print문을 실행시킨다. await() 메소드를 호출하면 async()에 의해서 실행된 코루틴이 완료되기를 기다리게 만든다. 마지막 print문은 코루틴의 응답을 받은 후 출력을 한다. 이제 출력을 한번 보자.

```
Called the function in Thread[main,5,main]
fetching in Thread[DefaultDispatcher-worker-1,5,main]
Number of cores is 8
```

출력이 필자의 시스템의 코어 숫자를 보여준다. 출력은 약간 다를 것이다. 출력을 보면 코루틴이 DefaultDispatcher 풀의 스레드에서 실행된 것을 볼 수 있다. async() 호출을 할 때 Dispatchers.Default 아규먼트를 제거해보자. 그리고 코드를 다시 실행시켜보자. 이 경우엔 코루틴이 main 스레드에서 동작하게 된다는 사실을 기억하자.

코루틴은 비동기로 실행되고, 스레드를 스위치할 수 있고, 중단했다 재시작 할 수 있다 그리고 결과를 리턴할 수도 있다. 이런 게 가능하게 된 이유가 뭘까? 비밀을 밝힐 시간이다.

15-6 연속성 살펴보기

suspend 어노테이션으로 표시된 메소드는 데이터를 리턴할 수 있다. 하지만 코루틴은 작동을 중단시킬 수 있고 스레드를 변경할 수 있다. 어떻게 상태가 스레드 사이에서 보존되고 전파될까?

이를 확인하기 위해서 이런 걱정이 잘 들어나는 예제를 확인해보자. Java 바이트코드로 컴파일을 쉽게 하고 검사를 쉽게 하기 위해서 .kts 파일을 만드는 대신에 .kt 파일을 만들 것이다.

[코드 coroutines/Compute.kt]

```kotlin
import kotlinx.coroutines.*
class Compute {
  fun compute1(n: Long): Long = n * 2
  suspend fun compute2(n: Long): Long {
    val factor = 2
    println("$n received : Thread: ${Thread.currentThread()}")
    delay(n * 1000)
    val result = n * factor
    println("$n, returning $result: Thread: ${Thread.currentThread()}")
    return result
  }
}
```

Compute 클래스는 두 개의 메소드를 가지고 있고 그 중 하나는 suspend로 마크되어 있다. compute1() 메소드는 단순하다. 주어진 입력을 두 배로 만들어서 리턴한다. compute2()는 동일한 동작을 한다. 하지만 실행의 플로우를 다른 지연된 작업에 양보하고 실행 중 스레드가 변경될 가능성이 있다.

main() 함수를 만들어서 compute2() 함수를 코루틴과 함께 2번 실행시켜보자.

[코드 coroutines/UseCompute.kt]

```kotlin
import kotlinx.coroutines.*
fun main() = runBlocking<Unit> {
  val compute = Compute()
  launch(Dispatchers.Default) {
    compute.compute2(2)
```

```
    }
    launch(Dispatchers.Default) {
        compute.compute2(1)
    }
}
```

main() 함수에 runBlocking<Unit> 단일표현식 함수를 할당했다. 지금까지 우리는 runBlocking() 함수를 Unit 파라미터 없이 사용했다. 하지만 main()의 리턴 타입이 Unit이기 때문에 우리는 runBlocking()이 main() 함수와 동일한 리턴 타입을 리턴하도록 만들어 줘야 한다. 그렇지 않으면 컴파일 에러가 난다. runBlocking<Unit>()에 전달된 람다에서 우리는 2개의 코루틴을 만들고, 각 코루틴에서 compute2() 메소드를 실행시켰다. 코드의 출력을 보자.

```
2 received : Thread: Thread[DefaultDispatcher-worker-1,5,main]
1 received : Thread: Thread[DefaultDispatcher-worker-2,5,main]
1, returning 2: Thread: Thread[DefaultDispatcher-worker-2,5,main]
2, returning 4: Thread: Thread[DefaultDispatcher-worker-4,5,main]
```

입력값 2로 compute2()를 실행시키는 코루틴은 스레드가 변경(switch)되었다. delay() 실행 전 부분인 첫 번째 파트는 하나의 스레드에서 실행을 시켰다. 그리고 delay() 이후 부분인 두 번째 파트는 다른 스레드에서 동작한다. 하지만 factor의 값은 delay() 전부터 delay()후까지 정확하게 전달되었다. 이건 마법이 아니고 '컨티뉴에이션'이다.

아주 강력한 데이터 구조인 컨티뉴에이션을 사용하면 프로그램은 한 스레드에서 실행 상태를 포착(capture)하고 보존(preserve)할 수 있다. 그리고 그 상태를 다른 스레드에서 필요로 할 때 불러올 수 있다. 컨티뉴에이션을 지원해주는 프로그래밍 언어는 프로그래머를 위해 이런 기능을 자연스럽게 실행하기 위한 특별한 코드를 생성한다.

컨티뉴에이션은 렉시컬 스코프를 캡처하는 클로저라고 생각하도록 하자("10-4. 클로저와 렉시컬 스코핑"서 다뤘다). 그렇지 않으면 너무 지나치게 단순화할 리스크가 있다. 우리는 서스펜션 포인트 이후에 어떻게 코드가 클로저로 감싸지고 저장되는지 상상해볼 수 있다. 그리고 클로저는 함수 실행이 재개되어야 하는 경우 언제든지 실행될 수 있다.

컴파일 시점에 이게 어떻게 처리되는지 보기 위해서 우리는 'javap -c'를 이용해서 바이트코드로 컴파일된 Compute 클래스를 살펴볼 수 있다. 두 compute 메소드만 세부사항을 살펴보기로 하자.

```
public final long compute1(long);
public final java.lang.Object compute2(long,
  kotlin.coroutines.Continuation<? super java.lang.Long>);
```

소스 코드를 보면 suspend 어노테이션만 제외하면 compute1()과 compute2()의 시그니처가 동일하다. 바이트 코드 레벨에서 두 메소드는 완전히 다르다. compute1() 함수는 예상과 완전히 일치한다. long 타입의 입력을 하나 받고, 같은 타입의 값을 리턴한다. 반면, compute2() 함수는 달라 보인다. 비록 compute2()가 소스 코드에서는 하나의 파라미터를 받지만 컴파일된 버전에서는 2개의 파라미터(long 과 Continuation<? super Long>)를 받는다. 더욱이 long이 아니고 Object를 리턴한다. Continuation은 함수의 부분적인 실행의 결과를 캡슐화 한다. 그래서 결과가 Continuation 콜백을 통해서 호출자에게 전달될 수 있다. 컴파일러는 코루틴의 작동(다른 작업 사이에 컨텍스트 스위칭, 스레드 스위칭, 상태 복구)를 위해서 컨티뉴에이션을 사용한다. 결과적으로 우리는 프로그래머로서 컨티뉴에이션을 사용하는 것에 집중하고 다른 복잡한 것들은 컴파일러에게 맡기면 된다는 것이다.

지금까지 우리가 코루틴을 사용할 때 뒤에서 어떤 작업이 진행되는지 살짝 살펴봤다. 이제 코루틴의 실제 적용에 초점을 맞춰보자.

15-7 무한 시퀀스 만들기

코루틴은 협동하는 작업을 만드는데 유용하므로 코루틴을 이용하면 무한하고 연속적이거나 무한한 값을 생성하고, 생성된 값을 처리하는 것을 동시에 할 수 있다. 함수는 연속적인 값을 만들 수 있고 예상되는 값을 코드로 내보낼 수 있다. 값을 소비할 때, 호출된 코드는 다시 돌아와서 다음 값을 물어본다. 이런 과정들은 코드가 시리즈를 나가거나 호출자가 더 이상 다른 연속된 값을 요구하지 않을 때까지 연결되어 지속될 수 있다. 이제부터 코틀린에서 무한한 값을 만드는 두 가지 다른 함수를 확인해볼 예정이다.

시퀀스 사용

코틀린 라이브러리에는 sequence 함수가 있다. sequence 함수는 연속된 값을 만들 때 바로 사용할 수 있는 함수이다. sequence 함수를 이용해서 주어진 숫자부터 시작되는 무한한 소수의 시리즈를 만든다.

primes() 함수는 시작 숫자를 받은 후 Sequence<Int>를 리턴해준다. Sequence는 컨티뉴에이션처럼 동작하고 반복을 위해서 값을 내보낸다.

[코드 coroutines/primes.kts]

```kotlin
fun primes(start: Int): Sequence<Int> = sequence {
  println("Starting to look")
  var index = start
  while (true) {
    if (index > 1 && (2 until index).none { i -> index % i == 0 }) {
      yield(index)
      println("Generating next after $index")
    }
    index++
  }
}
```

sequence() 함수에 전달된 람다에서 우리는 다음 소수를 찾고 yield() 메소드를 사용해서 내보내는 것을 볼 수 있다. 여기서 사용된 yield()는 스탠다드 라이브러리의 yield()이다. 이는 우리가 사용했던 kotlinx.coroutines 라이브러리의 yield()와는 다르다. 우리는 List나 Set 등에서 한 것처럼 Sequence에서 생성된 값을 이용해서 반복을 할 수 있다.

[코드 coroutines/primes.kts]

```kotlin
for (prime in primes(start = 17)) {
  println("Received $prime")
  if (prime > 30) break
}
```

사실 여기서 실행된 코루틴과 컨티뉴에이션은 코드에서 보이지 않는다. 우리는 한 번에 하나씩 primes()에서 받은 소수 값을 반복해서 출력하고, 다음 값을 받을지 끝낼지를 결정한다. 반복의 모든 단계에서 제어의 흐름이 primes() 함수로 이동하고 이전에 떠났던 곳으로 돌아온다. 출력에서 이런 동작을 확인할 수 있다. 동작을 설명하기 위해 추가적인 메시지를 프린트했다.

```
Starting to look
Received 17
```

```
Generating next after 17
Received 19
Generating next after 19
Received 23
Generating next after 23
Received 29
Generating next after 29
Received 31
```

sequence() 함수는 3개의 장점을 제공해준다. 첫째, 콜렉션을 미리 만들 필요가 없다. 그래서 연산에 얼마나 많은 값을 사용하게 될지 알 필요가 없다. 필요할 때 마다 값을 생성하면 된다. 둘째, 시간이 흐를수록 값을 생성하느라 들어간 시간을 아낄 수 있고, 이미 생성된 값을 사용하면 된다. 셋째, 시리즈 값의 생성이 필요할 때만 생성되기 때문에(lazy다) 우리는 사용도 안될 값을 생성하는 상황을 피할 수 있다. 그 결과 코드가 더 효율적이게 된다. 그리고 Iterable/Iterator 클래스를 만들 때 이 기술을 적용하기가 쉽다.

Sequence<T>를 생성하는 것 이외에 코틀린의 Iterator() 함수를 이용하면 Iterator<T>를 구현하는 것도 쉽다.

이터레이터 함수 사용하기

12-2의 "서드파티 클래스 인젝팅"으로 돌아가보자. 우리는 String 값의 범위를 반복하기 위해서 ClosedRange<String> 클래스에 확장함수를 추가했었다. 편의를 위해서 해당 코드를 가지고 왔다.

[코드 fluency/forstringrange.kts]

```
operator fun ClosedRange<String>.iterator() =
  object: Iterator<String> {
    private val next = StringBuilder(start)
    private val last = endInclusive
    override fun hasNext() =
      last >= next.toString() && last.length >= next.length
    override fun next(): String {
      val result = next.toString()
      val lastCharacter = next.last()
      if (lastCharacter < Char.MAX_VALUE) {
        next.setCharAt(next.length - 1, lastCharacter + 1)
```

```
    } else {
      next.append(Char.MIN_VALUE)
    }
    return result
  }
}
```

ClosedRange<String>의 iterator() 함수는 Iterator<String> 인터페이스를 구현한 객체를 리턴한다. Iterator 인터페이스는 2개의 속성과 2개의 메소드를 구현해야 한다. hasNext()는 반복을 위한 다른 값이 있는지를 알려준다. 그리고 next()는 다음 값을 리턴해준다. 구현에서 한 발짝 물러나서 최종적인 목표를 본다면, 우리가 지금 원하는 것은 마지막 값에 도달할 때까지 한 번에 하나씩 값을 방출해주는 이터레이터라는 사실을 알 수 있다. 코루틴을 사용하면 효율적으로 진행된다.

우리가 원하는 것은 코루틴으로 실행될 이터레이터이다. 이는 바로 코틀린 스탠다드 라이브러리의 iterator() 메소드의 목적이다. 위의 함수를 iterator()를 이용해서 다시 작성해보고 실행시켜서 어떻게 동작하는지 보도록 하자.

[코드 coroutines/forstringrange.kts]

```
operator fun ClosedRange<String>.iterator(): Iterator<String> = iterator {
  val next = StringBuilder(start)
  val last = endInclusive
  while (last >= next.toString() && last.length >= next.length) {
    val result = next.toString()
    val lastCharacter = next.last()
    if (lastCharacter < Char.MAX_VALUE) {
      next.setCharAt(next.length - 1, lastCharacter + 1)
    } else {
      next.append(Char.MIN_VALUE)
    }
    yield(result)
  }
}
for (word in "hell".."help") { print("$word, ") }
```

Sequence<T>를 리턴하는 sequence 함수와는 다르게 iterator() 함수는 Iterator<T>를 리턴한다. iterator() 함수에 전달된 람다 내부에서 우리는 반복하면서 순서대로 다음 String

을 만들어낸다. 그리고 sequence() 함수에서 한것처럼 yield() 함수를 호출하여 생성된 String을 sequence()함수를 호출한 곳으로 리턴한다. 이번 버전에서 hasNext() 함수는 사라졌다. 그리고 next() 메소드에서 사용되던 return 대신에 iterator() 함수 안에 있는 yield() 함수를 사용했다.

마지막 라인에서 우리는 range의 값을 반복하는 for문을 사용해서 ClosedRange<String>의 iterator() 함수를 연습해봤다. 출력결과는 이전 버전의 코드와 동일하다.

sequence() 함수와 iterator() 함수 사이에서 코틀린은 우리가 무한한 값을 생성하는 코루틴을 만들 때 아주 명확한 코드를 작성할 수 있도록 도와준다.

정리

코루틴은 컨티뉴에이션의 개념을 기반으로 태어났다. 코루틴은 동시성(concurrency) 프로그래밍을 만들기 위한 좋은 방법이다. 코루틴은 다중 엔트리포인트(진입점)를 가지고 있는 함수이다. 그리고 코루틴은 호출들 사이에서 상태를 전달할 수 있다. 이런 함수들은 서로 호출을 할수 있고 이전 호출에서 중단된 부분부터 다시 실행을 재개할 수 있다. 코루틴은 스레드나 자원이 필요한 다른 지연되고 있는 작업에 제어의 흐름을 넘길 수 있다. 코루틴이 실행되고 있는 스레드를 변경할 수 있고, async()/await()를 사용하면 병렬로 실행한 후 나중에 결과를 받을 수 있다.

이 모든 개념들은 동시성 프로그래밍을 위한 강력한 추상화를 만드는 기반이 된다. 우리는 이런 개념을 무한 시퀀스와 바운드가 없는 콜렉션을 반복하는 강력한 이터레이터를 만드는데 사용한다. 또한, 코루틴은 비동기 어플리케이션을 개발할 때도 사용한다. 다음 챕터에서 알아보기로 하자.

16

비동기 프로그래밍

코루틴은 논블로킹 호출을 구현하기 위한 훌륭한 방법이다. 코루틴을 이용하면 작업을 동시 실행으로 할 수 있고 다른 코루틴 컨텍스트를 사용해서 병렬로 실행할 수도 있다.

우리는 이전 챕터에서 코루틴의 기본에 대해서 알아보았다. 이번 챕터에서 우리는 이전 챕터에서 배운 코루틴의 개념을 바탕으로 강력한 비동기 프로그램을 만들어본다.

일단 비동기 프로그램의 복잡성을 파악할 때 코루틴이 어떤 도움을 주는지 먼저 알아볼 예정이다. 그 후 예외 처리시 나오는 불편한 이슈에 대해 논의해보고 코루틴이 예외를 어떻게 다루는지에 대해서 논의해 볼 예정이다. 그리고 이미 시작한 코루틴을 취소하는 법 그리고 취소와 예외의 상호작용에 대해서 논한다. 슈퍼바이저 잡(supervisor job)에 대해서도 알아보고, 슈퍼바이저 잡이 어떻게 취소를 관리하는지도 알아본다.

코루틴은 처리시간이 긴 작업에 사용하기 좋다. 하지만 무심결에 작업을 영원히 실행시키는 것을 원하지는 않는다. 우리는 타임아웃(timeout)을 이용해서 허용된 시간을 초과하는 코루틴을 강제 종료시킨다.

이번 챕터의 개념을 알아가면서, 코루틴의 힘을 설명하기 위해서 `async()`와 `await()` 함수로 실용적인 비동기 프로그램을 만들어볼 예정이다.

16-1 비동기 프로그래밍

모던 어플리케이션을 프로그래밍할 때 우리는 리모트 서비스 호출, DB업데이트, 검색 등을 해야하는 일이 자주 발생한다. 이런 대부분의 동작은 즉시 수행되지 않는다. 프로그램의 효율성을 올리기 위해서, 위와 같은 동작들은 비동기로 실행하여 비차단방식(non-blocking)을 사용한다. 코루틴은 정확히 이런 문제를 해결하기 위한 목적으로 탄생했다.

순차적으로 시작하기

특정 공항에 스케줄 지연이 있는지 확인하기 위해서 날씨 정보를 가지고 오는 프로그램을 만들어보자. 우선 데이터를 가지고 있을 Airport 클래스와 온도를 가지고 있을 Weather 클래스를 만들자. 우리는 미연방항공국(FAA, Federal Aviation Administration)의 공항 상태 웹 서비스에서 받은 JSON을 피싱하기 위해서 Klaxon 라이브러리를 사용할 예정이다.

[코드 async/Airport.kt]

```
import java.net.URL
import com.beust.klaxon.*
class Weather(@Json(name = "Temp") val temperature: Array<String>)
class Airport(
  @Json(name = "IATA") val code: String,
  @Json(name = "Name") val name: String,
  @Json(name = "Delay") val delay: Boolean,
  @Json(name = "Weather") val weather: Weather) {
  companion object {
    fun getAirportData(code: String): Airport? {
      val url = "https://soa.smext.faa.gov/asws/api/airport/status/$code"
      return Klaxon().parse<Airport>(URL(url).readText())
    }
  }
}
```

Airport 클래스에서 @Json 어노테이션을 이용해 JSON 응답이 클래스내의 프로퍼티에 맵핑되도록 만든다. getAirportData() 메소드에서 우리는 데이터를 가지고 오고, text 응답을 추출한 다음 JSON 컨텐츠를 Airport의 인스턴스로 parse한다.

주어진 공항코드 리스트를 가지고 방금 설명한 메소드를 이용해서 데이터를 순차적으로 내려

받도록 하자. 이 메소드가 순차적, 동기적 코드와 비동기적 버전을 비교하는데 도움을 줄 것이다.

우리는 이 공항 리스트를 반복하면서 공항 상태 정보를 한 번에 하나씩 받아온다. 그리고 읽을 수 있는 포맷으로 출력한다.

[코드 async/AirportInfo.kt]

```kotlin
import kotlin.system.*
fun main() {
  val format = "%-10s%-20s%-10s"
  println(String.format(format, "Code", "Temperature", "Delay"))
  val time = measureTimeMillis {
    val airportCodes = listOf("LAX", "SFO", "PDX", "SEA")
    val airportData: List<Airport> =
      airportCodes.mapNotNull { anAirportCode ->
        Airport.getAirportData(anAirportCode)
      }
    airportData.forEach { anAirport ->
      println(String.format(format, anAirport.code,
        anAirport.weather.temperature.get(0), anAirport.delay))
    }
  }
  println("Time taken $time ms")
}
```

세부 상태를 출력하는 것에 추가로, measureTimeMillis() 함수를 이용해서 코드의 작업에 걸리는 시간도 측정한다. measureTimeMillis() 함수는 코틀린 스탠다드 라이브러리에 있는 작고 편리한 함수이다. 코드의 출력을 살펴보도록 하자.

```
Code Temperature Delay
LAX 68.0 F (20.0 C) false
SFO 50.0 F (10.0 C) true
PDX 56.0 F (13.3 C) false
SEA 55.0 F (12.8 C) true
Time taken 2112 ms
```

날씨가 좋다. 하지만 50%의 공항이 연착이 있다는 응답을 해왔다(이런 결과가 우리가 지금 받아온 결과가 실제 데이터이고 신뢰할 만하다는 생각이 들게 해준다). 프로그램은 실행에 2초 이상 걸렸다. 독자들은 아마도 다른 속도를 봤을 것이다. 왜냐하면 속도는 실행시키는 시점의 네트워크 성능에 따라서 달라지기 때문이다.

비동기로 만들기

이전 코드에서는 각각의 getAirportData() 메소드 호출이 차단방식(blocked)이었다. 우리가 "LAX"에 대한 정보를 얻으려고 호출했을 때, 프로그램은 해당 요청이 완료될 때까지 다음 코드인 "SFO"에 대한 요청을 하지 않는다. 우리는 이런 호출들을 비차단방식(non-blocking)으로 만들 수 있다. 즉, "LAX"에 대한 요청이 완료될 때까지 다른 요청을 안하고 기다릴 필요가 없다는 뜻이다. 우리는 여러 요청을 동시에 할 수 있고, getAirportData()의 응답이 돌아오기 전에 첫 번째 반복문이 완료될 수 있다. 심지어 getAirportData()가 시작되기도 전에 첫 반복문은 종료될 수 있다.

우리는 main() 함수가 비동기 실행을 완료하기 위해서 차단하고, 대기하길 원한다. 이런 이유로 우리는 runBlocking()을 main() 전체에 적용시킨다.

Airport의 getAirportData()를 비차단방식으로 호출하기 위해서, runBlocking()을 사용할 수 없다. 그리고 launch()는 로직을 수행하기 위한 함수이지 결과를 리턴하는 함수가 아니다. 그래서 여기에서는 async()가 적절한 선택이다.

만일 async()가 반복 안에서 직접 사용되면 코루틴은 현재 코루틴 컨텍스트에서 동작을 하게 된다. 그렇기 때문에 코루틴은 main 스레드에서 실행되게 될 것이다. getAirportData() 메소드 호출은 비차단방식이 될 것이고, 동시실행이 된다. 다시 말하면 main 스레드는 차단되지도 않고, 대기하지도 않는다. 하지만 호출의 실행은 main 스레드에서 인터리브되며 실행된다. 이런 동작은 비차단방식으로 동작하는 장점을 주었지만 성능적으로는 이점이 전혀 없다. 반쪽짜리 장점이다. 각 호출이 같은 스레드에서 동작하기 때문에 순차적으로 실행되는 것과 동일한 작업시간이 걸린다. 우리는 더 잘 해야 한다.

async()를 호출할 때 다른 컨텍스트를 사용하라고 요청할 수 있다. 그러면 다른 풀의 스레드를 이용해서 코루틴을 실행할 수 있다. 이런 동작은 async()에 Dispatchers.IO같은 CoroutineContext를 전달하는 것만으로도 쉽게 할 수 있다. 이 아이디어를 적용시켜서 이전 코드를 다시 작성해보자.

[코드 async/AirportInfoAsync.kt]

```
import kotlinx.coroutines.*
fun main() = runBlocking {
```

```
    val format = "%-10s%-20s%-10s"
    println(String.format(format, "Code", "Temperature", "Delay"))
    val time = measureTimeMillis {
      val airportCodes = listOf("LAX", "SFO", "PDX", "SEA")
      val airportData: List<Deferred<Airport?>> =
      airportCodes.map { anAirportCode ->
        async(Dispatchers.IO) {
          Airport.getAirportData(anAirportCode)
        }
      }
      airportData
        .mapNotNull { anAirportData -> anAirportData.await() }
        .forEach { anAirport ->
          println(String.format(format, anAirport.code,
          anAirport.weather.temperature.get(0), anAirport.delay))
        }
    }
    println("Time taken $time ms")
  }
```

비동기 코드인 AirportInfoAsync.kt의 구조는 AirportInfo.kt와 동일하다. 비동기 코드가 동기버전의 코드만큼 추론하기 쉽고 이해하기 쉽다는 것은 축복이다.

두 버전의 코드 구조는 똑같지만, 코드에는 약간의 차이점이 있다. 첫째, List<Airport>대신 List<Deferred<Airport?>>를 만들었다. 왜냐하면 async()의 결과는 Deferred<T>의 인스턴스이기 때문이다.

첫 번째 반복에서 우리는 async() 메소드에 전달된 람다 내부의 getAirportData()를 호출했다. async()는 호출된 직후 바로 리스트에 저장된 Deferred<Airport?>를 리턴 한다.

두 번째 반복에서 Deferred<Airport?> 리스트를 반복하면서 await()를 실행하여 데이터를 가져온. await()를 호출하면 실행의 흐름을 차단하지만 실행의 스레드는 차단하지 않는다. async()를 아규먼트 없이 바로 사용했기 때문에 main 스레드는 await() 호출에 도달한 이후에 코루틴을 실행시킨다. 이번 케이스에서는 우리가 async()를 Dispatchers.IO 컨텍스트에서 사용했기 때문에 Dispatchers.IO 풀의 스레드가 웹 서비스에 요청을 하는 동안 main 스레드가 쉬고 있다.

출력을 확인해서 순차적 버전과 비동기 버전이 어떻게 다른지 비교해보자.

```
Code    Temperature    Delay
LAX    68.0 F (20.0 C) false
SFO    50.0 F (10.0 C) true
PDX    56.0 F (13.3 C) false
SEA    55.0 F (12.8 C) true
Time taken 1676 ms
```

두가지 버전에서 공항 데이터는 동일하게 가져온다. 하지만 실행 하는 시점에 따라 두 데이터는 차이가 있을 수 있다. 실행 속도는 비동기 버전이 0.5초 정도 빨리 완료되었다.

그러나 종종 네트워크 속도를 신뢰할 수 없기 때문에 실행 속도의 차이를 확인할 때는 주의해야 한다. 비동기 버전이 순차적 버전에 비해서 느리더라도 당황하지 마라. 비동기를 더 깊게 이해하기 위해서 비동기 버전을 가지고 놀아야 한다. getAirportData() 메소드를 호출하기 전에 print문을 위치시켜서 스레드 정보를 출력해봐라. 프로그램이 실행될 때 호출들이 어떻게 병렬로 실행되는지 알아차려라. async(Dispatchers.IO)를 async()로 변경하고 main 스레드에서는 어떻게 호출이 이루어지는지 지켜봐라 그리고 main 스레드에서 동작할 때 시간이 얼마나 걸리는지도 확인해봐라.

순차적과 비동기적 버전의 프로그램 둘 다 최선의 상황에 초점이 맞춰져 있었다. 하지만 많은 일들이 잘못된다. 웹 서비스는 간헐적으로 실패할 수도 있고, 네트워크가 끊길 수도 있고, 유저가 제공한 공항코드가 유효하지 않거나 웹 서비스에서 지원해주지 않는 경우도 있다. 머피의 법칙이 작용하는 방법에는 한계가 없다. 우리는 프로그래밍을 할 때 방어적으로 해야 한다. 그리고 코루틴을 이용하면 프로그램을 매우 방어적으로 만들 수 있게 해준다.

이제 코루틴의 예외처리방법을 알아보자.

16-2 예외 처리

웹 서비스에 요청을 할 때, DB를 업데이트할 때, 파일에 액세스할 때 등 여러 상황에서 많은 것들이 계획대로 흘러가지 않는다. 작업을 비동기적으로 실행하도록 델리게이팅 할 때 우리는 방어적(defensive)이어야 하고 실패를 우아하게 다뤄야 한다. 우리가 예외를 다루는 방법은 우리가 코루틴을 어떻게 시작하냐에 달려있다. launch()와 async() 중 무엇을 사용할 것인가?

스코프가 명시적으로 지정되어 있지 않다면, 코루틴은 컨텍스트와 부모 코루틴의 스코프에서 실행된다. 이를 구조화된 동시실행(Structured Concurrency)이라고 한다. 구조화된 동시 실행이란 코루틴의 계층구조가 코드의 구조와 일치할 때 일어난다. 구조화된 동시실행은 우리가 시작한 코루틴의 실행을 관리하고 모니터하는 것을 쉽게 만들어주는 좋은 기능이다. 코루틴은 자식 코루틴이 모두 완료될 때까지 완료되지 않는다. 하지만 이는 코루틴이 어떻게 서로 협력하고, 실패했을 때 어떻게 다뤄지는지에 따라 바뀔 수 있다.

코루틴이 예외(exception)와 함께 실패했을 때 부모 코루틴도 함께 실패하는 게 기본 동작이다. 이번 챕터 후반에서 우리는 구조화된 동시실행의 컨텍스트에서 코루틴의 행동을 자세히 들여다볼 예정이다. 그리고 SupervisorJob 컨텍스트를 이용해서 자식 코루틴이 부모 코루틴을 취소하는 것을 방지하는 방법을 알아본다. 이 섹션의 다음 번 예제에서 우리는 SupervisorJob을 이용해서 자식 코루틴에서 예외가 발생했을 때 부모 코루틴을 취소하지 못하도록 막는 방법을 다룬다.

launch와 Exception

launch()를 사용했다면 호출자가 예외를 받을 수 없다. launch()는 실행 후에 코루틴이 완료될 때까지 기다리는 방법이 있긴 하지만 보통 fire and forget 모델*을 사용한다. 이런 동작을 설명하고 우아하게 예외를 처리하는 방법을 알아보기 위해서 공항 상태에 잘못된 공항 코드를 넣어보겠다.

[코드 async/LaunchErr.kt]

```
import kotlinx.coroutines.*
fun main() = runBlocking {
  try {
    val airportCodes = listOf("LAX", "SF-", "PD-", "SEA")
    val jobs: List<Job> = airportCodes.map { anAirportCode ->
      launch(Dispatchers.IO + SupervisorJob()) {
        val airport = Airport.getAirportData(anAirportCode)
        println("${airport?.code} delay: ${airport?.delay}")
      }
    }
```

---

* **역주_** 작업을 위임한 후 결과를 기다리지 않는 모델

```
      jobs.forEach { it.join() }
      jobs.forEach { println("Cancelled: ${it.isCancelled}") }
    } catch(ex: Exception) {
      println("ERROR: ${ex.message}")
    }
  }
```

두 개의 적절한 공항 코드를 사용하고, 두 개는 부적절한 공항코드를 사용했다. 이번 예제에서는 예외를 어떻게 다루는지 보기 위해서 async()를 사용하지 않고 launch()를 사용했다. launch() 함수는 코루틴이 시작됐다는 의미를 가지는 Job 객체를 리턴 한다. 우리는 Job 객체를 코루틴이 성공하던 실패하던 어쨌든 종료되는 것을 기다리는데 사용한다. 그리고 Job 객체의 isCancelled 프로퍼티를 이용해서 작업이 성공적으로 완료되었는지 아니면 실패가 일어나서 취소되었는지 확인한다.

코드의 출력을 확인해보도록 하자. 출력 결과는 필자의 결과와 완벽하게 일치하지 않을 수 있다는 사실을 염두에 두자.

```
LAX delay: false
SEA delay: true
Exception in thread "DefaultDispatcher-worker-1" Exception in ...
```

슬프다. launch()를 호출할 때 try-catch문을 사용했지만 join() 메소드에서 에러가 날 때 동작하지 않았다. 그 대신 콘솔에 찍힌 예외 메시지와 함께 프로그램이 부적절하게 종료되는 것을 볼 수 있다. 이렇게 된 이유는 코루틴이 launch()를 이용해서 실행되었기 때문에 예외를 호출자에게까지 전파하지 못하기 때문이다. 이는 launch()의 특성이다. 하지만 launch()를 사용하더라도 더 잘해야 한다.

launch()를 사용한다면, 예외 핸들러(exception handler)를 반드시 설정해야 한다. CoroutineExceptionHandler 예외 핸들러가 등록되어 있다면 컨텍스트 세부사항과 예외 정보와 함께 핸들러가 트리거된다. launch()를 호출할 때 핸들러를 만들고, 등록해보자.

[코드 async/LaunchErrHandle.kt]

```kotlin
import kotlinx.coroutines.*
fun main() = runBlocking {
  val handler = CoroutineExceptionHandler { context, ex ->
    println(
```

```
            "Caught: ${context[CoroutineName]} ${ex.message?.substring(0..28)}")
    }
    try {
      val airportCodes = listOf("LAX", "SF-", "PD-", "SEA")
      val jobs: List<Job> = airportCodes.map { anAirportCode ->
        launch(Dispatchers.IO + CoroutineName(anAirportCode) +
        handler + SupervisorJob()) {
          val airport = Airport.getAirportData(anAirportCode)
          println("${airport?.code} delay: ${airport?.delay}")
        }
      }
      jobs.forEach { it.join() }
      jobs.forEach { println("Cancelled: ${it.isCancelled}") }
    } catch(ex: Exception) {
      println("ERROR: ${ex.message}")
    }
  }
```

이전 버전과 비교했을 때 이번 버전에서는 두 개의 변화가 있다. 첫째, 핸들러를 만들었다. 핸들러는 실패한 코루틴의 컨텍스트의 세부사항을 프린트한다. 그리고 예외의 세부사항도 프린트한다. 둘째, launch()를 호출할 때 핸들러를 등록했다. 그리고 쉽게 알아보기 위해서 코루틴의 이름도 등록했다. 이번 버전의 코드를 실행시켜서 프로그램이 실패에 어떻게 대처하는지 확인해보자.

```
Caught: CoroutineName(PD-) Unable to instantiate Airport
Caught: CoroutineName(SF-) Unable to instantiate Airport
SEA delay: true
LAX delay: false
Cancelled: false
Cancelled: true
Cancelled: true
Cancelled: false
```

훨씬 낫다. 예외가 등록된 핸들러에 의해서 우아하게 처리되었다. 콘솔에 프린트를 하는 대신에 로그를 찍거나 지원부서에 알람을 보내거나 슬픈 음악을 틀거나... 일단 핸들러를 등록하면 할 수 있는 선택지가 무궁무진해진다. 그리고 예상치 못하게 종료되지 않는다. 대신 작업이 끝나던지 실패하던지 간에 출력을 보여준다.

코드의 실행 결과는 우리가 아직 다루지 않은 코루틴의 또 다른 동작을 보여준다. 코루틴이 처리되지 않은(unhandled) 예외로 실패하게 되면 코루틴은 취소된다. 취소에 관해서는 "16-3. 취소와 타임아웃"에서 자세히 다룬다.

async와 Exception

launch()는 예외를 호출자에게까지 전파하지 않는다. 그래서 launch()를 사용할 때 반드시 예외 핸들러를 등록해야 한다. 하지만 async() 함수는 Deferred<T> 인스턴스를 리턴한다. Deferred<T> 인스턴스는 await()가 호출되면 호출자에게 예외를 전달해준다. async()에게 익셉션 핸들러를 등록할 때 익셉션 핸들러가 무시된다면 익셉션 핸들러를 등록한다는 자체가 말이 안된다.

launch()에 부적절한 공항 코드를 사용하는 대신 async()를 사용해서 두 함수가 어떻게 예외가 다르게 처리되는지 확인해보자. 우리는 await()를 호출할 때 try-catch를 사용해서 예외를 처리한다. 우리에게 익숙한 문법이다.

[코드 async/AsyncErr.kt]

```
import kotlinx.coroutines.*
fun main() = runBlocking {
  val airportCodes = listOf("LAX", "SF-", "PD-", "SEA")
  val airportData = airportCodes.map { anAirportCode ->
    async(Dispatchers.IO + SupervisorJob()) {
      Airport.getAirportData(anAirportCode)
    }
  }
  for (anAirportData in airportData) {
    try {
      val airport = anAirportData.await()
      println("${airport?.code} ${airport?.delay}")
    } catch(ex: Exception) {
      println("Error: ${ex.message?.substring(0..28)}")
    }
  }
}
```

첫 번째 반복에서, map()을 사용하고, 함수형 스타일로 작성했다. 하지만 두 번째 반복에서는 Deferred<T> 리스트의 요소들을 반복했다. 이는 함수형 스타일인 forEach()가 아니고 명령형 스타일의 for 반복문이다. 함수형 스타일인 forEach() 역시 잘 동작했겠지만, 여기서는 명령형 스타일이 더 좋은 선택이다. 만약 forEach()와 람다를 사용하면서 모든 코드의 예외를 처리한다면 간결하지도 않고, 가독성도 좋지 않았을 것이다. 우리가 "Ch10. 람다를 사용한 함수형 프로그래밍"에서 논했던 것처럼 람다를 사용할 땐 멀티라인 람다와 장황한 람다는 사용하지 않을 수 있다면 안 하는 편이 좋다.

async()가 어떻게 예외를 처리하는지 알아보기 위해 출력을 보자.

```
LAX false
Error: Unable to instantiate Airport
Error: Unable to instantiate Airport
SEA true
```

출력은 우리가 예상한대로다. async() / await()는 비동기 호출을 쉽게 만들어줄 뿐만 아니라 예외처리도 잘 한다.

이전 예제에서 작업을 했을 때 처리되지 않은 예외가 어떻게 코루틴을 취소시키는지에 대한 힌트를 얻었다. 코루틴은 내부적으로 더 이상 처리할 작업이 없거나, 실패해서 취소된 경우나, 부모 코루틴이 강제로 취소시키는 경우에 취소가 된다. 그리고 작업이 얼마나 지속될 것인지 타임아웃을 설정할 수 있다. 매우 흥미로워 보인다. 이제 다음 장에서 알아보기로 하자.

16-3 취소와 타임아웃

코루틴은 취소될 수 있다. 코루틴을 취소하면 코루틴 내의 코드가 더 이상 실행되지 않는다. 코루틴의 취소는 우리가 Java에서 사용하던 '스레드 종료(thread terminations)'와는 연관성이 없다. 취소는 가볍고 컨텍스트를 공유하는 코루틴의 계층구조에 영향을 끼친다.

launch()가 리턴하는 Job 객체와 async()가 리턴하는 Deferred<T> 객체에는 각각 cancel() 메소드와 cancelAndJoin() 메소드가 있다. 이 메소드들을 이용해 명시적으로 코루틴을 취소할 수 있다. 하지만 여기엔 주의사항이 있다. 코루틴은 현재 서스펜션 포인트(중단점)에 있는 경우에만 취소가 가능하다. 코루틴이 바쁘게 동작 중이라면 취소 알림을 받지 못하고 빠져나오지 못하게 된다. 취소에 대해 좀더 자세히 논의해보고 취소를 다루는 법을 알아보자.

코틀린은 컨텍스트를 공유하는 다수의 코루틴이 계층관계를 구성할때 구조적 동시성

(structured concurrency)을 제공해준다. 계층관계에 속하는 코루틴은 아래의 룰과 규정된 동작을 한다.

- ▶ 코루틴에서 컨텍스트를 공유하는 새로운 코루틴을 생성하면 새 코루틴은 기존 코루틴의 자식으로 간주된다.
- ▶ 부모 코루틴은 자식 코루틴이 완료되어야만 완료될 수 있다.
- ▶ 부모 코루틴을 취소하면 모든 자식 코루틴이 취소된다.
- ▶ 서스펜션 포인트에 진입한 코루틴은 서스펜션 포인트에서 던져진 CancellationException을 받을 수 있다.
- ▶ 실행되고 있는 코루틴이 서스펜션 포인트에 진입하지 않은 경우 isActive 프로퍼티를 체크해 동작 중에 취소되었는지 여부를 확인할 수 있다.
- ▶ 정리해야 할 자원(resource)을 가진 코루틴은 finally 블록에서 자원을 정리해야 한다.
- ▶ 처리되지 않은 예외는 코루틴을 취소시킨다.
- ▶ 자식 코루틴이 정지하면 부모 코루틴이 정지하므로 형제 코루틴도 취소되고 만다. 이런 동작은 부모에서 자식으로만 단방향으로 취소가 가능하게 만드는 슈퍼바이저 잡(supervisor job)을 통해서 변경할 수 있다.

한곳에서 이야기하기엔 너무 많은 정보다. 그래도 코루틴을 사용할 때마다 다시 돌아와서 읽기를 권한다. 이 아이디어들에 대해서 예제를 통해서 설명해보도록 하자.

코루틴 취소

우리가 시작한 코루틴의 작업이 완료되던 말던 상관이 없다면 Job 또는 Deferred<T> 인스턴스의 cancel() 메소드나 cancelAndJoin() 메소드를 이용해서 코루틴을 취소시킬 수 있다. 하지만 위 명령으로 코루틴이 바로 취소되진 않는다. 코루틴이 바쁘게 동작 중이라면, 위 메소드는 해당 동작을 방해하지 못한다. 반면에 코루틴이 yield(), delay(), await()같은 서스펜션 포인트에 진입해있다면 CancellationException을 발생시킨다.

코루틴을 설계할 때, 이전 제약사항을 명심해야 한다. 긴 연산을 수행해야 한다면 빈번하게 중단점을 두면서 코루틴의 isActive 프로퍼티가 true인지를 확인하도록 구조를 만들어야 한다. isActive가 false라면 연산을 중단하고 취소요청을 받아들이게 된다.

때때로 isActive 프로퍼티를 체크하는 기능을 만들 필요가 없을 때도 있다. 왜냐하면 코루틴 내부에서 호출한 함수가 차단된(block) 상태이거나 서스펜션 포인트가 없을 수 있기 때문이다. 이런 상황에서는 차단된 호출을 다른 코루틴으로 델리게이트해서 우회시키고 기다려야(await) 한다. 이렇게 하면 차단된 호출의 중단점이 만들어진다.

예제를 통해서 이런 옵션들을 사용해보자. 취소를 잘 하는 코드와 잘 못하는 코드의 행동을 검증해 볼 예정이다. 이 예제가 취소의 관점에서 코루틴을 사용할 때 어떻게 설계를 해야 하는지 명확한 관점을 제시할 것이다.

먼저 compute() 함수를 만든다. compute() 함수는 두 개의 모드 중 하나에서 실행된다. 파라미터가 true로 전달될 경우 긴 연산 중에서 isActive 프로퍼티를 확인하게 된다. 파라미터가 false일 경우 긴 시간 동안 그냥 실행된다. 우리는 isActive 프로퍼티에 접근을 해야 할 필요가 있기 때문에 코드는 코루틴의 컨텍스트에서 동작해야 한다. 이를 위해서 compute() 함수 내부의 코드를 호출자의 스코프를 운반하는 coroutineScope()의 호출로 감싸도록 한다.

아래는 compute() 함수의 코드이다.

[코드 async/cancelandsupension.kts]

```
import kotlinx.coroutines.*
suspend fun compute(checkActive: Boolean) = coroutineScope {
  var count = 0L
  val max = 10000000000
  while (if (checkActive) { isActive } else (count < max)) {
    count++
  }
  if (count == max) {
    println("compute, checkActive $checkActive ignored cancellation")
  } else {
    println("compute, checkActive $checkActive bailed out early")
  }
}
```

연산이 길게 실행된다면 때때로 isActive를 체크해봐야 한다. 만약 코루틴 안에서 호출한 함수가 연산이 길고 도중에 방해할 수 없다면 코루틴 또한 방해할 수 없다. 이를 설명하기 위해서 fetchResponse() 함수를 만들었다.

[코드 async/cancelandsupension.kts]

```
val url = "http://httpstat.us/200?sleep=2000"
fun getResponse() = java.net.URL(url).readText()
suspend fun fetchResponse(callAsync: Boolean) = coroutineScope {
  try {
    val response = if (callAsync) {
```

```
      async { getResponse() }.await()
    } else {
      getResponse()
    }
    println(response)
  } catch(ex: CancellationException) {
    println("fetchResponse called with callAsync $callAsync: ${ex.message}")
  }
}
```

fetchResponse() 함수는 sleep 파라미터의 크기만큼의 밀리초가 지나면 특정 HTTP코드(예제에서는 200)를 리턴하는 URL에 요청(request)을 보낸다. callAsync 파라미터가 false라면 URL호출을 동기화해서 실행한다. 그렇기 때문에 호출자를 차단(blocking)하고 취소를 허용하지 않게 된다. 하지만 파라미터가 true 라면 URL 호출은 비동기로 진행된다. 그렇기 때문에 코루틴이 대기상태라면 바로 취소를 할 수 있다.

두 compute() 함수와 fetchResponse() 함수 모두 취소에 응답을 할 수도 있고, 안 할 수도 있다. 이는 호출이 어떻게 이루어졌는지에 따라서 달라진다. 비록 compute() 함수는 길게 실행되는 계산 집약적인(computation-intensive) 연산이고 fetchResponse()는 길게 실행되는 IO 연산이지만 취소의 응답 여부는 함수 호출이 어떻게 이루어졌는지에 따라서 달라진다.

이 두 함수를 코루틴 안에서 사용해보자. 1초 간 실행시키고 cancel 명령을 내려보도록 하자. cancel() 메소드 사용 후 join() 메소드를 호출하는 방법과 두 호출을 조합해놓은 cancelAndJoin() 메소드 둘 다 사용 가능하다.

[코드 async/cancelandsupension.kts]

```
runBlocking {
  val job = launch(Dispatchers.Default) {
    launch { compute(checkActive = false) }
    launch { compute(checkActive = true) }
    launch { fetchResponse(callAsync = false) }
    launch { fetchResponse(callAsync = true) }
  }
  println("Let them run...")
  Thread.sleep(1000)
  println("OK, that's enough, cancel")
  job.cancelAndJoin()
}
```

checkActive가 true로 호출된 compute() 메소드는 isActive 프로퍼티를 체크하기 때문에 취소 명령이 내려지면 곧바로 종료될 것이다. checkActive가 false로 호출된 compute() 메소드는 부모 코루틴이 내린 취소 명령을 무시한다. 그리고 전형적인 10대 청소년처럼 행동할 것이다. 동일하게, fetchResponse() 함수 역시 유사한 행동을 할 것이다. 출력을 보면 알 수 있다.

```
Let them run...
OK, that's enough, cancel
compute, checkActive true bailed out early
fetchResponse called with callAsync true: Job was cancelled
200 OK
compute, checkActive false ignored cancellation
```

취소 메시지를 본 버전의 호출들은 예외가 발생되던 아니면 isActive 체크에 의해서건 어쨌든 빠르게 종료된다. 머리에 헤드셋을 쓰고 있는 버전(코루틴이 취소 메시지를 무시하는 버전)은 완료될 때까지 실행된다.

코루틴을 생성할 때, 코루틴이 취소를 정확하게 처리할 수 있는지를 검증해야 한다.

방해금지

종종 작업이 방해받기를 원하지 않는 경우가 있다. 예를 들면 심각한 연산을 실행 중일 때 연산을 중단하면 비참한 결과가 나올 수도 있다. 이런 부분을 처리하기 위해서 특별한 컨텍스트가 있다.

중요한 작업에 아무런 서스펜션 포인트가 없어도, 걱정할 필요는 없다. 코루틴이 방해해서는 안 되는 코드를 실행하고 있다면 취소 명령은 효과가 없다. 이런 경우 취소 방지를 위한 코드를 작성할 필요가 없다.

하지만 중요한 코드에 yield(), delay(), await() 같은 서스펜션 포인트가 존재한다면, 작업 중간에 취소되거나, 방해받길 원치 않을 것이다. withContext(NonCancellable) 함수를 호출하는 건 방 문에 방해금지 표시판을 걸어놓는 것과 같다. 예제를 통해서 이 동작을 알아보자.

[코드 async/donotdisturb.kts]

```
import kotlinx.coroutines.*
suspend fun doWork(id: Int, sleep: Long) = coroutineScope {
```

```
  try {
    println("$id: entered $sleep")
    delay(sleep)
    println("$id: finished nap $sleep")
    withContext(NonCancellable) {
      println("$id: do not disturb, please")
      delay(5000)
      println("$id: OK, you can talk to me now")
    }
    println("$id: outside the restricted context")
    println("$id: isActive: $isActive")
  } catch(ex: CancellationException) {
    println("$id: doWork($sleep) was cancelled")
  }
}
```

doWork() 함수는 호출자의 코루틴의 컨텍스트에서 실행된다. 먼저 함수는 입력된 시간만큼 코루틴을 지연시키며 이 지연은 취소가 가능하다. 그 후 NonCancellable 컨텍스트로 들어가며 이 때 발생하는 지연은 취소가 불가능하다. 이 시점에서 발생하는 인터럽트는 모두 무시된다. 하지만 취소 명령이 들어오면 isActive 프로퍼티는 변경된다. 마지막에는 isActive 프로퍼티를 프린트한다.

이 함수를 분리된 코루틴에서 두 차례 호출해보자. 2초동안 sleep시키고, 코루틴의 부모를 취소한다. 그리고 부모 코루틴이 완료되길 기다리자.

[코드 async/donotdistrub.kts]

```
runBlocking {
  val job = launch(Dispatchers.Default) {
    launch { doWork(1, 3000) }
    launch { doWork(2, 1000) }
  }
  Thread.sleep(2000)
  job.cancel()
  println("cancelling")
  job.join()
  println("done")
}
```

출력을 보면 NonCancellable 컨텍스트 밖의 코드를 실행 중일 때 취소 명령을 하면 코루틴이 취소된다는 사실을 알 수 있다. 하지만 코루틴이 NonCancellable 컨텍스트 내부에 있는 경우엔 취소되지 않고 인터럽트 없이 실행된다.

```
2: entered 1000
1: entered 3000
2: finished nap 1000
2: do not disturb, please
cancelling
1: doWork(3000) was cancelled
2: OK, you can talk to me now
2: outside the restricted context
2: isActive: false
Done
```

방해금지 NonCancellable 컨텍스트를 떠날 때 isActive 프로퍼티를 체크해서 코루틴이 인터럽트 됐는지를 확인하고 그 결과에 따라 동작을 결정할 수 있다.

양방향 취소

코루틴이 코드에서 처리해놓은 cancellation 예외가 아닌 다른 예외를 만난다면, 코루틴은 자동으로 취소된다. 코루틴이 취소될 때, 코루틴의 부모 코루틴도 취소된다. 부모 코루틴이 취소될 때, 모든 자식 코루틴도 취소된다. 이런 모든 동작들은 코루틴의 협력 방법에 자동으로 구성되어있다.

아래의 예제에서 이런 동작을 볼 수 있다. fetchResponse() 함수는 주어진 값들과 함께 httpstat URL에 요청을 보낸다. 더 논의하기 전에 코드를 살펴보도록 하자.

[코드 async/cancellationbidirectional.kts]

```
import kotlinx.coroutines.*
import java.net.URL
suspend fun fetchResponse(code: Int, delay: Int) = coroutineScope {
  try {
    val response = async {
      URL("http://httpstat.us/$code?sleep=$delay").readText()
    }.await()
    println(response)
```

```
  } catch(ex: CancellationException) {
    println("${ex.message} for fetchResponse $code")
  }
}

runBlocking {
  val handler = CoroutineExceptionHandler { _, ex ->
    println("Exception handled: ${ex.message}")
  }
  val job = launch(Dispatchers.IO + SupervisorJob() + handler) {
    launch { fetchResponse(200, 5000) }
    launch { fetchResponse(202, 1000) }
    launch { fetchResponse(404, 2000) }
  }
  job.join()
}
```

주어진 코드가 404일 경우, 서비스 요청이 예외와 함께 실패한다. 함수가 예외를 처리하고 있지 않으므로 함수를 실행중인 코루틴은 취소된다. 이는 아직 완료되지 않은 다른 모든 형제 코루틴도 취소되게 만든다.

```
202 Accepted
Parent job is Cancelling for fetchResponse 200
Exception handled: http://httpstat.us/404?sleep=2000
```

202 코드를 요청한 코루틴은 1초만에 완료되었다. 404를 요청한 코루틴은 URL에 전달된 **sleep** 파라미터 때문에 2초가 걸렸고, 202를 요청한 코루틴은 그전에 완료될 수 있었다. 404를 요청한 코루틴이 실패할 때 비동기로 200 코드를 요청한 코루틴도 같이 실패한다.

코루틴이 취소될 때, 다른 모든 코루틴도 취소시키는 것이 기본(default) 동작이다. 이런 동작이 무조건 바람직하진 않을 수 있다. 슈퍼바이저 잡을 이용하면 코루틴 사이에서 취소에 대한 커뮤니케이션을 조정할 수 있다. 이미 몇 차례 코드를 통해 확인한 방법이다. 이제 좀더 깊게 들여다보자.

슈퍼바이저 잡

코루틴에 **handler**를 전달한 방법처럼, 인스턴스를 전달할 수도 있다. 예를 들면

launch(coroutineContext + supervisor) 형태로 SupervisorJob에서 supervisor 인스턴스를 사용할 수 있다. 또한 supervisorScope 호출을 이용해 슈퍼바이저를 적용할 자식을 감쌀 수도 있다. 두 경우 모두 슈퍼바이저가 적용된 자식이 취소된다고 부모는 취소되지 않는다. 하지만 부모가 취소되면 자식도 취소된다.

이전 코드를 supervisor를 사용하도록 변경하고 방금 설명한 동작을 관찰해보자.

```
runBlocking {
  val handler = CoroutineExceptionHandler { _, ex ->
    println("Exception handled: ${ex.message}")
  }
  val job = launch(Dispatchers.IO + handler) {
    supervisorScope {
      launch { fetchResponse(200, 5000) }
      launch { fetchResponse(202, 1000) }
      launch { fetchResponse(404, 2000) }
    }
  }
  Thread.sleep(4000)
  println("200 should still be running at this time")
  println("let the parent cancel now")
  job.cancel()
  job.join()
}
```

우리는 3개의 중첩된 launch() 호출을 supervisorScope() 호출로 감쌌다. 그리고 코루틴을 4초동안 실행되도록 했다. 이 시간 동안 202 코드를 처리하는 코루틴은 완료될 것이고, 404코드를 처리하는 코루틴은 취소될 것이다. 그리고 200 코드를 처리하는 코루틴은 이 시간 동안 영향을 받으면 안된다. 200 코드를 처리하는 코루틴을 내버려두면, 코루틴이 완료될 것이다. 형제 코루틴에 영향을 받지 않는다. 하지만 4초가 지난 후 우리가 부모 코루틴을 취소시키면 자식 코루틴도 취소되게 된다. 이런 동작을 출력을 통해서 확인할 수 있다.

```
202 Accepted
Exception handled: http://httpstat.us/404?sleep=2000
200 should still be running at this time
let the parent cancel now
Job was cancelled for fetchResponse 200
```

명확하게 독립된 작업을 하는 자식 코루틴의 탑다운(top-down) 계층구조를 구성하고 싶을 때만 코루틴에 슈퍼바이저를 적용해야 한다. 위 케이스에서 하나의 자식 코루틴이 실패하면 다른 현재 코루틴들은 영향을 받지 않기를 원한다. 하지만 부모 코루틴이 취소되면 다른 작업들도 함께 취소되길 원한다. 반면에 작업들간에 완전히 협력이 필요하다면 코루틴의 기본(default) 동작에 의존해야 한다.

타임아웃을 이용한 프로그래밍

인생과 프로그래밍에는 간단한 룰이 하나 있다. 타임아웃 없이는 아무 일도 하면 안된다는 것이다. 코루틴은 긴 시간 연계하면서 동작하는 작업에 적합하다. 하지만 우리는 적절하지 않은 긴 시간 동안 혹은 영원히 기다리기를 원하지는 않는다. 우리는 코루틴을 사용할 때 쉽게 타임아웃을 설정할 수 있다.

코루틴이 완료될 때까지 주어진 시간 이상의 시간이 사용된다면 CancellationException의 하위클래스인 TimeoutCancellationException을 받게 된다. 그 결과 완료까지 주어진 시간 이상의 시간이 걸리는 작업은 타임아웃 때문에 취소된다. 그리고 우리가 지금까지 논의했던 취소에 관련된 모든 룰이 적용된다.

이전 예제의 runBlocking() 내부의 코드를 아래와 같이 변경해보자. 우리는 launch() 호출을 withTimeout()으로 감싸고 3000 밀리초를 허용해줬다. 이제 코루틴이 종료되길 기다려보자.

```
runBlocking {
  val handler = CoroutineExceptionHandler { _, ex ->
    println("Exception handled: ${ex.message}")
  }
  val job = launch(Dispatchers.IO + handler) {
    withTimeout(3000) {
      launch { fetchResponse(200, 5000) }
      launch { fetchResponse(201, 1000) }
      launch { fetchResponse(202, 2000) }
    }
  }
  job.join()
}
```

코드를 실행시키고 출력을 살펴보자.

```
201 Created
202 Accepted
Timed out waiting for 3000 ms for fetchResponse 200
```

주어진 3초보다 적게 걸린 코루틴은 성공적으로 완료되었다. 다행히도 네트워크 에러는 없었다. 3초이상 걸린 코루틴은 취소되었다.

정리

코루틴은 프로그램을 비동기적으로 실행할 때뿐만 아니라 현명하고 쉽게 예외를 처리하는데도 좋은 방법을 제공해준다. 코루틴은 동시실행(concurrent) 코드, 비동기(asynchronous) 코드를 동기(synchronous) 코드, 순차적 코드와 유사한 구조로 유지하게 도와준다. 이는 동시실행과 비동기 코드의 연산이 필요할 때 코드를 변경하는 비용을 줄여준다. 그리고 코드를 이해하고, 디버그하고, 유지보수하기 더 쉽게 만들어준다. 게다가 효율적인 실행을 할 수 있도록 보장해주고, 작업의 복잡한 관계를 코루틴의 계층구조로 맵핑하는 것은 실행의 생명주기(lifecycle)를 관리하기 쉽게 만들어준다. 타임아웃을 사용하면 실행시간을 제어할 수 있고 슈퍼바이저 잡을 설정하면 계층구조 내의 코루틴의 상호작용을 제어할 수 있다.

이번 챕터에서, 코루틴의 뉘앙스를 배우는 것뿐만 아니라 리모트 서비스에서 데이터를 비동기적으로 가지고 오는지(fetch)도 알아보았다. 이제부터 코틀린을 Java와 통합하는 방법과 코틀린의 기능을 Spring과 Android 어플리케이션에 적용하는 방법을 알아보자.

PART 06

상호운용과 테스트

지금까지는 코틀린의 주요 기능을 확인했다. 이제 실제 서비스에 코틀린을 도입하는 일에 집중해보자. 이번 파트에서 우리는 코틀린으로 Spring 프레임워크를 사용하는 방법과 Android 어플리케이션을 만드는 방법을 배운다. 그리고 코틀린으로 Gradle과 Maven을 사용하는 법도 배운다. 그리고 KotlinTest와 Mockk 같은 툴을 이용해서 유닛 테스트를 하는 테크닉에 대해서도 알아본다. 그리고 Java와 코틀린 코드를 서로 상호 운용하는 방법도 배운다.

Chapter

17

Java와 코틀린 혼용

이 책은 Java에 친숙한 개발자들에게 코틀린을 소개하고 있다. 이번 챕터에서는 코틀린과 Java 코드를 섞어서 사용하는 법에 대해 알아본다. 먼저 우리는 코틀린에서 Java코드를 호출하는 법을 확인한다. 그리고 Java에서 코틀린 코드를 호출하는 법을 알아본다.

어플리케이션을 개발할 때 대부분 코틀린을 사용해서 개발했다면 프로젝트에 Java 라이브러리를 원하는 만큼 사용할 수 있다. 심지어 원한다면 코틀린 소스 파일과 Java 소스 파일을 프로젝트에서 혼용해서 사용할 수 있다. 이번 챕터에서는 Java 코드를 코틀린에서 호출하는 것은 매우 직관적이란 사실을 확인할 수 있을 것이다.

어플리케이션을 대부분 Java로 작성했다면 코틀린 라이브러리를 사용할 수 있다. 그리고 코틀린 소스 파일을 프로젝트에 혼용해서 사용할 수 있다. 코틀린엔 Java에서는 사용 불가능한 특별한 기능(예를 들면 기본 아규먼트)들을 가지고 있기 때문에 코틀린 코드를 작성할 때 Java에서 호출해서 사용할 수 있도록 하기 위해서 추가적인 작업을 해야 한다. 코틀린으로 작성된 코드를 다른 코틀린 코드에서 사용하는 것은 자연스러운 일이고, 별다른 노력이 없어도 되지만, Java에서 코틀린 코드를 호출하려면 약간의 노력이 필요하다. 코틀린 코드를 Java에서 사용하기 위해서 해야 하는 다양한 조치 또한 논의해볼 예정이다.

먼저 우리는 왜 그리고 어떻게 코틀린과 Java 소스 파일을 한 프로젝트에서 사용하는지 알아볼 것이다. 그리고 Java 코드를 코틀린에서 호출해보고, 호출할 때 생기는 자잘한 문제들을 어떻게 처리하는지 배운다. 그 후 이번 챕터의 대부분은 Java에서 코틀린 코드를 사용하기 위해서 어떤 준비를 해야 하는지에 집중한다.

17-1 조인트 컴파일

Java와 코틀린을 혼용해서 코드를 사용하는 방법은 두 가지가 있다.

▶ Java 또는 코틀린으로 작성된 프로젝트에서 Jar 파일 디펜던시를 통해서 코드를 가져오는 법.

▶ Java와 코틀린으로 작성된 소스 파일을 프로젝트 내에 나란히 가지고 있는 방법.

첫 번째 방법이 가장 흔한 방법이다. 현재 Maven이나 JCenter에서 디펜던시를 가져와 Java 프로젝트에 Maven이나 Gradle같은 빌드툴을 사용하여 디펜던시를 넣는 것이다. 이와 유사하게 코틀린 프로젝트에 디펜던시를 넣을 수 있다. 코드에 사용되는 JAR 파일은 Java에서 생성된 것도 가능하고, 코틀린에서 생성된 것도 가능하며 둘 다를 사용한 것이라도 가능하다. 호환성 이슈만 없다면 코틀린이나 Java로 작성된 JAR 파일을 사용하는 것은 Java 프로젝트에서 JAR 파일을 사용하는 것처럼 자연스럽게 느껴진다. 나타나게 되는 호환성 문제는 모두 언어의 차이 때문이지 JAR 파일의 통합(integration) 때문이 아니다. 이번 챕터에서 후에 논의하게 될 테크닉을 사용하면 이런 이슈들을 해결할 수 있다.

Java와 코틀린 소스코드를 한 프로젝트에서 사용하는 두 번째 방법은 레거시 Java 프로젝트에 코틀린을 도입하고 싶거나 어플리케이션의 특정 부분에 코틀린의 힘을 사용하고 싶을 때 사용할 수 있는 방법이다.

물론, 두 개의 다른 언어로 쓰여진 코드를 컴파일하기 위해선 각 언어의 컴파일러를 사용해야 한다. 하지만 상호의존이 필요한 경우는 문제가 복잡해진다.

코틀린 코드가 Java 코드를 호출하고, Java 코드가 코틀린 코드를 호출한다고 가정해보자. Java 코드를 먼저 컴파일한다면 컴파일에 실패할 것이다. 왜냐하면 Java 코드가 참조(의존)하고 있는 코틀린 코드는 아직 바이트코드로 컴파일이 되지 않았기 때문이다. 감사하게도, 이런 현상은 코틀린 컴파일러를 먼저 실행시키고 그 후 Java 컴파일러를 실행시키면 해결된다. 이런 방법이 작동하기 위해서 Java 소스 파일과 코틀린 소스 파일을 모두 코틀린 컴파일러에게 제공해야 한다. Java 소스 파일을 보면서 코틀린 컴파일러는 주어진 Java 소스 파일에 있는 클래스와 메소드 조각들을 만든다. 그 결과 코틀린 코드에 있는 디펜던시는 충족이 되게 된다. 코틀린 코드의 바이트코드가 생성되면 Java 컴파일러를 실행시킬 때 Java 코드에 필요한 코틀린 코드 디펜던시를 찾을 수 있게 된다.

Maven이나 Gradle을 이용해서 빌드를 실행한다면, 문서를 참조해서 프로젝트의 조인트 컴파일을 설정하면 된다(https://kotlinlang.org/docs/tutorials/build-tools.html).

빌드를 할 때 도구(tools) 사용을 고려하지 않고 커맨드 라인을 이용해서 컴파일을 실행하면 뒤에서 일어나는 메커니즘을 명확하게 볼 수 있다. 그런 이유로 Java와 코틀린의 소스 파일을 혼용한 작은 샘플 프로젝트를 컴파일해보자.

아래의 프로젝트는 두 개의 코틀린 소스 파일을 jointcompilation/src/main/kotlin/com/agiledeveloper/joint 디렉토리에 가지고 있고, 하나의 Java 소스 파일을 jointcompilation/src/main/java/com/agiledeveloper/joint에 가지고 있다. 코틀린으로 작성된 Constants 클래스는 디펜던시가 없다. Constants를 먼저 살펴보자.

[코드 intermixing/jointcompilation/src/main/kotlin/com/agiledeveloper/joint/Constants.kt]

```
package com.agiledeveloper.joint
class Constants {
  val freezingPointInF = 32.0
}
```

Constants 클래스는 freezingPointInF라는 이름의 프로퍼티를 가지고 있다. freezing PointInF는 특정 값으로 초기화가 되어있다. 이제 Constants 클래스를 이용하는 Java 클래스를 보도록 하자.

[코드 intermixing/jointcompilation/src/main/java/com/agiledeveloper/joint/Util.java]

```
package com.agiledeveloper.joint;
public class Util {
  public double f2c(double fahrenheit) {
    return (fahrenheit - new Constants().getFreezingPointInF()) * 5 / 9.0;
  }
}
```

Java 클래스인 Util 클래스는 f2c() 메소드를 가지고 있다. f2c() 메소드는 코틀린 클래스인 Constants를 사용한다. 하지만 문법은 Java 클래스에서 다른 Java 클래스를 사용하는 것과 차이가 없다. 코틀린 클래스 Constants의 프로퍼티는 Java의 getter로 접근할 수 있다. Java에서 Java 클래스의 프로퍼티에 접근하는 방법이랑 비슷하다. 코틀린 컴파일러는 val 프로퍼티를 위해서 getter를 만들고, var 프로퍼티를 위해서는 getter와 setter를 둘 다 만든다. 코틀린에서는 클래스의 프로퍼티 이름들로 직접 프로퍼티에 접근하는 것과 다르게 Java에선 getter와 setter를 사용한다. Java 클래스인 Util을 사용하는 코틀린 코드를 확인해보자.

[코드 intermixing/jointcompilation/src/main/kotlin/com/agiledeveloper/joint/App.kt]

```kotlin
package com.agiledeveloper.joint
import kotlin.jvm.JvmStatic
object App {
  @JvmStatic
  fun main(@Suppress("UNUSED_PARAMETER") args: Array<String>) {
    println("Running App...")
    println(Util().f2c(50.0))
  }
}
```

싱글톤인 App 객체는 main() 메소드를 가지고 있다. main() 메소드는 JvmStatic 어노테이션으로 마크되어 있어서 컴파일러가 해당 메소드를 static으로 만들게 된다. 이 어노테이션에 대해서는 이번 챕터 후반에 확인해본다. main() 메소드 안에서 우리는 Java 클래스를 사용한다. 코틀린에서 코틀린 클래스를 사용하는 것과 별반 차이가 없다.

이 코드를 컴파일하기 위해서 우리는 일단 코틀린 컴파일러를 실행한다. 하지만 코틀린 컴파일러를 실행할 때 코틀린 소스 파일과 Java 소스 파일을 모두 포함시켜야 한다.

```
$ kotlinc-jvm -d classes \
  src/main/kotlin/com/agiledeveloper/joint/*.kt \
  src/main/java/com/agiledeveloper/joint/*.java
```

명령어가 컴파일러에게 classes 디렉토리에 클래스 파일을 생성하라고 지시한다. 명령어 실행 이후에 classes/com/agiledeveloper/joint를 들여다보면 App.class와 Constants.class를 확인할 수 있다. 컴파일러가 Java Util 클래스의 스터브(stub, 조각 클래스)를 생성했다. 하지만 목표 디렉토리에 저장해놓지는 않았다. 그러나 컴파일러는 스터브를 이용해서 App에 걸려있는 Java 클래스 Util의 디펜던시를 검증할 수 있게 되었다. 그리고 Constants.class 파일이 생성되었기 때문에 Java 컴파일러는 Util 클래스를 컴파일할 때 필요한 검증을 할 수 있게 되었다. 이제 Java 컴파일러를 이용해서 Java 클래스인 Util을 컴파일 해보자.

```
$ javac -d classes -classpath classes \
  src/main/java/com/agiledeveloper/joint/*.java
```

classes 디렉토리 경로를 클래스패스 컴파일 타임 아규먼트로 Java 컴파일러에게 제공했다. 생성된 .class파일을 위한 디렉토리를 목표(destination) 디렉토리와 동일하게 지정했다. 명령어 실행이 끝난 후 classes/com/agiledeveloper/joint 디렉토리를 보면 3개의 .class 파일이 존재하는 것을 볼 수 있다. 두 개는 코틀린 컴파일러가 먼저 생성한 것이고, 하나는 방금 Java 컴파일러가 생성한 것이다.

코드를 실행시키기 위해서 kotlin 명령어 또는 java 명령어를 사용할 수 있다. 먼저 kotlin 명령어를 사용해보자.

```
$ kotlin -classpath classes com.agiledeveloper.joint.App
```

.class 파일의 경로를 클래스패스로 참조하기만 하면 된다.

java 명령어를 이용해서 실행시키기 위해선 코틀린 스탠다드 라이브러리의 패스를 포함시켜야 한다.

```
$ java -classpath classes:$KOTLIN_PATH/lib/kotlin-stdlib.jar \

  com.agiledeveloper.joint.App
```

윈도우 OS 사용자라면 클래스패스의 경로를 분리하기 위해 : 대신 ;를 사용해야 한다. 그리고 코틀린이 설치된 경로로 %KOTLIN_PATH% 환경변수가 지정되어 있어야 한다.

kotlin이나 java 어떤 명령어로 실행시키던 출력은 아래와 같을 것이다.

```
Running App...
10.0
```

Java 9 이상의 모듈로 프로그래밍을 한다면 classpath 대신 modulepath를 넣으면 된다.

요약하자면, 코틀린 컴파일러를 먼저 실행시키고, Java 컴파일러를 실행시킨다. 또한, 코틀린 컴파일러에 코틀린 소스 파일과 Java 소스 파일을 모두 제공해야 한다. 그래야 코틀린 컴파일러가 Java 코드에서 스터브를 만들고 코틀린 코드에 있는 디펜던시가 정확한지 검증할 수 있다.

코틀린 컴파일러가 Java 코드로부터 스터브를 만들면서 생기는 유연성은 Java와 코틀린 소스 파일을 한 프로젝트에서 혼용할 수 있게 해준다. 하지만 이것이 Java와 코틀린을 혼용할 때 나타날 수 있는 고통을 모두 해결해주지는 않는다. 이제부터 JAR 디펜던시를 사용하던, 소스 파일을 한 프로젝트에서 사용하던 상관없이, 코드에서 다른 언어로 쓰여진 코드를 사용할 때 마주하게 될 도전들에 대해 탐구해보자.

17-2 코틀린에서 Java 호출하기

Java로 작성된 코드를 코틀린 .kt 파일이나 .kts 스크립트 코드에서 호출하는 것은 대부분 직관적이다. 코틀린은 자연스럽게 Java와 통합된다. 그리고 프로퍼티와 메소드를 사용할 때 두 번 생각할 필요가 없다. 대부분 그냥 작동하기 때문이다.

이런 동작을 확인하고 때때로 나타나는 작은 걸림돌을 해결하는 방법을 배우기 위해서 코틀린에서 사용할 Java 클래스를 만들어보자.

[코드 intermixing/javafromkotlin/src/main/java/com/agiledeveloper/JavaClass.java]

```java
package com.agiledeveloper;
import java.util.List;
import static java.util.stream.Collectors.toList;
public class JavaClass {
  public int getZero() { return 0; }
  public List<String> convertToUpper(List<String> names) {
    return names.stream()
      .map(String::toUpperCase)
      .collect(toList());
  }
  public void suspend() {
    System.out.println("suspending...");
  }
  public String when() {
    return "Now!";
  }
}
```

JavaClass 클래스는 getter 메소드, convertToUpper() 메소드, suspend() 메소드, when() 메소드를 가지고 있다. 처음 두 메소드는 어떻게 코틀린이 java와 잘 동작하는지를 설명하기 위한 메소드이다. 마지막 두 개의 메소드는 Java 메소드 이름과 코틀린의 키워드가 충돌(conflict)될때 코틀린에서 어떻게 처리하는지 설명하기 위해 사용된다.

이번 예제에서 곧 작성하게 될 코틀린 코드는 Java 코드에 디펜던시가 있다. 하지만 Java 코드에는 코틀린 코드에 대한 디펜던시가 없다. 그렇기 때문에 코틀린 코드로 컴파일을 먼저 할 필요 없이 Java 코드를 Java 컴파일러를 이용해서 바로 컴파일 할 수 있다. 아래는 Java 코드를 컴파일 하기 위한 명령어다.

```
$ javac -d classes src/main/java/com/agiledeveloper/*
```

이 명령어는 classes 서브 디렉토리 아래에 .class 파일을 생성한다. 우리는 이 클래스를 코틀린 코드로 작성한 .kt 파일이나 .kts 스크립트에서 이용할 수 있다. 이제 아래의 커맨드로 실행하게 될 sample.kts라는 스크립트 파일을 만들어보자.

```
$ kotlinc-jvm -classpath classes -script sample.kts
```

이제 sample.kts 라는 이름으로 작성된 코틀린 스크립트에서 JavaClass에 있는 getZero() 메소드를 사용해보자.

[코드 intermixing/javafromkotlin/sample.kts]

```
import com.agiledeveloper.JavaClass
val javaObject = JavaClass()
println(javaObject.zero) // 0
```

임포트된 Java 클래스로 클래스의 인스턴스를 만들고 zero 프로퍼티에 접근했다. 사실 클래스가 Java로 작성되었다는 사실은 별로 중요하지 않았다. 그리고 우리는 해당 클래스를 코틀린 문법으로 자연스럽게 사용했다. Java 클래스에는 프로프티에 접근하기위한 메소드인 getter가 있지만, 코틀린에서는 getter를 사용할 필요 없이 프로퍼티 이름을 이용해서 접근할 수 있다. 앞서 알려준 명령어를 사용해서 스크립트를 실행해 보기로 하자. 콘솔에 0이 프린트되는 것을 볼 수 있다.

JavaClass 인스턴스의 프로퍼티를 호출하는 것은 매우 쉬웠다. 코틀린에서 convertToUpper() 메소드를 실행하는 것도 도전적인 일이 아니다.

sample.kts 파일에서 convertToUpper() 메소드를 호출해보자

[코드 intermixing/javafromkotlin/sample.kts]

```
println(javaObject.convertToUpper(listOf("Jack", "Jill"))) //[JACK, JILL]
```

convertToUpper() 메소드에 코틀린의 listOf() 메소드를 이용해서 생성한 List<String>의 인스턴스를 전달했다. 코틀린의 컬렉션은 컴파일 시점의 뷰이고 JDK 컬렉션과 완벽하게 대응하기 때문에 코틀린 컬렉션 API가 JDK 컬렉션을 사용하는 Java 코드와 상호작용할 때 런타임 오버헤드나 컴파일 시점에 방해가 없다. 메소드가 리턴한 리스트를 검증하기 위해서 스크립트를 실행해보자.

이제 코틀린이 JavaClass의 suspend() 메소드를 어떻게 다루는지 확인보기 위해 한 단계 더 올라가보자. 코틀린의 suspend 키워드는 함수를 중단 가능하게(suspendible) 만들기 위해서 사용된다. 코틀린 컴파일러가 suspend라는 이름의 메소드를 호출하면 어떻게 반응할까? 직접 사용해서 알아내보자.

sample.kts 파일에 suspend() 메소드를 호출하는 코드를 추가해보자.

[코드 intermixing/javafromkotlin/sample.kts]

```
javaObject.suspend() //suspending...
```

스크립트를 실행시켜서 컴파일러가 해당 호출에서 에러를 만드는지 확인해보자. 콘솔에서 suspend() 메소드의 출력을 볼 수 있다.

코틀린은 suspend가 키워드지만 우아하게 호출을 처리했다. 컴파일러는 불만이 없었고, 프로그램은 JavaClass의 suspend() 메소드를 호출해서 실행시켰다.

이전 결과에서 얻은 용기를 바탕으로 JavaClass의 when() 메소드를 호출해보자. 코틀린에서 when은 익스프레션인 동시에 스테이트먼트이다. 이제 코틀린이 suspend() 메소드를 다룰 수 있었던 것처럼 when()이란 이름의 메소드를 다룰 수 있는지 확인해보자.

[코드 intermixing/javafromkotlin/sample.kts]

```
println(javaObject.when()) //error: expecting an expression
```

경험이 있는 프로그래머라면 if에 관한 질문을 하지 않을 것이다. 하지만 when에는 의문이 생긴다. 코틀린 컴파일러는 when()을 호출했을 때 문제를 발생시켰다. 그리고 코틀린의 when 익스프레션이 필요하다고 이야기를 한다. 코틀린 사용을 반대하는 불량한 개발자라면 우리의 삶을 힘들게 하기 위해서 메소드 이름을 when()이라고 만들 것이다. 조용히 참고 있어야 할까?

코틀린에서 Java 코드를 호출할 때 여기서 멈출 필요가 없다. 코틀린은 이스케이프(escape)기능을 제공해서 이런 상황을 돌아갈 수 있게 만들어준다. 바로 역따옴표(`)이다.

Java 코드와 코틀린 사이에서 키워드 충돌(conflict)이 발생할 때 메소드 또는 프로퍼티 이름에 역따옴표 연산자를 사용해 이스케이프하면 된다.

[코드 intermixing/javafromkotlin/sample.kts]

```
println(javaObject.`when`()) //Now!
```

코틀린 키워드와의 충돌이 발생하면 우리는 그냥 프로퍼티 또는 메소드 이름을 역따옴표(`)로 감싸주고 다른 일을 하면 된다.

코틀린은 Java 코드와 라이브러리를 호환해서 사용하도록 설계되었다. 그렇기 때문에 Java 코드를 코틀린에서 사용하는 것엔 문제가 없다. 그리고 마이너한 문제가 발생하더라도 쉽게 돌아갈 수 있는 길이 있다. 이제 코틀린 코드를 Java에서 사용하는 방법을 알아보도록 하자.

17-3 Java에서 코틀린 호출하기

코틀린 코드를 바이트코드로 컴파일하면, 코틀린 소스에서 생성된 .class 파일과 JAR 파일을 Java 프로젝트에서 사용할 수 있다. 코틀린 소스 파일에도 Java 소스 파일을 혼용할 수 있다. 그리고 Java 코드에서 코틀린 코드를 호출할 수 있다. 이미 이렇게 동작하는 것을 확인했다. 이제 소스 코드 통합 과정에서 발생 가능한 이슈에 집중해보도록 하자.

코틀린은 Java에는 없는 기능들을 가지고 있다. 그리고 코틀린은 Java와는 다른 점이 많이 있다. 그렇기 때문에 우아하게 작업하는 코틀린의 방식과 코틀린의 가독성 좋은 코드는 Java에서 코틀린 코드를 호출할 때 작동하지 않을 수 있다.

작성한 코틀린 코드를 다른 외부 코틀린 코드에서 사용할 목적으로 만든 것이라면(예를 들자면 UI 또는 프레임워크에서 동작하는 컨트롤러와 서비스들) Java에서 호출해서 사용할 때 걱정할 필요가 없다. Java 코드가 저런 코드를 직접 호출하지 않기 때문에 Java에서 호출할 수 있도록 시간과 노력을 들일 필요가 없다.

코틀린 코드를 Java 코드에서 사용할 목적이라면, 통합을 부드럽게 하기 위해 몇 가지 단계를 추가적으로 밟아야 한다. 통합과정이 필요한 프로젝트를 작업 중이라면 일찍 통합하고, 자주 통합해서 코틀린 컴파일러가 바이트코드를 생성하도록 해야한다. 그래야 Java에서 해당 코드들을 사용하는 개발자들에게 도움이 된다. Java로 작업하는 서드파티 프로그래머들에게 제공할 코틀린 라이브러리를 만드는 중이라면 코틀린 코드로 테스트코드를 만들고 추가적으로 Java로 테스트코드를 만들어야 한다. 그리고 그 테스트코드들을 지속적으로 통합해야 한다. 이런 작업을 하면 코드가 Java에서 사용될 때와 코틀린에서 사용할 때 모두 의도된 대로 동작하는지 검증해준다. 그리고 Java에서 호출된 코드가 잘 통합되고 있는지 역시 검증해준다. 지속적인 통합(continuous integration)을 하면서 테스트를 실행해야한다.

코틀린과 Java의 다른 특징들이있지만 코틀린 언어와 코틀린 스탠다드 라이브러리의 디자이너들은 코틀린과 Java 코드의 통합을 최대한 부드럽게 할 수 있도록 많은 기능을 제공해주었다. 코틀린을 이용해서 프로그래밍을 할때 우리는 통합과 관련된 기능을 사용해서 작성한 코틀린 코드가 Java에서도 사용될 수 있도록 만들어야한다. 이제 Java에서 코틀린 코드를 사용할 수 있도록 해주는 다양한 기능들을 살펴보도록하자.

이제 코틀린으로 Counter 클래스를 만든다. 그리고 그 클래스를 usecounter.kts라는 코틀린 스크립트에서 사용한다. 또한, Java에서 작성된 UseCounter 클래스에서도 사용할 예정이다. Counter 클래스를 코틀린과 Java에서 사용함으로써 코틀린을 Java와 통합할 때 어떤 추가 단계가 있는지 명확하게 볼 수 있을 것이다.

다음의 예제를 연습하기 위해서 코틀린 코드와 Java 코드를 각각 컴파일해야 한다. 아래의 명령어를 적어 두도록 하자. 우리가 점진적으로 코드를 개발할 예정이기 때문에 출력을 확인하기 위해서 아래의 명령어를 사용해서 컴파일하고 코드를 실행해야 한다.

코틀린 코드를 컴파일하기 위해서 아래의 명령어를 사용한다.

```
$ kotlinc-jvm -d classes src/main/kotlin/com/agiledeveloper/Counter.kt
```

usecounter.kts 코틀린 스크립트를 실행하기 위해선 아래의 명령어가 필요하다.

```
$ kotlinc-jvm -classpath classes -script usecounter.kts
```

Java 코드를 컴파일하기 위해서 아래의 명령어가 필요하다.

```
$ javac -d classes -classpath classes:$KOTLIN_PATH/lib/kotlin-stdlib.jar \
  src/main/java/com/agiledeveloper/UseCounter.java
```

코틀린 소스로부터 생성된 바이트코드가 어디에 위치하였는지 알기 위해서 패스를 추가했다.
그리고 예제에서 사용하기 위해 classpath에 코틀린 스탠다드 라이브러리도 추가했다. 곧
컴파일을 할 때 코틀린 스탠다드 라이브러리가 왜 필요한지 알게 된다.

마지막으로 UseCounter Java 클래스를 실행하기 위해 아래의 명령어를 사용한다.

```
$ java -classpath classes:$KOTLIN_PATH/lib/kotlin-stdlib.jar \
  com.agiledeveloper.UseCounter
```

지금까지 컴파일을 하기 위한 명령어들을 봤다. 이제 코드를 작성해보자. 코드를 작성하면서
코드 통합 시 발행하는 몇몇 이슈를 보게 될 것이고 각각을 해결하는 방법을 찾을 것이다.

Java에서 오버로드된 연산자 사용하기

코틀린으로 프로그래밍을 할 때 우리는 연산자를 오버로딩해서 간결하고 가독성 좋은 코드를
만들었다. 연산자-오버로드(Operator-overloaded) 함수는 잘 설계된 메소드 네이밍 컨벤션을
사용해서 만들었다. 이 내용에 관해서는 "12-1. 연산자 오버로딩"에서 다뤘었다. 이제 코틀린
data 클래스인 Counter 클래스를 만들어보자. Counter 클래스엔 + 연산자를 오버로딩하는
plus() 함수가 들어있다.

[코드 intermixing/kotlinfromjava/src/main/kotlin/com/agiledeveloper/Counter.kt]

```
package com.agiledeveloper
data class Counter(val value: Int) {
  operator fun plus(other: Counter) = Counter(value + other.value)
}
```

Counter 클래스의 생성자는 value 프로퍼티를 위한 초기값을 Int로 받는다. 클래스는 새
로운 Counter 인스턴스를 리턴하는 메소드 하나를 포함하고 있다. 이 메소드는 두 개의
Counter 클래스의 인스턴스를 피연산자로 하여 각 인스턴스의 value를 + 연산자를 이용해서

더한다 그리고 더한 값을 가지는 새로운 Counter 클래스의 인스턴스를 리턴한다.

Java에서 이 클래스를 사용하는 것을 보기 전에, 코틀린 스크립트에서 사용해보자.

[코드 intermixing/kotlinfromjava/usecounter.kts]

```
import com.agiledeveloper.*
val counter = Counter(1)
println(counter + counter)
```

+ 연산자를 이용해서 두 피연산자의 value를 더했다. Java에서는 연산자 오버로딩을 허용하지 않기 때문에 이런 표현은 Java에서는 불가능하다. 하지만 전부를 잃은 것은 아니다. 연산자에 적용되는 코틀린의 메소드 네이밍 컨벤션은 Java에서 사용될 것을 생각하면서 만들어졌다. Java에서 사용하기 위해서는 + 대신 plus() 함수를 사용하면 된다.

[코드 intermixing/kotlinfromjava/src/main/java/com/agiledeveloper/UseCounter.java]

```
package com.agiledeveloper;
import kotlin.jvm.functions.Function1;
public class UseCounter {
  public static void main(String[] args) {
    Counter counter = new Counter(1);
    System.out.println(counter.plus(counter)); //Counter(value=2)
  }
}
```

UseCounter Java 클래스의 main() 메소드 안에서 우리는 Counter의 인스턴스를 생성하고 plus() 메소드를 실행시켰다. 이전에 언급한 명령어를 이용해서 코틀린 코드를 먼저 컴파일하고 그 다음에 Java 코드를 컴파일해야 한다. 그리고 Java 코드를 실행시켜보자. 예제의 plus() 호출을 하는 코드의 주석처럼 출력에 클래스 이름과 value 프로퍼티의 값이 나온다.

코틀린으로 프로그래밍을 할 때 연산자 오버로딩을 사용하기 위해서 Java코드에 특별한 권한을 얻을 필요가 없다. 코틀린 코드는 연산자를 사용하고, Java 코드는 대응되는 메소드를 사용하게 된다.

static 메소드 생성

코틀린엔 static 메소드가 없다. static 메소드와 가장 가까운 코틀린의 메소드는 우리가 싱글톤(객체 선언을 이용한 싱글톤)과 컴패니언 객체(컴패니언 객체와 클래스 멤버)에서 생성한 메소드이다. 우리는 싱글톤 객체와 컴패니언 객체를 이용해서 인스턴스 생성 없이 메소드를 호출할 수 있다. 하지만 이런 메소드를 Java에서 쉽게 사용하기 위해서, 우리는 코틀린 컴파일러에게 이 메소드들을 바이트코드에 static으로 만들라는 지시를 해줘야 한다. JvmStatic 어노테이션을 이용하면 컴파일러에게 지시할 수 있다. Counter 클래스에 컴패니언 객체를 추가하고 컴패니언 객체안에 create() 메소드를 만든 후 create() 메소드에 JvmStatic 어노테이션을 추가하자.

[코드 intermixing/kotlinfromjava/src/main/kotlin/com/agiledeveloper/Counter.kt]

```
//within the Counter class...
companion object {
  @JvmStatic
  fun create() = Counter(0)
}
```

이 코드를 정확하게 컴파일하기 위해서 우리는 Counter.kt 파일의 package 정의 바로 다음 줄에 JvmStatic 클래스를 임포트해야 한다.

[코드 intermixing/kotlinfromjava/src/main/kotlin/com/agiledeveloper/Counter.kt]

```
import kotlin.jvm.JvmStatic
```

싱글톤의 메소드에 JvmStatic 어노테이션을 붙이던, 컴패니언 객체의 메소드에 JvmStatic 어노테이션을 붙이던 상관없이 코틀린에서는 인스턴스 생성 없이 메소드를 호출할 수 있다. 아래의 코드에서 확인해보자. Counter 클래스의 컴패니언 객체에서 create() 메소드를 호출한다.

[코드 intermixing/kotlinfromjava/usecounter.kts]

```
println(Counter.create())
```

create() 메소드가 어노테이션으로 마크되어있기 때문에 우리는 Java에서도 메소드를 호출할 수 있다. Java에서 **static** 메소드를 호출하던 방법 그대로 사용하면 된다. 아래의 코드를 UseCounter Java 클래스의 **main()** 메소드에 추가해보자.

[코드 intermixing/kotlinfromjava/src/main/java/com/agiledeveloper/UseCounter.java]

```java
//within the main method of UseCounter...
Counter counter0 = Counter.create();
System.out.println(counter0); //Counter(value=0)
```

코틀린 코드에서 **JvmStatic** 어노테이션을 제거해보자. 그리고 Java코드가 더 이상 컴파일 되지 않는지 확인해보자. 싱글톤이나 컴패니언 객체에 속한 메소드를 만들 때 Java에서 **static** 메소드로 접근을 쉽게 할 수 있도록 할 필요가 있는지 스스로에게 질문해보자. 만약에 그럴 필요가 있다고 생각이 들면 **JvmStatic** 어노테이션을 붙이도록 하고 아니라면 어노테이션은 사용하지 말자.

람다 전달하기

Java와 코틀린 모두 함수가 객체뿐 아니라 다른 함수도 아규먼트로 받을 수 있다. 아규먼트를 받는 쪽은, 람다 표현식을 위한 파라미터가 Java의 함수형 인터페이스에 의해서 지원된다. 예를 들자면 Runnable, Consumer<T>, Function<T, R>, 하나의 추상 메소드를 사용하는 직접 만든 인터페이스가 있다. 코틀린에서 람다 표현식을 받는 함수는 Java와는 다른 문법으로 정의한다(10-2의 "람다 받기" 참조). 하지만, 내부적으로 코틀린 역시 람다 표현식을 표현하기 위해서 함수형 인터페이스를 사용한다. 이제 코틀린에서 람다 표현식을 받는 함수를 만들고 Java에서 그 함수를 어떻게 사용하는지 알아보자.

map()이란 이름의 메소드를 코틀린의 **Counter** 클래스에 추가하자. 이 메소드는 람다를 파라미터로 받는 메소드이다.

[코드 intermixing/kotlinfromjava/src/main/kotlin/com/agiledeveloper/Counter.kt]

```kotlin
fun map(mapper: (Counter) -> Counter) = mapper(this)
```

map() 함수의 **mapper** 파라미터의 타입은 람다 표현식(어노니머스 함수)이다. **mapper**는 Counter 인스턴스를 파라미터로 받고, Counter 인스턴스를 리턴한다. **map()** 함수의 구현에서 우리는 **mapper** 파라미터에 의해 참조된 람다 표현식을 실행시키고 현재 객체인 **this**를 아규먼트로 전달한다. 람다 표현식이 리턴하는 인스턴스는 **map()** 함수에 의해 리턴이 된다.

"람다를 사용한 함수형 프로그래밍"에서 우리는 고차함수(람다 표현식을 받는 함수)를 실행하는 방법을 배웠다. 이제 코틀린 코드에서 map() 함수를 호출해보고 그 다음에 Java에서 map() 함수를 호출하여 비교해보자.

[코드 intermixing/kotlinfromjava/usecounter.kts]

```
println(counter.map { ctr -> ctr + ctr })
```

map() 함수는 하나의 파라미터만 받고, 그 파라미터는 람다 표현식이기 때문에 우리는 코틀린의 유연한 문법을 이용해서 {}로 람다 표현식을 함수에 전달할 수 있다. Java는 {}를 사용하는 게 허용되지 않기 때문에 ()안에 작성해야 한다. 아래는 Java에서 map()을 호출하는 코드이다.

[코드 intermixing/kotlinfromjava/src/main/java/com/agiledeveloper/UseCounter.java]

```
System.out.println(counter.map(ctr -> ctr.plus(ctr))); //Counter(value=2)
```

잘 동작한다면 문법이 꽤나 좋다는 의미이다. 무슨 뜻이냐면 Java에서 작성한 람다 표현식을 코틀린에서 작성한 람다 표현식을 파라미터로 받는 함수에 전달할 수 있다는 뜻이다. 그런데 위의 Java 코드를 컴파일하려고 하면 kotlin.jvm.functions.Function1을 찾을 수 없다는 에러 메시지를 받게 된다. 내부적으로 map() 함수를 위해 생성된 바이트코드는 코틀린 스탠다드 라이브러리에 정의된 함수형 인터페이스(functional interface)를 참조하고 있다. Java 컴파일러는 람다 표현식을 그 인터페이스에 바인드하려고 시도하는데 해당 인터페이스에 대한 지식이 없기 때문에 오류가 발생하는 것이다. 우리는 이런 문제를 임포트를 추가함으로써 쉽게 해결할 수 있다.

[코드 interface/kotlinfromjava/src/main/java/com/agiledeveloper/UseCounter.java]

```
import kotlin.jvm.functions.Function1;
```

컴파일러는 Function1 인터페이스의 정의를 포함하고 있는 코틀린 스탠다드 라이브러리에 접근을 해야 한다. 그래서 앞서 컴파일 명령어에서 봤듯이 우리가 컴파일을 할 때 코틀린 스탠다드 라이브러리를 classpath에 포함시켰던 것이다.

임포트를 하면서 우리는 Java로 작성된 람다 표현식을 map() 함수에 전달할 수 있게 되었다. 람다 표현식이 받는 아규먼트의 숫자에 따라서 우리는 코틀린 스탠다드 라이브러리의 Function0, Function1, Function2, 등의 인터페이스를 임포트 해야 한다. Java 컴파일러가 알려주는 에러 메시지를 확인하면 어떤 것을 임포트 해야 하는지 알 수 있다.

throws 절 추가하기

checked exception과 unchecked exception을 구분하는 Java 컴파일러와는 다르게, 코틀린 컴파일러는 exception을 하나로 취급한다. 이에 대해서는 "try-catch는 선택사항이다." 에서 코틀린 컴파일러가 어떻게 개발자에게 예외 처리를 강제하지 않는지를 확인했었다. 개발자는 특정 함수에서 예외를 처리하거나 호출자에게 예외를 전파시키는 것 중 하나를 선택할 수 있다. 코틀린에 대한 이해가 높아질수록 코틀린의 특징인 유연함을 이용해서 자유롭게 코드를 발전시킬 수 있고 그 결과 관습적인 코드가 없는 코드를 만들 수 있다. 하지만, 코틀린의 유연성이 Java에서 코틀린의 코드를 사용할 때 방해물이 된다. 왜냐하면 Java 컴파일러로 컴파일을 할때 try-catch에서 호출하는 메소드 시그니처에 throws절이 없는 경우 checked exception을 위한 catch절을 사용할 수 없기 때문이다. 이 문제를 설명하고, 해결하기 위해서 코틀린에 작성된 함수가 잠재적으로 예외를 발생시킬 수 있도록 만들어보자.

Counter 클래스에 readFile() 메소드를 추가해보자. readFile() 함수는 파라미터로 주어진 경로에 있는 파일의 컨텐츠를 리턴하는 메소드이다.

[코드 intermixing/kotlinfromjava/src/main/kotlin/com/agiledeveloper/Counter.kt]

```kotlin
fun readFile(path: String) = java.io.File(path).readLines()
```

readFile() 함수는 java.io.File 클래스를 사용한다. java.io.File 클래스는 주어진 경로가 정확하지 않다면 java.io.FileNotFoundException을 발생시키면서 종료되는 클래스이다. 코틀린 컴파일러는 이런 경우 코틀린 컴파일러는 이런경우 우리가 당장 에러를 처리하도록 강요하지 않는다. 마치 Java 컴파일러가 unchecked exception을 처리하도록 강요하지 않는 것처럼.

readFile() 함수를 코틀린에서 사용할 때, 함수가 에러를 발생했을 때를 대비하기 위해서 예외를 처리할 수 있다. try-catch로 감싸서 readFile() 함수를 호출해보자.

```
try {
  counter.readFile("blah")
} catch(ex: java.io.FileNotFoundException) {
  println("File not found")
}
```

코틀린 스크립트를 실행시켜보자. 그리고 blah라는 파일이 현재 디렉토리에 없기 때문에 나오는 File not found 에러 메시지를 확인하자. 만약에 에러를 처리하지 않았다면 스크립트는 종료됐을 것이다. 이제 Java에서 readFile() 함수를 호출해보도록 하자.

```
try {
  counter.readFile("blah");
} catch(java.io.FileNotFoundException ex) {
  System.out.println("File not found");
}
```

위의 Java 코드는 코틀린에서 readFile() 함수를 호출할 때와 동일한 문법을 사용했다. 하지만 우리가 코드를 컴파일 하려고 하면 아래와 같은 에러가 발생한다.

```
exception FileNotFoundException is never thrown in body of corresponding try statement
```

Java 컴파일러는 checked exception을 catch 해야 한다고 말한다. 하지만 바이트코드로 생성된 readFile() 함수는 throws절로 마크되지 않다. readFile() 함수를 Java에서 try 블록 안에 넣고 checked exception을 처리하기 위해서 우리는 코틀린 컴파일러에게 해당 적절한 throws절을 생성하라고 말해야 한다. 그렇게 하기 위해서 Throws 어노테이션이 존재한다.

Counter 클래스를 다시 방문해서 readFile() 메소드를 어노테이션과 함께 정의해보자.

```
@Throws(java.io.FileNotFoundException::class)
fun readFile(path: String) = java.io.File(path).readLines()
```

@Throws 어노테이션이 코틀린 컴파일러에게 throws java.io.FileNotFoundException절을 바이트코드의 readFile() 메소드 시그니처에 추가하라고 말해준다.

위의 변화를 적용한 다음에 Counter.kt 파일을 다시 컴파일해보자. 그리고 UseCounter.java 파일에서 readFile()을 호출할 때 try-catch 블록으로 감싸고 다시 컴파일해보자. 이번엔 에러없이 코드가 컴파일 될 것이다. 그리고 실행시켜보면 Java 코드가 코틀린 버전에서 실행시켰을 때와 같은 에러메시지를 출력할 것이다.

기본 아규먼트로 함수 사용하기

"3-2. 기본 인자와 명시적 인자"에서 확인했던 코틀린의 기본 아규먼트 기능은 우리가 함수 호출을 할 때 몇몇 아규먼트를 생략해도 되게 만들어준다. Java에서 기본 아규먼트로 함수를 호출할 때 이 기능이 어떻게 되는지 알아보자.

Counter 클래스를 열고 새로운 함수 add()를 추가하자. add() 함수는 기본 아규먼트 값을 가지고 있는 하나의 파라미터를 가지고 있다.

[코드 intermixing/kotlinfromjava/src/main/kotlin/com/agiledeveloper/Counter.kt]

```
fun add(n: Int = 1) = Counter(value + n)
```

코틀린 코드에서 우리는 add() 함수를 호출할 때 Int형 아규먼트 하나와 함께 호출할 수도 있고, 아규먼트 없이 호출할 수도 있다. 우리가 아규먼트 없이 호출하면 코틀린 컴파일러는 기본값인 1을 add() 함수로 전달한다.

[코드 intermixing/kotlinfromjava/usecounter.kts]

```
println(counter.add(3))
println(counter.add())
```

유연성이 아주 좋다. 이제 Java 코드에서 해보자.

[코드 intermixing/kotlinfromjava/src/main/java/com/agiledeveloper/UseCounter.java]

```
System.out.println(counter.add(3));
System.out.println(counter.add());
```

첫 번째 라인에서 우리는 add() 함수를 3이라는 값을 가진 아규먼트 하나와 호출한다. 아무 문제없다. Java에서 함수를 호출할 때 모든 아규먼트를 포함하여 호출하면 아무 문제도 없다. 하지만 이 예제처럼 기본 아규먼트의 장점을 사용하고 싶다면 컴파일러가 거부한다. add() 함수를 아규먼트 없이 호출할 경우 아래의 에러가 나온다.

```
error: method add in class Counter cannot be applied to given types;
```

이런 실패가 나오는 이유는 Java 컴파일러가 아규먼트가 하나도 없는 add()라는 함수를 찾을 수 없기 때문이다.

Java 프로그래머가 함수를 사용할 때 필요한 모든 아규먼트를 전달하는 게 아니고 기본 아규먼트를 사용할 수 있도록 만들고 싶다면, JvmOverloads 어노테이션을 이용해서 코틀린 컴파일러에게 해당 함수를 오버로드한 함수를 생성하라는 지시를 해야 한다. JvmOverloads 어노테이션을 사용하면 코틀린 컴파일러가 필요한 모든 오버로드된 함수를 만든다 그리고 각 함수는 모든 파라미터를 필요로 하는 함수로 라우팅된다.

Counter 클래스에 JvmOverloads 어노테이션을 추가하여 add() 함수를 수정해보자.

[**코드** intermixing/kotlinfromjava/src/main/kotlin/com/agiledeveloper/Counter.kt]

```kotlin
@JvmOverloads
fun add(n: Int = 1) = Counter(value + n)
```

변경을 하고 코틀린 코드를 먼저 컴파일하고 Java 코드를 컴파일해보자. 이제 add(3)과 add() 호출이 모두 컴파일 된다.

탑레벨 함수 접근

코틀린에서 함수는 클래스나 싱글톤과 별도로 존재할 수 있다. "Ch03. 함수로 작업하기"에서 패키지에 속한 탑레벨 함수를 다뤘다. 우리는 각각의 패키지에서 함수를 직접 코틀린으로 직접 임포트할 수 있고 별 작업 없이 사용할 수 있다. Java 코드에서 탑레벨 함수를 사용하는 방법을 알아보자.

먼저 com.agiledeveloper 패키지에 탑레벨 함수를 만들어보자. Counter.kt 파일에 Counter 클래스 바로 위에 만들어본다.

```
// 이 코드를 import와 data class Counter 사이에 작성한다.
  fun createCounter() = Counter(0)
```

탑레벨 함수인 createCounter() 함수를 사용하는 것은 아주 쉽다. 우리는 이미 import com.agiledeveloper.*이라는 라인을 usecounter.kts 파일에 작성했기 때문에 이미 탑레벨 함수를 스크립트에서 사용할 준비가 끝났다.

[코드 intermixing/kotlinfromjava/usecounter.kts]

```
println(createCounter())
```

Java에서 탑레벨 함수를 사용하려면 약간의 노력이 필요하다. 바이트코트에서 탑레벨 함수는 허용되지 않는다 그리고 코틀린의 탑레벨 함수는 클래스 안에서 보호되어야 한다. 기본적으로 코틀린은 탑레벨 함수를 가지고 있는 파일의 이름에서 유래된 클래스에서 탑레벨 함수를 가지고 있도록 선택한다.

이번 예제에서 탑레벨 함수인 createCounter()는 Counter.kt 파일 안에 있다. 코틀린 컴파일러는 CounterKt 라는 클래스에 createCounter()를 위치시킨다. Counter.kt 파일에서 탑레벨 함수를 만들고 해당 파일을 컴파일하고 나면 classes/com/agiledeveloper 디렉토리 안에 CounterKt.class 파일이 생성된 것을 볼 수 있다.

탑레벨 함수에 접근하기 위해서 함수의 이름 앞에 완전한 클래스 명이 필요하다.

[코드 intermixing/kotlinfromjava/src/main/java/com/agiledeveloper/UseCounter.java]

```
System.out.println(com.agiledeveloper.CounterKt.createCounter());
```

생성된 클래스 이름이 만족스럽지 않다면 JvmName 어노테이션을 이용해서 패키지의 탑레벨 함수를 가지고 있을 클래스 이름을 바꿀 수 있다. JvmName 어노테이션은 함수 시그니처 충돌을 해결하기 위해서도 사용할 수 있다. 예를 들면 getter 또는 setter의 이름을 변경할 때 등이 있다. 이번 예제에서 우리는 이 어노테이션을 이용해서 이 파일에 맵핑할 클래스 이름을 정의하기로 한다.

```kotlin
@file:JvmName("CounterTop")
package com.agiledeveloper
```

package 선언 전에 @file:JvmName 어노테이션을 사용하여 코틀린 컴파일러에게 이 파일 (Counter.kt)에 있는 탑레벨 함수는 CounterKt.class 파일이 아닌 CounterTop.class라는 클래스파일에 위치해야 한다는 사실을 알려준다. 코드를 컴파일하고 생성된 바이트코드의 이름이 CounterTop.class인지 확인해보자.

이제 패키지에 새로 지정한 탑레벨 함수용 클래스 이름을 사용하도록 Java 코드를 변경해보자.

[코드 intermixing/kotlinfromjava/src/main/java/com/agiledeveloper/UseCounter.java]

```java
System.out.println(com.agiledeveloper.CounterTop.createCounter());
```

코드를 컴파일하고 실행하여 Java와 코틀린의 통합이 예상한대로 잘 되는지 확인해보자.

그 외 어노테이션

지금까지 살펴본 어노테이션은 코틀린 컴파일러가 바이트코드를 생성할 때 Java 코드와 코틀린 코드를 자연스럽게 상호작용할 수 있도록 하게 만드는 어노테이션이었다. kotlin.jvm 패키지엔 바이트코드 생성시 다른 특징을 가지게 하는 더 많은 어노테이션이 있다. 예를 들자면 Synchronized 어노테이션을 사용하면 코틀린 컴파일러에게 해당 메소드를 동기화 메소드로 만들게 할 수 있다. JvmDefault 어노테이션을 사용하면 인터페이스의 메소드를 default 메소드로 만들 수 있다. 어노테이션을 이용해서 코틀린 컴파일러가 생성하는 백킹 필드도 커스터마이징 할 수 있다. Volatile 어노테이션을 사용하면 volatile이 되고 Transient 어노테이션을 사용하면 transient으로 만들 수 있다.

kotlin.jvm 패키지에 있는 다른 어노테이션들도 살펴보도록 해라(https://kotlinlang.org/api/latest/jvm/stdlib/kotlin.jvm/index.html). 하지만 해당 어노테이션을 남용하면 안 된다. 이 어노테이션들은 정말 필요하고 실제로 사용될 때만 써야 한다. 사용할 수 있다고 무작정 사용해서는 안된다.

정리

프로젝트에 코틀린과 Java 코드를 혼용하는 일이 발생할 가능성이 크다. 이번 챕터에서 우리는 코틀린에서 Java를 사용하는 게 얼마나 쉬운지 보았고, Java에서 코틀린을 사용할 땐 약간의 노력과 계획이 필요하다는 사실을 알게 되었다.

코틀린 어플리케이션에선 어떤 Java 라이브러리라도 사용 가능하고, Java 어플리케이션에서 코틀린 라이브러리를 사용할 수 있다. Java와 코틀린 소스 파일을 나란히 두고 프로젝트에서 사용할 수도 있다. 코틀린 컴파일러는 Java와 코틀린 소스 코드를 함께 컴파일할 수 있는 조인트 컴파일 기능을 가지고 있다.

코틀린에서 Java 코드를 호출하는 것은 자연스럽고, 별다른 노력없이 가능하다. 한 쌍의 역따옴표(`)만 있으면 키워드와의 충돌도 피할 수 있다. Java에서 코틀린을 호출할 때는 계획과 노력이 필요하다. 그 이유는 코틀린과 Java의 차이점 때문이다. 특정 강력한 기능들은 코틀린에서만 사용 가능하다. 코틀린 스탠다드 라이브러리의 일부인 어노테이션을 사용하면 코틀린 컴파일러가 생성하는 바이트코드를 커스터마이징할 수 있다. 바이트코드 커스터마이징을 통해서 Java에서 코틀린 코드 호출하는 것을 쉽게 만들 수 있다.

자동화된 테스트를 만드는 것은 우리가 지금까지 통합을 위해 노력한 것을 검증해주는 좋은 방법이다. 그리고 테스트는 코드가 발전할 때 계속 올바른 결과를 만드는지에 대한 빠른 피드백을 제공해준다. 다음 챕터에서 우리는 코틀린으로 작성된 코드를 위한 유닛 테스트 작성법을 확인해본다.

Chapter

18

코틀린 유닛 테스트

코드는 우리가 의도한대로 동작하지 않는다. 우리가 작성한대로 동작할 뿐이다. 이 사실은 동적 타입 언어를 비롯해 정적 타입 언어에도 적용된다. 코틀린 컴파일러의 엄격한 검증이 코드에서 발생 가능한 에러를 상당부분 줄여준다. 하지만 어플리케이션이 발전하면서도 코드가 지속적으로 의도한대로 동작하는지 검증하는 것은 우리의 책임이다.

모든 코드가 예상대로 동작되는지 수동으로 확인하는 것은 비용과 시간이 많이 들고 그 자체로 에러를 유발할 수 있다. 자동화 테스트는 시간이 걸리지만, 길게 봤을 땐 시간을 절약하게 된다. 유닛 테스트는 자동화 테스트의 한 종류이다. 그리고 이번 챕터에서 우리는 코틀린 코드에 유닛 테스트를 적용하는 법을 배운다.

먼저 사이드 이펙트가 없는 함수(빠르게 실행되고, 예측 가능하고, 결과가 이미 결정된 함수)에 경험적 테스트를 작성하는 방법을 보도록 한다. 그리고 디펜던시가 있는 코드(코드에 멱등성*이 없고 디펜던시의 상태에 의존하고 각 호출마다 다른 결과를 만드는 코드)를 위한 인터랙션(interaction) 테스트를 알아본다. 마지막으로 비동기 호출을 만드는 코루틴을 위한 테스트를 작성하는 방법을 알아본다.

코틀린 코드를 유닛 테스트 할 때 많은 툴 중에서 하나를 선택할 수 있다. 이번 챕터에서 우리는 KotlinTest를 이용해서 테스트를 진행하고, Mockk를 이용해서 디펜던시를 모킹한다. 그리고 Jacoco를 이용해서 코드 커버리지를 측정하는 법도 다룬다. 그리고 왜 이 툴을 선택했

---

* **역주**_ idempotent, 연산을 여러 번 적용해도 같은 결과가 나오는 연산

는지도 논의해본다.

이 챕터의 마지막에 가면 우리는 코틀린의 클래스와 탑레벨 함수에 대한 자동화 테스트를 작성하는 방법과 클래스와 확장함수를 모킹하는 법, 코루틴과 비동기 호출을 위한 테스트를 작성하는 방법을 알게 되고, 코드 커버리지를 측정하는 법도 알게 될 것이다.

이제 자동화 테스트를 작성해보자.

18-1 테스트 코드가 있는 코드

코틀린의 자동화 테스트를 연습하기 위해서 우리는 샘플 어플리케이션을 선택했다. 우리는 정렬된 이름과 공항의 상태를 출력하는 비동기 프로그램을 만들 것이다. 이 프로그램은 필수 데이터를 리모트 웹 서비스에서 받아온다. "Ch16. 비동기 프로그래밍"에서 본 것과 비슷하다. 어플리케이션의 설계는 다음 그림과 같다.

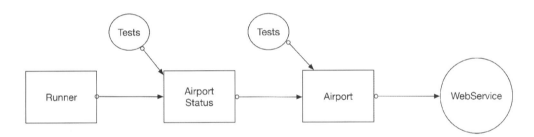

AirportApp.kt 파일이 com.agiledeveloper.airportstatus 패키지의 AirportStatus.kt 파일에 작성된 탑레벨 함수 실행을 위한 main() 함수를 가지고 있다. main() 함수는 각 공항의 데이터를 보관할 Airport 클래스를 사용하고, 공항의 데이터는 리모트 웹 서비스에서 받아온다.

설계는 그림의 우측부터 좌측 방향으로 구현된다. 감사하게도 웹 서비스는 이미 존재한다. FAA의 공항 정보 웹사이트를 사용한다. 먼저 테스트를 사용해서 Airport 클래스를 만든다. 클래스에는 공항을 정렬하는 메소드, 리모트 서비스에서 데이터를 가져오는 메소드, JSON 데이터를 파스(parse)하는 메소드를 가지고 있다. 그리고 역시 테스트를 이용해서 AirportStatus.kt 파일의 함수를 구현한다 마지막으로 AirportApp.kt의 main() 함수를 작성한다.

우리는 테스트 우선(test-first) 접근을 사용한다. 테스트 우선 접근이란 짧고 유용한 테스트를 먼저 만들고, 그 테스트를 통과하는 최소한의 코드를 구현하는 짧은 사이클을 따르는 것이다. 테스트 우선 접근을 사용하면 작성중인 테스트와 코드 외에 모든 테스트가 통과하는 상태를 유지하게 된다.

우리가 코드를 작성하기 전에 자동화 테스트에 필요한 툴을 적절하게 준비해놓자. 코틀린으로 작성된 코드를 테스트할 때 전통적인 Java 유닛 테스트 툴인 JUnit4나 새로운 JUnit5를 사용할 수 있다. 하지만 이번 챕터에서 우리는 코틀린 코드용 유닛 테스트를 하기 위해 KotlinTest(https://github.com/kotlintest/kotlintest)를 사용한다. JUnit이 아닌 KotlinTest를 사용할 때 얻는 이점은 KotlinTest는 코틀린에 특화된 스타일을 잘 지원해 준다는 것이다. 그리고 KotlinTest는 속성 기반(property-based) 테스트와 데이터 주도(data-driven) 테스트 기능을 제공해준다. 먼저 해야 할 일은 필요한 툴을 설치하는 것이다. 다음 장에서 진행해보자.

18-2 프로젝트 파일 가져오기

우리는 코드를 unittests/airportapp 디렉토리(예제를 만들 위치)에 작성할 예정이다. 빌드 파일을 세팅하는 것은 제법 노력이 필요하기 때문에 우리의 시간을 절약하기 위해서 이미 만들어 둔 프로젝트 구조를 사용한다. 영진닷컴 홈페이지에서 소스 코드 압축 파일을 다운로드 받아서 압축을 풀고, unittests/airportapp 디렉토리로 위치를 옮기도록 하자. 몇 분 정도 들여서 프로젝트 구조를 알아보자.

src/main/kotlin/com/agiledeveloper/airportstatus와 src/test/kotlin/com/, agiledeveloper/airportstatus 같은 비어 있는 디렉토리가 보일 것이다. 이 디렉토리들은 Gradle과 Maven 빌드툴에서 사용하는 소스 파일과 테스트 파일을 위한 구조의 기본 디렉토리다. 그렇기 때문에 위 두 빌드툴 중 어떤 것을 사용하든 관계없이 사용할 수 있다.

두 개의 비어있는 디렉토리 이외에도 프로젝트 디렉토리에서 Gradle build와 Maven build와 관련된 파일을 찾을 수 있다.

먼저 Gradle과 Maven 중 사용할 빌드툴을 선택해야 한다. Maven이 더 유명한 툴이지만 Gradle은 더 실용적이고 가벼운 툴이다. 작업중인 프로젝트에서 사용하는 것이나 혹은 더 편한 다른 것을 선택하면 된다.

Maven을 선택했다면 바로 "Maven 세팅"으로 가면 된다. Gradle을 선택했다면, 계속 읽도록 하자.

Gradle 세팅

Gradle(https://gradle.org/)을 사용할 때 Groovy DSL을 사용하면 build.gradle 빌드 파일을 생성할 수 있고 Kotlin DSL을 사용하면 build.gradle.kts 빌드 파일을 생성할 수 있다. 이번 챕터에서는 Gradle과 Kotlin DSL을 사용하기로 한다. airportapp 프로젝트에서 이미 제공하고 있는 빌드 파일을 사용할 수 있다.

[코드 unittest/airportapp/build.gradle.kts]

```
plugins {
  kotlin("jvm") version "1.3.41"
  application
  jacoco
}
repositories {
  mavenCentral()
  jcenter()
}
val test by tasks.getting(Test::class) {
  useJUnitPlatform {}
  testLogging.showStandardStreams = true
}
dependencies {
  implementation(kotlin("stdlib"))
  implementation(kotlin("reflect:1.3.41"))
  implementation("org.jetbrains.kotlinx:kotlinx-coroutines-core:1.2.2")
  implementation("com.beust:klaxon:5.0.2")
  testImplementation("io.kotlintest:kotlintest-runner-junit5:3.3.1")
  testImplementation("io.mockk:mockk:1.9")
}
tasks {
  getByName<JacocoReport>("jacocoTestReport") {
    afterEvaluate {
      setClassDirectories(files(classDirectories.files.map {
        fileTree(it) { exclude("**/ui/**") }
      }))
    }
  }
}
jacoco {
  toolVersion = "0.8.3"
```

```
}
application {
  mainClassName = "com.agiledeveloper.ui.AirportAppKt"
}
defaultTasks("clean", "test", "jacocoTestReport")
```

코틀린과 연관된 Gradle 작업을 컴파일하고, 테스트하기 위해 kotlin 플러그인을 사용한
다. application 플러그인은 main() 함수를 Gradle을 통해서 실행되도록 만들어 준다. 그
리고 마지막으로 jacoco 플러그인은 코드 커버리지 툴이다. 빌드 파일은 필요한 디펜던시
를 다운로드할 수 있는 mavenCentral 리포지터리와 Gradle이 다운로드할 JSON 파서를 위한
jcenter 레포지터리를 지정했다.

useJunitPlaform {} 함수는 KotlinTest를 JUnit 실행 플랫폼의 맨 위에서 실행시키기 위
해서 사용하기 위한 KotlinTest 툴에 필요한 과정이다. 디펜던시 섹션을 보면 이 프로젝
트에 필요한 모든 디펜던시 리스트(Kotlin standard library, reflection API, coroutines library, Klaxon
JSON parser, KotlinTest library, Mockk library)를 가지고 있다. application {} 함수는 우리가
AirportAppKt 클래스에서 최종적으로 작성하게 될 main() 함수를 실행시키기 위해서 사용
된다. 마지막으로 defaultTask는 Gradle이 따라야 할 기본 빌드 과정을 설정한다. 프로젝트
빌드 디렉토리 정리, 컴파일과 테스트 실행, 커버리지 측정의 순서로 빌드가 된다.

빌드 파일 build.gradle.kts를 실행시키기 위해서 우리는 Gradle 툴이 필요하다. 가장 쉽게
원하는 버전의 Gradle을 다운받는 방법은 Gradle wrapper를 사용하는 것이다. 독자의 편
의를 위해서 이미 airportapp 프로젝트 디렉토리에 존재한다. Gradle을 인스톨하고, 테스트
를 실행시키기 위해서 아래의 명령어를 입력한다.

```
$ gradlew
```

Windows를 사용한다면 명령어가 gradlew.bat 파일을 실행시키게 된다. Unix-like 시스템
이라면 점 슬래시를 앞에 붙여야 한다. ./gradlew로 실행시켜서 현재 디렉토리에서 명령어를
실행시킨다.

비록 우리가 아직 아무런 테스트나 코드를 가지고 있지 않지만 빌드 명령어는 지정한 디펜던
시를 다운로드 받고 빌드가 성공적이라는 메시지를 콘솔에 출력한다.

이제 우리의 첫 번째 테스트를 작성해보자. Gradle을 사용하기로 결정했기 때문에 다음은 건
너뛰고 "18-3. 카나리 테스트로 시작하기"을 진행하자.

Maven 세팅

airportapp 프로젝트 디렉토리에서 미리 제공되고 있는 Maven 빌드 파일을 사용할 수 있다. pom.xml 파일에 필요한 디펜던시를 위한 설정을 포함하고 있다.

- ▶ 리포지토리에 mavenCentral이 디폴트로 들어있다. 거기에 JSON 파서를 다운받기 위해서 jcenter 리포지토리를 추가했다. 빌드 파일엔 kotlin-maven-plugin과 maven-compiler-plugin이 다른 것들과 함께 포함되어있다.
- ▶ 빌드 파일은 다음과 같은 디펜던시도 불러온다. Kotlin standard library, reflection API, coroutines library, Klaxon JSON parser, KotlinTest library, Mockk library
- ▶ 빌드 파일은 아카이브, jar 파일, 우리가 작성하게 될 AirportAppKt에서 쉽게 main() 함수를 실행시킬 수 있게 해주는 필수적인 manifest 엔트리를 만든다.

빌드 파일을 사용하기 위해서 먼저 할 일은 Maven이 시스템에 없을 경우 다운로드 받는 것이다. Maven(https://maven.apache.org/)을 인스톨하고 나면 아래의 명령어를 사용해서 빌드와 테스트를 실행할 수 있다.

```
$ mvn package
```

아직 테스트나 코드를 가지고 있지 않지만, 빌드 명령어가 지정된 디펜던시를 다운로드하고 콘솔에 빌드가 성공적이었다는 메시지를 출력할 것이다.

이제 첫 테스트를 작성할 시간이다.

18-3 카나리 테스트로 시작하기

카나리 테스트는 true가 true인지 확인하는 테스트이다. 멍청한 소리처럼 들릴 것이다. 아무 것도 하지 않는 테스트 같아 보인다. 하지만 카나리 테스트로 시작하는 것은 프로젝트에 필요한 툴이 설치되었는지 확인하는 좋은 방법이다. 팀 단위로 작업할 때 카나리 테스트에서 에러가 발생한다면 툴에 대해서 잘 아는 사람에게 도움을 요청하기 쉽다.

"18-1. 테스트 코드가 있는 코드"에서 본 설계 그림을 보면 AirportTest가 좋은 시작점이다. 이제 KotlinTest를 사용해서 하나의 테스트만 들어있는 테스트 스위트(test suite)를 만들자.

src/test/kotlin/com/agiledeveloper/airportstatus 디렉토리 아래에 AirportTest.kt라
는 이름의 파일을 만들자.

[코드 unittest/steps/canary/src/tset/kotlin/com/agiledeveloper/airportstatus/AirportTest.kt]

```kotlin
package com.agiledeveloper.airportstatus
import io.kotlintest.specs.StringSpec
import io.kotlintest.shouldBe
class AirportTest : StringSpec() {
  init {
    "canary test should pass" {
      true shouldBe true
    }
  }
}
```

KotlinTest 라이브러리는 몇 가지 다른 종류의 어서트* 옵션이 있다. 위 코드에서 우리
는 어서트를 위해 shouldBe 함수를 사용했다. KotlinTest를 사용해서 작성된 스위트들은
KotlinTest 라이브러리의 베이스 클래스로부터 상속을 받는다. 베이스 클래스 중 가장 간단
한 클래스는 StringSpec이다. StringSpec은 스펙을 가장 잘 설명하는 방법을 제공한다. 스
펙을 가장 잘 설명하는 것이 바로 테스트이다. 우리는 AirportTest 클래스를 KotlinTest
의 StringSpec 클래스에서 상속받았다. 클래스 내부에서 우리는 아주 유연한 문법을 이용
해서 람다 안에 테스트를 작성해서 init() 메소드로 전달한다. 테스트 코드가 되는 람다의
내용은 테스트 메소드의 이름을 나타내는 문자열과 테스트 바디를 가지고 있는 람다이다.
KotlinTest 라이브러리는 테스트를 정의하는 몇 가지 문법을 제공해준다. 곧 보게 될 각 테
스트 전/후에 실행되는 pre- / post- 연산을 정의할 때 매우 유용한 구조를 사용할 것이다.

---

* **역주_** assert. 코드가 기대한대로 실행되는지 확인하는 함수

코틀린의 특별한 스타일이 여기서 빛이 난다. KotlinTest는 String 클래스를 확장함수인 invoke()로 인젝트한다. 이렇게 함으로써 우리는 임의의 문자열을 함수의 이름인 것처럼 사용할 수 있다. 그래서 테스트를 정의하기 위해 우리는 그냥 테스트를 설명하는 문자열을 입력하고 테스트 바디인 람다를 그 스트링에 아규먼트로 넘기기만 하면 된다. 좋은 문법이다.

또한, shouldBe 어서트 함수는 KotlinTest에 infix함수로 선언 되어있다. 그래서 shouldBe 함수를 실행할 때 우리는 점과 괄호를 생략할 수 있다.

파일을 저장한 후 "Gradle 세팅"이나 "Maven 세팅"에서 만든 빌드 파일 중 본인이 선택한 것을 이용해서 실행시켜보자. 어떤 빌드툴을 사용했는지 관계없이 카나리 테스트가 통과했다는 빌드 완료 메시지를 보게 될 것이다.

우리가 작업한 것이 진짜 잘 동작했는지 검증하기 위해서 true shouldBe true에 나오는 첫 번째 true를 false로 바꿔서 false shouldBe true로 만들어보자. 그리고 테스트를 다시 실행시켜서 실패하는 것을 보도록 하자. 이렇게 함으로써 툴이 적절하게 설치되었고, 잘 작동 중이란 것을 확인할 수 있다. 이제 다시 false를 true로 변경하고 테스트가 통과하는 것을 검증하자.

이제 우리의 환경이 잘 세팅되었다는 사실을 알게 되었다. 이제 다음 단계로 나가서 진짜 테스트를 작성해보자.

18-4 실증 테스트 작성

실증 테스트는 유닛 테스트에서 일반적이다. 메소드를 호출하고, 결과가 개발자가 예상한 것과 일치하는지를 검증한다. 이런 테스트는 코드가 발전하면서도 우리의 예상과 의도대로 코드가 작동하는지를 검증하는데 도움을 준다.

실증 테스트는 결과가 정해져 있고, 상태를 지닌 디펜던시가 없는 함수나 메소드일때 유용하다. 이제 Airport 클래스를 위한 실증 테스트를 작성해보자.

먼저, 아직 작성되지 않은 Airport 클래스를 이용해서 테스트 스위트의 속성을 만들어보자. 이를 위해서 AirportTest 클래스 내부에 init() 함수 이전에 몇 가지 샘플 속성을 정의하자.

```
val iah = Airport("IAH", "Houston", true)
val iad = Airport("IAD", "Dulles", false)
val ord = Airport("ORD", "Chicago O'Hare", true)
```

카나리 테스트 바로 뒤에 Airport의 속성을 연습하기 위해 새로운 테스트를 만들 수 있다.

```
"create Airport" {
  iah.code shouldBe "IAH"
  iad.name shouldBe "Dulles"
  ord.delay shouldBe true
}
```

빌드를 실행해보도록 하자. 그러면 실패 알림을 받을 것이다. 왜냐하면 Airport 클래스가 아직 존재하지 않기 때문이다. 이제 src/main/kotlin/com/agiledeveloper/airportstatus 디렉토리의 Airport.kt 파일에 Airport 클래스를 만들어보자.

```
package com.agiledeveloper.airportstatus
data class Airport(val code: String, val name: String, val delay: Boolean)
```

Airport 클래스를 3개의 속성을 가지는 data class로 정의했다. 아직까지 이것 외에 다른 코드가 필요 없다. 빌드를 실행해보고 테스트가 통과되는지 확인해보자.

이전 테스트는 간단한 테스트였다. 하지만 이 테스트를 보고 속성을 필요한 자리에 둘 수 있게 되었다. 이제 airport 리스트를 받아서 이름순으로 정렬된 리스트를 리턴하는 sort() 메소드를 위한 테스트를 작성해보자.

테스트를 이용해서 코드를 설계할 때 우리는 처음 몇 테스트는 메소드의 인터페이스를 정의하는데 도움을 주기 위해서 사용한다. 그리고 뒤의 몇 테스트는 필요한 구현을 가져오기 위해서 사용한다. 이 방법을 기반으로 먼저 빈 리스트를 sort() 메소드에 전달하고 빈 리스트를 돌려주는지 확인하는 작은 테스트를 만들어보자.

```
unittest/steps/empirical/src/test/kotlin/com/agiledeveloper/airportstatus/
AirportTest.kt
"sort empty list should return an empty list" {
  Airport.sort(listOf<Airport>()) shouldBe listOf<Airport>()
}
```

이 테스트는 실패할 것이다. 왜냐면 Airport 클래스에 아직 sort() 메소드가 없기 때문이다. 이제 sort() 메소드를 만들어보자. 테스트 안에 sort() 메소드를 Airport의 인스턴스가 아닌 Airport 클래스에서 직접 실행시켰다. 그렇기 때문에 sort()는 Airport의 컴패니언 객체 안에 있어야 한다.

```
data class Airport(val code: String, val name: String, val delay: Boolean) {
  companion object {
    fun sort(airports: List<Airport>) : List<Airport> {
      return airports
    }
  }
}
```

sort() 메소드에 빈 리스트를 전달하는 새로운 테스트의 요구사항을 만족시키기 위해서 우리는 그냥 전달받은 리스트를 그대로 리턴했다. 이게 바로 테스트를 통과하기 위해 최소한의 코드만 작성하는 방식을 적용했을 때 sort() 메소드가 해야 할 일이다. 빌드를 실행시켜보자 그리고 3개의 테스트가 모두 통과했는지 검증해보자.

테스트는 우리가 메소드 이름, 파라미터 타입, 리턴 타입을 놓치지 않도록 도와준다. 즉, 테스트가 메소드 시그니처를 설계하도록 주도한 것이다. 이제 sort() 메소드로 요소 하나를 가진 리스트가 전달되는 테스트를 만들어보자.

```
"sort list with one Airport should return the given Airport" {
  Airport.sort(listOf(iad)) shouldBe listOf(iad)
}
```

이 테스트를 작성하고 빌드를 실행해보자. 새로운 테스트를 포함한 모든 테스트가 통과되었다. 이는 현재의 구현이 우리가 지금까지 작성한 테스트를 모두 만족한다는 의미이다.

이제 이미 정렬된 두 개의 공항을 가진 리스트를 전달하는 테스트를 만들어보자.

[코드] unittest/steps/empirical/src/test/kotlin/com/agiledeveloper/airportstatus/AirportTest.kt]

```
"sort pre-sorted list should return the given list" {
  Airport.sort(listOf(iad, iah)) shouldBe listOf(iad, iah)
}
```

빌드 이후 방금 작성한 테스트와 이전에 작성한 테스트를 모두 실행시켰을 때 아무런 이슈도 발생하지 않았다. 이제 sort에 실제 필요한 구현을 할 시간이 왔다.

[코드] unittest/steps/empirical/src/test/kotlin/com/agiledeveloper/airportstatus/AirportTest.kt]

```
"sort airports should return airports in sorted order of name" {
  Airport.sort(listOf(iah, iad, ord)) shouldBe listOf(ord, iad, iah)
}
```

sort() 메소드는 공항을 이름순으로 정렬해야 한다. 지금 빌드를 하면 테스트는 실패할 것이다. sort() 함수가 테스트를 통과할 수 있도록 만들어보자.

```
fun sort(airports: List<Airport>) : List<Airport> {
  return airports.sortedBy { airport -> airport.name }
}
```

빌드를 실행시키고 모든 테스트가 통과하는지 확인해보자. 우리가 자동화 테스트를 작성할 때 우리는 반드시 여러 종류의 합리적인 엣지(edge) 케이스를 탐구해야 하고 코드가 적절하게 동작하는지 검증해야 한다. 연습을 위해서 sort() 메소드에 대한 몇 가지 테스트를 더 작성해보자. 예를 들자면, 두 개의 공항이 같은 글자로 시작하면 어떨까? 특정 도시들은 공항을 여러 개 가지고 있고, 우리는 특정 세부사항에 따라 정렬되길 원한다. 테스트는 세부사항을 나타낸다. 우리가 작성한 코드가 엣지 케이스를 다뤄야 한다면, 테스트에서 먼저 엣지 케이스 상황에 어떤 행동을 해야 하는지 표현하고 필요한 최소한의 코드로 구현하는 것이 좋은 연습 방법이다.

테스트를 사용해 코드를 개발할 때 우리는 여러 개의 시나리오 또는 함수의 입력 조합을 검증하고 싶어진다. 하지만, 우리가 각 조합별로 테스트를 작성한다면 테스트파일은 길고 장황해진다. 이럴 때 데이터 드리븐(data-driven, 데이터 주도) 테스트를 사용한다. 데이터 드리븐 테스트를 사용하면 노이즈를 줄이고 테스트를 간결하게 만들 수 있다. 다음 장에서 살펴보자.

18-5 데이터 드리븐 테스트 작성

좋은 테스트는 FAIR하다. FAIR란 Fast, Automated, Independent, Repeatable의 앞 글자를 따서 합친 말로 빠르고 자동화되어있으며 독립적이고 반복이 가능함을 의미한다. 테스트가 서로 독립적이지 않다면, 테스트가 실행될 때 특정한 순서로 실행되어야 한다. 그러면 테스트를 추가하거나 제거할 때 순서를 깨뜨리게 될 수 있고 그러면 테스트가 실패할 수 있다. 이런 테스트는 유지보수하는데 비용이 많이 든다.

테스트가 독립적이란 것을 보장하는 방법 중 하나는 절대 여러 개의 독립적인 어서트를 같은 테스트에서 검증하지 않는 것이다. 이런 접근의 명확한 장점은 테스트가 발전되면서 다른 테스트에 영향을 주지 않고, 다른 테스트로부터 영향을 받지도 않는다는 것이다. 하지만 이런 방법의 단점은 너무 많은 테스트를 만들어야 해서 장황하고, 이해하기 어렵고, 작성하기 힘들다는 점이다.

KotlinTest는 이런 문제를 해결하기 위해 데이터 드리븐 테스트를 제공한다. 우리는 데이터 테이블을 제공하고 KotlinTest가 테이블에서 입력 파라미터를 가져다 사용하면서 테스트의 결과가 테이블의 결과 값과 같은지 검증한다. 이런 접근의 장점은 어서트가 각 열별로 실행된다는 점이다. 하나의 어서트가 실패한다고 해서 나머지 테스트를 멈추지 않고 주어진 열을 모두 검증한다.

예제를 보면 데이터 드리븐 테스트가 어떻게 동작하는지 알아보는데 도움이 될 것이다. 먼저 AirportTest.kt 파일에 필수적인 임포트를 가지고 와보자.

[코드 unittest/steps/datadriven/src/test/kotlin/com/agiledeveloper/airportstatus/AirportTest.kt]

```
import io.kotlintest.data.forall
import io.kotlintest.tables.row
```

이제 우리가 지금까지 작성한 모든 sort() 함수에 대한 테스트를 하나로 변경하자.

```
"sort airports by name" {
  forall(
    row(listOf(), listOf()),
    row(listOf(iad), listOf(iad)),
    row(listOf(iad, iah), listOf(iad, iah)),
    row(listOf(iad, iah, ord), listOf(ord, iad, iah))) { input, result ->
      Airport.sort(input) shouldBe result
  }
}
```

테스트에서는 forall() 메소드를 호출해 아규먼트로 행으로 이루어진 테이블과 어서트로 시작되는 메소드를 포함한 람다식을 전달한다. 첫번째 파라미터에서 row()는 각자 테이블에서 데이터로 이루어진 행을 표현한다. 예를 들어 이번 테이블은 두 개의 열을 가지고 있는데 첫 번째는 sort()에 들어갈 입력이고 두번째는 호출로 나올 결과이다. 두 번째 파라미터인 람다 표현식은 각 행마다 KotlinTest를 통해 실행되며, 테이블의 행마다 반복되어 첫 번째 열과 두 번째 열에 있는 입력값과 결과값을 람다의 첫 번째, 두 번째 아규먼트로 넘긴다.

빌드를 실행하고 모든 테스트가 통과하는지 검증하자. 예상되는 결과 몇 줄을 수정한 후 빌드를 실행하면 KotlinTest가 하나의 에러가 아닌 여러 개의 에러를 보고하는 알림을 받게 된다. 다시 말하자면 하나의 테스트가 실패하더라도 각 열 별로 실패된 것을 알려준다. 앞서 말한 것처럼 실패가 발생됐을 때 한눈에 알아보기 좋다. Gradle을 사용한다면 커맨드라인에 -i 옵션을 추가해서 실패의 세부 메시지를 볼 수 있다.

sort() 함수는 단순했다. 하나의 파라미터를 받고, 연산을 수행하고, 결과를 리턴한다. 우리는 실증 테스트를 작성해서 쉽게 함수의 동작을 검증할 수 있다. 하지만 디펜던시가 들어오면 점점 더 복잡해지기 시작한다. 디펜던시가 포함되면 어떻게 다뤄야 할지 다음 장에서 보도록 하자.

18-6 의존성 모킹

디펜던시(Dependencies, 의존성)는 테스트를 어렵게 만든다. 우리의 코드는 공항의 상태를 웹 서비스에서 받아와야 한다. 데이터의 성질 때문에 웹 서비스의 응답은 매번 다를 수 있다. 웹 서비스는 간헐적으로 오류가 있을 수 있고, 프로그램이 네트워크 에러에 빠질 수도 있고, 기타 여러 상황이 있을 수 있다. 이런 모든 상황이 FAIR해야하는 유닛 테스트를 만들기 어렵게 만든다. 코드는 비 결정적이고, 본질적으로 신뢰할 수 없는 외부 디펜던시를 이용해야 하기 때문이다. 이럴 때 mock을 사용한다.

목(mock)은 실제 객체를 대신하는 객체이다. 마치 비싼 몸값의 배우를 대신해서 스턴트맨이 액션 스릴러 영화에서 절벽을 뛰어넘는 행위를 하는 것과 유사하다. 코드 테스트를 위해서 코드를 실행할 때는 진짜 디펜던시를 사용한다. 하지만 자동화 테스트를 할 때는 목이 실제 디펜던시를 대체한다 그래서 테스트가 FAIR해질 수 있다.

디펜던시가 있는 코드의 테스트를 쉽게 하기 위해서 테스트는 목이 리턴할 수 있는 응답을 준비해놓는다. 테스트를 할 때 목을 이용하고 테스트를 실행하고 예상된 결과를 검증하고 마지막으로 목을 사용해서 테스트를 할 때 디펜던시가 예상대로 동작했는지 검증한다.

목을 어떻게 만들고, 사용하는지 배우기 위해서 리모트 FAA 웹 서비스에서 데이터를 가지고 오는 메소드에 집중해보자. 공항 코드를 주면 웹 서비스는 JSON으로 공항 상태 데이터를 돌려준다. 이 데이터를 얻을 때 두 가지 동작이 있다. 먼저 서비스 URL에 요청을 보낸다. 그리고 응답을 파스(parse)하고 발생 가능한 에러를 처리한다.

데이터를 파싱하는 것은 명확하다. 주어진 JSON 데이터를 포함한 문자열에서 필요한 세부 사항을 추출하면 된다. 에러가 있을 경우, 적절하게 처리해준다. 우리는 이런 동작을 위한 테스트를 쉽게 작성할 수 있다. 이 기능에서 예상할 수 없고, 테스트하기 힘든 부분은 URL에서 데이터를 가지고 오는 부분이다. 우리는 이 부분을 목을 이용해서 간접적으로 사용할 수 있다.

우리는 하나의 메소드가 아니라 두 개의 메소드를 사용해서 솔루션을 생각할 수 있다. getAirportData() 함수가 fetchData() 함수에 의존할 수 있다. 우리는 나중에 실제 데이터를 FAA 웹서비스에서 가져오는 fetchData() 함수를 작성할 예정이다. 지금은 fetchData() 함수 작성은 추후에 구현하도록 내버려두고 호출하면 예외를 발생시키도록 하자. getAirportData() 함수는 fetchData() 함수를 호출한 이후에 응답으로 온 JSON 문자열을 파싱하여 데이터를 추출한다. 테스트에서 우리는 fetchData() 함수를 모킹한다. getAirportData()가 fetchData()를 호출하면 그 호출이 실제 구현된 함수를 호출하는 것이 아니라 우리가 모킹한 함수를 호출한다. 우리는 목 함수가 이미 준비된 응답을 리턴하도록 프로그래밍한다.

JVM엔 많은 모킹 툴이 있다. 예를 들면 Mockito는 Java의 모킹 툴 중에 가장 대중적인 툴이다. 코틀린에서도 Mockito를 사용할 수 있다. 하지만 이번 챕터에서 우리는 Mockk(https://mockk.io)를 사용한다. 여기에는 몇 가지 좋은 이유가 있다. 첫째, Mockk는 final 클래스들을 쉽게 모킹하게 해준다. 코틀린의 클래스는 디폴트가 final이기 때문에 이 기능이 좋다. 둘째, Mockk는 싱글톤 객체와 컴패니언 객체의 디펜던시를 모킹하는 능력이 뛰어나다. 그리고 확장 함수를 모킹하는 능력 역시 뛰어나다. Mockk은 코루틴을 테스트하는 기능도 제공한다. 짧게 말하자면 Mockk의 기능을 사용하면 코틀린의 특화된 기능을 사용할 때 유용하다.

Interaction 테스트 생성

Airport의 getAirportData() 메소드 테스트부터 시작하도록 하자. getAirportData() 메소드에서 fetchData()를 모킹해서 준비된 JSON 응답을 리턴한다. 테스트에서 우리는 getAirportData()가 fetchData() 함수를 호출했는지 검증할 것이다. 이 인터렉션 (interaction: 상호작용)테스트는 실증 테스트와는 반대되는 테스트이다.

테스트로 들어가기 전에 fetchData() 함수의 목을 준비해야 한다. 이를 위해서 먼저 Mockk 라이브러리의 함수를 임포트해야 한다. Mockk 라이브러리의 함수를 임포트 하면서 각 테스트 실행 전/후에 실행될 pre- / post- 리스너 생성을 위한 몇 가지 임포트를 같이 하도록 하자.

AirportTest.kt 파일 윗부분 임포트문 밑으로 새로운 임포트문을 추가하자.

[코드 unittest/steps/mocking/src/test/kotlin/com/agiledeveloper/airportstatus/AirportTest.kt]

```
import io.kotlintest.TestCase
import io.kotlintest.TestResult
import io.mockk.*
```

우리는 fetchData() 함수를 Airport 클래스의 컴패니언 객체에 포함되도록 설계할 것이다. 이 함수를 모킹하기 위해서 Airport 싱글톤 컴패니언 객체의 목을 만들어야 한다. beforeTest()라는 특화된 함수를 이용해서 목 객체를 만들 수 있다. beforeTest()와 afterTest() 한 쌍의 함수는 각 테스트를 샌드위치한다. 그래서 beforeTest()의 코드는 각 테스트 실행 전에 실행되고 afterTest()의 코드는 각 테스트 실행 이후에 실행된다. AirportTest 클래스에서 필드(fields) 바로 뒤와 init() 함수 앞에 아래의 두 함수를 추가하자.

[코드 unittest/steps/mocking/src/test/kotlin/com/agiledeveloper/airportstatus/AirportTest.kt]

```
override fun beforeTest(testCase: TestCase) {
  mockkObject(Airport)
}
```

```
override fun afterTest(testCase: TestCase, result: TestResult) {
    clearAllMocks()
  }
}
```

beforeTest() 함수 안에서 우리는 Mockk 라이브러리의 mockkObject() 함수를 이용해서
Airport 싱클톤의 목을 생성했다. afterTest() 함수에서 각 테스트의 마지막에 우리가 생
성하고 사용했던 목들을 정리한다. 그래서 각 테스트들은 고립된 상태가 되고 서로에게 독립
적이게 된다.

이제 getAirportData() 함수의 테스트에 집중해보자. AirportTest 클래스에 이전에 생성
한 sort() 메소드용 데이터 드리븐 테스트 뒤에 새로운 테스트를 추가해보자.

[코드 unittest/steps/mocking/src/test/kotlin/com/agiledeveloper/airportstatus/AirportTest.kt]

```
"getAirportData invokes fetchData" {
  every { Airport.fetchData("IAD") } returns
    """{"IATA":"IAD", "Name": "Dulles", "Delay": false}"""
  Airport.getAirportData("IAD")
  verify { Airport.fetchData("IAD") }
}
```

getAirportData()가 fetchData()를 실행했는지 검증하는 테스트에서 우리는 Mockk의
every() 함수를 이용해서 Airport 컴패니언 객체의 fetchData()를 모킹했다. 그래서 주어
진 공항 코드가 "IAD"일 경우 준비된 JSON 응답을 리턴했다. 준비된 응답의 포맷은 실제 웹
서비스가 리턴하는 응답에서 발췌한 것이다. FAA 웹사이트에 IAD를 공항 코드로 넣으면 찾
을 수 있다(https://soa.smext.faa.gov/asws/api/airport/status/IAD).

every() 함수가 실행되면 테스트에서 Airport의 fetchData() 함수의 아규먼트가 "IAD"일
경우 호출이 직접적이든, 간접적이든 상관없이 모두 실제 fetchData()의 구현체를 호출하는
것이 아니고 every() 함수의 returns 뒷부분의 준비된 응답을 리턴한다.

테스트 안에서 목 동작을 설정을 위한 every() 호출 이후 우리는 아직 구현되지 않
는 getAirportData() 함수를 호출했다. 그 후 Mockk의 verify() 함수를 이용해서
fetchData()가 호출되었는지 검증했다. verify() 함수 호출의 성공은 getAirportData()
함수의 호출이 fetchData()를 호출했다는 의미를 포함한다.

지금 빌드를 실행하면 실패할 것이다. 왜냐하면 getAirportData() 메소드와 fetchData()
가 Airport 컴패니언 객체에 없기 때문이다.

이제 이 두 함수에 테스트를 만족하는 최소한의 구현을 해보자.

> **[코드 unittest/steps/mocking/src/main/kotlin/com/agiledeveloper/airportstatus/Airport.kt]**

```kotlin
package com.agiledeveloper.airportstatus
data class Airport(val code: String, val name: String, val delay: Boolean) {
  companion object {
    fun sort(airports: List<Airport>) : List<Airport> {
      return airports.sortedBy { airport -> airport.name }
    }
    fun getAirportData(code: String) = fetchData(code)
    fun fetchData(code: String): String {
      throw RuntimeException("Not Implemented Yet for $code")
    }
  }
}
```

getAirportData() 함수에 우리가 현재 기대하는 행동은 단순히 fetchData() 함수를 호출하는 것이기 때문에 getAirportData() 함수는 fetchData() 함수를 호출하기만 한다. 현재 우리는 getAirportData()에 집중하고 있는 중이기 때문에 지금은 fetchData() 함수의 구현을 신경쓸 필요가 없다. 앞서 말한 것처럼 fetchData()에서 우리는 그냥 아직 구현되지 않았다는 예외만 던진다.

빌드를 실행하고 모든 테스트가 통과하는지 검증해보자.

잘 동작한다. 하지만 우리는 아직 getAirportData()를 위한 구현을 더 해야 한다.

데이터 파싱을 위한 테스트

현 시점에 getAirportData() 함수는 단지 fetchData() 함수를 호출하기만 한다. 우리는 fetchData()에서 응답받은 데이터를 Airport 인스턴스로 파싱하는 코드를 구현해야 한다. 다음 테스트를 이용해서 작업할 것이다.

> **[코드 unittest/steps/mocking/src/test/kotlin/com/agiledeveloper/airportstatus/AirportTest.kt]**

```kotlin
"getAirportData extracts Airport from JSON returned by fetchData" {
  every { Airport.fetchData("IAD") } returns
    """{"IATA":"IAD", "Name": "Dulles", "Delay": false}"""
  Airport.getAirportData("IAD") shouldBe iad
```

```
    verify { Airport.fetchData("IAD") }
  }
```

이전 테스트와 현재 테스트의 차이점은 getAirportData()의 리턴이 우리가 예측한 Airport 의 인스턴스가 맞는지 검증한다는 사실뿐이다.

지금 빌드를 실행하면 실패한다. 왜냐면 getAirportData()는 현재 Airport의 인스턴스를 리턴하고 있지 않기 때문이다. 이제 getAirportData()가 Klaxon parser("16-1. 비동기 프로그래밍"에서 다뤘었다.)를 이용해서 fetchData()에서 전달받은 JSON 응답을 Airport의 인스턴스를 생성할 수 있도록 파싱해보도록 하자. Klaxon으로 쉽게 JSON 데이터를 파싱하고 Airport 의 인스턴스를 만드는데 도움을 주기 위해서 우리는 Airport 클래스의 속성에 @Json 어노테이션을 붙인다. 이렇게 하면 Klaxon 파서가 JSON의 값을 객체의 적절한 속성에 맵핑할 수 있다. 이 어노테이션은 객체의 속성 이름과 JSON 데이터의 속성 이름이 다를 때만 사용하면 된다.

> **[코드** unittest/steps/mocking/src/main/kotlin/com/agiledeveloper/airportstatus/Airport.kt]

```kotlin
package com.agiledeveloper.airportstatus
import com.beust.klaxon.*
data class Airport(
  @Json(name = "IATA") val code: String,
  @Json(name = "Name") val name: String,
  @Json(name = "Delay") val delay: Boolean) {
  companion object {
    fun sort(airports: List<Airport>) : List<Airport> {
      return airports.sortedBy { airport -> airport.name }
    }
    fun getAirportData(code: String) =
      Klaxon().parse<Airport>(fetchData(code)) as Airport
    fun fetchData(code: String): String {
      throw RuntimeException("Not Implemented Yet for $code")
    }
  }
}
```

속성에 어노테이션이 붙었기 때문에 Klaxon JSON parser가 JSON 속성을 올바른 객체의 속성에 맵핑할 수 있다. getAirportData() 함수는 fetchData() 함수를 실행시킨다. 그리고 그 결과를 Klaxon의 parse() 메소드로 전달한다. parse() 메소드의 리턴 타입은 nullable 타입인 Airport? 타입이다. 이 메소드는 주어진 JSON 데이터를 이용해서 인스턴스를 생성해서 리턴할 수도 있고, 예외를 던질 수도 있다. null을 리턴하는 경우는 절대로 없다. 그래서 우리는 parse()의 리턴값을 Airport? 에서 Airport로 명시적 타입 캐스팅 오퍼레이터("6-4. 명시적 타입 캐스팅"에서 다룬 내용)를 이용해 컨버트 할 수 있다.

빌드를 실행시키고 모든 테스트가 통과하는지 검증해보자.

우리가 작성한 getAirportData() 테스트는 fetchData()가 리턴한 검증된 JSON 객체를 리턴한다고 가정하자. 하지만 fetchData() 메소드는 항상 이런 식으로만 동작하지는 않을 수도 있다. 공항 코드가 유효하지 않거나, 웹 서비스에서 지원하지 않는 공항이거나, 네트워크 에러가 나거나, 머피의 법칙이 위와는 다른 방법으로 나타날 수도 있다. 그래서 fetchData() 는 검증된 JSON 데이터를 리턴하지 않을 수도 있다. 공항 데이터가 아닌 에러 정보를 포함한 JSON을 리턴하거나 메소드가 예외를 던지며 실패할 수도 있다. 메소드가 에러를 포함한 JSON 데이터를 리턴하면 Klaxon 파서가 예외를 발생시키면서 중단된다. 파싱을 할 때 예외가 있든 fetchData()에서 발생시킨 예외를 전달받든 상관없이 우리의 getAirportData() 메소드는 이런 상황을 우아하게 처리해야 한다. 우리는 메소드에 이런 예외가 발생하면 주어진 코드와 함께 "Invalid Airport"라는 이름을 가진 Airport 객체를 리턴하도록 설계할 것이다. 이런 시나리오를 위한 테스트를 작성해보자.

[코드 unittest/steps/mockingerr/src/test/kotlin/com/agiledeveloper/airportstatus/AirportTest.kt]

```kotlin
"getAirportData handles error fetching data" {
  every { Airport.fetchData("ERR") } returns "{}"
  Airport.getAirportData("ERR") shouldBe
    Airport("ERR", "Invalid Airport", false)
  verify { Airport.fetchData("ERR") }
}
```

주어진 공항 코드는 "ERR"이다. fetchData()의 목은 이번 테스트에서 아무 데이터도 없는 JSON응답을 리턴한다. 이 테스트의 목적은 "ERR"이라는 유효하지 않은 공항 코드를 처리하는 것이다. 아무도 이런 코드를 가진 공항에서 비행하지 않을 것이다. 응답 JSON을 보면 Klaxon parser가 예외를 발생시키며 중단된다. 테스트는 내부적으로 파서를 호출하는 getAirportData() 메소드가 주어진 코드와 무효한 이름("Invalid Airport")을 가진 Airport의 인스턴스를 리턴할 거라고 예측하도록 설정되어 있다.

이 테스트를 통과시키기 위해서 우리는 getAirportData() 메소드를 아래와 같이 변경해야 한다.

```kotlin
fun getAirportData(code: String) =
  try {
    Klaxon().parse<Airport>(fetchData(code)) as Airport
  } catch(ex: Exception) {
    Airport(code, "Invalid Airport", false)
  }
```

getAirportData() 메소드에서 parse()와 fetchData()를 호출하는 부분을 try 블록으로 묶었다 그리고 예외가 발생하면 catch 블록에서 우리가 미리 준비한 실패를 나타내는 Airport의 인스턴스를 리턴한다.

몇 가지 테스트의 도움으로 우리는 getAirportData() 메소드를 설계했다. 하지만 fetchData() 메소드의 구현은 아직 완벽하지 않다. fetchData() 메소드는 네트워크 호출을 해야 한다 그리고 fetchData()를 테스트하기 위해서는 유닛 테스트보다는 통합(integration) 테스트를 해야 한다. 통합 테스트에 대해서는 나중에 다룰 것이다. 지금은 유닛 테스트에 집중하도록 하자. Airport 클래스는 잠시 놔두고 디자인 다이어그램("18-1. 테스트 코드가 있는 코드"의 왼쪽에 있던 클래스인 AirportStatus) 클래스를 보도록 하자.

18-7 탑레벨 함수 테스트

Airport 클래스는 테스트를 이용해서 설계했다. Airport 클래스는 에어포트 하나의 정보를 리턴하는 기능과 이름으로 정렬된 리스트를 리턴하는 기능을 가지고 있다. 우리는 공항 코드의 리스트를 받아서 정렬된 공항정보를 리턴해주는 함수가 필요하다. 이 함수를 새로운 AirportStatus.kt 파일에 클래스의 메소드가 아닌 탑레벨 함수로 구현할 예정이다. 탑레벨 함수의 테스트는 클래스의 메소드에 대한 테스트와 별반 다르지 않다. 이제부터 보게 될 것이다.

테스트를 이용해서 점진적으로 코드를 발전시키는 사상에 따라서 먼저 단순하고 동기화(synchronous) 버전의 getAirportStatus() 함수를 구현해보자. getAirportStatus() 함수는 공항 코드 리스트를 받아서 각 공항의 정보로 채워진 Airport 인스턴스의 리스트를 리턴한다. 먼저 테스트를 확인해보자.

첫 번째 테스트는 getAirportStatus() 메소드의 시그니처를 나타내는 용도로 사용한다.

getAirportStatus()는 공항 코드 리스트를 받고, Airport 클래스의 리스트를 리턴한다. 다양한 조합의 공항 코드에 대한 테스트가 필요하다. 첫 번째 테스트를 작성할 때 우리는 공항 코드들을 데이터 드리븐 테스트를 위해서 준비해놔야 한다. 이제 src/test/kotlin/com/agiledeveloper/airportstatus 디렉토리에 AirportStatusTest.kt 파일을 만들고 아래의 코드를 작성해보자.

[코드 unittest/steps/sychnornous1/src/test/kotlin/com/agiledeveloper/airportstatus/AirportStatusTest.kt]

```
package com.agiledeveloper.airportstatus
import io.kotlintest.specs.StringSpec
import io.kotlintest.shouldBe
import io.kotlintest.data.forall
import io.kotlintest.tables.row
import io.kotlintest.TestCase
import io.kotlintest.TestResult
import io.mockk.*
class AirportStatusTest : StringSpec() {
init {
  "getAirportStatus returns status for airports in sorted order" {
    forall(
      row(listOf<String>(), listOf<Airport>())
    ) { input, result ->
      getAirportStatus(input) shouldBe result
      }
    }
  }
}
```

테스트에서 forall() 함수에 전달된 아규먼트 안에서 우리는 입력과 예상되는 출력을 row() 함수를 이용해서 정의해 두었다. 그리고 forall()에 전달된 람다에서 테스트될 함수를 실행한다. 테스트될 함수는 row의 첫 번째 값을 전달받고, row의 두 번째 값을 결과로 예상한다. 지금 getAirportStatus() 함수에 우리가 예상한 것은 String 리스트를 받아서 빈 Airport의 리스트를 리턴하는 것이다. 이제 구현하는 부분으로 가보자. 이 테스트를 통과하기 위해서 src/main/kotlin/com/agiledeveloper/airportstatus 디렉토리 아래에 Airportstatus.kt 파일을 생성하고 아래의 코드를 작성하자.

다양한 공항에 대한 테스트를 준비하기 위해서 데이터 드리븐 테스트를 작성해야한다.

```kotlin
package com.agiledeveloper.airportstatus
fun getAirportStatus(airportCodes: List<String>): List<Airport> = listOf()
```

다음으로 테스트에 row 하나를 추가하자. 공항 코드 하나와 해당하는 공항의 출력값을 입력하면 된다.

```kotlin
forall(
  row(listOf<String>(), listOf<Airport>()),
  row(listOf("IAD"), listOf(iad))
) { input, result ->
  getAirportStatus(input) shouldBe result
}
```

테스트를 실행시키면 두 가지 이슈가 나온다. 첫 번째는 두 번째 row에서 제공되는 iad의 참조를 정의해야 한다는 것이고, 두 번째는 테스트를 통과하기 위해서 getAirportStatus()를 변경하면 Airport.getAirportData()를 호출하게 될 것이고 그러면 Airport.getAirportData() 함수가 fetchData() 함수를 호출하게 되는데 fetchData() 함수는 아직 구현이 안되어있으므로 테스트가 실패하게 된다. 계속 getAirportStatus()의 설계와 구현에 집중하기 위해서 Airport.getAirportData()를 AirportStatusTest 클래스에서 아래와 같이 모킹하도록 하자.

```kotlin
val iad = Airport("IAD", "Dulles", true)
val iah = Airport("IAH", "Houston", false)
val inv = Airport("inv", "Invalid Airport", false)
override fun beforeTest(testCase: TestCase) {
  mockkObject(Airport)
  every { Airport.getAirportData("IAD") } returns iad
  every { Airport.getAirportData("IAH") } returns iah
  every { Airport.getAirportData("inv") } returns inv
}
override fun afterTest(testCase: TestCase, result: TestResult) {
  clearAllMocks()
}
```

테스트에서 준비된 공항 정보를 참조하는 3개의 필드를 정의했다. every() 함수에서 우리는 Airport를 모킹해서 Airport.getAirportData()에 전달된 공항 코드에 기반하여 준비된 값을 리턴하도록 지시했다.

테스트를 통과하게 만들기 위해서 getAirportStatus() 함수를 주어진 공항 코드에 맞는 Airport 리스트를 리턴하도록 수정하자.

[코드 unittest/steps/sychnornous2/src/main/kotlin/com/agiledeveloper/airportstatus/AirportStatus.kt]

```kotlin
fun getAirportStatus(airportCodes: List<String>): List<Airport> =
  airportCodes.map { code -> Airport.getAirportData(code) }
```

map() 함수를 이용해서 입력인 airportCodes 콜렉션의 각 요소를 반복하면서 getAirportData()를 호출해서 Airport 인스턴스의 리스트를 만들었다.

이제 테스트 데이터 몇 개를 row도 추가해보자. row에 위치할 getAirportStatus()의 리턴 값은 이름으로 정렬된 공항 리스트이다.

[코드 unittest/steps/sychnornous3/src/test/kotlin/com/agiledeveloper/airportstatus/AirportStatusTest.kt]

```kotlin
forall(
  row(listOf<String>(), listOf<Airport>()),
  row(listOf("IAD"), listOf(iad)),
  row(listOf("IAD", "IAH"), listOf(iad, iah)),
  row(listOf("IAH", "IAD"), listOf(iad, iah)),
  row(listOf("inv", "IAD", "IAH"), listOf(iad, iah, inv))
) { input, result ->
  getAirportStatus(input) shouldBe result
}
```

변경된 테스트를 통과하게 만들기 위해서, map()의 결과를 Airport.sort() 함수에 전달한다.

[코드 unittest/steps/sychnornous3/src/main/kotlin/com/agiledeveloper/airportstatus/AirportStatus.kt]

```kotlin
fun getAirportStatus(airportCodes: List<String>): List<Airport> =
  Airport.sort(
    airportCodes.map { code -> Airport.getAirportData(code) })
```

테스트를 실행시키고 모든 테스트가 통과하는지 검증해보자.

18-8 코루틴과 비동기 호출 테스트

getAirportStatus() 함수는 한 번에 하나씩 getAirportData() 함수를 호출하는 동기화 방식을 사용했다. 만약에 아주 많은 양의 공항 코드를 받는다면 한 번에 하나씩 차단된 호출을 하는 것은 효율적이지 못하다. 만약에 우리가 코루틴을 사용해서 getAirportData()를 비동기로 사용한다면 더 좋은 효율성을 얻을 수 있다. 물론, 이번에도 테스트를 먼저 하고, 비동기 호출을 위한 코드를 작성할 것이다.

getAirportStatus() 함수를 비동기 호출로 만들기 위해서 우리는 3가지 일을 해야 한다. 먼저, 함수에 suspend 키워드를 붙여야 한다. 그리고 함수의 바디를 Dispatchers.IO 스레드풀의 컨텍스트에서 실행시켜야 한다. 마지막으로 "16-1. 비동기 프로그래밍"에서 다뤘던 테크닉을 적용해서 getAirportData() 함수를 async로 호출하고, await로 결과를 기다려야 한다. 위의 세 단계를 각각 테스트로 작성하고 코드를 구현한다.

getAirportStatus() 함수에 suspend 키워드를 붙이는 즉시 이전 테스트가 "Suspension functions can be called only within the coroutine body" 에러와 함께 컴파일에 실패할 것이다. 이를 바로잡기 위해서 이전 테스트로 가서 getAirportStatus() 함수를 runBlocking() 안에서 호출하도록 하자.

[코드 unittest/steps/coroutines1/src/test/kotlin/com/agiledeveloper/airportstatus/AirportStatusTest.kt]

```
runBlocking { getAirportStatus(input) shouldBe result }
```

이 코드를 컴파일하기 위해선 코루틴 라이브러리를 임포트해야 한다는 사실을 기억하도록 하자.

[코드 unittest/steps/coroutines1/src/test/kotlin/com/agiledeveloper/airportstatus/AirportStatusTest.kt]

```
import kotlinx.coroutines.*
```

이제 getAirportStatus()에 suspend 키워드를 붙이도록 하자.

[코드 unittest/steps/coroutines1/src/main/kotlin/com/agiledeveloper/airportstatus/AirportStatus.kt]

```kotlin
suspend fun getAirportStatus(airportCodes: List<String>): List<Airport> =
  Airport.sort(
    airportCodes.map { code -> Airport.getAirportData(code) })
```

테스트를 실행하고, 통과하는지 확인하자.

비동기 호출을 하기 전에 요청을 어떤 스레드에서 실행시킬지 결정해야 한다. getAirportData()가 리모트 웹 서비스를 호출하기 때문에, 리퀘스트를 IO 스레드 풀에서 실행시키는 게 적절하다. 이런 이유로 우리는 getAirportStatus()의 바디를 withcontext()에서 호출한다. 그래서 코드는 우리가 함수에 제공하는 코루틴 컨텍스트에서 실행될 것이다. 요약하자면 우리의 테스트는 getAirportStatus()가 withContext()를 호출하는지를 검증해야 한다. 어떻게 할 수 있을까?

withContext() 함수를 모킹하면 인터렉션 테스트를 작성할 수 있다. 하지만 이렇게 하기 위해선 좀더 깊게 파고들 필요가 있다. withContext() 함수는 kotlinx.coroutines 패키지의 탑레벨 함수로 정의 되어있다. 슬프게도 우리가 참조하려고 하는 것이 뭔지 모르기 때문에 우리는 Mockk 라이브러리에게 withContext()를 모킹하라고 말할 수 없다. 비록 코틀린은 탑레벨 함수를 가지고 있지만, 바이트코드 레벨에서 탑레벨 함수는 패키지에 직접 존재하지 않고 클래스에 속해 있다. 우리는 탑레벨 함수가 바이트코드레벨에서 어떤 클래스에 있는지 찾아내야 한다. 즉, withContext()함수가 어떤 클래스에 컴파일 되었는지를 알아야 한다. 윽, 이렇게 하려면 약간의 노력이 필요하다.

withContext()의 문서(https://kotlingithubio/kotlinxcoroutines/kotlinx-coroutines-core/kotlinx.coroutines/with-context.html)를 보자. 그리고 함수의 리턴 타입 T 옆의 소스 링크를 클릭해라. 이 함수를 가지고 있는 파일은 Builders.common.kt 라는 것을 알 수 있다. 그리고 그 파일에 withContext()가 탑레벨 함수로 정의되어있다. 이제 우리는 컴파일된 코드가 들어가는 클래스를 찾아야 한다. 이를 위해서 우리는 셜록 홈즈의 슈퍼 조사 스킬과 JDK의 일부인 jar 툴이 필요하다. Maven 레포지터리 페이지(https://mvnrepository.com/artifact/org.jetbrains.kotlinx/kotlinx-coroutines-core/1.2.2)의 jar 링크를 클릭해서 kotlinx-coroutines-core-1.1.2.jar 파일을 다운로드 받아라. 그리고 클래스 이름을 찾기 위해서 커맨드 라인에서 jar -tf 명령어를 사용하자. Unix-like 시스템을 사용한다면 아래의 명령어를 사용하면 된다.

```
$ jar -tf kotlinx-coroutines-core-1.2.2.jar | grep Builders | grep common
```

윈도우를 사용 중이라면 아래의 명령어를 사용하면 된다.

```
$ jar -tf kotlinx-coroutines-core-1.2.2.jar ¦ Find "Builders" ¦ Find "common"
```

이 노력의 결과는 아래의 출력이다.

```
kotlinx/coroutines/BuildersKt__Builders_commonKt.class
```

위 출력은 Builders.common.kt 코드가 BuildersKt_Builders_commonKt라는 이름의 클래스로 컴파일되었다는 의미이다. 우리가 테스트에서 withContext() 메소드를 모킹해야 할 클래스가 바로 이 클래스이다.

getAirportStatus()가 적절한 아규먼트와 함께 withContext()를 호출하는지 검증하는 테스트를 작성해보자.

[코드 unittest/steps/coroutines2/src/test/kotlin/com/agiledeveloper/airportstatus/AirportStatusTest.kt]

```
"getAirportStatus runs in the Dispatcher.IO context" {
  mockkStatic("kotlinx.coroutines.BuildersKt__Builders_commonKt")
  coEvery {
    withContext<List<Airport>>(
      context = Dispatchers.IO, block = captureCoroutine())
  } answers {
    listOf(iah)
  }
  getAirportStatus(listOf("IAH")) shouldBe listOf(iah)
  coVerify {
    withContext<List<Airport>>(Dispatchers.IO, block = any())
  }
}
```

탑레벨 함수 withContext()는 바이트코드에서 BuildersKt_Builders_commonKt 클래스의 static 메소드로 컴파일되기 때문에 우리는 Mockk에게 그 클래스를 모킹하라고 요청한다. 그 다음에 Mockk의 coEvery 함수를 사용한다. coEvery 함수는 every() 함수와 비슷하지만 코루틴을 사용하는 함수에 사용한다. 우리는 withContext() 함수를 모킹했다. withContext() 함수는 2개의 파라미터를 취한다. CoroutineContext와 코루틴에서 실행될 람다이다.

우리는 Dispatchers.IO를 첫 번째 아규먼트인 context로써 전달했고, Mockk의 특별한 captureCoroutine() 메소드를 두 번째 아규먼트인 block으로써 전달했다. 이름이 언급하는 것처럼 captureCoroutine()은 호출자에 의해 withContext()에 전달될 코루틴을 위한 플레이스 홀더로 작용한다. 즉, 테스트될 코드이다. withContext() 함수 호출의 응답에서 우리의 가짜 구현이 준비한 응답인 iah 공항 하나만 요소로 갖는 리스트를 리턴할 것이다.

coEvery() 호출 이후에 우리는 테스트 코드를 호출했고, 호출 결과가 우리가 예상한 것과 일치하는지 검증했다. 마지막으로 우리는 coVerify()를 이용해서 withContext() 함수가 실제로 테스트되는 코드에 의해서 호출된 것인지 검증했다.

지금 테스트를 실행하면 실패한다. 왜냐하면 우리의 getAirportStatus() 함수는 withContext() 함수를 호출하지 않기 때문이다. 테스트를 통과하도록 함수를 변경해보자.

[코드 unittest/steps/coroutines2/src/main/kotlin/com/agiledeveloper/airportstatus/AirportStatus.kt]

```kotlin
package com.agiledeveloper.airportstatus
import kotlinx.coroutines.*
suspend fun getAirportStatus(airportCodes: List<String>): List<Airport> =
  withContext(Dispatchers.IO) {
    Airport.sort(
      airportCodes.map { code -> Airport.getAirportData(code) })
  }
```

이 변화로 인해서 테스트가 통과된다. 이제 우리는 getAirportStatus()에서 getAirportData()를 비동기로 호출할 준비가 완료되었다. 물론, 테스트를 먼저 한다.

[코드 unittest/steps/coroutines3/src/test/kotlin/com/agiledeveloper/airportstatus/AirportStatusTest.kt]

```kotlin
"getAirportStatus calls getAirportData asynchronously" {
  mockkStatic("kotlinx.coroutines.BuildersKt__Builders_commonKt")
  coEvery {
    any<CoroutineScope>().async<Airport>(
      context = any(), block = captureCoroutine())
  } answers {
    CompletableDeferred(iad)
  }
  getAirportStatus(listOf("IAD")) shouldBe listOf(iad)
  coVerify {
    any<CoroutineScope>().async<Airport>(context = any(), block = any())
```

```
    }
  }
```

이 테스트에서 우리는 다시 한번 BuildersKt_Builders_commonKt 클래스를 모킹한다. 하지만 이번엔 async() 함수를 모킹해서 context를 위한 any 객체를 받고, 이름이 block인 두 번째 아규먼트를 위한 코루틴을 받는다. 호출의 응답에서 우리는 iad 목 인스턴스를 가지고 있는 Deferred<Airport> 객체를 리턴받는다. 목의 범위가 설정된 이후에 우리는 테스트할 함수를 호출하고 결과가 우리의 예상과 같은지 검증한다. 마지막으로 우리는 async() 함수가 테스트에서 호출된 것인지 검증한다.

이 테스트를 통과시키기 위해서, getAirportStatus() 함수를 변경해보자.

[코드] unittest/steps/coroutines3/src/main/kotlin/com/agiledeveloper/airportstatus/AirportStatus.kt]

```
package com.agiledeveloper.airportstatus
import kotlinx.coroutines.*
suspend fun getAirportStatus(airportCodes: List<String>): List<Airport> =
withContext(Dispatchers.IO) {
  Airport.sort(
    airportCodes.map { code -> async { Airport.getAirportData(code) } }
    .map { response -> response.await() })
}
```

이제 getAirportStatus()는 getAirportData()를 동기화해서 호출하지 않고, async()로 감싸서 호출한다. 이 호출은 Dispatchers.IO 스레드풀에서 실행될 것이다. 주어진 airportCodes 리스트의 각 공항 코드에 getAirportData()의 호출 디스패치가 끝나면 getAirportStatus() 함수는 await() 함수를 이용해서 async()가 리턴하는 응답인 Deferred<Airport> 객체를 기다린다.

테스트를 실행시키고 통과하는지 확인하자.

방금 작성한 두 테스트를 다시 봐서 노력과 장점을 다시 한번 살펴보자. 두 테스트의 장점은 withContext()와 async()를 모킹했다는 점이다. 우리는 상호작용 테스트를 할 수 있고, 테스트에서 실제 비동기 연산을 실행하고 결과를 기다릴 걱정을 할 필요가 없다. 이런 점이 테스트를 빠르고 매번 동일한 결과를 가지게 만든다. 이런 접근의 가장 큰 단점은 withContext() 같은 함수에 접근하고, 대체할 때 어떤 클래스를 모킹해야 하는지 알아내야 한다는 것이다. 최소한으로 말하자면, 클래스를 찾아내는 것은 쉽지 않다. 그리고 모킹할 정확한 클래스를 찾아내는 일은 짜증날 수 있다. 하지만 테스트로부터 받는 빠른 피드백은 이런 노력에 가치를 준다.

18-9 서비스로 통합하기

`Airport` 클래스에서 아직 끝내지 못한 조각이 있다. `fetchData()` 함수를 아직 구현하지 않았다. `fetchData()` 함수의 예외를 웹 서비스와의 통신으로 교체해야 한다. 외부 서비스와 통신을 하는데에는 네트워크 연결이 필요하기 때문에 `fetchData()`를 위한 테스트는 유닛 테스트가 아닌 인테그레이션(Integration, 통합) 테스트가 되어야 한다. 우리는 호출에 대해 정확하게 예측할 수 없다. 왜냐하면 딜레이 같은 세부사항이 빈번하게 바뀌기 때문이다. 분리된 테스트 클래스에서 인테그레이션 테스트를 작성해보자. src/test/kotlin/com/agiledeveloper/ airportstatus 디렉토리에 `AirportIntegrationTest.kt`라는 이름의 파일을 만들고 아래의 코드를 입력하자.

[코드 unittest/steps/integration/src/test/kotlin/com/ ... eveloper/airportstatus/AirportIntegrationTest.kt]

```
package com.agiledeveloper.airportstatus
import io.kotlintest.specs.StringSpec
import io.kotlintest.data.forall
import io.kotlintest.tables.row
import io.kotlintest.matchers.string.shouldContain
class AirportIntegrationTest : StringSpec() {
  init {
    "fetchData returns response from URL" {
      forall(
        row("IAD", "Dulles"),
        row("SFO", "San Francisco"),
        row("ORD", "Chicago")
      ) { code, partialName ->
        Airport.fetchData(code) shouldContain partialName
      }
    }
  }
}
```

함수가 공항의 부분적인 이름을 포함하고 있는 응답을 리턴해주는지 검증하기 위해서 3개의 다른 공항 코드에 대해 fetchData() 테스트를 했다. 이제 Airport 클래스의 fetchData() 함수의 throw문을 제거하고 웹 서비스와 통신을 하도록 변경하자.

[코드 unittest/steps/integration/src/main/kotlin/com/agiledeveloper/airportstatus/Airport.kt]

```kotlin
fun fetchData(code: String) =
  java.net.URL("https://soa.smext.faa.gov/asws/api/airport/status/$code")
    .readText()
```

네트워크 연결이 실패하지 않는다면 웹 서비스의 URL이 살아있고 공항이 이름을 바꾸지 않는다면 우리가 작성한 통합 테스트는 통과할 것이다. 테스트를 실행시켜서 모든 테스트가 통과하는지 검증하자.

18-10 코드 커버리지 보기

"적절한 코드 커버리지는 어느 정도인가?"라는 질문은 술 취한 개발자들끼리 싸움 붙이기 좋은 질문이다. "테스트를 작성했고 테스트를 통과하기 위한 최소한의 코드만 작성하고..." 팀이 생각하는 적절한 커버리지 퍼센트를 고려할 필요없이 커버리지를 볼 수 있는 방법이 필요하다. Jacoco는 Java에서 사용하는 좋은 커버리지 툴이다. 그리고 코틀린에서도 잘 동작한다. 이번 챕터에서 지금까지 생성한 샘플의 코드 커버리지가 어떤지 확인해보자.

지금까지 예제를 빌드하기 위해서 Gradle을 쓰든 Maven을 쓰든 상관없이 계속해서 코드 커버리지를 생성했다. Gradle을 사용했다면 build.gradle.kts 파일의 Jacoco 설정을 보고 라이브러리의 버전 넘버를 적어두도록 하자. Maven을 사용했다면 pom.xml 파일을 보고 Jacoco 플러그인의 설정을 확인하자. Gradle이나 Maven을 사용해서 빌드를 실행한 이후에 Jacoco 리포트 파일을 보자. Gradle을 사용했다면 build/reports/jacoco/test/html 디렉토리에 index.html을 찾을 수 있을 것이다. Maven을 사용했다면 target/site/jacoco 디렉토리에 index.html이 있을 것이다.

다음 그림은 Jacoco가 생성한 지금까지 우리가 이 챕터에서 만든 코틀린 코드의 커버리지 리포트이다.

com.agiledeveloper.airportstatus

Element	Missed Instructions	Cov.	Missed Branches
AirportStatusKt.getAirportStatus.new Function2() {...}		100%	
Airport.Companion		100%	
Airport		100%	
AirportStatusKt		100%	
AirportStatusKt.getAirportStatus.2.1.new Function2() {...}		100%	
Airport.Companion.sort..inlined.sortedBy.new Comparator() {...}		100%	
Total	0 of 166	100%	0 of 0

지금까지 테스트 주도하에 코드를 설계하고 구현했다. 이제 마지막 단계로 코드를 실행시킬 드라이버 프로그램을 작성한다.

18-11 앱 실행하기

서로 다른 공항 코드와 함께 getAirportStatus() 함수를 호출하고 공항의 상태와 코드를 콘솔에 프린트하기 위한 main() 함수를 작성하자. src/main/kotlin/com/agiledeveloper/ui 디렉토리에 AirportApp.kt 라는 이름으로 파일을 만들고 아래의 코드를 입력하자.

[코드 unittest/steps/app/src/main/kotlin/com/agiledeveloper/ui/AirportApp.kt]

```kotlin
package com.agiledeveloper.ui
import kotlinx.coroutines.*
import com.agiledeveloper.airportstatus.*
fun main() = runBlocking {
  getAirportStatus(listOf("SFO", "IAD", "IAH", "ORD", "LAX"))
    .forEach { println(it) }
}
```

getAirportStatus() 함수는 suspend 함수이기 때문에 코루틴에서만 호출할 수 있다. 그래서 우리는 runBlocking() 함수에 블록을 전달해서 getAirportStatus() 함수를 실행시켜야 한다. 각 공항에서 어떤 데이터를 리턴하든지 람다가 제공하는 forEach() 함수에서 출력이 될 것이다. 이 프로그램에서 가져오는 데이터는 실제 데이터이기 때문에, 출력은 매번 바뀔 수 있다.

Gradle 빌드 파일은 main 클래스를 지정하기 위해서 어플리케이션 플러그인을 사용한다. Maven 빌드 파일은 main 클래스 정보를 포함하는 매니페스트(manifest)를 만든다. 우리는 쉽게 프로그램을 실행시킬 수 있다.

Gradle을 사용 중이라면 아래의 명령어를 실행시켜라.

```
$ gradlew run
```

Maven을 사용 중이라면 아래의 명령어를 실행시켜라.

```
$ java -jar target/airportapp-1.0-jar-with-dependencies.jar
```

아래는 프로그램을 실행시킨 결과 샘플이다.

```
Airport(code=ORD, name=Chicago O'hare Intl, delay=true)
Airport(code=IAH, name=George Bush Intercontinental/houston, delay=true)
Airport(code=LAX, name=Los Angeles Intl, delay=false)
Airport(code=SFO, name=San Francisco Intl, delay=true)
Airport(code=IAD, name=Washington Dulles Intl, delay=false)
```

프로그램이 어떻게 동작하는지 보기 위해서 올바르지 않은 공항이나 웹 서비스에서 제공하지 않는 다른 공항을 포함시켜 보도록 해라. 그리고 네트워크 연결이 없을 경우 프로그램이 우아하게 실패하는지도 확인해보자.

unittest/final/airportapp 디렉토리에서 테스트와 빌드 파일을 포함한 파이널 코드를 찾을 수 있을 것이다.

정리

자동화 테스트는 지속 가능한 애자일 개발을 위한 중요한 기술이다. 자동화 테스트를 작성할 때 Java에서 사용하던 툴들을 코틀린에서도 사용할 수 있다. 하지만 코틀린을 타깃으로 만든 툴을 사용하면 코틀린의 자연스러운 표현력을 즐기고 코틀린에 특화된 스타일을 사용할 수 있다. 이번 챕터에서 우리는 KotlinTest, Mockk, Jacoco를 이용해서 테스트를 작성하고,

디펜던시를 모킹하고 코드 커버리지 리포트를 생성했다. 또한, Gradle 과 Maven을 이용해서 빌드를 실행했다.

KotlinTest는 우아한 문법과 자연스러운 어서트를 제공한다. 그리고 테스트 작성을 위한 다른 많은 옵션들도 제공한다. Mockk은 강력한 모킹 툴이다. Mockk은 클래스, 싱글톤, 컴패니언 객체, 탑레벨 함수를 스텁(stub: 메소드 기능을 대리하는 코드)과 모킹한다. Mockk는 코루틴을 위한 테스트 코드를 만드는 기능 역시 가지고 있다.

이번 챕터에서 우리는 작은 프로그램에서 유닛 테스트를 만드는 방법을 알아보았다. 비동기 호출, 코루틴, 외부 웹 서비스를 위한 테스트 코드 작성법을 단계별로 진행했다. 지금까지 유닛 테스트를 작성하고, 디펜던시를 모킹하고, 통합테스트를 작성했다. 그리고 실행 프로그램을 만들면서 자동화 테스트를 이용해서 코드를 만드는 연습을 마무리했다.

다음 챕터에서 우리는 코틀린을 이용해서 스프링부트를 사용하는 법을 살펴볼 것이다.

Chapter

19

코틀린으로 스프링 사용하기

코틀린과 스프링(Spring) 모두 기능이 뛰어나고 관습적으로 작성할 코드도 적다는 장점을 가졌다. 스프링 어플리케이션을 코틀린으로 프로그래밍 하는 것은 천국에서 결혼을 하는 것 같은 느낌을 준다. 스프링 어플리케이션을 코틀린으로 작성하면 Java로 작성했을 때에 비해서 간결하고 관리하기 쉽다.

간결하고 가독성이 좋은 코틀린의 특성은 매력적이다. 이 책에서 지금까지 우리는 코틀린을 이용해서 몇 줄 안되는 코드로 어떻게 원하는 바를 이뤘는지 보았다. 그리고 각 라인이 얼마나 간결한지도 보았다. 스프링은 대부분 세 개의 다른 언어를 선호한다. Java, Groovy, 코틀린이다. 스프링 개발자들은 코틀린의 장점을 깨닫고 스프링 어플리케이션을 코틀린으로 프로그래밍 할 수 있도록 서포트 하기로 결정했다. null 안정성과 유연성 및 가독성, 우아한 DSL 문법을 포함한 몇몇 코틀린의 기능은 스프링 팀이 코틀린을 스프링의 어플리케이션 프로그래밍을 위한 일급 언어로 지정하게 했다(https://spring.io/blog/2017/01/04/introducing-kotlin-support-in-spring-framework-5-0).

이번 챕터는 독자들이 스프링과 스프링부트를 Java로 만드는데 익숙하다는 전제하에 진행된다. 코틀린으로 작성한 스프링 코드와 Java로 작성한 유사한 동작의 스프링 코드를 비교해보면 코틀린으로 작성한 코드의 진가를 체험할 수 있을 것이다.

스프링부트 스타터 프로젝트로 시작해서 그 프로젝트를 발전시켜 TODO 리스트를 관리하는 작은 RESTful 서비스를 만들 예정이다. 코틀린으로 프로그램을 개발하고, Java로 같은 코드를 개발한다면 어떻게 될 지도 볼 것이다. 이런 방식을 통해서 익숙한 Java 코드와 간결한 코틀린 코드를 비교할 수 있고 스프링 컨텍스트에서 나오는 코틀린의 우아한 진가를 알 수 있다. 스프링부트를 시작해보자.

19-1 시작 프로젝트 생성

시작하기 가장 쉬운 방법은 Spring Initializr 웹사이트를 이용하는 것이다(https://start. spring.io/). 우리는 H2 인메모리(in-memory) 데이터베이스에 데이터를 저장하는 스프링부트 RESTful 웹 서비스를 만들 예정이다.

Spring Initializr 웹사이트에 방문해서 Maven이나 Gradle 프로젝트를 선택하자. 언어는 물론 코틀린을 선택한다. 그리고 원하는 버전의 스프링부트를 선택한다. 이 챕터의 예제에서 우리는 2.1.2 버전을 사용한다. 그룹 텍스트박스에 탑레벨 패키지 이름을 입력한다(예를 들면 com.agiledeveloper). 아티팩트에는 todo라고 입력한다. 옆의 버튼을 클릭해서 텍스트박스에서 디펜던시를 검색한다. "Web"을 검색하고 나타나는 드랍다운 리스트를 선택한다. H2 역시 검색 후 선택한다. 마지막 디펜던시로 JPA를 검색하고 선택한다. 마지막으로 Generate Project 버튼을 클릭하고 생성된 zip 파일을 시스템에 저장한다.

todo.zip 파일의 압축을 풀고 커맨드라인 툴을 켜서 **cd**를 이용해서 **todo** 디렉토리까지 간다.

Maven을 선택한 경우 pom.xml 파일을 살펴보고, Gradle을 선택했으면 build.gradle 파일을 살펴보자. 디펜던시를 적어둔다. H2 라이브러리 디펜던시, JSON 응답(response)를 만들어낼 Jackson-kotlin 라이브러리, JPA 라이브러리, JDK8과 코틀린을 호환시켜주는 Kotlin-stdlib 라이브러리를 디펜던시로 볼 수 있을 것이다.

스프링부트는 특별한 **Kotlin-Spring** 컴파일러 플러그인을 사용해서 코틀린의 기본적인 방법과 스프링의 방법의 충돌을 다룬다. 코틀린에서 클래스는 기본으로 **final**이된다. 하지만 스프링은 클래스가 열려 있을 거라고 기대한다. **Kotlin-Spring** 컴파일러 플러그인 통합이 없을 경우 코틀린으로 작성된 클래스(ex. 컨트롤러)에 모두 명시적으로 **open**을 붙여야 한다. 우리가 open 키워드 없이 클래스를 작성할 수 있게 해주는 플러그인에게 감사를 표하자. 플러그인은 클래스에 **@Component, @Async, @Transactional** 등 **Spring-releated meta-annotation**(스프링 연관 메타 어노테이션)이 있는지 조사한다. 스프링 릴레이티드 메타 어노테이션이 있을 경우 컴파일 중에 자동으로 해당 클래스를 **open** 클래스로 만든다. 이런 어노테이션은 메타 어노테이션이기 때문에 메타어노테이션으로 데코레이트 된 클래스를 **open** 클래스로 만드는 것 이외에도 플러그인은 **@Component** 같은 파생된 어노테이션으로 데코레이트된 클래스 역시 open 클래스로 만든다.

스프링부트 어플리케이션의 시작점은 main() 메소드를 포함하는 클래스이다. 우리가 Java를 이용해서 스프링부트 어플리케이션을 만들려고 한다면 아래와 같은 코드가 필요하다.

```java
//Java code only for comparison purpose
package com.agiledeveloper.todo;
import org.springframework.boot.SpringApplication;
import org.springframework.boot.autoconfigure.SpringBootApplication;
@SpringBootApplication
public class TodoApplication {
  public static void main(String[] args) {
    SpringApplication.run(TodoApplication.class, args);
  }
}
```

하지만 코틀린은 기본적으로 작성할 코드가 적은 언어라는 걸 이미 알고 있을 것이다. 코틀린은 main 함수를 만들 때 클래스가 필요 없다. Spring Initializr 툴은 코틀린 버전의 어플리케이션을 위해서 훨씬 간단한 파일을 만든다.

[코드 spring/kotlin/todo/src/main/kotlin/com/agiledeveloper/todo/TodoApplication.kt]

```kotlin
package com.agiledeveloper.todo
import org.springframework.boot.autoconfigure.SpringBootApplication
import org.springframework.boot.runApplication
@SpringBootApplication
class TodoApplication
fun main(args: Array<String>) {
  runApplication<TodoApplication>(*args)
}
```

Java 버전과 코틀린 버전의 TodoApplication은 세가지 차이점을 가지고 있다. 첫째, 코틀린 버전의 main() 함수는 클래스의 멤버가 아니고 단독 탑레벨 함수(standalone top-level function)이다. 둘째, Java 버전에서 사용된 부트스트랩 호출 SpringApplication.run()이 코틀린에선 더 간결하고 지저분하지 않은 runApplication()으로 대체되었다. 코틀린의 강력한 제네릭 기능에 고마워하자. 클래스 세부사항은 제공되는 파라미터 타입을 이용한 추론이 가능하다. 세 번째 차이는 세미콜론이 없다는 점이다. 이 점을 잊지 말자.

우리는 아직 아무 코드도 작성하지 않았다. 변화를 주기 전에 다운로드한 스타터 프로젝트를 컴파일하고 빌드가 잘 되는지 확인하자. Maven을 사용했다면 아래의 명령어를 이용해서 코드를 빌드하고 어플리케이션을 시작할 수 있다.

```
$ ./mvnw clean install
$ java -jar target/todo-0.0.1-SNAPSHOT.jar
```

Gradle을 사용했다면 아래의 명령어를 입력해서 코드를 빌드하고 어플리케이션을 시작할 수 있다.

```
$ ./gradlew build
$ java -jar build/libs/todo-0.0.1-SNAPSHOT.jar
```

위의 명령어를 참조해서 언제든 어플리케이션을 빌드할 수 있다.

우리는 스타터 코드를 가지고 있다. 우리의 어플리케이션은 디스크립션을 가지고 있는 태스크를 관리할 것이다. 우리에겐 3개의 경로가 있다. 모든 경로의 종착점은 task지만 3개의 다른 HTTP 메소드는 아래와 같다.

- ▶ GET 메소드: 가능한 모든 task를 표시한다.
- ▶ POST 메소드: 새로운 task를 추가한다.
- ▶ DELETE 메소드: 이미 존재하는 task를 제거한다.

이제 다음 단계로 가서 어플리케이션에 코드를 작성해보자.

19-2 컨트롤러 만들기

스프링부트의 핵심 기능 중 하나는 클래스패스에서 검색된 내용 기반의 어플리케이션 컴포넌트 자동 구성 기능이다. 이런 컴포넌트에는 웹 어플리케이션의 경로를 제공하는 컨트롤러가 있다. 이번 챕터의 예제에서 우리는 이 컨트롤러를 사용한다.

우리의 컨트롤러는 3개의 다른 라우트와 연산이 필요하다. 라우트 하나부터 시작하자. 첫 번째 라우트인 HTTP GET 메소드는 종착점인 **task**를 가지고 있다. 일단은 단순하게 "to be implemented"라는 메시지를 리턴하게 해보자.

컨트롤러 이름을 `TaskController`로 지정할 것이다. 우리가 Java에서 개발을 하고 있다면 컨트롤러는 아래와 같은 모양일 것이다.

```
//Java code only for comparison purpose
package com.agiledeveloper.todo;
import org.springframework.stereotype.Controller;
import org.springframework.web.bind.annotation.*;
import org.springframework.http.ResponseEntity;
@RestController
@RequestMapping("/task")
class TaskController {
  @GetMapping
  String tasks() {
    return "to be implemented";
  }
}
```

우리는 코틀린을 사용하고 있기 때문에 위의 코드보다는 덜 지저분할 것이다. todo/src/main/kotlin/com/agiledeveloper/todo/디렉토리 아래에 **TaskController.kt**라는 이름의 파일을 만들고 아래와 같은 코드를 작성하자.

```kotlin
package com.agiledeveloper.todo
import org.springframework.web.bind.annotation.*
import org.springframework.http.ResponseEntity
@RestController
@RequestMapping("/task")
class TaskController {
  @GetMapping
  fun tasks() = "to be implemented"
}
```

TaskController 클래스는 com.agiledeveloper.todo 패키지에 속해 있다. 클래스는 먼저 스프링부트 어노테이션인 @RestController로 어노테이드 되어있다. 이 어노테이션은 이 클래스가 컨트롤러로 사용되고, REST 엔드포인트를 지원할 것이라는 선언이다. @RequestMapping 어노테이션은 엔드포인트가 이 컨트롤러에 의해서 지원될 것이라는 것을 정의한다. TaskController 클래스의 task() 메소드는 @GetMapping으로 어노테이트 되어 있고, 샘플 문자열을 리턴한다.

이제 코드를 빌드하고 컨트롤러의 라우트를 실행해볼 준비가 되었다. "시작 프로젝트 생성"에서 본 명령어를 이용해서 프로젝트를 빌드하고, java 명령어로 프로그램을 실행시켜보자.

엔드포인트가 예상대로 동작되는지 검증하기 위해서 curl을 사용한다. 아직 curl이 없다면 사용하는 운영체제용 curl을 다운로드하라. 아니면 다른 툴을 사용해도 좋다. 예를 들면 크롬의 Advanced REST Client 익스텐션을 사용해도 좋고, 평소에 REST API와 통신하기 위해 사용하던 다른 프로그램을 써도 좋다.

아래는 curl 명령어이다.

```
$ curl -w "\n" http://localhost:8080/task
```

이 명령어는 사용한 URL에 GET 요청을 보낸다. 그리고 그 응답은 TaskController의 tasks() 메소드에 의해서 리턴되는 스트링이 될 것이다.

이 단계들이 우리가 코틀린을 이용해서 만든 컨트롤러가 동작한다는 것을 보여주었다. 첫 단계로 아주 좋았다. 다음엔 영속성 데이터를 보여주는 엔티티 클래스를 만들도록 하자.

19-3 엔티티 클래스 생성

클래스패스의 H2 라이브러리를 보면, 스프링에는 이미 데이터베이스가 구성되어 있다. 우리는 데이터베이스 테이블에 저장될 데이터를 나타내는 엔티티(entity)클래스만 정의하면 된다.

다시 한번, 만약에 Java를 사용한다면 우리는 Task 엔티티를 아래와 같이 작성했을 것이다.

```java
//Java code only for comparison purpose
package com.agiledeveloper.todo;
import javax.persistence.*;
@Entity
public class Task {
  @Id @GeneratedValue private Long id;
  private String description;
  public Long getId() { return id; }
  public String getDescription() { return description; }
}
```

하지만 우리는 코틀린을 이용해서 코드를 작성한다. todo/src/main/kotlin/com/agiledeveloper/todo/Task.kt 파일을 만들고 아래의 코드를 작성하자.

[코드 spring/kotlin/todo/src/main/kotlin/com/agiledeveloper/todo/Task.kt]

```kotlin
package com.agiledeveloper.todo
import javax.persistence.*
@Entity
data class Task(@Id @GeneratedValue val id: Long, val description: String)
```

Task 클래스는 @Entity 어노테이션이 붙어있다. 그리고 첫 번째 프로퍼티인 id는 @Id 와 @GeneratedValue라는 어노테이션으로 어노테이트 되었다. 이 어노테이션들은 프로퍼티가 프라이머리 키이고 값이 데이터 베이스에 의해 자동으로 생성된다는 의미를 가진다. Task 엔티티는 id 외에도 String 타입의 description을 가지고 있다. 코틀린은 getter를 자동으로 만들기 때문에 더 이상 할 일이 없다. 그리고 Task가 데이터 클래스이기 때문에 우리는 equals(), hashCode(), toString()같은 메소드를 공짜로 사용할 수 있다.

우리는 엔티티 클래스를 가지고 있다. 하지만 엔티티 클래스의 인스턴스를 데이터베이스에 저장할 방법이 필요하다.

19-4 리포지터리 인터페이스 생성

스프링의 CrudRepository 인터페이스는 데이터베이스로부터 데이터를 받아오거나, 데이터베이스를 업데이트하는 findById()와 save()같은 메소드를 모두 제공해준다. 우리가 해야할 일은 CrudRepository를 확장할 특화된 인터페이스를 정의하는 것뿐이다. 스프링 데이터는 CrudRepository를 확장한 인터페이스의 구현을 생성해 줄 것이다.

우리가 Java로 작성했다면 아래와 같았을 것이다.

```
//Java code only for comparison purpose
package com.agiledeveloper.todo;
import org.springframework.data.repository.CrudRepository;
interface TaskRepository extends CrudRepository<Task, Long> {
}
```

코틀린 코드도 위 코드와 많이 차이 나진 않는다. 세미콜론(;)과 블록({})이 없고 extends 키워드가 :로 대체됐을 뿐이다. 위 코드와 동일한 기능을 하는 인터페이스를 코틀린으로 만들어보자. todo/src/main/kotlin/com/agiledeveloper/todo/TaskRepository.kt 파일을 생성하고 아래의 코드를 입력한다.

[코드] spring/kotlin/todo/src/main/kotlin/com/agiledeveloper/todo/TaskRepository.kt

```
package com.agiledeveloper.todo
import org.springframework.data.repository.CrudRepository
interface TaskRepository : CrudRepository<Task, Long>
```

TaskRepository 인터페이스는 CrudRepository<Task, Long>을 확장한다. 첫 번째 파라미터 타입은 엔티티 타입인 Task이고 두 번째 파라미터 타입은 프라이머리 키의 타입인 Long이다. 우리는 CRUD*를 위한 모든 기능을 만들었다. 하지만 아직 이 기능을 호출할 서비스가 없다. 이제 만들어보자.

---

* **역주_** 기본적인 데이터 처리 기능인 Create(생성), Read(읽기), Update(갱신), Delete(삭제)를 묶어서 일컫는 말

19-5 서비스 생성

우리가 방금 본 것 같은 단순한 예제에서 우리는 서비스를 스킵하고 컨트롤러가 직접 리포지터리를 호출하도록 만들 수 있다. 그러나 이제 나올 서비스가 코틀린을 사용해서 어떻게 서비스를 생성하는지 알 수 있도록 도움을 줄 것이다. 그리고 예제를 확장해서 더 많은 기능을 추가하기로 결정한다면 바로 서비스를 사용할 수 있을 것이다.

서비스는 컨트롤러와 데이터베이스 사이에 존재한다. 그리고 영속성(persistent) 데이터를 다루는 모든 호출을 관리한다. 서비스는 레포지토리와 통신을 해야 한다. 하지만 걱정마라. 스프링은 이 디펜던시를 눈 깜빡할 새에 자동 연결한다. 우리는 모든 task를 가지고 오는 메소드가 필요하고 새 task를 저장하는 메소드와 id를 기반으로 task를 삭제하는 메소드가 필요하다. Java를 이용하면 코틀린을 이용한 것보다 더 장황해진다. Java로 만든 예시를 보자.

```java
//Java code only for comparison purpose
package com.agiledeveloper.todo;
import java.util.Optional;
import org.springframework.stereotype.Service;
import org.springframework.transaction.annotation.Transactional;
@Service
@Transactional
class TaskService {
  private final TaskRepository repository;
  public TaskService(TaskRepository repository) {
    this.repository = repository;
  }
  Iterable<Task> getAll() {
    return repository.findAll();
  }
  Task save(Task task) {
    return repository.save(task);
  }
  boolean delete(Long id) {
    boolean found = repository.existsById(id);
    if (found) {
      repository.deleteById(id);
    }
```

```
        return found;
    }
}
```

코틀린을 사용하면 노이즈를 줄일 수 있다. todo/src/main/kotlin/com/agiledeveloper/
todo/TaskService.kt 파일을 만들고 아래의 코드를 입력하자.

[코드 spring/kotlin/todo/src/main/kotlin/com/agiledeveloper/todo/TaskService.kt]

```
package com.agiledeveloper.todo
import org.springframework.stereotype.Service
import org.springframework.transaction.annotation.Transactional
@Service
@Transactional
class TaskService(val repository: TaskRepository) {
  fun getAll() = repository.findAll()
  fun save(task: Task) = repository.save(task)
  fun delete(id: Long): Boolean {
    val found = repository.existsById(id)
    if (found) {
      repository.deleteById(id)
    }
    return found
  }
}
```

TaskService 클래스는 @Service와 @Transactional 어노테이션이 달려 있다. 이 경우 getAll() 메소드는 TaskRepository의 합성된 메소드인 findAll() 메소드의 결과를 리턴한다. save() 메소드는 Task 엔티티의 인스턴스를 받아서 TaskRepository의 save() 메소드로 전달하여 데이터베이스에 인서트한다. 마지막으로 delete() 메소드는 id를 받아서 해당 id의 객체가 존재한다면 true가 리턴되고, TaskRepository의 deleteById() 메소드를 이용해서 데이터베이스에서 제거한다. 객체가 없다면 false가 리턴된다.

마지막 단계로 서비스와 컨트롤러를 통합해보자.

19-6 컨트롤러로 서비스 통합하기

우리가 작성했던 TaskController를 수정해야 할 시간이다. 2개의 새로운 메소드를 추가하고 현재 가지고 있는 GET 연산의 tasks() 메소드를 수정하자.

다시 한번, Java로 작성된 컨트롤러를 수정한다면 아래와 같은 코드가 됐을 것이다.

```java
//Java code only for comparison purpose
package com.agiledeveloper.todo;
import org.springframework.stereotype.Controller;
import org.springframework.web.bind.annotation.*;
import org.springframework.http.ResponseEntity;
@RestController
@RequestMapping("/task")
class TaskController {
  private final TaskService service;
  public TaskController(TaskService service) {
    this.service = service;
  }
  @GetMapping
  ResponseEntity<Iterable<Task>> tasks() {
    return ResponseEntity.ok(service.getAll());
  }
  @PostMapping
  ResponseEntity<String> create(@RequestBody Task task) {
    Task result = service.save(task);
    return ResponseEntity.ok(
      "added task with description " + result.getDescription());
  }
  @DeleteMapping("/{id}")
  ResponseEntity<String> delete(@PathVariable Long id) {
    if (service.delete(id)) {
      return ResponseEntity.ok("Task with id " + id + " deleted");
    }
    return ResponseEntity.status(404)
      .body("Task with id " + id + " not found");
  }
}
```

코틀린 버전의 TaskController를 수정해 필요한 연산을 추가해보자.

```kotlin
package com.agiledeveloper.todo
import org.springframework.web.bind.annotation.*
import org.springframework.http.ResponseEntity
@RestController
@RequestMapping("/task")
class TaskController(val service: TaskService) {
  @GetMapping
  fun tasks() = ResponseEntity.ok(service.getAll())
  @PostMapping
  fun create(@RequestBody task: Task): ResponseEntity<String> {
    val result = service.save(task)
    return ResponseEntity.ok(
      "added task with description ${result.description}")
  }
  @DeleteMapping("/{id}")
  fun delete(@PathVariable id: Long) = if (service.delete(id)) {
    ResponseEntity.ok("Task with id $id deleted")
  } else {
    ResponseEntity.status(404).body("Task with id $id not found")
  }
}
```

먼저 우리는 클래스에 TaskService 타입의 service 프로퍼티를 추가했다. TaskController 인스턴스가 만들어질때 스프링이 자동으로 디펜던시를 인젝트 해줄 것이다. 다음으로 tasks() 메소드를 서비스의 getAll() 메소드의 결과를 리턴하도록 변경했다. 그리고 create()와 delete() 두 개의 메소드를 추가했다.

create() 메소드는 POST HTTP 메소드를 지원하는 어노테이션이 붙었다. 어노테이션으로 인해 post 데이터로 들어오는 요청인 Task를 허용한다. 메소드는 서비스의 save() 메소드를 실행하여 전달받은 객체를 데이터베이스에 저장한다.

delete() 메소드는 DELETE HTTP 메소드를 지원한다. 어노테이션은 요청(request)에 지워야 할 task의 id를 포함하고 있어야 한다는 점을 명시하고 있다. 메소드는 서비스의 delete() 메소드에 요청을 전달하고 결과에 따라 적절한 HTTP 응답을 리턴해준다.

19-7 사용하기

모든 코드가 잘 동작하는지 검증해보자. 다시 한번 어플리케이션을 빌드하고 서비스를 실행시키자. curl이나 적절한 툴을 이용해서 어플리케이션을 실행시키자. 아래는 curl을 이용해서 서비스를 호출한 내역들이다.

```
$ curl -w "\n" -X GET http://localhost:8080/task
$ echo ""
$ curl -w "\n" -X POST \
  -H "Content-Type: application/json" \
  -d '{"description": "write code"}' http://localhost:8080/task
$ curl -w "\n" -X POST \
  -H "Content-Type: application/json" \
  -d '{"description": "test"}' http://localhost:8080/task
$ echo ""
$ curl -w "\n" -X GET http://localhost:8080/task
$ echo ""
$ curl -w "\n" -X DELETE http://localhost:8080/task/1
$ curl -w "\n" -X DELETE http://localhost:8080/task/10
$ echo ""
$ curl -w "\n" -X GET http://localhost:8080/task
```

먼저 task 엔드포인트에 GET을 이용해 연산을 수행했다. 우리가 아직 아무런 task도 만들지 않았기 때문에 빈 콜렉션이 리턴된다. 그리고 같은 엔드포인트에 POST 메소드를 이용해서 "write code"와 "test"라는 description을 가지는 두 개의 task를 추가하는 호출을 했다. 그리고 task가 추가되었는지 검증하기 위한 호출을 했다. 마지막으로 두 개의 task를 지우는 호출을 하나는 검증된 id, 하나는 존재하지 않는 id로 호출하고 다시 한번 task 리스트를 받아오는 호출을 했다. 아래는 웹 서비스에 한 호출들의 출력이다.

```
[]
added task with description write code
added task with description test
[{"id":1,"description":"write code"},{"id":2,"description":"test"}]
Task with id 1 deleted
Task with id 10 not found
[{"id":2,"description":"test"}]
```

출력을 보면 전부 잘 된 것을 알 수 있다. 코틀린 버전의 코드는 Java버전과 비교했을 때 25% ~ 40%정도 적은 코드를 사용했다. 그리고 기본 코드가 적고 가독성이 좋은 코틀린의 특성이 코드를 통해서 빛이 났다. 우리가 서비스와 컨트롤러에서 수행해야 하는 일이 더 복잡할수록 Java 대신 코틀린을 사용할 때 얻어지는 이득이 더 커진다.

정리

코틀린과 스프링은 천상의 조합이다. 무조건 적어야 할 코드가 적어지며, 효율성이 올라가기 때문이다. 코틀린 코드는 매우 간결하고, 가독성이 좋고, 에러가 적게 난다. 스프링을 개발하는 개발자들은 코틀린이 제공하는 장점 때문에 공식 지원 언어로 지원하기로 선택했다. 코틀린 클래스는 final이 기본이다. 하지만 특별한 Kotlin-Spring 플러그인을 사용하면 스프링 어노테이션에 기반해서 컴파일 시점에 open 클래스를 만들어준다. 코틀린의 유연성, 가독성은 스프링의 컨트롤러나 서비스를 만들 때 빛이 난다. 코틀린을 사용하면 스프링을 이용해서 만들 수 있는 기능을 더 적은 라인의 우아하고 타입 안정성이 있는 코드로 만들 수 있다.

다음 챕터에서 우리는 Android 어플리케이션을 코틀린으로 만드는 방법을 알아본다. 코틀린은 Google에서 공식 채택한 Android 개발 언어이다.

Chapter

20

코틀린으로 안드로이드 어플리케이션 만들기

구글이 코틀린을 안드로이드 개발용 공식 지원 언어로 선언한 이래로, 코틀린은 빠르게 성장했고, 안드로이드 앱을 만들 때 선택되는 언어로써 Java를 상회하고 있다. 구글은 코틀린을 이용해서 안드로이드 어플리케이션 개발을 빠르고, 효율적이고, 가독성이 좋고, 쉽게 개발하는데 노력을 기울이고 있다(https://developer.android.com/kotlin).

안드로이드 스튜디오 IDE에서 코틀린을 완벽히 지원하고 있다. 안드로이드 스튜디오는 Java 코드를 코틀린 문법으로 변환시키는 기능도 제공한다. 원한다면 이미 존재하는 Java 코드의 전체 또는 일부분을 코틀린 코드로 변환할 수 있다. 안드로이드 어플리케이션을 개발할 때 안드로이드 SDK, 코틀린의 특징적인 스타일, 코틀린 스탠다드 라이브러리, Java JDK, 코루틴 같은 진보된 기능의 장점을 취할 수 있다.

이번 챕터에서 우리는 이전 챕터에서 보았던 공항 상태 예제를 안드로이드 앱으로 구현한다. 어플리케이션은 유저에게 공항 IATA 코드를 입력하라고 요청한다. 유저가 입력한 각 공항 코드를 앱이 코루틴을 이용해서 리모트 웹 서비스에 비동기 호출을 해서 공항의 이름과 공항의 현재 기온, 연착 여부에 대한 데이터를 받아온다. 앱은 받아온 세부사항들을 테이블에 이름순으로 정렬해서 표시해준다.

비록 우리가 이번 챕터에서 만들 예제가 비교적 작지만, 코틀린을 이용해서 안드로이드를 앱 개발을 어떻게 하는지와 코루틴으로 안드로이드 디바이스에서 비동기 호출을 어떻게 하는지에 대한 개념을 잘 알려줄 것이다. 이제 편안한 곳에 자리잡자. 우리는 IDE를 실행시키고 안드로이드 앱을 만들 준비가 되었다.

20-1 프로젝트 생성

안드로이드 스튜디오는 안드로이드 어플리케이션을 만들기에 아주 좋은 IDE다. 시스템에 안드로이드 스튜디오가 없다면 가장 최신 버전의 IDE를 다운로드 받자(https://developer.android.com/studio). IDE를 실행시키고 새로운 프로젝트를 만들자. 안드로이드 스튜디오에서 진행중인 프로젝트가 없었다면 "Start a new Android Studio project" 링크를 클릭하고, 이미 진행중인 프로젝트가 있었다면 File 〉 New 〉 New Project... 메뉴를 클릭하자. 프로젝트를 생성하는 방법이 어떻든 간에 다음 단계로 넘어가서 Choose your Project 다이얼로그에서 Phone and Tablet을 선택하고 Empty Activity를 선택하자. 마지막으로 Next 버튼을 클릭한다.

프로젝트 이름을 "Airports"로 하고 패키지 이름을 com.agiledeveloper.airports로 정하자. 적절한 위치에 프로젝트를 저장하자. Language label 아래의 리스트박스에서 코틀린이 언어로 선택되어 있는지 확인하자. 최소 API Level을 API 28: Android 9.0(Pie)로 선택하고 Finish 버튼을 눌러서 프로젝트를 생성한다.

안드로이드 스튜디오에서 프로젝트의 흥미로운 부분들을 확인해보자.

왼쪽의 프로젝트 창(pane)의 Android section에서 앱의 컨텐츠에 대해 정리해보자.

> ▶ manifests 폴더는 AndroidManifest.xml을 가지고 있다. AndroidManifest.xml은 안드로이드 에뮬레이터에게 네트워크 액세스 권한을 주기 위해 우리가 곧 수정할 파일이다.

▶ 우리가 비록 코틀린을 쓰고 있지만 IDE는 소스 파일을 java 아래에 정렬해 놓는다. 하지만 여기서 사용하는 패키지 이름은 우리가 지정한 이름이다.

▶ layout 아래에는 현재 하나의 레이아웃 파일이 있다. activity_main.xml 레이아웃 파일엔 우리가 만든 빈 액티비티가 들어있다. 이후에 수정할 예정이다.

▶ values 아래에는 주로 다국어 세팅 파일들이 들어있다. strings.xml파일엔 어플리케이션의 이름 (Airports)이 들어있고, 어플리케이션의 맨 위에 표시될 것이다.

▶ Gradle Script 아래에는 두 개의 build.gradle 파일이 있다. 하나는 "(Project:Airports)"라고 표시되는 탑레벨 빌드 파일이고, "(Module:app)"이라고 표시된 다른 하나는 서브프로젝트 레벨 빌드 파일이다. 곧 어플리케이션에 필요한 디펜던시 추가를 위해서 "(Module:app)" 파일을 수정할 예정이다.

더 나아가기 전에, 앱 코딩을 시작하자마자 필요할 몇 가지 디펜던시를 업데이트하자.

먼저 Klaxon 라이브러리 디펜던시를 추가하자 Klaxon은 웹 서비스에서 응답으로 온 JSON 을 파싱할 때 사용한다. 디펜던시 추가를 하기 위해 build.gradle(Module:app) 파일을 더블클릭하자. dependencies 섹션까지 스크롤을 내린 후 implementation으로 시작되는 줄 바로 다음에 아래와 같이 디펜던시를 추가한다.

```
implementation "com.beust:klaxon:5.0.2"
```

Klaxon 라이브러리 사용 이외에도 우리의 앱은 코틀린 코루틴을 사용한다. 코루틴 사용을 하기 위해서 아래의 두 디펜던시를 Klaxon 디펜던시 바로 아래에 추가한다.

```
implementation "org.jetbrains.kotlinx:kotlinx-coroutines-core:1.2.2"
implementation "org.jetbrains.kotlinx:kotlinx-coroutines-android:1.2.2"
```

첫 줄은 코틀린의 코루틴 라이브러리이며 두 번째 줄은 안드로이드에서 코루틴을 사용할 때 필요한 안드로이드 특화 코루틴 인테그레이션이다.

변경 이후에 우리는 IDE에게 Gradle 빌드 파일을 새로고침 하고 디펜던시를 다운받으라는 명령을 해야 한다. 새로고침을 하기 위해 IDE 안에서 File 메뉴를 클릭하고 Sync Project with Gradle Files를 선택한다. IDE가 프로젝트를 새로고침하고 우리가 추가한 디펜던시를 다운로드 하기를 기다리자.

코딩을 시작하기 전에 마지막으로 설정할 것은 바로 앱이 실행될 안드로이드 에뮬레이터이다. 기본적으로 에뮬레이터에서 실행되는 코드는 네트워크에 접속할 수 없다. 앱이 리모트 웹 서비스에서 데이터를 받아오게 하기 위해서 우리는 AndroidManifest.xml을 수정해야 한다.

AndroidManifest.xml은 Project 창의 app/manifest에 있다. AndroidManifest.xml 파일을 열고 </manifest> 클로징 태그 바로 앞줄에 아래의 코드를 추가한다.

```
<uses-permission android:name="android.permission.INTERNET" />
```

이제 프로젝트에 필요한 디펜던시와 설정이 완료되었다. 이제 코딩을 해보자.

20-2 도메인 객체 정의

우리의 앱은 FAA 웹 서비스에 리퀘스트를 보내서 공항정보를 받아올 예정이다. 이를 위해서 우리가 "Ch18. 코틀린 유닛 테스트"에서 사용했던 Airport 클래스의 변형이 필요하다. 안드로이드 스튜디오의 Project 창에서 app/java 아래의 패키지 이름 com.agiledeveloper.airports에 우클릭을 하고 New를 클릭하자. 그리고 Kotlin File/Class를 클릭한다. Kind를 Class로 변경하고 Name label옆의 텍스트 박스에 "Airport"를 입력한다.

Airport 클래스를 만들기 위해서 생성된 파일을 수정하자.

[코드 android/Airports/app/src/main/java/com/agiledeveloper/airports/Airport.kt]

```kotlin
package com.agiledeveloper.airports
import com.beust.klaxon.*
class Weather(@Json(name = "Temp") val temperature: Array<String>)
data class Airport(
  @Json(name = "IATA") val code: String,
  @Json(name = "Name") val name: String,
  @Json(name = "Delay") val delay: Boolean,
  @Json(name = "Weather") val weather: Weather = Weather(arrayOf(""))) {
  companion object {
    fun sort(airports: List<Airport>) : List<Airport> {
      return airports.sortedBy { airport -> airport.name }
    }
    fun getAirportData(code: String) =
      try {
        Klaxon().parse<Airport>(fetchData(code)) as Airport
      } catch(ex: Exception) {
        Airport(code, "Invalid Airport", false)
      }
```

```
    private fun fetchData(code: String) =
        java.net.URL("https://soa.smext.faa.gov/asws/api/airport/status/$code")
            .readText()
    }
}
```

Weather 클래스는 공항의 온도를 저장하는데 사용된다. Weather 클래스의 인스턴스는 바로 다음에 나오는 Airport 클래스 안에서 사용된다. Airport 클래스는 이전 챕터에서 생성했던 것과 크게 다르지 않다. getAirportData() 함수가 Klaxon 파서를 이용해서 FAA 웹 서비스에서 받은 데이터로부터 Airport 인스턴스를 생성한다. 동작 중 에러가 난다면 Invalid Airport 라는 이름의 Airport 인스턴스를 리턴한다.

이제 AirportStatus 파일을 만들어보자. AirportStatus는 Airport의 getAirportData() 함수를 비동기로 호출하는 함수를 포함하고 있다. Airport 클래스를 만들 때와 동일한 방법으로 AirportStatus.kt 라는 이름으로 파일을 만들자. 생성된 파일의 내용을 아래와 같이 변경하자.

[코드 android/Airports/app/src/main/java/com/agiledeveloper/airports/AirportStatus.kt]

```
package com.agiledeveloper.airports
import kotlinx.coroutines.*
suspend fun getAirportStatus(airportCodes: List<String>): List<Airport> =
  withContext(Dispatchers.IO) {
  val airports = airportCodes
    .map { code -> async { Airport.getAirportData(code) } }
    .map { response -> response.await() }
  Airport.sort(airports)
}
```

getAirportStatus() 함수는 이전 챕터에서 만든 것과 동일하다. 이 함수는 Main스레드 대신 Dispatchers.IO 스레드풀에서 getAirportData()를 비동기로 호출한다. 그렇기 때문에 네트워크 호출을 할 때 UI 스레드가 차단되지 않는다. 우리가 이미 kotlin.coroutines 라이브러리 디펜던시를 등록해놨기 때문에 문제 없이 컴파일 할 수 있다.

이제 웹 서비스에서 데이터를 가지고 오는 부분의 코딩은 끝났다. 이제 UI에 집중해보자.

20-3 레이아웃 생성

우리는 앱에 두 개의 레이아웃을 사용할 것이다. 하나는 메인 랜딩페이지이고 다른 하나는 공항 상태 정보를 보여줄 각 로우들이다. 첫 번째 레이아웃부터 시작해보자.

Project 창의 app/res/layout 아래에 `activity_main.xml`이라는 파일을 볼 수 있을 것이다. `activity_main.xml`은 우리가 프로젝트를 만들 때 IDE에서 생성한 파일이다. `activity_main.xml`을 더블클릭하고 레이아웃을 보자. Design view를 이용해서 레이아웃을 확인하고, 수정할 수 있다. 그리고 Text view를 이용해서 XML문서를 수정하면서 레이아웃의 변화를 실시간으로 확인할 수 있다. 그리고 Text view를 이용해서 XML문서를 수정할 수 있다. Design view에서 레이아웃을 수정해보자.

안드로이드 스튜디오는 레이아웃에 다양한 위젯을 추가하는 강력한 방법들을 제공해준다. 레이아웃 중간에 `Hello World`가 적혀있는 `TextView`를 지우는 것부터 시작하자. 그리고 팔레트의 Text 섹션에서 `TextView`를 레이아웃에 드래그&드랍 하자. 오른쪽 창에 새로 올려놓은 `TextView`에서 나온 위젯의 text값을 `Airport Code`로 변경하자. 오른쪽 창에서 변경한 텍스트박스 위에 4개의 + 심볼로 이루어진 사격형을 확인한다. 윗쪽의 + 를 클릭하고 숫자를 48로 변경하자. 왼쪽의 +를 클릭해서 숫자를 16으로 변경하자. 이 변경의 의미는 새로 추가되는 위젯은 왼쪽에서 16dp, 위에서 48dp 떨어져서 위치하게 만든다는 뜻이다.

다음으로 팔레트의 Text 섹션에서 `Plain Text`를 이전에 놔둔 `TextView` 오른쪽으로 드래그&드랍하자. 새로운 위젯은 `EditText` 객체이다. ID를 `airportCode`로 변경한다. `Hint`란에 `three-letter code` 라고 적어준다. 각각의 +를 클릭해서 left, top, right에 각각 8, 32, 88을 입력한다. 어트리뷰트 창에서 스크롤을 내려 text label을 찾는다 그리고 label 옆에 Name 값을 제거한다.

이제 팔레트의 버튼 섹션을 클릭하자. 그리고 `Button`을 `EditText` 옆에 놔두자. ID를 `addAirportCode`로 변경하고 text의 값을 `Button`에서 `Add`로 변경하자. 각각의 + 심볼을 클릭해서 left, top, right을 각각 8, 32, 8로 변경하자.

우리는 RecyclerView를사용해서 공항의 상태를 표시한다. 팔레트 아래에 `Common`을 클릭하고 `RecyclerView`를 드래그&드랍으로 이전에 배치한 `TextView` 바로 아래에 놓는다. ID에 `airportStatus`라고 적고 `layout_width` 값을 `match_parent`로 변경한다. + 심볼을 클릭해서 left, top, right에 각각 8을 입력한다.

컴포넌트를 위치시키면 `activity_main.xml` 레이아웃의 디자인은 다음 그림과 같다.

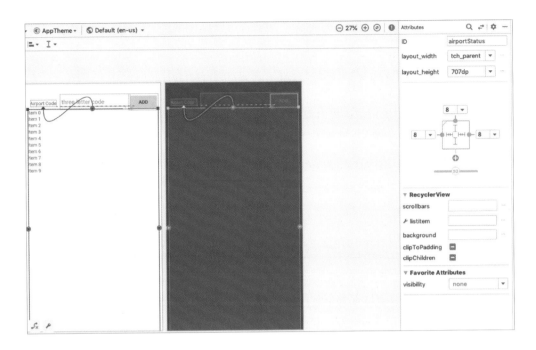

이제 공항의 상태를 표시할 레이아웃을 만들어보자. RecyclerView 안에 들어갈 row의 숫자는 관심있는 공항의 수를 기반으로 계속 변경된다. 하지만 각 row는 다른 공항의 정보를 표시하지만, 모든 row는 같은 구조를 가져야 한다. 이걸 쉽게 하기 위해서 row용 template layout을 생성해보자.

Project 창의 app/res아래에서 activity_main.xml의 부모 노드인 레이아웃을 우클릭하자. New를 선택하고 Layout resource 파일을 선택한다. 파일명으로 "airport_info"를 입력하고, OK 버튼을 누른다. 이 레이아웃에서 우리는 공항 세부정보를 표현할 4개의 TextView를 포함하는 TableRow를 만든다.

이 레이아웃에 위젯을 추가하기 전에 android:layout_height 어트리뷰트(android.support. constraint.ConstraintLayout 요소 안에 있는 어트리뷰트이다)의 값을 wrap_content로 변경하자. 이렇게 하면 row가 RecyclerView 전체를 차지하지 않고 여러 개의 row가 보일 수 있는 공간을 제공해준다.

Design view에서 팔레트에 있는 레이아웃 섹션의 TableRow를 airport_info 레이아웃으로 드래그&드랍 하자. layout_width 값을 400dp로 변경하고 layout_height 값을 match_parent로 변경한다. 오른쪽과 왼쪽의 + 심볼을 클릭해서 값을 0으로 변경한다.

이제 4개의 TextView를 한번에 하나씩 TableRow에 위치시키자. 첫번째 TextView 부터 시작하자.

TextView를 TableRow에 드래그&드랍 하자. 새로 놓은 TextView의 ID를 airportCode로 변경한다. text 속성의 값을 Code로 설정한다. layout_width을 0dp, layout_weight을 5로 변경한다.

두 번째 TextView의 ID를 airportName으로 하고, text 속성의 값을 Name으로 설정한다. layout_width는 0dp, layout_weight를 20으로 설정한다.

세 번째 TextView의 ID를 airportTemperature 로 하고, text 속성의 값을 Temp으로 설정한다. layout_width는 0dp, layout_weight를 10으로 설정한다.

마지막으로 4번째 TextView의 ID를 airportDelay로 설정하고 text를 \u23F3, layout_width는 0dp, layout_weight를 2로 한다. text의 값은 유니코드로 모레시계이다.

layout_weight 속성은 TextView 컴포넌트가 row 안에 배열되도록 지시한다. 이름이 공간을 가장 많이 차지하고, 온도가 그 다음으로 공간을 차지하며 코드는 약간 적은 공간을 차지하고 지연(delay)이 상대적으로 가장 적은 공간을 차지한다.

완료되고 나면 airport_info.xml은 아래와 같이 될 것이다.

[코드 android/Airports/app/src/main/res/layout/airport_info.xml]

```xml
<?xml version="1.0" encoding="utf-8"?>
<android.support.constraint.ConstraintLayout
  xmlns:android="http://schemas.android.com/apk/res/android"
  xmlns:app="http://schemas.android.com/apk/res-auto"
  xmlns:tools="http://schemas.android.com/tools"
  android:layout_width="match_parent"
  android:layout_height="wrap_content">
  <TableRow
    android:layout_width="400dp"
    android:layout_height="match_parent"
    tools:layout_editor_absoluteY="8dp"
    app:layout_constraintStart_toStartOf="parent"
    app:layout_constraintEnd_toEndOf="parent">
    <TextView
      android:text="Code"
      android:layout_width="0dp"
      android:layout_height="wrap_content"
      android:id="@+id/airportCode"
      android:layout_weight="5"/>
    <TextView
      android:text="Name"
```

```
                  android:layout_width="0dp"
                  android:layout_height="wrap_content"
                  tools:layout_editor_absoluteY="0dp"
                  tools:layout_editor_absoluteX="134dp"
                  android:id="@+id/airportName"
                  android:layout_weight="20"/>
              <TextView
                  android:text="Temp"
                  android:layout_width="0dp"
                  android:layout_height="wrap_content"
                  tools:layout_editor_absoluteY="0dp"
                  tools:layout_editor_absoluteX="134dp"
                  android:id="@+id/airportTemperature"
                  android:layout_weight="10"/>
              <TextView
                  android:text="\u23F3"
                  android:layout_width="0dp"
                  android:layout_height="wrap_content"
                  tools:layout_editor_absoluteY="0dp"
                  tools:layout_editor_absoluteX="134dp"
                  android:id="@+id/airportDelay"
                  android:layout_weight="2"/>
        </TableRow>
    </android.support.constraint.ConstraintLayout>
```

변경된 부분을 저장하고, UI 액티비티 코드를 작성할 준비를 하자.

20-4 액티비티 구현

이제 UI를 위한 코드를 구현할 차례이다. main 액티비티인 랜딩페이지부터 시작하도록 하자. 우리는 먼저 유저가 텍스트박스에 입력하는 공항코드를 다루는 코드를 작성할 것이다. 그리고 버튼 클릭을 구현한다. 그리고 웹 서비스에서 받은 데이터로 RecyclerView를 생성하는 코드를 작성한다. 많은 작업이 있을 것처럼 보이지만, 놀랍게도 이 동작을 위해서 많은 코드를 구현할 필요가 없다. 한번에 한 단계씩 시작해보자.

첫 번째 단계로 UI에서 코루틴의 필요성을 다루도록 하자. UI는 웹 서비스에서 공항 상태를 받아와야 한다. 하지만 어플리케이션이 네트워크 통신 중일 때 UI가 멈추는 것을 원하지는 않는다. 이렇게 하기 위해서 우리는 이미 AirportStatus에서 getAirportStatus() 탑레벨 함수를 suspend 키워드를 사용해서 non-blocking 함수로 설계했다. "Ch15. 코루틴 탐험하기"에서 우리는 suspend 함수는 임의의 함수에서 호출할 수 없다는 사실을 알게 되었다. suspend 함수는 코루틴에서만 호출할 수 있다. 하지만 여기에는 주의사항이 있다. 안드로이드 스튜디오에 의해서 생성된 UI코드는 코루틴을 사용하지 않는다. 그래서 getAirportStatus()를 이벤트 핸들러에서 실행시키려고 하면 컴파일에 실패한다. 요약하자면 UI 코드를 코루틴 컨텍스트에서 실행시켜야 하고 그래야 이벤트 핸들러가 suspend 함수를 호출할 수 있다.

우리는 생성된 MainActivity클래스를 조금만 변경하면 쉽게 UI 코드를 코루틴으로 변경할 수 있다. 우리는 코틀린의 CoroutineScope를 구현하고 coroutineContext 속성을 오버라이드 할 것이다. 이런 변화로 인해서 액티비티 클래스는 코루틴의 실행을 위한 코루틴 스코프를 제공하게 된다. MainActivity.kt 파일에 이 변경을 적용시켜보자.

[코드 android/Airports/app/src/main/java/com/agiledeveloper/airports/MainActivity.kt]

```
package com.agiledeveloper.airports
class MainActivity : AppCompatActivity(), CoroutineScope {
  override val coroutineContext: CoroutineContext
  get() = Dispatchers.Main
  override fun onCreate(savedInstanceState: Bundle?) {
    super.onCreate(savedInstanceState)
    setContentView(R.layout.activity_main)
  }
}
```

이전에 존재하던 onCreate() 함수는 프로젝트를 만들 때 IDE가 생성한 코드였다. 우리가 클래스에 적용한 유일한 변화는 CoroutineScope의 구현과 coroutineContext 속성을 추가한 것뿐이다. 사실 coroutineContext 속성의 get()은 Dispatchers.Main의 참조를 리턴한다는 사실을 기억하도록 하자. 이에 대해서는 나중에 우리가 비동기 호출을 할 준비가 됐을 때 다시 논의하기로 한다.

코드를 입력하면 IDE가 필요한 임포트를 보여준다. IDE가 주는 적절한 선택을 하고 다음단계로 가자.

이제 우리는 MainActivity 클래스의 필드를 정의한다.

```
private val airportCodes = mutableListOf<String>()
```

airportCodes 필드는 실행시 유저가 제공하는 airport IATA코드의 리스트를 저장하고 있다.

이제 2개의 라인만 가지고 있는 onCreate() 함수를 수정하자.

먼저, 우리는 Add를 비활성화해서 유저가 공항 코드를 입력할 때까지 클릭을 못하도록 할 것이다. 버튼을 비활성화 하기 위해서 우리는 레이아웃의 버튼 위젯의 참조가 필요하다. 코틀린과 안드로이드의 통합은 별다른 노력이 필요 없이 UI위젯을 액티비티 클래스의 프로퍼티로 합성해준다. 이 기능을 활성화하기 위해서 MainActivity.kt 파일의 가장 윗부분에 임포트를 하자.

```
import kotlinx.android.synthetic.main.activity_main.*
```

이제 onCreate() 함수에서 우리가 설정한 버튼의 id(addAirportCode)로 레이아웃의 버튼을 참조할 수 있게 되었다.

```
addAirportCode.isEnabled = false
```

addAirportCode 버튼의 isEnable 속성을 airportCode 텍스트 박스에 글자가 있을 때만 true로 설정하고 그 외엔 false가 되도록 설정해서 버튼을 비활성화시킨다.

유저가 텍스트 박스에 입력을 시작하자마자 버튼을 활성화시키고 싶다. 이를 위해서 우리는 EditText에 addTextChangedListener() 함수를 호출하는 텍스트 변경 이벤트를 걸어야 한다.

```
airportCode.addTextChangedListener(object: TextWatcher {
  override fun afterTextChanged(s: Editable) {
    addAirportCode.isEnabled = airportCode.text.isNotBlank()
  }
```

```
override fun beforeTextChanged(
  s: CharSequence, start: Int, count: Int, after: Int) { /* no-op */ }
override fun onTextChanged(
  s: CharSequence, start: Int, before: Int, count: Int) { /* no-op */ }
})
```

addTextChangedListener() 함수는 TextWatcher의 객체를 아규먼트로 받는다. 우리는 코틀린의 간결한 문법을 이용해서 TextWatcher의 어노니머스 인스턴스를 만들었다. 이 객체의 afterTextChanged() 콜백 이벤트가 addAirportCode 필드의 텍스트를 이용해서 airportCode EditText가 비어있지 않으면 버튼을 활성화한다. TextWatcher의 다른 두 콜백은 사용하지 않기 때문에 내부적으로 비워둔다.

onCreate() 함수의 다음 스텝으로 우리는 버튼 클릭 이벤트에 이벤트 핸들러를 등록해야 한다. 버튼 클릭의 콜백으로 우리는 유저에 의해 입력된 공항 코드를 우리가 MainActivity 클래스에 추가한 첫 번째 필드인 airportCodes 리스트에 추가해야 한다. onCreate()의 아랫쪽에 다음 코드를 추가하자

[코드 android/Airports/app/src/main/java/com/agiledeveloper/airports/MainActivity.kt]

```
addAirportCode.setOnClickListener {
  airportCodes.add(airportCode.text.toString())
  airportCode.setText("")
  launch {
    updateAirportStatus()
  }
}
```

공항 코드를 리스트에 추가한 이후에, 우리는 EditText 텍스트 박스를 정리한다. 만일 공항 코드가 새로 들어온 코드라면 RecyclerView를 공항 상태와 함께 생성해야 한다. 공항 코드가 이미 있다면 이번에는 유저가 그동안 요청한 모든 공항의 상태를 업데이트 해야 한다. 우리는 아직 구현 안된 함수인 updateAirportStatus()를 사용해서 AirportStatus의 getAirportStatus() 함수로부터 데이터를 가지고 올 것이다. updateAirportStatus() 함수의 호출이 비동기여야 하기 때문에 우리는 updateAirportStatus()를 suspend 함수로 만들어야 한다. 즉 updateAirportStatus()는 콜백 내의 코루틴에서 호출이 되어야 한다. 하지만 여기에는 주의사항이 있다. 깊게 탐구해보자.

AirportStatus.kt의 getAirportStatus() 함수를 보면 getAirportStatus() 함수는

Dispatchers.IO 스레드에서 비동기로 호출된다. 이는 말이 되는거 같다. 왜냐하면 웹 서비스를 호출은 IO 연산이기 때문이다. 하지만 호출에서 응답이 돌아올 때, UI코드는 직접 UI컴포넌트에 결과를 추가할 수 없다. 왜냐하면 UI 컴포넌트는 스레드 세이프하지 않다. 그리고 임의의 스레드에서 UI 컴포넌트에 접근하면 예외가 발생될 수 있다. 짧게 말해서 비동기 호출이 IO 스레드풀에서 실행되지만 UI 업데이트는 Main 스레드에서 해야 한다는 것이다. 다행히도 이건 구현하기 매우 쉽다. 그리고 사실 우리는 이미 그렇게 하고 있다.

콜백에서 launch()를 호출할 때 코루틴은 MainActivity에서 정의된 CoroutineScope에서 실행된다. MainActivity 클래스의 정의를 보면 CoroutineScope를 구현하고 있다. coroutineContext 속성은 Dispatchers.Main을 코루틴 컨텍스트로 리턴하고 있다. 이 Main 옵션은 Android API에서 사용 가능하다(우리는 이에 대해서 15-3의 "컨텍스트 명시적 세팅"에서 논의했었다). 그 결과 launch()에서 직접 실행된 코드가 UI의 메인 스레드에서 동시성(concurrently) 실행이 될 수 있다. 15-1의 "병렬 vs. 동시성"을 보도록 해라. 웹 서비스 호출은 IO 스레드와 병렬로 실행된다. 데이터를 IO 스레드와 병렬로 받아오지만 UI 업데이트는 메인 스레드에서 유저의 상호작용과 동시성으로 실행된다.

onCreate() 함수의 마지막 단계로 우리는 RecyclerView에 공항 상태를 표시해야 한다.

[코드 android/Airports/app/src/main/java/com/agiledeveloper/airports/MainActivity.kt]

```
airportStatus.apply {
  setHasFixedSize(true)
  layoutManager = LinearLayoutManager(this@MainActivity)
  adapter = AirportAdapter()
}
```

우리는 id airportStatus와 연결된 RecyclerView 위젯을 고정된 사이즈로 구성했다. 그리고 자식 위젯을 관리하기 위해 레이아웃 매니저를 할당했다. 그리고 아직 작성 안된 AirportAdapter 아답터에 연결해서 공항 상태 표시를 관리한다.

이제 MainActivity 클래스를 완성하기 위해서 하나의 작업만이 남았다. updateAirportStatus() 함수를 구현해야 한다. updateAirportStatus() 함수는 getAirportStatus() 함수로부터 새로운 공항 상태를 받아왔을 때 RecyclerView를 다시 표시해주는 트리거이다.

AirportStatus의 탑레벨 함수인 getAirportStatus()로부터 공항 상태 정보를 획득할 수 있다. updateAirportStatus() 함수에서 데이터가 도착하면 우리는 데이터를

RecyclerView의 아답터로 전달할 수 있다. 그래서 RecyclerView가 공항 정보들을 보여주는 작업을 할 수 있게 된다. 아래의 코드는 위의 작업을 수행하는 코드이다.

[코드 android/Airports/app/src/main/java/com/agiledeveloper/airports/MainActivity.kt]

```kotlin
private suspend fun updateAirportStatus() {
  val airports = getAirportStatus(airportCodes)
  val airportAdapter = airportStatus.adapter as AirportAdapter
  airportAdapter.updateAirportsStatus(airports)
}
```

com.agiledeveloper.airport 패키지의 탑레벨 함수인 getAirportStatus()를(이 함수는 AirportStatus 파일에 작성된 함수이다) 호출해서 Airport 클래스들의 정렬된 리스트를 얻을 수 있다. Airport 클래스들의 리스트는 updateAirportStatus()를 이용해서 아답터로 전송된다. 이제 아답터를 구현해보자.

20-5 RecyclerView 업데이트

RecyclerView는 각 row의 데이터를 나타내기 위해서 어답터를 사용한다. 이를 위해서 새로운 AirportAdapter 클래스를 사용하여 각 공항의 정보를 나타낼 것이다.

AirportAdapter 클래스 코드를 가지고 있을 AirportAdapter.kt 코틀린 클래스 파일을 생성하자. 아래의 코드로 이 파일의 클래스를 시작한다.

[코드 android/Airports/app/src/main/java/com/agiledeveloper/airports/AirportAdapter.kt]

```kotlin
package com.agiledeveloper.airports
import android.support.v7.widget.RecyclerView
import android.view.LayoutInflater
import android.view.View
import android.view.ViewGroup
import kotlinx.android.synthetic.main.airport_info.view.*
class AirportAdapter : RecyclerView.Adapter<AirportViewHolder>() {
}
class AirportViewHolder(itemView: View) : RecyclerView.ViewHolder(itemView) {
}
```

아답터는 RecyclerView.Adapter<T>를 상속받는다. 파라미터 타입 T 가 나타내야 할 데이터를 위한 뷰의 홀더를 나타낸다. 우리의 구현에서 우리는 파라미터 타입을 AirportViewHolder로 만들었다. AirportViewHolder 클래스는 RecyclerView.ViewHolder를 상속받는다. RecyclerView.ViewHolder는 데이터가 나타날 뷰의 인스턴스를 기대한다. 주된 접근방식은 RecyclerView가 각 row의 뷰홀더를 생성하기 위한 어답터를 호출한다는 것이다. 뷰홀더는 각 row의 적절한 데이터를 나타낼 책임을 가지고 있다. 이제 아답터의 구현에 집중하고 그 다음에 뷰홀더를 보도록 하자.

AirportAdapter 클래스에서 공항들의 리스트를 저장할 필드를 정의하자.

[코드 android/Airports/app/src/main/java/com/agiledeveloper/airports/AirportAdapter.kt]

```
private val airports = mutableListOf<Airport>()
```

airports 필드는 Airport의 빈 뮤터블 리스트로 초기화된다. 곧 리스트의 값을 수정하는 updateAirportStatus() 함수를 구현할 것이다. RecyclerView는 얼마나 많은 row를 만들어야 하는지 알고 있어야 한다. 이를 위해서 베이스 클래스의 getItemCount() 함수를 오버라이드한다.

[코드 android/Airports/app/src/main/java/com/agiledeveloper/airports/AirportAdapter.kt]

```
override fun getItemCount() = airports.size + 1
```

각 공항의 상태를 나타내는 것 이외에 우리는 헤더 row도 나타내고 싶다. 이를 위해서 Airports의 콜렉션 사이즈에 1을 더해서 리턴한다. 그 다음에, 아답터는 각 row의 뷰홀더를 생성해야 한다. 이는 onCreateViewHolder() 함수를 오버로드를 통해서 완료한다.

[코드 android/Airports/app/src/main/java/com/agiledeveloper/airports/AirportAdapter.kt]

```
override fun onCreateViewHolder(
  parent: ViewGroup, position: Int): AirportViewHolder {
  val view = LayoutInflater.from(parent.context)
    .inflate(R.layout.airport_info, parent, false)
  return AirportViewHolder(view)
}
```

우리는 이전에 만든 파일 airport_info.xml 레이아웃(코드, 이름 등의 TextView를 가지고 있는 TableRow)을 이용해서 뷰를 생성했다. 그리고 AirportViewHolder의 인스턴스에 해당 뷰를 연결하고 해당 인스턴스를 리턴한다.

RecyclerView는 onCreateViewHolder() 함수에 의해서 생성된 뷰홀더를 사용해서 각 row 의 데이터를 나타낸다. 하지만 RecyclerView는 디스플레이될 데이터를 뷰홀더에 맵핑하거 나 바인드해야 한다. onBindViewHolder() 함수를 오버로딩해서 바인드를 완료한다.

[코드 android/Airports/app/src/main/java/com/agiledeveloper/airports/AirportAdapter.kt]

```
override fun onBindViewHolder(viewHolder: AirportViewHolder, position: Int) {
  if (position > 0) viewHolder.bind(airports[position - 1])
}
```

만약 position의 값이 0이라면 우리가 레이아웃에 하드코딩한 기본 텍스트(Code, Name, Temp, Delay)가 헤더로써 디스플레이된다. 0이 아닐경우 Airport 인스턴스의 데이터를 순서 에 맞게 뷰홀더에 바인드해야한다. 우리는 이 책임을 뷰홀더의 bind() 함수에 델리게이트 한다.

AirportAdapter 클래스에 필요한 마지막 함수는 updateAirportStatus()이다. updateAirportStatus()는 새로운 공항상태 추가, 기존 공항상태 업데이트와 아답터에 필 드로 저장된 뮤터블 리스트를 변경해야 하는 책임을 가지고 있다.

[코드 android/Airports/app/src/main/java/com/agiledeveloper/airports/AirportAdapter.kt]

```
fun updateAirportsStatus(updatedAirports: List<Airport>) {
  airports.apply {
    clear()
    addAll(updatedAirports)
  }
  notifyDataSetChanged()
}
```

updateAirportStatus() 함수에서, 이미 존재하는 Airport 클래스의 리스트를 정리하고 updateAirports가 제공해준 모든 공항들을 추가했다. 그리고 notifyDataSetChanged() 함 수를 호출해서 RecyclerView 새로고침을 실행시켰다. notifyDataSetChanged() 함수는 RecyclerView가 공항의 숫자를 찾기 위해서 getItemCount() 함수를 호출시키고 그 다음에 공항의 숫자만큼 onCreateViewHolder() 함수를 실행시켜서 공항의 숫자만큼 뷰홀더를 생성한다. 그리고 각 row의 데이터를 onBindViewHolder()를 이용해서 뷰에 바인드한다.

아직 완료되지 않은 유일한 코드는 뷰홀더의 bind() 함수이다. 이제 구현해보자.

[코드 android/Airports/app/src/main/java/com/agiledeveloper/airports/AirportAdapter.kt]

```kotlin
class AirportViewHolder(itemView: View) : RecyclerView.ViewHolder(itemView) {
  fun bind(airport: Airport) {
    val (code, name, delay, weather) = airport
    val clock = if (delay) "\uD83D\uDD52" else ""
    itemView.apply {
      airportCode.text = code
      airportName.text = name
      airportTemperature.text = weather.temperature.firstOrNull()
      airportDelay.text = clock
    }
  }
}
```

bind() 함수는 주어진 Airport의 인스턴스에서 네 개의 속성을 받아오기 위해서 디스트럭처링 문법을 사용했다. delay가 true일 경우 변수 clock은 시계를 나타내는 ASCII 값이 된다. false일경우 빈 문자열이 된다. 마지막으로 우리는 뷰의 각 위젯을 업데이트해서 각 code, name, temperature 값, 딜레이를 나타낸다.

뷰에 필요한 모든 코드를 완료했다. 코드를 컴파일하고 에러가 없는지 확인하자. 에러가 발생했다면 코드와 책의 소스 코드의 차이점을 찾은 후 해결하도록 하라.

20-6 사용하기

이제 어플리케이션을 사용할 준비가 되었다. 우리는 안드로이드 에뮬레이터를 이용해서 어플리케이션을 실행시키고, 사용해볼 것이다.

IDE의 Run메뉴를 클릭하고 Run App 메뉴 아이템을 선택한다. 오픈된 다이얼로그에서 [Create New Virtual Device] 버튼을 클릭한다. Phone 탭에서 Pixel2 XL을 선택한다. x86 이미지 탭을 클릭하고 Pie 옆에 있는 x86_64 다운로드 링크를 클릭한다. 아니면 시스템에 적합한 것을 선택한다. 시스템 이미지가 인스톨되면 인스톨된 이미지를 선택하고 [Next]

버튼을 누른다. [Finish] 버튼을 누른다. 이제 Pixel 2 XL API 28 디바이스를 선택하고 OK 를 누른다.

에뮬레이터에서 앱이 실행되면, "IAD", "SFO", "AUS", "PDX"같은 공항 코드 몇 개를 넣어 보자. 한번에 하나씩 넣고 ADD버튼을 클릭하자. 버튼을 클릭하면 다음 그림과 같이 공항의 세부사항이 RecyclerView에 나타날 것이다.

출력은 우리가 입력한 공항의 상태를 보여준다. 필자가 실행할 때는 샌프란시스코 공항에만 연착이 있다. 온도는 화씨와 섭씨 모두 표시된다.

정리

코틀린으로 안드로이드 앱을 만드는 것에는 많은 장점이 있다. 코틀린은 구글이 안드로이드 기기 프로그래밍을 위해 지원하는 일급 언어이다. 안드로이드 개발을 위해서 코틀린을 사용 하면 안드로이드 플랫폼용 프로그램을 개발할 때 코틀린의 모든 장점을 사용할 수 있다. 코 드가 간결해지고, 가독성이 좋아지고, 에러가 적어지고, 생산성이 올라가고... 장점에는 끝이 없다. 게다가 안드로이드 스튜디오 IDE는 쉬운 포팅을 위해서 Java코드와 코드 조각을 코틀 린 코드로 변환해주는 기능을 제공한다.

이번 챕터에서는 안드로이드 앱을 프로그래밍할 때 코틀린의 장점을 설명하기 위해 작은 앱을 만들어보았다. 이 앱은 웹에서 데이터를 가지고 오고 RecyclerView에 공항정보를 나타낸다. 코드 전반에 걸쳐서 코틀린의 특징과 능력이 빛나는 것을 볼 수 있었다. 리모트 웹 서비스에서 데이터를 가지고 오는 것은 시간이 걸리기 때문에 엑세스 속도를 올리기 위해서 코루틴을 사용해서 병렬로 웹 서비스를 호출했다. 병렬실행이 퍼포먼스를 올릴 수는 있지만 임의의 스레드에서 UI를 업데이트할 수는 없다. 왜냐하면 UI 컴포넌트는 스레드 세이프하지 않고, main 스레드에서만 업데이트 될 수 있기 때문이다. 다시 한번 코루틴의 기능을 이용해서 main 스레드에서 유저와의 상호작용과 동시실행을 하도록 UI 컴포넌트를 직접 업데이트 시켰다.

우리가 만든 앱을 코틀린의 차별화된 능력을 잘 보여줬다. 그리고 앱을 만들 때 코루틴을 사용해서 좋은 성능을 보여줌과 동시에 사용자와의 상호작용에 반응할 수 있는 앱을 쉽게 만들수 있음을 보여줬다.

책 전반에 걸쳐서 우리는 코틀린의 강력한 가독성, 간결함, 안정성에 대한 기능을 보았고, 강력한 정적 타입언어의 기능도 보았다. 우리는 객체지향 프로그래밍을 할 때부터 절차지향, 함수형 코드까지 만드는 언어의 다양한 기능을 보았다. 우리는 인터널 DSL를 만드는 기능도 보았다. 코틀린의 유연함, 가독성에 고마움을 표한다. 그리고 코루틴을 이용해서 병렬 실행과 동시성 실행도 편안하게 만들 수 있었다. 이 강력한 기능들이 언어 속에 들어가서 코틀린은 코드가 다양한 실행 환경에서 사용될 수 있는 몇 안되는 멀티 플랫폼언어로 떠오르고 있다. 이 책이 독자의 창의성을 격려해주고 독자에게 이 훌륭한 언어를 프로젝트에 적용할 수 있는 방법을 주었기를 희망한다. 책을 읽어준 것에 감사를 표한다.

YoungJin.com Y.
영진닷컴

다재다능 코틀린 프로그래밍

1판 1쇄 발행   2021년 2월 15일

저   자   벤컷 수브라마니암
번   역   우민식
발 행 인   김길수
발 행 처   (주)영진닷컴
주   소   서울특별시 금천구 가산디지털1로 128 STXV타워 4층 401호
            (우)08507
등   록   2007. 4. 27. 제16-4189호

ⓒ2021. (주)영진닷컴

ISBN 978-89-314-6332-3

'그림으로 배우는' 시리즈

"그림으로 배우는" 시리즈는 다양한 그림과 자세한 설명으로
쉽게 배울 수 있는 IT 입문서 시리즈 입니다.

그림으로 배우는
C++ 프로그래밍
2nd Edition

Mana Takahashi 저
592쪽 | 18,000원

그림으로 배우는
자바 프로그래밍
2nd Edition

Mana Takahashi 저
600쪽 | 18,000원

그림으로 배우는
C 프로그래밍

Mana Takahashi 저
504쪽 | 18,000원

그림으로 배우는
서버 구조

니시무라 야스히로 저
240쪽 | 16,000원

그림으로 배우는
데이터 과학

히사노 료헤이, 키와키 타이치 저
240쪽 | 16,000원

그림으로 배우는
HTTP&Network

우에노 센 저
320쪽 | 15,000원

그림으로 배우는
클라우드 2nd Edition

하야시 마사유키 저
192쪽 | 16,000원

그림으로 배우는
알고리즘

스기우라 켄 저
176쪽 | 15,000원

그림으로 배우는
네트워크 원리

Gene 저
224쪽 | 16,000원

그림으로 배우는
보안 구조

마스이 토시카츠 저
208쪽 | 16,000원

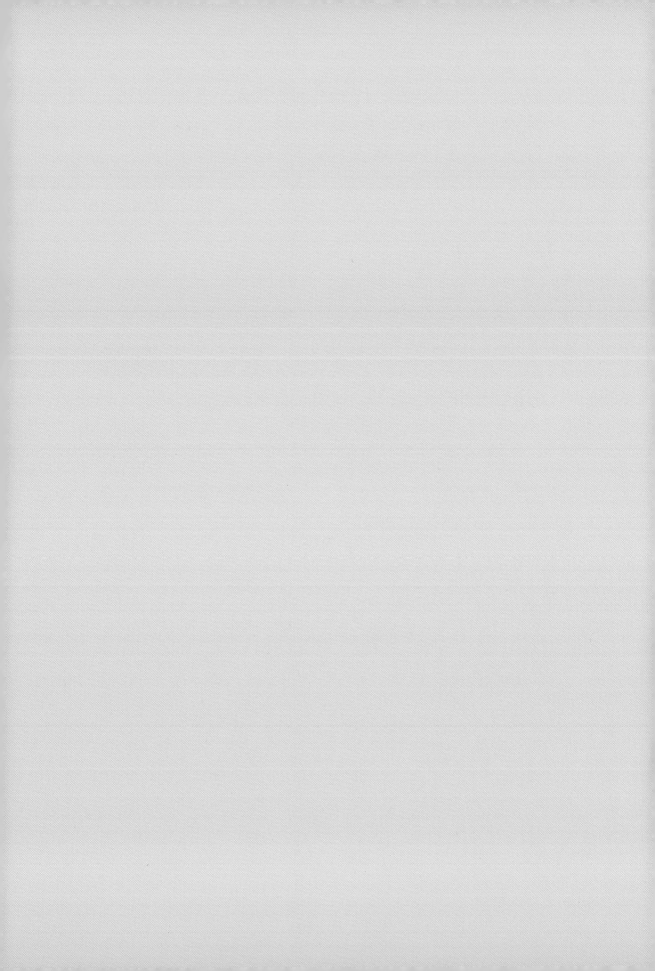